政府新闻学译丛　　　　　　　　　　主　编：叶　皓　方延明

美国总统的信息管理

白宫的新闻操作

MANAGING THE PRESIDENT'S MESSAGE
THE WHITE HOUSE COMMUNICATIONS OPERATION

【美】玛莎·乔伊恩特·库玛　著

Martha Joynt Kumar

朱建迅　译

ANAGING THE PRESIDENT'S MESSAGE

南京大学出版社

图书在版编目(CIP)数据

美国总统的信息管理:白宫的新闻操作 /（美）库
玛（Kumar,M. J.）著；朱建迅译. ——南京:南京大学出
版社，2011.12

（政府新闻学译丛 / 叶皓，方延明主编）

ISBN 978－7－305－06831－7

Ⅰ.①美… Ⅱ.①库…②朱… Ⅲ.①国家行政机关
－关系－传播媒介－研究－美国 Ⅳ.①D771.231

中国版本图书馆 CIP 数据核字（2010）第 047714 号

Martha Joynt Kumar

Managing the President's Message

Copyright © 2007 The Johns Hopkins University Press

All rights reserved. Published by arrangement with The Johns Hopkins University Press,

Baltimore，Maryland

Simplified Chinese Edition，published by Nanjing University Press，2011

江苏省版权局著作权合同登记 图字:10－2009－016 号

出 版 者 南京大学出版社
社　　址　南京市汉口路 22 号　　　　邮　编 210093
网　　址　http://www.NjupCo.com
出 版 人　左　健

书　　名　**美国总统的信息管理:白宫的新闻操作**
原 著 者　[美]玛莎·乔伊恩特·库玛
译　　者　朱建迅
责任编辑　王其平　　　　　编辑热线　025－83593947
照　　排　南京紫藤制版印务中心
印　　刷　常州市武进第三印刷有限公司
开　　本　787×960　1/16　印张 20.25　字数 363 千
版　　次　2011 年 12 月第 1 版　2011 年 12 月第 1 次印刷
ISBN　978－7－305－06831－7
定　　价　45.00 元

发行热线　025－83594756
电子邮箱　Press@NjupCo.com
　　　　　Sales@NjupCo.com（市场部）

《政府新闻学译丛》总序

叶 皓

　　现代社会,媒体潜移默化地根植于人们的生活和世界的每个角落,在反映世界的同时又在塑造世界。媒体的地位日益提升,政府与媒体的联系越来越紧密,社会管理的各个领域都需要借助媒体,这在全世界都成为一种趋势,并且这种趋势还将随着媒体的发展不断得到深化。在中国,越来越多的媒体事件,折射出政府应对媒体方面还存在很多薄弱环节。提高政府的媒介素养已经成为非常重要的现实课题。但以往国内的各个学科中,公共关系学从社会组织、企业的角度来研究应对媒体、开展公关的技巧;新闻学与传媒产业联系紧密,定位于新闻专业人员的培养;传播学主要研究传播的概念、理论、方法,以及不同的传播领域、传播行为。它们都没有站在政府的角度,专门针对政府与媒体的关系开展研究。我们在国内首先提出建立政府新闻学学科,就是为了填补这一空白,以超越传统学科的视野,去研究中国政治生活领域迫切需要解决的问题。

　　相比较而言,西方国家新闻传播业发达,政府与媒体的博弈有着长久的历史,在政府应对媒体领域的实践与研究都远远走在我们前面。

　　在实践方面,正确掌握与媒体打交道的方法和技能,已经成为西方各国政府官员从事公共管理不可或缺的重要素养。正如英国前首相布莱尔所言:我们今天的大部分工作量,不管是按重要程度计,按时间计,按精力计,除了最核心的决策之外,其他几乎都是在和媒体打交道。美国为代表的西方国家在与媒体的不断博弈中,逐渐掌握娴熟的操控媒体的方法,形成一套应对媒体的机制。美国政府官员普遍具有强烈的媒体意识,将媒体作为政治营销、新闻执政、对外扩张的重要工具,时刻防范受到媒体的攻击。他们吸收传播学研究成果,运用拟态环境、议程设置和框架分析等专业理论,指导与媒体打交道的活动;建立专门传播机构,包括美国新闻署等管理部门和美国之音等媒体,处理媒体事务,操控新闻报道;借助传媒专业力量,雇用公关、广告等专业人员和公关公司,开展各种政府公关活动;采取各种专业手段,包括聘请枪手、故意泄密、制造新闻、公关媒体、民意测验、政治施压,让媒体和记者成为自己的工具。

在理论研究方面,学者尼模和可斯指出:"很少人是从亲身经验认识政治的。对大多数人来说,他们的政治现实是经过大众传媒及群体传播的中介而出现。"因此,政治与媒体的关系很早就引起了西方学者的关注。由此产生的政治传播研究,在美、英等国受到相当程度的重视。美国为代表的政治传播学研究主要关注政治传播的效果和行为,研究政治对传播的控制与影响;欧洲的批判传播学者以西方马克思主义为指导,开展大众媒介政治经济学批判。目前,美英不少大学新闻学院已开设政治传播学博士专业,有的大学还设有政治传播学研究中心。

面对信息公开的要求和全球传播的大背景,我国政府亟待提高应对媒体、与媒体打交道的能力,特别是要在国际传播中通过媒体发出自己的声音,树立自己的国际形象。为此,借鉴西方国家的先进经验是必不可少的。《政府新闻学译丛》的编辑出版,正是要通过翻译、引进国外优秀研究成果,为读者提供全新的观察视角和研究思路。所选著述,基本上都是在国外已广为流传,受到公众好评的佳作。虽然西方学者的研究采用的是经验主义的和实证的、定性的和批判的研究方法,是在一定的政治体制框架内进行的,不能涵盖政府应对媒体的各个领域、各种情况,但我们相信,这些他山之石,一定能帮助我们以更加开放的视野和胸襟,去建设一个民主、文明、富强、和谐的中国社会。

目　录

致　　谢

　　长期以来，众多白宫的工作人员及记者给予了我莫大的帮助，使得此次关于白宫的研究得以顺利进行。新闻秘书迈克·麦柯里、乔·洛克哈特、杰克·西维特、阿里·弗莱舍、斯考特·麦克莱伦、托尼·斯诺，都非常大方地接受了我的采访，还允许我出入于新闻区。同时，各位通讯主任也在百忙之中抽出空来与我讨论他们的工作内容。接受访问的有：乔治·W. 布什总统任内的丹·巴特莱特、凯伦·休斯、尼科尔·丹尼万士·华莱士、凯文·苏利文；克林顿总统任内的洛丽塔·尤塞利、安·刘易斯、唐·贝尔和乔治·斯蒂芬诺普罗斯；以及里根总统任内的汤姆·格里斯考姆。曾先后在福特、里根及克林顿三位总统任期任职的戴维·葛根也接受了我的采访。白宫办公厅主任约翰·波德斯塔、安德鲁·卡德和乔舒亚·博尔顿也同意接受采访，为我介绍总统的通讯宣传工作以及白宫在这方面的运作模式。

　　记者们亲切地将我邀至新闻区的地下室，起初我的座位并不固定，曾先后与多家新闻机构的办公桌相邻，后来才搬到《国家期刊》的办公桌边。《国家期刊》常驻白宫记者亚历克西斯·西蒙丁杰和卡尔·凯农从克林顿总统执政初期就开始帮助我，当时我为了开展此项研究已开始频繁造访白宫。他们为我们三人找到了一个长期的办公场所，以便我们观察并记录每天发生的事件。亚历克西斯向我介绍了白宫的人员结构及通讯宣传的运作方式，这使我受益良多。

　　新闻区地下室的工作人员乐于谈论他们的工作及机构的职能，使我对新闻报道的方式及他们所承受的压力有所了解。美联社电台记者马克·史密斯，彭博电台的蒂娜·斯苔基，美国都市广播网的爱普雷尔·瑞安，美国标准电台的格雷葛·克鲁格斯顿，美国合众国际社的唐·福尔索姆，哥伦比亚广播公司的马克·诺勒，国内公用无线电台的唐·戈尼亚和戴维·格林，

《考克斯报》的鲍勃·迪恩斯和肯·赫尔曼,以及《国会周报》的凯斯·科夫特都提供了大量有用的信息。电视台的不少记者及制片人都非常友善地帮助我了解他们的工作节奏。我首先要感谢的是比尔·帕兰特,哥伦比亚广播公司常驻白宫记者。他仔细审读了本书的每个章节并提出了看法,包括作为本书文献基础的若干会议文献资料的初稿。同样热情帮助我的还有福克斯新闻的记者吉姆·安格尔和温德尔·格勒。工作场所同样设置在地下室的还有一些杰出的摄影师,他们为美国的许多周报和周刊报道白宫新闻。其中我想特别感谢的有:《时代杂志》的摄影师布鲁克斯·拉法特和克里斯托弗·莫里斯,《新闻周刊》的摄影师查尔斯·欧曼内和戴维·休谟·肯涅利,《美国新闻和世界报道》的摄影师奇克·赫瑞蒂,以及《纽约时报》的摄影师斯蒂芬·克劳利。

许多报刊记者也能拨冗向我介绍他们的具体工作。安·德弗罗伊是《华盛顿邮报》常驻白宫的一位十分出色的记者。她的报道以翔实充分而著称,她甚至能够揭开白宫的宣传内幕,挖掘众多政策、行动及事件的真相。我要将此书献给她,感谢她定下很高的业务标准。

一些总统学学者审阅了此书,对我热情鼓励。我特别要感谢迈克尔·格罗斯曼,他与我合著了《为总统画像:白宫与新闻媒体》。此书得益于我与他当初的合作。许多我们当时发现的模式今天依旧适用。我的好朋友、《总统学研究季刊》总编辑、德州农工大学的乔治·C. 爱德华兹教授审读了此书,并肯定了我的工作。他发表了我的几篇文章,其中包括本书三、四、五、七章的部分材料。路易斯安那州立大学的迪米希·库克教授审读了此书的大部分手稿,并且在每个重要关头都对我大力相助。俄亥俄州立大学的约翰·凯塞尔教授和北卡罗来那大学的特里·苏利文教授也都同样如此。凯尼斯·西蒙丁杰为此项研究作出了贡献。他收集汇总了从伍德罗·威尔逊到布什执政期间总统记者会的相关信息。他还有效地宣传了通讯操作。

此书的编写得到了多方支持。我要特别感谢马里兰大学系统,他们为我拨了两笔威尔逊·H. 厄尔金斯津贴,为我的此项白宫研究及 2003 年和 2005 年的研究工作提供了资助。厄尔金斯津贴为总统记者会的研究工作提供了资金,皮尤慈善信托基金为白宫采访计划提供了资金,使我得以开展对白宫宣传部门的研究。在我撰写白宫信息发布会的有关章节期间,哈佛大学肯尼迪学院的琼·肖润斯坦新闻政治中心为我提供了栖身之所。陶森大学相当慷慨地支持我的工作,给予我许多可供自由支配的时间,并且通过陶森大学基金会向我提供了研究资助。陶森大学三任校长罗伯特·卡雷特、丹·琼斯和霍克·史密斯,以及三任教务长吉姆·布伦南、丹·琼斯和罗伯特·哈葛都非常关心我的研究工作。我还要感谢我的系主任詹姆斯·罗伯特和埃里克·贝尔格拉德,以及政治科学系的全体同事,长期以来他们在学校工作的许多方面不遗余力地支持和关心我。

在此书的写作过程中,我的编辑托比·马洛塔给予我极大的帮助。约翰·霍普金斯大学出版社的执行编辑亨利·Y. K. 汤姆长期力挺本项目,并坚信一定会成功。同样要感谢的还有我的丈夫维加伊·库玛,以及我们的儿子扎尔和卡梅伦,在本书写作的各个阶段,他们一直激励着我。

序　言

　　无论现代社会的历任总统推出什么政纲，属于什么政党，处于怎样的社会环境，都会与国民建立正常的联系，根据具体需要向他们通报自己的各项方针和决策，以及对国内外重大事件的看法，劝说他们采取行动或保持耐心。普通民众期待总统就国内外政策和国家安全问题直抒己见，总统的一批特殊拥护者也同样如此，他们由政府官员、国家事务与己利益攸关的个人以及非官方团体构成，对他倡导的各项行动起着举足轻重的作用。

　　总统需要与外界联系，这既是我们代议制政体的本质属性使然，又取决于他必须为自己所有行动不断谋求支持的现实。向民众通报总统的重大决策和意图是民主政体的一个重要方面。无论是面临危机，还是处在政策讨论的关键时刻，民众都期待着总统阐明自己的选择和决定。1926 年 9 月 14 日，卡尔文·柯立芝总统向新闻记者着重指出，正是因为有必要让民众及时获取信息，他才每周两次召开新闻例会："必须向民众相当准确地通报总统准备采取哪些行动，我认为这对于长期维护我们的共和体制至关重要，正是为此目的，我们才召开这些气氛融洽的新闻发布会。"[1]

　　总统不能仅凭当选确保自己稳操胜券，这一事实同样有助于我们理解他们何以十分看重通讯宣传。当选总统以后，他们便有机会通过说服某些人获得自己所需的支持，但同时必须善于利用能够顺势获取的各种资源和机会。为了更好地认清和利用各种局势，总统通常采取两种做法。首先，为了增加成功的把握，他们将通讯宣传视为自己政策和政治行动中的一个重要组成部分。其次，他们组建了相应的工作班子，负责确定通讯宣传的各种渠道和时机，设计并调整总统信息的主题，拟订旨在进一步深化这些主题的宣传计划和策略，安排总统出席各项活动和发表讲话，协调与其他政府官员的关系。

大多数总统都努力保持自己与公众的密切关系，以便开导、说服民众，并激发他们的活力，但如何具体实施却是按照前43届总统任期内的一些做法逐渐确定的。在白宫职员为数有限的年代，总统亲自为其与公众的关系定下基调。然而随着当今时代总统在公开场合频频露面，政策议题的数量日益增多，涉及的范围不断扩大，他们设立若干专门班子处理通讯宣传事务。

若要理解当今总统的为政之道，就得清楚认识通讯宣传对其所有行为的重要性，同时应逐渐了解他本人及其幕僚为进一步提升其公众形象所付出的种种努力。如今，总统上任伊始便面临着一个令他多少有些困惑的难题：他该如何利用被大多数总统视为专爱找碴挑刺的新闻界，激发人们对各项议题和目标的支持？如果新闻组织独立于政府之外，总统怎样才能利用它们向一般民众和特定的群体传达自己的信息？

本书重点讨论了总统及其手下人员如何解决这一难题，如何利用新闻机构以符合其政策及政治和个人需要的方式向民众传递他的信息。此外，总统和他的白宫幕僚还须决定他们应当通过新闻机构向公众传递多少信息。他们又该怎样以受到兼有批评赞扬双重职责的新闻机构青睐的语汇解释自己的政策？公众身上集中体现了总统的政治力量，而总统与他们沟通的主要渠道则是新闻机构。若想获得媒体的关注，就应设计出既符合常规又能及时回应新闻机构要求的若干策略。

处在当今的媒体环境，向民众发布连贯的信息并非像你想象的那样容易，尽管总统拥有大量的资源和机遇。如今民众通过有线电视网晚间新闻节目、晨报、网站随时更新的信息、杂志、广播访谈节目和互联网博客等接触大量信息。民众很难从这浩如烟海的信息和观点中筛选出他们需要的内容，以期理解政府和本届总统任期内正在发生什么。总统怎样通过可能被他视为"过滤器"（小布什总统所说的新闻界）的新闻界，利用他设计的信息影响民众？[2] 民众对信息的需求，在哪些方面符合总统自认为是他的切身利益？

为了设计若干连贯的信息，总统和他的工作班子应该将通讯宣传的有关决策纳入他们治国理政的方略。通讯宣传对于治国理政至关重要，倘若一位总统没有将其纳入决策程序，没有一支由多方面人员组成的通讯团队，那他的政治、选举和政策目标很有可能无法实现，他必须承担这样的风险。无论是推出总统的一项议案，还是为连任选战宣传造势，总统都应使通讯宣传成为他本人及其工作班子所有行动的一部分，因为劝说诱导对于总统取得政绩是必不可缺的。一位总统需要支持者，正是借助行之有效的通讯宣传手段,他才能在一些重大问题上赢得广泛的同盟者。只要他想实现自己的目标,就得说服利益集团和政府官员对其予以支持。

总统的通讯宣传工作往往影响政策走向。低估其重要性有可能使总统的议案搁浅。2006 年 2 月,政府原则同意出售一家英国公司(半岛和东方汽轮船运),该公司负责美国 6 个主要港口的集装箱运营。鉴于这是一家在敏感的安全区域经营业务的外国公司,将半岛和东方公司出售给迪拜的一家名为迪拜港口世界的国营公司,需要美国财政部外国投资委员会提交报告,经总统批准,而按照批准程序该决议须经国会审查。[3] 总统在国会的同盟者和批评者明确表示,他们将反对该交易,这最终导致半岛和东方公司宣布它将在 10 月之前出售其最终的经营权。2006 年 2 月 13 日,参议员查尔斯·舒默(民主党,来自纽约)不等布什总统发表声明称国会实有必要批准这项交易,就举行新闻招待会抨击该决议。[4] 同一天,广播访谈节目主持人迈克尔·萨维基开始了这场针对港口问题的旷日持久的讨论,其听众约有 900 万人之多,遍及了 70 个广播电台。[5] 还没等到缓过神来,白宫人员很快面临总统向其助手所描述的一场"燎原烈火"。[6] 布什总统于 2 月 21 日两度就此向记者发表专题谈话,但此时甚至连参众两院的共和党领袖都对公司出售一事避之唯恐不及。[7] 在国会审查该决议的程序中,时隔很久布什总统才公开发表专题讲话,这样他就很难实现自己支持一个对美国友好的阿拉伯政府的政策目标。批评者给政府的议案加上对国家安全构成潜在威胁的罪名,因为迪拜是一个阿拉伯国家。布什总统的高级通讯顾问丹·巴特莱特在解释前后两个事件之间的区别时说:"最大的区别就是国会是否事先得到通知——是否使人们感到意外。"迪拜港口世界问题发生于国会休会期间,而第二次事件发生于国会会期。巴特莱特说:"当他们处在休会期时,信息很难对其产生影响。等到他们聚集在国会时往往难以协调……第二,虽然当时讨论港口问题的时机已经成熟,就港口安全和资金展开辩论,但最麻烦的是,人们全都感到意外。国会山尚未形成一个成熟的告知程序。"当处理第二个迪拜问题时,"由于刚刚发生(第一个迪拜问题),我们对此敏感多了,于是我们做了大量的铺垫工作,抢先一步举行了多次有主要国会议员参加的情况通报会,这样他们就不能说,'嗯,我对此一无所知'",他说。"一旦你让某些人参与那个程序,你就能得心应手地控制局面",巴特莱特说。[8]

迪拜港口世界交易泡汤不到两个月,国会议员不再对此提出指责以后,布什总统批准一家英国公司出售给一家名为迪拜国际资金公司的迪拜国有企业。[9] 该交易涉及九家制造厂,其中有几家向美国军方提供包括坦克和战机在内的武器的零部件。这次,布什总统和他的幕僚充分认识到该问题潜在的风险，及早与国会议员沟通，以确保政府而不是它的对立面解释这笔交易中的利害关系。第一次就此公开表态的是政府，而不是政府的批评者。政府已经吸取了教训，知道如果不将通讯宣传纳入决策程序会付出何等高昂的代价。

无论总统是自由派还是保守派，共和党还是民主党，他必须使通讯宣传成为其执政策略的一部分，必须建立一支人员广泛、包括高层和中层人员在内的通讯宣传团队和一支庞大的配合其行动的队伍，以便开展各项活动，实施各项策略。这样的组织机构既包括那些将通讯宣传视为其工作的一个重要部分的上层人员，还包括那些致力于总统事务宣传联络的部门，尤其是通讯处，新闻办公室，以及它们的卫星部门和团队。本书对高层人员所从事的新闻宣传工作和通讯联络机构的运转情况都作了概述。这两者对理解白宫的通讯宣传机制是不可或缺的。

研究白宫的通讯宣传机制

本书不少地方都是从白宫内部人士的角度探讨问题，从而弥补了现有文献关于白宫机制的一个空白。本书没有以局外人的眼光审视这个专题，而是试图通过对白宫内部事务的观察，帮助人们理解通讯宣传对总统及其手下人员所有行为的重要性。考察白宫高层官员的日常讨论，通讯宣传官员参与的会议，以及通讯宣传部门的工作，我们能看出总统及其手下人员是如何在一个对于我们理解当今总统思想行为至关重要的领域开展工作的。总统及其下属在有关通讯宣传的问题上花费大量时间，因为他们将其视为总统治国理政的一个极为重要的组成部分。本书重点关注那些供职于白宫的人士，而不是那些以局外人的眼光看待这一问题的人士。

为了解释总统及其助手如何制定他们的通讯宣传战略，我采访了以往四届政府的多位高层官员，并与部分早先的政府官员交谈。为了获得新鲜的感受，我采访这些人士的时间尽量接近他们在白宫的任期。在长达 21 年的时间里，我采访了 100 多人次，包括对一些主要官员和记者的重复采访。我于 1997 年迁居华盛顿，因为我知道，深入了解白宫通讯宣传队伍如何开展工作的唯一途径，就在于亲临白宫，观察官员和记者之间的互动，见证那些由通讯宣传人员组织的活动，采访官员和记者的工作。

除了采访政府官员以外，我还现场考察白宫的新闻发布会和宣传活动。1975 年 12 月，我和我的同事迈克尔·格罗斯曼来到白宫，开始了我们为写作《为总统画像：白宫和新闻媒体》一书的实地研究。[10] 5 年间，我们定期观察

白宫的通讯宣传工作，并且与官员和记者谈论他们的工作。我们在里根执
政的第一年旁听新闻秘书的新闻发布例会和时而开展的活动。

从那以来，我花费大量时间察看白宫怎样开展新闻宣传活动，并且与官员和记者一起谈论他们工作的演变。在里根和老布什主政白宫时期，我远距离观察那里的情况，尽管我在每届总统任内和结束之际都会与通讯宣传官员交谈。1995 年，我来到新闻室继续进行我的研究，在地下室里那些广播、有线电视、杂志和部分报社的记者席位中间占据了一个位置。在长达 11 年的时间里，我近距离观察记者如何从事自己的工作、如何监控新闻事务中的变化和白宫宣传机构发生的变化。

这种近距离观察的有效性存在于两个方面。首先，它能使我理解白宫宣传工作的规律。如果谁仅凭若干孤例归纳出白宫和媒体这两位合作伙伴之间的关系，归纳出驱使双方的动力，那他极易忽略数周、数月、数年间双方关系中发生的规律。比如，通过定期参加新闻发布会和相关活动，我得以理解官员和记者之间公开交流时、尤其是在禁止摄像的会议上表现出来的那种合作关系。即便偶尔产生气氛紧张、言辞尖刻的情形，合作依然在他们的关系中占据重要位置。

其次，观察各种活动和宣传环境，为我采访官员和记者的工作提供了信息保障。白宫官员和记者集中体现了总统和媒介之间的关系，他们乐于谈论自己的工作。熟悉他们的行事方式能使采访收到事半功倍的效果。然而，我写作本书是以旁观者而非亲历者的身份。我关注的重点，是那些活动如何开展，历届政府在考虑怎样与记者和华盛顿政界人士打交道时，表现出哪些共性，同时又存在哪些差异。书中我没有以说教者自居，大谈某届政府理应如何协调其通讯宣传工作，而是讲述几位总统及其助手如何组织这方面的工作，分析他们做出种种选择背后的原因，总结他们的种种决定对工作产生的影响。虽然我仅仅是一名观察者，但我还是希望，通过提供有关几届政府的官员怎样实施其宣传工作的资料，此书能有助于未来的白宫官员们
理解以前发生的这些情况。

虽然作者重点涉及的是白宫官员的言论和行为，但有关白宫组织的政治学文献对于本书也相当重要。总统学学者理查德·诺伊施塔特将说服诱导的重要性与总统的执政艺术联系在一起，他的著作对于我来说更是不可或缺。诺伊施塔特曾作为政治助手效力哈里·杜鲁门总统，受到这段经历的启发，诺伊施塔特在《总统权力》一书中将那些对总统政治感兴趣的人关注的重点，放在总统劝说他人服从自己领导时所遇到的种种困难上。[11]很少有人既曾效力白宫又曾供职于学术部门。诺伊施塔特在离开杜鲁门时期的

白宫和预算局以后曾在哥伦比亚大学和哈佛大学研究并教授总统学。

《总统权力》发表 36 年以后的 1996 年,在哥伦比亚大学举行的一次重点介绍诺伊施塔特对总统学研究的学术研讨会上,他呼吁学者重视对白宫运作机制的研究。诺伊施塔特担心白宫现存的关于其机构运作的档案"掩盖或歪曲了有关人员的真实目的,他们的互相交往,付出的艰辛努力,做出的各种反应,以及他们对当时世界的看法"。他认为我们作为学者应当通过采访参与决策的白宫官员,来弥补这个缺憾,而且采访时间应当尽量接近这些官员做出自己选择的时间。"部分弥补那些漏洞的唯一方式,是采访有关当事人,采访人知道这些记录并且能够制造谈话气氛,而受访者仍能完全控制自己的记忆力,虽说疏漏在所难免,双方都迫切希望再现原貌。"[12] 这正是我希望做的工作。我如今常驻白宫,就像以前一样,因而能够在活动刚刚开展、官员和记者对此记忆犹新之际与他们交谈。[13]

《美国总统的信息管理:白宫的新闻操作》基于《为总统画像》一书,后者系我和格罗斯曼合作,发表于里根执政初期。我们在书中着重探讨了白宫与媒体之间关系的本质以及双方互相利用以期进一步达到各自目的的各种方式。我们发现这种关系的本质是持久与合作。双方彼此需要,因此倾向于互相合作,这从一届届政府早已相沿成习。自从《为总统画像》一书于1981 年问世以来,这种关系已经逐渐有了一些新的发展,虽说其基本特征尚未发生变化。[14]

xx 这种关系中存在的紧张因素如今多于以往。今天采访白宫的记者经历的挫折受人注目的程度,甚于二次大战以来大多数时期。近些年来人们对总统及其追随者向媒体发布的信息量有了更高的期待。新闻业发生了巨大的变化:媒体类型激增,互联网和博客迅速发展,整个报业和传统的三大电视网陷入财政困境,有线电视迅速崛起。所有这些变化都使新闻报道的速度大大加快,从而要求白宫人员全天候发布消息。我们在《为总统画像》中加以探讨的信息发布的传统场合,诸如新闻秘书的新闻发布例会和总统的记者招待会渐渐产生了一些变化,以便利用并顺应技术发展。即便如此,传统的白宫信息产生的场合没有改变。

在后来的岁月里,随着总统们在公开场合频频露面,白宫的劝导队伍的规模也相应扩大。自《为总统画像》出版以来,这支致力于长期策划的团队的活动范围及成员数量均有所增加。此外,民主党和共和党均充实了通讯宣传行动策划队伍。肯尼迪·约翰逊和卡特总统认为这支队伍实无存在之必要,但克林顿总统却认为它很有必要,未来的民主党总统大概也会持相同的观点。[15]

本书的主要内容

在个别章节里,本书从确认通讯宣传团队所发挥的基本作用入手,探讨行之有效的通讯宣传机制。在近几届政府中,通讯宣传班子极力拥护总统,保护总统免受其批评者的伤害,解释政府的各项行动和政策,协调各政府部门的宣传工作。履行拥护总统这一职责,就得利用各种场合推行总统的政策和目标。解释行动和政策,应该及时回应各种质询,提供于总统有利的信息,并且全面推出总统的议题。保护总统免遭伤害,需要制订几套不同的策略,同时需要一些专业人士,他们能够勇敢地回应别人对总统本人及其政策的批评,并在总统出了纰漏之后主动出来收拾局面。协调宣传工作,则应促使白宫团队与政府部门和白宫之外的集团联合行动,为总统采取的行动宣传造势。无论谁出任总统,这些基本要求都不会改变。然而不同总统之间对于白宫人员如何满足这些通讯宣传方面的基本需求,既有相似之处,同时也存在差异。

从总统的这四类通讯宣传任务出发,我们将审视克林顿和布什政府如何组织其通讯宣传团队,如何制定宣传策略并付诸实施。通讯宣传的各个方面哪些与这两届政府的宏观施政计划相吻合,他们怎样设计自己的策略?总统的个人差异在多大程度上决定他们如何组织并开展自己的通讯宣传活动?通过观察谁参与通讯决策和在此过程中宣传工作如何应运而生,我进而体会到通讯宣传工作在各届联邦政府里始终有多重要,无论是民主党政府还是共和党政府。我将思考通讯宣传工作如何与白宫的宏观工作机制相吻合,克林顿总统和布什总统的通讯宣传工作机制显示了总统在多大范围调整其宣传部门,安排他们做什么。

为了理解通讯宣传工作在一届政府里所处的地位,很有必要研究负有总统宣传重任的两个地位牢固的白宫通讯部门——通讯处和新闻办公室的工作。本书利用几章的篇幅解释了这两个部门在几届政府中的工作机制。通过对这两个一贯参与通讯宣传的最重要的部门的研究,我们能够很好地理解宣传策略是如何制定并付诸实施的。

近几十年来的历届政府均设有通讯顾问,由其主持那个处于政府劝导工作中心的通讯处。这个办公室的主要任务,是制定针对各新闻机构的通讯策略,以期获得它们对总统及其各项议案的支持。该部门同样为总统的重要活动协调政府有关部门和资源。第二个对于总统的宣传工作举足轻重的部门是新闻秘书办公室。自从赫伯特·胡佛入主白宫以来,每一届政府都选择一名总统的高级助理处理与媒体的关系，他们的工作情况将在本书另辟一章详加论述。新闻秘书传统上是制定有关发布总统日常信息和建立官方总统档案的策略的核心人物。他一天两次的新闻发布会将总统的思想和行动载入公共档案。

除了探讨两个办公室的工作在制定通讯宣传策略中所起的作用以外，本书还详细介绍了白宫的通讯宣传策略如何在新闻发布例会上得以实施的一些内情，包括各届政府如何利用传统的场合及他们自己选择的环境提供信息。新闻发布会和记者招待会势必让他们做出一些选择，以满足总统的需要，同时符合记者的要求和兴趣。新闻秘书每天两次的新闻发布会和总统的记者招待会是实施通讯宣传策略的两个主要场合，会议的组织受到这些策略的支配，为总统及其代理人准备的文稿也由其定下基调。在以"吹风会"而知名的新闻秘书新闻发布晨会和每天下午由电视转播的新闻发布会上，某届政府的宣传策略得到了充分显示。较少召开但更有意义的，是总统回答记者提问的会议——近些年两种常见的这类会议，是记者招待会和他与记者之间的一问一答式短会。有必要认真思考一下到底是什么促成了这些由总统及其代理人按照常规发言的例会。本书有两章专门对此加以论述。本书最后一章总结了总统的通讯宣传工作，其中我对总统的通讯宣传工作中一些频频出现的要素进行了一番梳理，包括总统从中获得的利益，它们的局限性，以及供我们吸取的有关现代总统制的一些教训。

白宫通讯宣传工作的发展

白宫的通讯宣传机制在需求、机遇和总统倾向等因素的联合作用下得以发展。随着总统和白宫官员开始定期与日益增多的报道白宫事务的记者交流沟通，他们逐渐发现自己需要那种通过组织协调得到的支持，以适应这些通讯宣传方面新的需要和目标。记者们来到白宫，一般是在他们认为总统在国内国际领域的决策活动有所增加之时，是在他们感到总统及其下属愿意谈论其政策和理念之时，是在他们觉得公众对白宫产生好奇之时。

自19世纪80年代至今的120多年，总统及其手下人员接触的记者和不同类型媒体的数量不断增加。与此同时，随着这个国家国土面积和人口数量的增加，总统越来越多地出现在各种公众场合。[16]白宫的组织机构从19世纪末叶特别重视向记者提供信息的那个早期阶段，逐渐发展到目前的形态，承担发布官方信息和拥护总统的双重任务。在办公室的分工方面，19世纪末期,与记者打交道的职责常常由总统秘书履行,他仅有很少的几个助手。1929年高层官员的职数有所增加,包括一名被非正式地称为新闻秘书的官员,他的工作是回答记者提问。40年后白宫设立了通讯处,其工作重点是拥护总统。新闻办公室和通讯处及其卫星机构,形成了白宫通讯宣传工作的核心。建立这个核心的过程长达百余年,如果出于追溯白宫通讯宣传机构的发展历程的目的,这百余年时间可分为四个阶段。

早期组织阶段:1880—1932年

从1880年到1932年,战争时期与和平时期各种问题纷纷涌上总统案头,总统直属机构逐渐成为国家的新闻中心。正是在这一阶段,总统对外成为一位世界领袖,对内扮演了比以往更加公开的角色。在此过程中,外界对他的兴趣与日俱增,因此他那人数渐渐增加的工作班子需要集中处理他与新闻机构的关系。

在内战之后的时期,总统外出次数增加,路程更长,报纸和电讯社的覆盖范围也扩大了许多,因此总统和他的幕僚们花费越来越多的时间接触记者,向他们提供信息。正是在这个时期,他们开创了通讯宣传的先例,供后来的历任总统采用或参考。

总统外出旅行时总有一队随行记者负责沿途报道。拉瑟福德·B.海斯是第一位赴西海岸公干的总统。他想让新区和新州的人民了解总统。他其实是在沿袭往届总统一种被称为"竞选旅行"的传统,这种离开华盛顿特区的长途旅行,可以追溯到乔治·华盛顿执政时期。1880年,海斯进行了这次首度穿越大陆的旅行,8月26日从华盛顿出发,同年11月6日返回首都,历时71天,其间总统与第一夫人访问了沿途包括加利福尼亚和俄勒冈在内的许多城市。一路上他们乘坐火车,除了少数地区不得不坐马车以外,有一次总统乘坐的马车在威廉·提康普赛·谢尔曼将军的武装护送下通过新墨西哥印第安人领地。后来的几任总统效仿他作过类似的旅行,比如本杰明·哈里森总统1891年乘火车沿新竣工的横贯全国的铁路线旅行,随行人员中有两名电讯社记者。[17]

总统们意识到他们很需要通过记者向沿途民众展示旅行实况。威廉·麦金莱总统和西奥多·罗斯福总统非常关注自己横跨全国的旅行。1906年西奥多·罗斯福的巴拿马和哥斯达黎加之行使他成为首位在美国境外旅行的在任总统,这完全符合他那显示美国作为世界强国、显示总统作为世界领袖的政纲。总统这类旅行的随行记者数量稳步增加。

随着总统越发频繁地出行,他们开始带上一些熟悉媒体运作程序、精

xxiv

通新型技术的工作人员。另一方面,白宫官员意识到他们需要向公众发布总统信息,而记者正是提供信息的媒介。总统向国会提交的年度国情咨文,是一份向国会提供而不是由个人宣读的打印稿。除此之外,这份咨文还须向全国各地的报社发送,附带的限制条件是,各新闻机构必须同意不得为抢新消息而早于特定的某一日期发表。白宫官员们确定并指导这一发送程序。

灾难事件的发生,也会使记者们出现在总统和白宫周围的次数增多。1881 年詹姆斯·加菲尔德总统遭到枪击,他在白宫痛苦挣扎了两个月后逝世。其间至少有一名记者,一名美联社的电讯记者每晚在白宫报道总统的健康状况。[18]总统身临现场,表明公民有权了解总统的情况。1901 年麦金莱总统在纽约州布法罗遭枪击后,他的秘书乔治·B.科特柳几次与记者交谈,向他们通报有关总统身体状况的最新消息。[19]

随着外出旅行和公开活动的次数渐趋增加,总统们越发觉得自己需要一个富有经验的工作班底。早在格罗芙·克利夫兰总统的第一届任期内,他的首席助理兼私人秘书丹尼尔·莱蒙特已具有新闻界背景。克利夫兰的继任者本杰明·哈里森的一位助手伊莱贾·哈福德同样具有新闻界背景。在克利夫兰第二届任期结束后继任总统的威廉·麦金莱也不例外,他的高级助理约翰·艾迪生·波特,是《哈特福德邮报》的老板。任用有新闻界背景的人担任自己的高级顾问,有助于总统在不与记者公开接触的情况下获得他们问题的答案。

西奥多·罗斯福入主白宫时,全盘继承了他在州长任上形成的答复记者提问的传统,并且具体做法相似,只是新闻发布会不供报道,因此无法被记者在报道中采用。此外,他对听众也有选择,新闻发布会并不向所有记者开放。他的第一位助理乔治·科特柳在克利夫兰执政期间第一次进入白宫,第二位助理是威廉·莱奥博,他们十分重视记者的信息需求,并且充分利用新发现的所有可能条件,借助新闻机构满足总统的需要。他们为回应记者提问和策划总统新闻宣传所做的工作,其性质与随后的新闻秘书、和几十年后通讯主任的职责极为相似。

威廉·霍华德·塔夫脱总统允许记者保留自己在白宫的采访位置,但他们无法跟他开展那种像跟罗斯福总统一样坦诚的交流。罗斯福总统时而与记者进行不定期会晤。记者们在白宫的持续存在,再好不过地确立了它作为一个他们必须在此安营扎寨的场所的重要地位。

伍德罗·威尔逊总统恢复了乔治·华盛顿和约翰·昆西·亚当斯两位总统亲自向国会议员宣读国情咨文的惯例,从而增加了总统公开露面的机会。他还规定总统的记者招待会在平等的基础上向所有记者开放,不过跟罗斯福时期一样,这些招待会同样不供报道。他在执政最初两年曾多次召开记者招待会,后因战争爆发而中止。他的秘书约瑟夫·塔玛尔蒂负责处理白宫与新闻界的关系,并将其视为自己工作的一个重要部分,直到一战爆发,威尔逊随即设立了公共信息委员会。

当时由新闻界人士乔治·柯里尔领导的公共信息委员会,是白宫通讯处的前身。早期的委员会制定并具体实施有关策略,以宣传美国参加第一次世界大战的重要性。除了履行其战时新闻检查的职能以外,该委员会还负责确定向民众传播信息的场所,比如影剧院,并且制定相应的传播策略。战争结束时该委员会也随之解散。[20]　　　　　　　　　　xxvi

20世纪20年代,新闻记者和新闻机构开始将总统和他所在的白宫视为新闻中心,这时公众对总统提出了更多的要求。记者们在总统办公室召开的记者招待例会上定期与哈尔丁总统、柯立芒总统会晤,比较而言他们与胡佛总统会晤的次数稍少一些。事实上柯立芒总统举行记者招待会的次数多于后来的任何一位总统。[21]由于会场上常常没有多少新闻,记者们自然认为总统的无论什么想法和做法都很重要。总统和他的工作班子学会了使用广播这样的先进技术工具,以便总统亲自向民众发布自己的信息,而不是听任记者决定传播他的声明的哪些部分。总统的讲话由广播全文播出。柯立芒总统1923年成为通过广播全文发布国情咨文的第一位总统,胡佛总统也经常向全国发表广播讲话。

白宫的总统工作班底职数增加以后,便为涉及新闻媒体关系的工作保留了一个高级职位。该职位在胡佛执政时期设立,名为总统助理,担任此职的官员负责协调与新闻界的关系,一般称为新闻秘书。首度出任此职的乔治·艾科逊在胡佛担任柯立芒政府的商务部长时曾为其处理新闻宣传事务。但是胡佛并没有沿袭自己在担任商务部长期间确立的惯例——当时他定期与记者进行态度坦诚的晤谈。胡佛身为总统会见记者时,只是向他们提供少得可怜的信息。

20世纪20年代总统工作班子中开始出现演讲稿撰写人。哈尔丁执政时期,白宫雇用了第一位总统讲稿撰写人贾德森·威里弗。除了完成撰稿任务以外,威里弗还得定期查找有关资料,以便总统顺利应对记者在他召开的记者招待会上的提问。

处于新闻中心的总统:1933—1952年　　　　　　　　　　xxvii

在富兰克林·罗斯福主政白宫时期,新闻宣传成为总统日常工作的一个重要部分,这主要是因为国家在他任内面临的两大危机——经济大萧条和二次世界大战。每到关键时刻,罗斯福总统通过他的"炉边谈话"直接向民众发表讲话,或是利用每周两次的记者招待会与记者近距离接触。政府在内政外交领域开展了大量活动,白宫也就毫无悬念地成为国家新闻的中心。记者们热衷于报道政府的许多行动,极愿采访一位乐意与记者相处的总统。

虽说新闻秘书一职是在胡佛任内设立,但它真正变得举足轻重还是在罗斯福时期。直接由罗斯福委任的新闻秘书斯蒂芬·厄尔利,是第一位深受记者和总统信赖的新闻秘书。他在新闻发布例会上代表总统发言,是公认的值得信赖的消息灵通人士,总统和记者都很看重他的作用。他在罗斯福的所有总统任期始终担任此职,直到最后一个月。

这种一名新闻秘书再加若干名演讲稿撰写人的白宫通讯宣传的基本建制,在罗斯福总统任内得以延续。此外,罗斯福还建立了由几名助手参与通讯宣传事务的特别机制。他有时安排政府高官出现在他的记者招待会上,向他提供诸如预算之类的专题的背景资料和数据。罗斯福总统每年都在预算官员近在身边的情况下向记者发布有关政府财政预算的消息。他愿意解释本届政府优先考虑的重要事务。

政府内部的其他人士也同样参与新闻宣传工作。一些内阁部长,其中包括内务部长哈罗德·伊克斯都曾参与有关重要政策议题的宣传工作。歌剧演员玛丽安·安德森被美国革命女儿会①拒绝在该组织拥有的宪法大厅为兼有白人和黑人的观众演唱,伊克斯知道后,批准她利用林肯纪念堂作为其演出场所。总统的一些助手如哈里·霍普金斯和马文·麦金太尔,也同样与记者打交道。一些从事政治工作的人士参与撰写总统演说稿。

白宫内部名为罗斯福的人中,并非只有总统才与记者建立了积极的关系。有史以来第一次定期召开记者招待会的不仅有总统,而且还有总统夫人埃莉诺·罗斯福。第一夫人与记者共同谈论的既有重大的国内政策事务,又有妇女普遍热衷的话题。她要求新闻机构派遣女记者采访她召开的新闻会议,因而对新闻界产生了持久的影响。除了与记者的正常交流以外,她还撰写题为"我的日子"的专栏文章,由全国各地的报纸加以转载。

罗斯福总统去世以后,哈里·杜鲁门沿袭了他定期会晤记者的惯例,哪怕仅有每周一次。只是这些新闻会议不像在罗斯福任内那样随意,可以任由记者们簇拥在他的办公桌旁。随着记者团规模日益扩大,杜鲁门又为他

---

① 美国革命女儿会:由美国独立战争时期爱国者后裔组成的一个组织。——译者注。

们提供了一个更加正规、面积更大的场地。他的几位新闻秘书每天轮流为总统代言。和罗斯福一样,杜鲁门也利用几位政治官员完成各种新闻宣传任务,包括为他撰写演说稿,他的助手肯·海奇勒和理查德·诺伊施塔特也同样如此。

为电视播报总统活动做好协调组织工作:1953—1974 年

20 世纪 50 年代,总统记者招待会形式的变化,等级森严的白宫人员建制的发展,以及日新月异的信息技术,这一切造就了我们今天所知的白宫新闻宣传团队的基本人员结构。正是在艾森豪威尔掌权时期,电视成为总统宣传工作中的一个重要工具,总统的记者招待会也从原先的不供报道转而成为供所有媒体播报的新闻活动。另外,艾森豪威尔总统以一套井然有序、强调各司其职的人员管理运作模式,取代了他那些民主党前任们流动相对自由的人事体制。艾森豪威尔的做法在约翰·肯尼迪和林登·约翰逊总统任内中止,又在理查德·尼克松手上恢复。

正是在这个阶段,长期通讯宣传策划的理念应运而生,虽然当时并没有配套的专门组织机构。尼克松政府解决了这个问题。艾森豪威尔时期的新闻秘书詹姆斯·哈格蒂参与制定宣传策略和协调整个行政机构的宣传工作,从而拓展了新闻秘书和新闻办公室的职能。此外,作为总统宣传口的一些核心人物、一些专业公关和电视顾问加入通讯团队。艾森豪威尔曾经依靠某些业余人士和专业人士担负此项工作,前者如好莱坞制片人罗伯特·蒙哥马利,后者如纽约广告公司杨和鲁比坎的代理人西古尔德·拉曼,他们就总统如何利用电视、如何使公关策略与施政程序融为一体出谋划策。[22]　xxix

1959 年完全由哈格蒂独立从事的工作,如今需要新闻办公室和通讯处这两个地位显赫的部门共同承担,组成人员包括总统的高级顾问,若干负有特别使命的附属单位,以及数名不同级别的白宫官员。

哈格蒂当时的工作尤其重要,因为在 50 年代末期,政府与记者之间的友好关系开始出现裂痕。1960 年,白宫就一架美国飞机在苏联领空被击落一事有意撒谎。真相浮出水面之后,记者们对来自白宫的消息开始持吹毛求疵的态度,记者们不像在战争期间那样愿意相信政府对有关事件的说法。事实是一架美国军用飞机在苏联领空被击落。而美国国务院声称遭到击落的是一架气象飞机。令他们始料未及的是,飞机坠毁时飞行员大难不死,被苏军活捉,他承认自己驾驶的是一架美国 U-2 型侦察机。白宫本欲瞒天过海,不想却被捉个正着,新闻秘书哈格蒂自是难逃干系。从那时起,总统和他的幕僚们得付出更多的努力，才能说服记者接受他们的消息。要想向民众发布自己的信息，他们还需要额外制定一些策略。

肯尼迪总统和约翰逊总统并没有建立一套持久的通讯宣传策划机制，不过他俩都定期举行记者招待会。肯尼迪召开的记者招待会，由于是电视现场直播，而不是像艾森豪威尔时期那样仅供事后转播，因此吸引了广泛的关注。肯尼迪谈吐风趣，记者招待会也被认为是有利于总统和新闻媒体双方的活动。电视是肯尼迪时期一个重要的宣传工具，在约翰逊主政时期也是如此。在他们执政期间，记者们公开质疑他们接收的消息是否属实，尤其是关于越南战争期间政府行为的消息。白宫与新闻界的关系在约翰逊时期日趋紧张，而在尼克松时期甚至发展到彼此敌对的地步。尼克松不仅得全力应付有关越战的情报问题，而且在最后两年任职期间一直被水门丑闻搅得心力交瘁。虽然起初并不是所有的报纸都立刻对这一事件感兴趣，但所有媒体开始于 1973 年初集中报道这一事件，并且持续不辍，直到尼克松1974 年 8 月 9 日离职为止。

尼克松凭借自己身为艾森豪威尔的副总统的有利地位，清楚地认识到哈格蒂拓展新闻秘书职能的重要性。升任总统后，尼克松专门设立了通讯处，其从事的宣传策划工作，超出了要求新闻秘书承担的日常事务的范畴。通过设立这个办公室，白宫总统工作班底又增加了一批领取薪水的官员，负责宣传总统和他的政纲。该部门还参与建立与外地新闻组织的关系，他们认为这些组织对政府比较友善，不像那些在他们看来心怀敌意的白宫记者团。通讯办公室发挥的主要作用，是与地方新闻组织建立并保持联系。尼克松确实沿袭了以往确立的一些惯例，比如委托一位新闻秘书每日发布消息，举行总统的记者招待会，但他大幅度减少了这些会议的次数。

现行的白宫通讯宣传工作组织机构到尼克松执政末期已经组建完毕，并且开始充分履行其职能。里根总统和克林顿总统又相继对其加以调整充实，以应对迅速激增的新闻媒体，尤其是网络电视和互联网。

地位确立的白宫通讯宣传机制：1981—2007 年

在里根执政时期，总统的通讯宣传策划队伍充分利用了两个优势，一是特别适于拍电视的总统，二是当时的环境：当时大多数民众每天傍晚通过三大电视网中的一到两个了解新闻事件。他们利用自己的策划和每天的新闻运作来为总统怎样被电视报道定下基调，同时每天推出一个事件，以达到他们所需要的晚间新闻的电视画面效果。但是到 2007 年，白宫面临的却是一个截然不同的新闻环境：全国共有 5 大电视网，全都夜以继日地播送新闻,从早晨的新闻节目到传统的晚间新闻节目,再到深夜的地方电视新闻。另外,报纸数量骤减,几乎没有仍在发行的晚报,而互联网作为一种越发重要的消息来源,尤其是年轻选民的消息来源迅速崛起。里根时期那种重点突出的新闻报道机制已经发生了转变。如今总统的新闻人员整天穷于应付,为一个并不完整、有着不同的时间和信息需求的媒体体系提供各种信息。里根时期那种在全国统一的时间统一播报政府新闻的做法已不复存在,而代之以媒体行业仍处于转型期的 2007 年多少有些混乱的体系。

xxxi

有线电视这一新型媒体在里根时期进入白宫,而且那里配备了全国有线电视网的接收位置。有线电视使白宫逐渐能够设计一些戏剧性的背景,以便总统按照精心设计的形象发布消息,供电视台整天播出,而不是仅供晚间新闻播报。里根的工作班子调整了在尼克松时期形成的组织机构,他们建立了自己的电视录像室和一支专业队伍,预先录制那些将要代表政府出现在有线电视和电视网新闻节目中的官员的形象。里根进一步拓展了被尼克松发现的总统自我表现的舞台,诸如在白宫东室召开并在黄金时间由电视转播的记者招待会。

比尔·克林顿和小布什开始总统任期时,白宫早有现成的通讯宣传队伍供他们使用,或者按照自己的意愿对其加以改造。他们都沿用了两个办公室的建制,尽管方法有些区别。他们都得从组织上适应随着有线电视网的增长和互联网的发展而带来的机遇和分分秒秒的信息需求。

在克林顿总统任期的最后两三年,三大电视网和两大有线电视网共同报道总统的各种讲话和言论,从而大大激发了总统频频发表演讲的热情。利用电视直播他的公开讲话已经变得轻而易举,因为媒体的报道手段从需要洗印胶片的摄影改成无需此道程序的录像以后,远程电视直播的技术即可广泛应用。这种变化发生于里根执政时期。

在 1953 年到 2001 年这个相对较为短暂的历史阶段,总统们公开露面的次数迅速增加,致使总统需要一套完善的通讯宣传体制以帮助他们选择、设计并包装自己的形象。这一阶段始于德怀特·艾森豪威尔 8 年总统任期的开端,终于克林顿的两届总统任期结束之际。艾森豪威尔任内共举行 193 场记者招待会,其中许多供电视和广播转播,因此当时的白宫需要一支新闻队伍为总统出席这些会议做好准备。

25 年后,单凭数字本身便足能显示白宫的通讯宣传机制从专门化到专业化的嬗变历程。克林顿总统在 8 年任期内也同样举行了 193 场记者招待会。此外他还接受记者采访以及参加问答式短会共计 1500 次。艾森豪威尔

xxxii

与记者的交流几乎全部以记者招待会的形式进行。而且，这一阶段总统讲话的次数几乎增加了7倍。与艾森豪威尔的大约700次讲话相比，克林顿发表各类演讲和言论共达4500次。他们之间的各任总统势必致力于健全完善有关组织机构，以协调组织他们日益增多的发表各种公开讲话的活动。本书全面阐述了白宫通讯宣传机制如何充实完善，以适应总统不断增长的宣传方面的需求。

第 1 章

建立有效的通讯宣传机制

　　历任总统具有的通讯宣传的机会和资源之多,范围之广,是美国政治体制中其他任何一位当选官员所无法比拟的。当代每一位总统都配有一名新闻秘书、一名高级通讯顾问、多名讲稿撰写人和政策研究人员,他们在总数多达 350 人的工作班子协助下设计并安排各项活动,发布符合总统意图的信息,对各种批评作出回应。白宫西翼外的车行道上配有电视联网设施,供 16 个电视节目摄制组从白宫进行电视实况转播。每天约有 100 名报纸杂志、电视电台、电讯记者及摄像人员出入于新闻办公室。在华盛顿的其他地区,每天都有各新闻机构的数百名人员配合白宫人员工作。尽管白宫通讯宣传的实力堪称雄厚,规模可谓庞大,总统仍然觉得难以实现高效快捷的目标。

　　在宣传报导政府事务方面满足总统及其工作班子所需,仅凭确定总统的政治资源和实力是断难奏效的。他们必须在权力分散于各层各级政府机构的体系中善于左右逢源,见机而作。在华盛顿政界,当选官员及政府行政部门各专业机构许多实权派的目标,与总统的目标互相抵触。这种局面需要总统力排众议,牢固确立自己的地位。

总统通讯宣传工作面临的挑战

　　在今天的信息环境下,总统及其助手在与美国民众联系时面临着一个挑战。在他们看来,民众接收的信息过多过滥,难以消化所有的内容。他们的有线电视网和计算机源源不断地输入各种消息。就连他们读的报纸也有网站及时更新当天稍早发布的消息,并且跟踪报道新的消息。鉴于新闻传播速度大大加快,人们现已不再苛求新闻机构提供正在播报的新闻的背景,而是十分看重新闻机构是否能在获得消息的第一时间即刻发布。拥有大量信息但却难解其意，这就是我们当前面临的局势。消费者们愿意理解所有的信息，但却难以对其进行筛选，去伪存真，因为它们源自许多不同且常常互相矛盾的渠道——持续播出的电视网络和有线电视新闻节目，电台新闻和访谈节目，代表媒体公司、利益团体及个人的互联网博客，每个博客都摘录了报纸杂志和政策期刊上的有关内容。这种局面给当今总统和他的工作班子带来了许多困难，因为他们必须使已经掌握的有关政府事务的大量信息显得清晰连贯。

白宫通讯宣传班子在里根任期内的工作相对比较轻松，因为他们当时每天仅须集中精力安排一次总统的公开活动，发布一条与之相关的信息。罗纳德·里根 1981 年就任总统之际，电视已成为主流媒体。哥伦比亚广播公司、全国广播公司和美国广播公司这三大电视网利用相同的编排形式，集中资源制作 30 分钟新闻节目，每晚在全国各地 6 点 30 分或 7 时播出，取决于当地附属电视台的转播时间。这三大电视网的晚间新闻节目收视率极高，观众了解当天新闻，主要是通过这个节目。总统及他的手下人员每天利用该节目作为主要工具向公众传递自己的信息，因为他们深知，这正是民众获取新闻的主要渠道。

民众拥有共同的信息来源，意味着白宫能够利用固定时段将民众聚集在一起，向他们通报官方心目中的重要消息。他们知道自己能够定期迅即召集民众，于是便围绕那段时间建立了一个新闻周期。"让人们消息灵通，参与公众热议的话题，这本身并非难事，因为你手下有几家主流公司，它们已经确实为大多数媒体定下了基调"，比尔·克林顿的新闻秘书迈克·麦科里如是说。[1] 今天已不再是这种情况："我们不再像围坐在篝火旁一样聚拢在电视网络周围，聆听瓦尔特·克朗凯特①告诉我们那就是事情的真相。我们已经丧失了那种一致性。"[2]

今天，白宫正面临一个迥异于以往的局面，主要对政府事务进行报导的三大电视网、电视新闻节目和新闻记者并不足虑，需要认真应对的，是一个复杂多变、几乎没有中心的新闻环境。除了如上所述的新闻领域的发展以外，公众观看那些新闻节目的人数远不如从前，报纸读者的数量也在日益减少。有线电视新闻网源源不断地搜集新闻，各家报社的网站逐日随时更新信息内容，白宫需要与资源配置完全不同于里根时代的新闻界打交道。"我们让多条新闻线索以小时为单位发生变化，其中……形象应始终保持新鲜

---

① 哥伦比亚广播公司前著名新闻节目主持人。——译者注。

且富有创意。我们应该时时抢在新闻周期之前",这是高级通讯顾问丹·巴特莱特的见解。比如,当他们从阿富汗和伊拉克进行专题报道、跟媒体打交道时,他们面对的,"是一个比你提前 6 到 9 小时的新闻周期,而新闻报道标准,也有别于我们这里早已习惯的那种"。[3]

在上两届总统任期内,不容总统及其幕僚小觑的是从各条渠道奔涌而出的信息潮流,其中有的信息虚假,有的真实。所有媒体机构在与同行的竞争中急于求胜,以致片面追求速度,新闻报道的准确性因而将大打折扣,正如迈克·麦柯里所言:"你报道的速度越快、消息的可信度也就越低,因为它未经检验证实,无法认定是真实可靠的。这就是我们为什么不可思议地让有些其实已经死于地质灾害的矿工依然存活。"[4] 其结果是媒体的诚信度降低。这也是白宫需要认真考虑的一个问题。

鉴于新闻周期过快和媒体诚信度下降的现状,白宫采取了纪律约束和统筹计划两大对策。乔治·(小)布什政府是第一个在其任期内每年都跟 5 大电视网和日臻成熟的互联网打交道的政府。小布什政府从一开始就致力于实现某条信息一经发布就不再更改的目标。巴特莱特阐述了纪律约束何以对他们的通讯宣传程序至关重要的道理:"我们感到,正是因为竞争过于激烈,新闻内容过于丰富,所以才需要纪律约束,以确保信息的严肃性,确保你想谈的内容的严肃性,否则你无法成功地向美国民众传递任何信息。"[5]

除了精心斟酌他们打算谈论的内容以外,布什政府还确定了总统谈话的目标并进而找出实现这些目标的恰当途径,这就意味着针对地方媒体和国家新闻团开展通讯宣传工作。为此,他们需要一套完善的通讯宣传机制。

当前白宫的通讯宣传机制

2001 年布什总统入主白宫之时,共和党政府及上一届克林顿政府的强势通讯宣传工作的传统地位业已确立。布什政府在前任努力的基础上开展这方面的工作。2000 年秋季,布什当选总统刚成定局,他便要求竞选发言人凯伦·休斯负责他未来的通讯宣传事务。2002 年夏季,休斯决定返回德克萨斯,她的通讯主任一职随即被其副手丹·巴特莱特接替。2005 年,他又被任命为休斯曾经担任过的总统顾问一职。

白宫目前的通讯宣传工作涉及若干部门和许多人员。布什政府的通讯处正副主任的职责范围,从通讯处、公共联络处、讲稿撰写办公室、全球通讯处，直到新闻办公室和摄影办公室。2005年，在全球通讯处撤销之后，其余的几个办公室仍有63名全职工作人员，再加上23名工作人员，在副总统办公室、第一夫人办公室和国家安全委员会处理有关通讯和新闻事宜。此外还有24名通讯宣传工作的专职人员，配合一些部门的辅助行动，包括总统行政管理局，行政管理和预算局，环境质量委员会，国家毒品管制政策办公室，以及美国贸易代表办公室。这些官员定期与新闻秘书和通讯处主任协调自己的活动。上述负责通讯宣传的人员共108名，数量远远超过处理经济与国内政策事务的67人，他们主要供职于经济顾问委员会、国内政策委员会和国家经济委员会。[6]

5　　　其他一些官员，尤其是供职于几个政治办公室的官员，也必须履行一部分通讯宣传的职责。42名在总统高级顾问卡尔·洛夫指导下工作的官员，通过卡尔·洛夫与州政府和地方政府官员、民主党官员及赞助性利益团体代表的沟通联系，宣传政府发布的各个信息。[7]洛夫工作的一个重要方面，就是接近那些支持政府的利益集团，向他们解释清楚那些总统及其工作班子希望在主流新闻机构之外传递的信息内容。

除了这150名一线雇员以外，尚有将近200人从事与通讯宣传有关的辅助性工作，上自白宫办公厅主任，下至打印总统演说稿的文书。他们所在的办公室，或者负责总统日程安排，旅行安排，或者负责处理白宫收到的所有（纸质及电子）公众信函。每个办公室都提供对于实施通讯宣传策略至关重要的信息。[8]

倘若这个通讯宣传的圈子里，还须加入所有那些致力于替总统代言、为他的宣传交流效力的人员，那么这个数字无疑将会大得惊人。布什第二届总统任期之初的一次保守估计显示，白宫约有350名人员从事通讯宣传及相关的辅助性工作，上自通讯宣传高官，下至为总统演讲、记者招待会、新闻吹风会操纵录音录像设备及为会议打字的军方文职人员。

尽管数字会有变化，通讯宣传是大多数白宫人员工作的重要组成部分，却是不争的事实。当被问及克林顿任内白宫致力于通讯宣传人员的具体数字时，迈克·麦柯里答道："我要说25%到30%的白宫雇员将至少三分之二的时间用于通讯宣传工作。但事实是，差不多每个人都在白宫发挥了严肃而重要的作用，从白宫办公厅主任到他以下的各层各级人员，每个人都得特别留意，都得思考自己如何在通讯宣传工作中发挥作用，都会扪心自问：我们应该如何传递信息，如何最有力地表达我们的论点？"联邦政府如此重视通讯宣传工作，是因为它与我们的切身利益密切相关："当今总统权力运作的关键，在于如何利用或如何慢慢渗入新闻机构，近距离接触美国民众，因为他们是你的政治力量的最终源泉。"[9]

白宫通讯宣传机制的作用

务实高效的通讯宣传机制需要多方协作,它能够发挥四种作用:拥护总统及其政策;解释总统的行动和思想;为总统受到的批评进行辩解;协调政府内部和外部总统的通讯联络工作。

白宫通讯宣传机制发挥的四种基本作用,有可能互相交织,难分彼此。这也正是此类工作难以顺利开展的重要原因。它们需要各种类型的人鼎力合作,而在日程安排上常常很难迁就所有人的意愿。拥护一项政策,一种立场,一项法律或一项方案,并不等同于发布与之相关的所有信息。既然不同的人以不同的方式解读信息,单纯发布信息往往会贻误时机,妨碍合作。

为总统辩解开脱,常常需要一种有别于拥护总统时采用的基调和行动日程表。通过协调各种立场和宣传手段、最大程度地支持总统,却反而有可能阻碍人们形成基础广泛的一致意见,因为犹豫观望者和持异议者会觉得自己受制于人,遭到轻慢、忽视和冷落。

拥护总统

每一位总统都需要通讯宣传团队利用能够推进其目标的各种活动和观点,支持他的政策、法律和纲领。总统和他的幕僚们越来越多地利用他们那高度发达的宣传机器为总统的纲领造势。宣传机构也会着力推销他的领导才能和他的政治关切。在这套井然有序的机制中,白宫人员确定他们希望采取什么样的通讯宣传行动以支持总统,比如统筹策划和撰写演说稿,然后使这些行动与立法议案的推出相协调。

要使自己备受公众瞩目今天已不像以往那样容易,因为人们不再通过传统的渠道关注新闻事件。由美国报业协会提供的对比统计数据生动地表明报纸读者急剧下降的趋势。1967 年,18 到 55 岁以上每个年龄段至少有70％的人每天读一份报纸。今天,35 岁以下年龄段只有不到 40％的人每天读报,35 到 54 岁年龄段中,只有 53％的人读报,55 岁以上的人群中,如今每天读报者仅占 67％,而在 1967 年,这个比例却高达 76％。[10]电视已成为人们日常交流的重要工具,但对于年轻人而言,互联网更是他们获得新闻的便捷途径。

总统和他的工作班子需要解决的另一个难题,是抢在批评者前面及早影响民意,促使他们在心目中形成对总统及其政策的好感。拥护总统这项工作特别富有挑战性,因为民众对某个问题的看法一旦在脑中确定下来,外人往往很难改变他们。首先,要得到他们的注意往往很不容易。[11]在向民众解释总统的行动方案和目标时,白宫通讯宣传工作必须尽快开展,而不要等到他就某些问题形成自己的看法以后。总统问题专家乔治·爱德华在其专著《论充耳不闻》中指出,公众先入为主的看法一旦形成,那就很难改变。"尽管总统有时能够确保公众支持他们本人及其政策,但他们改变民意的努力大多以失败而告终。"[12]深知改变民意之难,总统们往往致力于在第一时间形成民意,而不是在民众形成牢固的主见之后才开始介入。为此目的,总统需要一支善于抢占先机的通讯宣传团队,准备在他们仍能解释重大议题和总统优先考虑的事务的阶段,及时将主要精力集中在总统重点关注的工作上。

除了赢得公众好感这一通常的困难以外,总统如今置身于一个与反对者和其他政策拥护者竞相确定公众需求的工作环境。至于应该怎样尽量利用这些场合提出自己的决策议程,每位总统自有主见。在某种程度上,他的工作重点和具体表现将取决于他是在竞选还是执政(或两者兼有)。不论是哪种情况,他都应该为各种各样的拥护者制造并向其推销自己的信息。这些信息应该与其他需求竞相获得公众的注意和支持。

在提出并讨论重大议题方面,华盛顿自有其得天独厚的优势。该市许多市民都有长期供职于白宫的经历,深谙西翼如何运作者亦不乏其人。每一个游说团体都有若干公关人员。甚至当总统部署通讯宣传联络力量,以便提升自身形象、推行自己的议程时,其他人也在试图悄悄引人注目。2005年,美国约有12000到30000名国会注册的专职说客,如果加上没有作为说客正式注册的所有支持者,对议员或政府官员进行游说疏通的人员总数,将猛升至政治学家詹姆斯·瑟伯所估计的100000人。[13]这些人把握工作重点,调整行动,跟总统及其工作班子争夺媒体的时间和关注。

总统讲话

总统的政策主张和重大关切的最重要的支持者正是总统本人。总统周围的批评者们纷纷利用电视和其他媒介向心存疑虑的民众证明自己有理。迫于这种压力,总统只好增加演说的场次。总统及其助手可随时随地根据需要在电视上露面,他们越发频繁地利用这些额外增加的机会。有线电视,网络电视,无线电,电讯,加上报纸以及报社不断更新的网站,总统不乏表达自己观点的机会。

表1显示了小布什总统在其任期内公开露面的规律。在他任上长达6年的时期内,如果加上周六广播讲话,他平均每天发表1.6次演讲。在布什五年任期的三年中,他每年大约发表500次演说和评论。

表1　小布什总统可供新闻媒体报道的讲话和公开活动

	2001	2002	2003	2004	2005	2006	第一任期	第二任期至2007年1月20日	总计
向全国发表的讲话	7	4	7	1	7	3	19	11	30
椭圆形办公室	1	0	1	0	1	2	2	3	5
白宫其他场所	1	1	4	0	2	0	6	3	9
与国会联合召开的会议包括国情咨文和就职典礼	3	1	1	1	2	1	6	3	9
其他	2	2	1	0	2	0	5	2	7
周六广播讲话	48	51	52	52	52	52	206	108	314
讲话和评论	453	485	331	482	361	464	1772	836	2608
可供媒体报道的公开活动总计	508	540	390	535	420	519	1997	955	2952

来源:本表数据显示总统发表讲话或言论的各种场合。如果总统在发表"言论"之后随即与记者开展"交流",则两组数据分开统计,因为它们需要"通讯处"和"新闻办公室"这两个不同职能部门的工作。本表仅列出"言论"的有关数据,而"交流"的一组数据则列入表3。"言论"一类的数据见"美国总统文件和公开档案每周汇编"。

"美国总统公开档案"中有三类文献资料合并在一起,可反映出总统在公开场合发表各种评论的整体情况,这三类分别为"向全国发表的讲话"、"周六讲话"、"讲话和言论"。第一类包括国情咨文讲话、就职演说和题为"向全国发表的讲话"的讲话。广播讲话一类包括总统每周的广播和电视讲话,通常在周六早晨发表。

布什总统公开露面的规律与表2所示的克林顿总统的规律非常相似。如果每周以6日计,克林顿平均每天发表1.8次演说和评论。一旦有线电视开始正常转播总统演说,总统能够指望自己直接对选民产生影响,因为有线电视整场转播演讲,而不是像三大新闻网那样在晚间新闻中播放演讲的一些简短片断。在克林顿的后半个总统任期内,有线电视新闻的制作不再仅仅是有线新闻电视网,还包括微软全广新闻网和福克斯新闻。白宫1980年开通有线新闻电视网,1996年另两个频道开通后,随即成为白宫通讯宣传的一个重要媒介。

对于两届政府而言,鉴于总统讲话频率极高,需要精心谋划,以免其泛滥失控,同时还应确定讲话中什么地方与其目标有关。

表 2　克林顿总统可供新闻媒体报道的讲话和公开活动

	1993	1994	1995	1996	1997	1998	1999	2000—2001	1993—1996	1997—2001	1993—2001
向全国发表的讲话	7	5	3	2	2	5	3	3	17	13	30
椭圆形办公室	4	4	2	0	0	1	2	1	10	5	15
白宫的其他场合	0	0	1	0	1	0	2	0	1	3	4
国会	3	1	1	2	2	1	1	1	6	5	11
周六广播讲话	47	50	51	52	49	51	51	56	200	207	407
讲话和言论	410	475	426	531	438	545	567	645	1842	2195	4037
各类公开活动总计	602	530	480	585	489	601	621	704	2059	2415	4474

来源：本表数据包括国情咨文讲话和就职演说以及其他收入文件类的讲话，"向全国发表的讲话"见"美国总统公开档案，威廉·J.克林顿卷"。数据类型与表 1 相同。

确定政策议程

总统在美国政治体制中对政策议程的影响之大，远远超过其他任何一位官员。但他同时也面临着来自多方面的激烈竞争，包括内阁成员、国会里的反对党、利益集团、新闻媒体等。

为了让公众尽早了解政府工作的重点，总统手下人员利用一份时间超前的年历，认真思考该怎样统筹安排总统的各次讲话。通讯宣传人员首先逐一列出那些确须发表演说的社交活动，重中之重当属冬假之后的联邦政府预算报告，春末的毕业典礼，夏季的八国首脑峰会，初秋的亚太经合会，联合国大会开幕式，以及年末的预算谈判，都可由白宫列入本年度总统要务一览表。

按照白宫人员的看法，要把支持总统的工作做到位，关键在于控制公共事务议程。2002 年春天，卡尔·洛夫解释了布什政府如何牢牢地将其控制在手里。"在我们看来，年初有一段时间——今年和去年——我们能够控制事务议程，"他说，"然后，事务议程表开始固定下来，我们对重大事务有些失控，这也是意料之中的情况"。白宫职员应当将他们必须参加和他们意欲促成的重大活动汇编成表。"这就好比我们把有关内容汇总，最终等到一定的时候，再根据具体情况分门别类，决定我们该说些什么，做些什么。"洛夫表示，为了能够就重大事务展开一场讨论，你需要在白宫不同部间进行协调，具体说来就是立法事务办公室和战略议案办公室。

国会休会期间，白宫充分利用它的"缺位"加速开展工作。正如洛夫所说："我们去年采取了利用他们休会期的策略，今年我们仍将采取这一策略。绝对如此。他们不在华盛顿和他们刚刚回城之际,都是我们传递某种信息、统一民众思想的大好时机。"[14]在克林顿政府的后半任期以及布什政府任内,两位总统都利用了国会休会期,尤其是发表国情咨文前的休会期。

国情咨文

每年一度的国情咨文讲话,是白宫通讯宣传部门的一项中心工作。国情咨文对于一届政府的重要性主要体现在两个方面。每年发表国情咨文之际,是全国民众将注意力转向总统将说些什么的一个重要时刻,即便这种注意力的持续时间十分短暂。国情咨文在政界内部所起的作用也同样不可低估,因为它能让政府官员和华盛顿政界人士了解总统当年的工作重点。

在总统每年的所有例行演说中,国情咨文讲话的收听收视率当属最高。即使他们不至于从头到尾听完,也会从电视新闻节目中收听、从报纸上浏览部分内容。罗纳德·里根当政期间,相当多的人当时全部或部分收听或过后在报纸上阅读他的国情咨文讲话。里根的民意调查人理查德·沃斯林发现,几年间从来不听、不读他的国情咨文讲话的人数相对比较固定。里根自 1982 年 1 月至 1987 年 1 月发表了 7 次国情咨文讲话,每年对其一无所知的人数比例大致相当,变化只是在 30% 到 36% 之间,1988 年,这个比例为 43%。[15]沃斯林民调机构调查结果显示,受访者中每年约有48% 的人全部或部分收看克林顿的国情咨文讲话,有些人则是过后阅读有关内容。

克林顿时期的几次民意调查显示,受访者中全部和部分收看国情咨文讲话的人数分别为 50% 和 72%。而在 1990 年和 1992 年收看乔治·布什总统国情咨文讲话的人数却远远低于上列数字,分别为 40% 和 48%。[16]

鉴于国情咨文在民众心目中的显赫地位,华盛顿官方也同样停下其他工作,凝神倾听总统讲话。总统和他的工作班子将其视为宣传总统政纲和政策的一个重要时机。"国情咨文占据中心位置,"克林顿总统的第二任新闻秘书迈克·麦柯里说,"它已经被纳入本年度公关工作计划。它里面总是充满了各种主题和信息,随着工作逐步深入被你充实强化。你一再对它斟酌修改,直到 1 月底定稿。讲话发表之后,又与各内阁成员和正在外出视察的总统共同增加有关内容。"[17]

过去 30 年间,总统已经形成发表国情咨文讲话后外出巡视的惯例,以期根据不同地区的情况对其作出相应的修改。任何在总统发表国情咨文讲话当晚没有收听广播讲话的人,都能在当地听到总统的声音。然后总统重新

将注意力转向国会。克林顿总统和布什总统在发表国情咨文讲话以后外出
13　巡视数日，许多内阁部长也是如此，他们宣传政府议程的有关内容和总统国
情咨文讲话的主要内容。

根据麦柯里的说法，国情咨文"通常确定你与国会围绕立法议程需要随
即作出哪些沟通交流。然后你开始进入整个预算程序，在国情咨文中你将
许多自己的政策主张置于醒目处，条分缕析详加说明。而那份直到国会夏
季休会期你都在修改补充的工作计划，一般都列出了你在国情咨文中试图
确定和探讨的重大问题"。

凯伦·休斯用类似的语言描述布什总统的 2002 年国情咨文报告："你们
不妨看看我们今年具体做了些什么，我们首先谈论就业问题，谈论经济安
全，而经济安全真正意味着美国人民的就业机会。"在发表国情咨文报告之
前，总统于一月份数度外出，就劳工问题发表演讲，因为他深知自己在这一
问题上正受到激烈批评。"我们去了多家蓝领工厂，我们还去了加利福尼
亚，连续两星期谈论劳工问题，我们在那里为国情咨文制造舆论，采用的方
法在我看来有助于凸显经济和美国人民的就业这两个重点，"休斯说，"国情
咨文报告结束之后，我们的做法跟以往略有不同……我们进行了一系列的
后续演讲，扩展并进一步描述了许多没有在报告中详细探讨的国内重大议
题。"[18]总统在全国巡回演讲，视场合适当调整姿态，能够针对不同的群体谈
论与他们利益攸关的政府重要行动。

为具体的议题宣传造势

布什政府在 2002 年国情咨文演讲之后，开展了为期一月的常规工作，
主要内容是旨在突出三个基本政策领域的三大"支柱活动"，他们希望借此
使公众理解总统到底在做什么。正如通讯处主任丹·巴特莱特所说："用
通报情况的口吻说清我们在这方面的所作所为，我们基本上都可以提到国
情咨文，因为它概述了总统全年的若干国内目标——打赢反恐战争，保卫
本土安全，遏制经济衰退——知道下一年我们也会希望时刻回到这三个主
题上。"

通过强化这三大政策领域的显赫地位，总统和他的手下人员提醒人们，
在白宫认为事关民众切身利益的问题上，总统采取了哪些具体行动。"因
14　此，你至少可以思考，每个月采取哪些重大举措，传递哪些关键信息，"巴特
莱特说，"某个月你想谈论的话题始终离不开战争。某个月你总是设法使总
统谈论保卫国土安全，你想让他持续谈论失业人员关心的问题，谈论遏制衰
退，振兴经济。这一类事情你可以尽早权衡谋划。"[19]

布什的通讯宣传团队致力于尽可能有效地宣传若干他们确定的主题。

克林顿的通讯宣传班子则更加关注总统必须留意的听众，以及他们希望了解的内容。"我们通常依据两个因素，就若干重大问题提前做出决定，"继麦柯里之后出任新闻秘书的乔·洛克哈特1998年解释说，"其一，我们希望向一些团体发表谈话。我们在七月份的某个时间向位于新奥尔良的全美教育协会讲话。这是一个不容小觑的团体。我不知道该说些什么。其二，有时我们决定应该说些什么，并且去物色一个愿意接受这个信息并对有关话题感兴趣的团体。"[20]

有关事项逐一列入总统的议事日程，以便工作人员分析原因，并且由总统区分轻重缓急。鉴于总统承诺出席某些国内国际的公开活动，他和助手们应该仔细斟酌他为每个场合设定的目标。洛克哈特表示，某些演讲预约，是因一些权势者策划的社交活动所需。"总统承诺每年一度出席欧盟会议。他承诺每年会见一次鲍里斯·叶利钦。他每年还得几次出席联合国大会。日程表上有一些固定不变、势必由他本人亲历亲为的重要事项……我们的法宝是务必超前谋划，我们不断确定议事日程，而不是被动应对国会采取的行动。他在那些会上露面时，他的发言应该符合其面对的那些个人和组织的利益。他们的议程有可能干扰他的议程。如何将这种干扰降到最低程度，正是白宫官员面临的挑战。

白宫的通讯宣传班子应该跟其他政府机构合作共事，并且利用新闻机构的惯例。有人曾要求玛丽·玛塔林举例阐述她对游说本领的看法，她便谈到如何说服国会通过总统2001年的能源计划："此事委实棘手，因为……我们的能源立场立刻遭到普遍的不满。"它与环境密切相关。玛塔林和通讯宣传人员一旦着手工作，就围绕重点全面展开。能源计划出台之后，她便草拟宣传策划方案的初稿。他们的方案"极有条理，因为若非如此，它就不会受你控制"。[21]

无论事关能源还是其他重大议题，布什政府都认为地区媒体对于展现自己的公共形象是不可或缺的。休斯是强调这一点的另一位资深高官。"我认为我们作出的一个战略性决定——或许这是因为我们很多人曾在州政府供职，或许因为我有地方电视台的工作背景——我们都深深体会到地方媒体对于传播白宫信息的重要性……我认为我们在这方面的工作很努力，也很有成效。"

2001年至今，政府高官和白宫人员常常巡视全国各地，所到之处，都能安排当地媒体对他们的活动进行新闻报道。他们还对设在华盛顿的地区电台电视台发表谈话，主持白宫的电话会议和电视转播的会议。"当我们大批量处理新闻时，都是各个州依次进行，我们把地区媒体折腾得不轻"，休斯

15

说。她定期跟华盛顿以外的地区新闻界人士打交道，华府宣布设立国土安全部时，她就处于这样的工作状态。她同样还跟地区出版物的编委会交谈。编委会由新闻机构设立，作为一种工具，使地区最高长官和记者可能时与总统接触，退而求其次，也能和熟悉议题的白宫高官取得联系。"我们的办公厅主任在这方面做了大量工作，"休斯说，"我们有一个相当复杂的……地方媒体机制，向全国各地的地方媒体通报情况。因此，跟白宫记者团打交道的不仅仅是白宫新闻秘书办公室。"[22]他们的大部分精力都消耗在利用媒体事务办公室和地区新闻界打交道上。

解释总统的决定和行动

拥护总统不同于解释他的决定和行动。拥护总统，就得谈论你想谈论的话题，并且谈论的方式应该符合你的身份。解释总统的决定和行动，同时解答来自政府圈子内外的各种问题，都得提供佐证材料。

解释总统的选择

解释，说到底就是要让人们了解总统某项行动的背景。拥护总统的工作，由通讯处及其下属部门实施，而新闻秘书的职责，是每天解释总统的政策主张及行动。探讨某项政策如何产生，为何产生，探讨有关细节，这正是解释的应有之意。这也是总统在白宫期间新闻秘书每日两次所做的工作。克林顿和布什政府程度不同地吸收其他官员参加新闻吹风会，作为解释总统行动和决定的一条重要途径。新闻吹风会的情况将在本书第六章里详加讨论。

克林顿和布什政府不得不面临这样一种局势：他们是在新闻周期快于已知事实的环境里解释总统的行动。布什政府的一个例子表明，为总统的决定提供背景是何等困难。美国军队 2003 年 3 月开进伊拉克时，政府作出了安插随军记者的决定，致使战地记者早于将军获得重要军情。虽然政府官员对该决定表示满意，而要他们解释清楚美军进驻伊拉克的各个环节到底发生了什么，而不仅仅是记者部署的位置，却又并非易事。

随军记者计划的实施，对政府而言各有利弊，此外它还表明了预见各种困难的艰巨性。按照丹·巴特莱特的说法，该计划"有利无弊"。"好处在于，公众的感情日益投入，高度关注伊拉克的战局，因为他们有身临其境的感觉……关注我们士兵的战绩。"1991 年的海湾战争给人一种"若即若离的感觉"。军队开进科威特和伊拉克时，战场上却见不到记者。"它像是一场电视游戏。一点都不像是一场战争，因为你没有和他们一起观察感受这场战争。"在部队里安插记者的计划，将改变人们对美军在伊拉克的军事行动的"感觉"。

白宫预计,该计划能使公众切实感受到军事行动开始以后最初几小时部队行动的进展。巴特莱特说,他们根本没料到先进的技术手段能使记者的实况报道持续这么长时间。"我们从未想到,从技术角度而言,他们会取得如此巨大的成功,"巴特莱特说,"我们本来确信,军事行动开展48小时、72小时之后,他们就会失去……持续报道的技术力量。"他们对这些画面能在国内持续播放多久估计不足……由此也就带来了一些问题。

全国广播公司记者戴维·布鲁姆装备了他的"布鲁姆移动便携式"摄像机,像他这样的记者能够提供部队开进巴格达的全程摄像画面。只要调到全国广播公司早间的"今日节目",就能"每天早晨看到戴维·布鲁姆携带摄像机在沙漠里穿行,像狠狠开火似地持续开动他的摄像机"。一天早晨,"这里是戴维·布鲁姆,他置安危于不顾,他在……说……'我们48小时挺进了300英里'。随后,他们莫名其妙地原地驻扎72小时。其间,他的摄像机拍到的画面是部队在随意观望,一副无所事事的样子。他们不再往前推进。电视观众忍不住问:'为什么我们的人突然停滞不前?伙计,他们必须停滞不前。'其实,其他地区战事正酣,人们对此并不知情。这就好比仅凭一孔所见,观察整个战局……因为你如果跟踪一个随军记者,或者几个随军记者,你了解到的仅仅是冰山一角"。

由于记者与士兵同在前线,他们无需依靠将军介绍情况。"1991年以来形成的那种由将军出面介绍战局的施瓦茨科波夫套路",在和随军记者打交道时基本上不起作用,因为他们正在亲眼目睹战况,无需等待指挥机构返回卡塔尔多哈后向他们通报战况。战地记者向派驻多哈的本公司记者提供消息,将军们在多哈召开新闻发布会。"因此他们向驻在多哈的同行发来消息,声称,'我们刚刚获悉,一颗炸弹炸毁三辆坦克'云云,但却得不到他们(将军)的证实。"

白宫和新闻机构共同面临的难题,是如何为正在发生的战况提供背景,如何使战况与背景形成统一的整体。"那些试图为战局提供背景的记者,以及那些实地报道战况的记者,两者之间有很大的分歧。我觉得这是应该解决的难题",巴特莱特说。军事行动统帅托米·弗兰克斯将军不喜欢向记者介绍军情,从而使他们的处境变得更加困难。"问题在于,托米·弗兰克斯的作派与施瓦茨科波夫毫无共同之处。他不喜欢介绍情况……因此,我们当中明明有人能够出头露面,站出来把情况讲清楚,但就是不愿意出现在摄像机前。"[23]

18   随军记者计划赢得民众的广泛关注，造成他们对伊拉克战区军事行动的大量感情投入，媒体对事态的报道已不受政府操纵——新闻机构在这方面自行其是。主流电视网的随军记者不可能获准离开自己的部队，前往友邻部队实地采访战况，这些电视网还向巴格达派驻记者，而当地军方对这些记者的行动几乎没有任何控制。在一个十分看重权力控制的政府里，官员却失去了指导新闻机构如何报道战局的权力。幸好政府最终发现该计划的实施于己颇有裨益，因此没有试图中止对它的实施。记者和新闻机构也增加了工作的自由度，可以从各种不同的位置报道战况，而并不仅仅局限于部队。[24]

从理论上讲，解释总统的政策、行动及决定，是记者与官员利益颇为相近的一个领域。总统需要解释自己的决定，使公众真正知情，而记者希望了解这些决定和行动的背景。迈克·麦柯里解释了他任新闻秘书期间如何看待记者与官员之间彼此利益的共同点："真正的拥护者说到底只有一个，那就是美国人民。如果总统对他的方案颇为自信，认为他的方案能够造福于美国人民，那么从理论上讲，向美国民众尽可能多地传达关于总统目前行动的准确可靠的信息，也同样符合总统本人的利益。"[25]记者对有关总统目前行为和想法的准确信息很感兴趣。"如果二者的利益有什么地方发生冲突，那肯定是他们对何为重中之重的看法出现分歧之时。"麦柯里认为，随着总统与白宫实习生莫妮卡·莱温斯基的关系被媒体曝光，记者与总统在什么信息他们希望谈论的看法上产生了明显的分歧。麦柯里在新闻发布会上对这个话题讳莫如深，而记者们却一再要求他回答关于总统品行的问题。从理论上讲，政府官员能够看出他们和记者的利益在哪些方面重叠，但是白宫要在这一问题上继续保持主动性，实际上却比表面看起来更加困难。

总统会见记者

说到拥护总统的政策方针，在解释自己的见解时最能打动听众者，应是总统本人。无论总统的演说是长篇大论，还是寥寥数语，他都会用较多的时

19   间回答记者的提问。总统与记者之间有三种基本的交流形式。第一是总统的记者招待会。近些年的记者招待会可以分为两种类型：单独召开的记者招待会和联合召开的记者招待会。后者通常是与外国领导人共同召开。第一类即通常意义的传统记者招待会，由总统单独回答问题，一般持续约45分钟。在这类记者会上，总统接受10至15人的提问。联合记者招待会通常是与来美国进行国事访问的外国领导人共同举行。在总统与来访者宣读一份声明之后，他们各自回答由随访记者团及白宫记者团提出的为数有限的若

干问题。

　　总统与记者的第二种交流形式是时间短暂的问答会。由总统会见一批记者，即参加总统在白宫及外地重大活动的当班记者，此类场合显然无法容纳记者团全体成员。报界代表起草一份活动概况，分发给其他记者。电台电视台代表向同行提供音像资料。这样，记者和其他新闻采编人员即使本人没有到场，也能全面了解活动的进展情况。分别来自几大电讯社、电视广播公司和报纸杂志社的这一批当班记者，可以开始向总统提出一两个问题，此时总统或是在椭圆形办公室会见来宾，或是在玫瑰园刚刚宣布一项任命或提案，或是在南草坪即将外出旅行。白宫一般不会正式提醒记者总统将回答问题，这与事先通知记者的记者招待会不同。

　　总统与记者的第三种交流形式，是接受一名或数名记者的采访。哥伦比亚广播公司的专题节目"60 分钟"出现美军士兵在巴格达阿布扎比监狱虐待伊拉克战俘的照片之后，布什总统接受了阿尔·阿拉比亚和国际金字塔这两家阿拉伯电视公司的采访。[26]他在 2006 年 7 月动身赴俄罗斯圣彼得堡出席八国峰会之前，接受德国和俄罗斯记者的采访，阐述他访问上述两国的主要目的。[27]同年夏天，当布什总统因对日益加剧的中东危机反应迟缓遭致批评时，他同意接受福克斯新闻访谈节目主持人耐尔·卡吾托 8 月 1 日的采访。此类访谈有助于解释一种行动，或是将公众的视线转移到能够凸显总统政绩的某个方面。在接受卡吾托采访时，布什谈到了本届政府在振兴经济中发挥的作用。这次访谈在迈阿密举行，当地有许多犹太人急于听到他对以色列导弹袭击黎巴嫩有何反应。除了与卡吾托交谈以外，总统还与全国广播公司和福克斯公司驻当地的记者进行了交谈。

　　表 3 所示的布什总统与新闻媒体交流的规律表明，他在任期第一年与记者接触的频率相对较高，其后各年他在有关场合接受记者提问的次数呈不均衡分布之势。2001 年，他平均每周（5 日）与记者接触 4.1 次，而在 2006 年，这个数字下降到 2.4。但在 2004 年，总统发表了大量演说。他在连任选战期间一天发表多场演说，他的竞选班子因担心他被猝不及防的难题打乱阵脚，因而砍掉了一些他回答记者提问的场合。

　　总统执政伊始介绍自己的施政纲领和刚刚被他任命的官员时，需要通过正常渠道回答记者几个问题，这本身不足为虑。但随着批评者的出现和问题越发尖锐，此类访谈的频率也随之减少。问答式短会和单独召开的记者招待会在总统竞选期间被大幅度削减，因为它们存在着一定的风险。

　　联合记者招待会每年召开的次数多于单独召开的记者招待会，因为后

20

者有自己的规律。联合记者招待会的意义是外交大于国内政治。总统与来访的外国政要分别阐述双方会谈的情况。这符合双方各自的目的，因为它减少了来访者离开白宫后在总统缺席的情况下对会谈情况做出自己的解释的可能性。

表3　小布什总统与记者的公开会面

	2001	2002	2003	2004	2005	2006	第一任期	第二任期 至2007年 1月20日	合计
记者招待会以外的问答式短会	143	96	66	47	40	38	355	75	430
白宫，包括戴维营，空军一号专机，布莱尔宅邸	92	48	36	26	22	22	204	42	246
华盛顿特区	9	8	3	1	6	2	22	7	29
美国华盛顿特区以外的其他地区	32	31	18	18	7	8	99	15	114
国外	10	9	9	2	5	6	30	11	41
记者招待会	19	20	26	24	32	29	89	62	151
单独召开的记者招待会	4	3	4	6	8	10	17	18	35
联合记者招待会	15	17	22	18	24	19	72	44	116
新闻媒体的采访	49	34	45	69	45	55	209	96	305
接触记者的总次数	211	150	137	140	117	122	653	233	886

来源：这里列出的采访数据，系由白宫向本人提供，它们不包括那些不供报道的采访。源自"美国总统文件和总统公开档案每周汇编"的数据，仅仅体现了记者对总统进行的一小部分采访。采访者按照惯例拥有录音资料，且有权决定是否公布这些资料。然而白宫确实发布经过翻译的外国记者对总统采访的内容，因为它特别强调总统的言论必须有准确的英语记录。

"美国总统公开文件"有两类文件，"与记者的会见"和"言论与会见"，它们包括总统接受记者提问的会议和总统在对方提出问题之后的简短评论。这些会议因其时间短暂、参与者有限、有时仅限于某个专题而有别于总统的记者招待会。记者招待会包括"公开档案"中所列出的"新闻招待会"。

乔治·布什总统与记者接触的次数少于克林顿总统，而克林顿又高居近几位总统与记者交流次数的榜首。表4显示克林顿与记者接触非常频繁，尤其是在他任期的头两年。通过有关数据不难窥见两人的执政风格。布什总统在第二任期内增加了他单独会见记者的次数，而克林顿在第二任期内减少了这种会见的次数。这两种相反的趋势颇具意味，因为总统独自会见记者，这个场合本身最容易让总统碰到他平时讳莫如深的话题和事件。

表 4　克林顿总统与记者的公开会面

	1993	1994	1995	1996	1997	1998	1999	2000—2001	第一任期	第二任期	总计
记者招待会以外的问答式短会	242	142	107	125	122	88	99	117	621	421	1042
白宫,包括戴维营,空军一号专机,布莱尔宅邸	202	92	84	88	90	58	62	82	471	287	758
华盛顿特区	5	2	1	6	1	1	3	4	14	9	23
美国华盛顿特区以外的其他地区	26	28	12	19	17	7	9	18	85	51	136
国外	9	20	10	12	14	22	25	13	51	74	125
记者招待会	38	45	28	22	21	13	18	8	133	60	193
单独召开的记者招待会	12	17	9	6	7	2	6		44	18	62
联合记者招待会	26	28	19	16	14	11	12	5	89	42	131
新闻媒体的采访	53	80	35	24	16	36	36	94	192	182	374
接触记者的总次数	333	267	170	171	159	137	153	219	946	663	1609

来源:"美国总统文件和总统公开档案每周汇编"有"与记者的会见"和"评论与会见"这两类文献,它们指或者整个活动由总统单独回答记者提问,或者是通常总统讲话并回答记者提问后发表简短评论的活动。这些会议因其时间短暂、参与者有限、有时仅限于某个专题而有别于总统的记者招待会。记者招待会包括"美国总统文件和总统公开档案每周汇编"中列出的"新闻招待会"。年度数据系根据年历而非总统在任的时间计算。源自"美国总统文件和总统公开档案每周汇编"的数据不能体现记者采访总统的所有次数。克林顿时期的有些采访记录没有公开披露,尤其是报刊记者的采访。此外,克林顿时期的有些采访,尤其是广播采访,没有留下总统讲话的永久性记录。比如,2000年 11 月 6 日和 7 日,克林顿总统在其纽约州的府邸分别接受了媒体 21 和 27 次以"出门投票"为题的广播采访,没有这方面的文字记录。这些数据来自克林顿工作班底的内部纪录。一位上述访谈时在场的白宫人员称,这些采访是"一个一个记者接连不断与总统的交谈。我们于 6 号周一下午大约从 2 时开始,直到当晚 7 点 30 分结束,"她说,"然后 7 号从早晨 6 点 30 分到 8 点,再从上午 9 点 30 分持续到下午 2 点"。我还补充了没有列入公开档案的一些电视访谈,它们源自白宫人员内部保存的一份清单:"威廉·杰弗逊·克林顿:总统电视访谈录 1993—2001 年"。

撇开数据暂且不论,应当指出的是,克林顿和布什都比较频繁地回答记者的提问。为了对提问做好充分准备,总统需要手下人的强有力配合,需要他们搜集可能提出的问题及其答案的有关资料。我们将在第七章看到,两位总统为会议进行准备的方式尽管各有不同,但都有手下人员参与准备工作。

为总统受到的批评进行辩解

与拥护总统或提供记者愿意接受的解释不同,为总统辩解开脱需要另外一套策略、技巧及时间表。带有保护性质的通讯宣传工作,纯属应对性质,需要一份短期日程表。每当总统及其幕僚或内阁官员犯下错误、招致批评或面临意料之外的突发事件,都需要祭起这一法宝。有时总统采取了一个颇具新闻价值的行动,批评者们却会将其视为大好时机,抛出在记者看来同样有新闻价值的言论,以此悄悄吸引公众注意。这种情况下也同样需要采取保护性措施。

一旦什么事情牵涉到总统,批评者会立即采取行动。2006 年初,布什总统决定由行政管理和预算局长乔舒亚·博尔顿接替安德鲁·卡德出任白宫办公厅主任,他的批评者随即抛出若干份报告,其中都含有对政府的预算政策和博尔顿在其中的作用的指责。布什总统早晨 8 点 31 分在椭圆形办公室宣布这项人事任免决定,9 点 52 分,民主党全国委员会就发表了一项抨击博尔顿的声明:"从对国会卡特里娜救济设置障碍,到老年保健医疗药品补助的高额支出,编制一份各项开支将于 2009 年大大超过警戒线的'泡沫预算',再到掩盖本届政府财政赤字飙升的真正原因,乔舒亚·博尔顿对本届政府长期以来一系列的政策失误难辞其咎。"[28]民主党全国委员会作出这番表态不久,和众议院多数党领袖南希·佩洛西一样,参议院少数党领袖哈里·里德也批评了总统对博尔顿的任命。

11 时 11 分,在民主党全国委员会和国会民主党领袖表态之后约一小时,"美国发展中心"这一由前克林顿办公厅主任约翰·波德斯塔操控的智囊团,发表了它对刚刚获得总统任命的博尔顿的指责:"用乔舒亚·博尔顿取代安迪·卡德,好比在泰坦尼克号的甲板上重排座位。"和民主党全国委员会一样,美国发展中心发布了博尔顿其人的简要背景资料。[29]这些资料随着播出该项任命的早间新闻一经披露,便引来当天下午电视转播的新闻发布会上记者们的一片质询。

当各种攻击铺天盖地向总统袭来亟需他快速作出反应之时,新闻秘书便成了白宫应急救援队的中心。新闻秘书通过在白宫与新闻机构之间进行斡旋帮助总统脱身。迈克·麦柯里以精于此道的新闻秘书而著称。在克林顿总统的竞选连任活动结束之后,联邦政府向记者们提供了与他们在最后几周提出的问题有关的资料,试图以此为白宫与媒体关系的新开端铺平道路。记者们想知道克林顿总统是否曾利用白宫作为与一位名叫詹姆斯·S.里亚迪的印度尼西亚巨富讨论政策的地点。

为了回应记者对更多细节的要求,麦柯里和通讯宣传人员透露了相关信息。例如,选举结束之后,麦柯里约请《纽约时报》的斯蒂芬·拉巴顿,向他提供了詹姆斯·S.里亚迪十几次造访白宫的细节,其中有几次曾与总统一起探讨贸易政策。[30]"我们在 1996 年大选结束后立即着手,直到 1997 年,持续抛出大量信息,为总统连任扫清障碍。"麦柯里通过披露大量信息,挽救总统因非法筹集竞选经费丑闻曝光而面临的危局。"我们抢先一步发布大量消息,这样国会就不能利用它们击败克林顿,可我认为我们并未因为乐于提供信息而博得媒体的一次特别赞誉。"[31]

竞选筹款材料的出炉,并没有使那些一心要置克林顿于死地的记者们善罢甘休。麦柯里详细叙述了白宫人员在总统遭到指控期间如何不遗余力地向对方提供各种材料,有人却指责白宫极不情愿出示有关材料通报相关信息,他对此深感痛心。"我记得当时的情况——豪威尔·雷恩斯和他的《纽约时报》的那帮编辑,还有《华盛顿邮报》的那帮编辑,他们真让我恼火,他们说白宫总是极不情愿地往外挤出那么一点点可怜的消息。实际情况却是,我连续两星期把这些记者请进白宫,让他们和(白宫副高级顾问)谢丽尔·米尔斯坐在一起,他向他们出示了我们所有的记录。"

为总统辩解,还要求新闻秘书能对事实或者某些新闻报道的观点持反对意见。阿里·弗莱舍记得自己曾经指出电视上一则关于总统 2002 年 6 月 10 日在华尔街演讲的报道有误,从而使布什总统的心理得到安慰。弗莱舍曾分别致电公共广播公司"新闻一小时"节目主持人吉姆·莱雷尔和哥伦比亚广播公司驻白宫记者约翰·罗伯茨,谈起他们晚间新闻节目对总统讲话的报道:"哥伦比亚晚间新闻开始就提到总统试图通过华尔街救市恢复金融界信心,但'总统讲话两天以来,股市已经跌了 480 点'。我对这种说法很不以为然,因为它等于向人们暗示,两者之间存在因果联系。实际情况是,股市在总统讲话一个半小时之后上涨了 26 点,再过一个半小时后又开始骤降。这些才是真相……我提醒吉姆[勒合尔]将这一点与股市的表现联系起来——谁也不知道这些股指为何上涨或下跌。你怎能将股市与总统的讲话联系在一起,尤其是股市强劲上扬后又走低时。"

27

在弗莱舍眼里,布什对待媒体批评有可能像克林顿一样敏感,对付它也像克林顿一样果断:"嗯,如果他认为某人不公平,如果他认为某件事很不对劲,他会打来电话吩咐:'这事你得管一下。'"总统被记者惹恼时,通常会要求自己的新闻秘书出面处理,此时秘书应尽量使总统和新闻机构之间展开对话。弗莱舍举了另一个例子。"特里·莫兰曾向总统提出一个问题——该问题曾使哈根(能源公司)股备受争议——结果总统对特里相当恼火。但我告诉总统这并非特里本意,特里提出这个问题,是受了他的编辑们的指使。"新闻秘书常常替记者开脱,说他们提出一个令人反感的问题或看法,准是某个编辑死磨硬缠的结果。"但是总统依然怒气未息。不过我正好可以乘机让总统明白,他们为什么会那样做。我还是认为我们得和特里沟通一下。"[32]莫兰对弗莱舍是否打电话给他已经印象模糊了，但他清楚地记得他自己当时提出那个问题，并没有经过哪个编辑的授意。[33]

评估通讯宣传工作的成绩

保护总统的另一个方面，是对通讯宣传工作的效果作出评估。按照一般常规，通讯宣传和政治人员搜集有关信息，以评估他们宣传工作的有效性，方法是与他们在政府、党派和利益集团里的盟友交谈。最近一些年，通讯宣传人员开始在总统及高层官员访问过的地区搜集能够反映他们的宣传工作如何被当地新闻界报道的信息。他们还采用传统的方法评估自己的工作：收听电视新闻，阅读当天的报纸。

白宫直接用以检验其新闻报道覆盖面的一个基本工具，就是每天在高层官员之间散发的"白宫新闻简报"。白宫官员通过简报可以了解国内国际媒体对政府主要工作开展报道的情况，包括国内主要报纸的新闻和时评专栏以及电视网和有线电视的新闻节目。每期简报都在显著位置上登出总统高度关注的一个重要议题，并且标明国内主流媒体对其加以报道的不同方式，有时也包括地方媒体。例如，占据 2003 年 12 月 3 日白宫新闻简报中心位置的，是总统在钢铁关税问题上的两难处境。本期简报介绍了多家媒体对这一专题及总统昨天视察匹兹堡的报道，其中包括美国广播公司、哥伦比亚广播公司、《匹兹堡新闻邮报》、《匹兹堡论坛报》、《今日美国》、《华尔街时报》、《华盛顿邮报》、《纽约时报》、《洛杉矶时报》、KDKA 电视、WPXI 电视和 WTAE 电视。[34]

此外还有其他工具可以检验他们的工作。白宫通讯宣传部门在检验其工作成果方面已经变得更加专业。他们利用白宫的政治机构和经常设在执政党全国委员会总部的民调机构从事检验工作。政治学家劳伦斯·雅各布和罗伯特·夏皮罗阐述了民意调查对于最近几位总统的重要作用。[35]总统职务纯系公职的观念，一方面指总统随时都在了解民意，另一方面又表明总统应将自己的形象和工作重点展现在公众面前。选民对总统十分重视的设想和议题了解多少怎样看待，总统在他们心目中形象如何，总统及其幕僚都想知道他在这些方面多大程度上与民众立场一致。正如雅各布和梅拉妮·伯恩斯所说："总统说什么，怎样说，何处发表自己的见解，能够起到让白宫了解民意的作用。"[36]民意调查是总统的助手用以了解民众如何看待总统及其见解的一种主要工具。

布什总统的政治事务助理卡尔·洛夫，在民意评估过程中发挥了一种举足轻重的作用。洛夫强调了民意调查的重要性，并且注意到在收集了大量民意的他的办公室里，"他们在估量重大议题对时局的影响"[37]。他们想要知道民众对重要问题重要人物带有倾向性和一致性的见解。

总统本人的反应对于检验他们的行动成功与否起到了决定性的作用。总统在多大程度上愿意服从媒体对他领导的政府的宣传报道,对所见所闻作出什么反应,这两者构成了衡量通讯宣传团队成败与否的标准。弗莱舍强调指出,若要准确评价通讯宣传工作的效率,就得时刻掌握媒体的动向。他表示,代表总统听别人说话,说穿了就是要用心倾听。接着,他开始详尽地谈论布什的阅读和倾听习惯。"他很好学,肯动脑子,尽管他并不显露出这一点。""他读报相当认真,读完后跟我一起大声议论一番。几乎所有的报纸,国内各大日报,任何一种报纸,这些他都要读。他喜欢在陷入新闻重围时声称自己遭到了新闻封锁。这是他说的玩笑话。他不大看电视新闻。他会通过我或布什夫人了解电视新闻。碰到某个发生热点新闻的重要日子,他会在新闻联播结束后打来电话,问我'情况怎么样了?'不过他读得很多。"

克林顿和布什政府的通讯宣传人员都承认,他们为衡量自己的宣传游说功夫是否奏效付出了不少努力,但这些努力往往带有倾向性,往往凭借印象,缺乏综合性与科学性。阿里·弗莱舍将其归咎于缺少认真回顾和评估的时间:"这大概就是政府部门办事效率不及私营部门的地方。我们的工作节奏常常太快,无暇回顾以往,我们依靠一套单凭经验分析和统计的机制。照我看要是不靠直觉,你们肯定干不了这个。"

结果,他最喜欢依靠杂乱无序的印象,随意扩散的流言,以及他们试图影响的媒体。每天结束时,都有一次新闻汇总例会。"晚上6点15分,我们聚在一起,把所有情况梳理一遍,然后每个人汇报一下从媒体获得的消息。"[38]每人依次介绍自己以怎样的形象出现在电视上,汇报当天跟媒体打交道的情况。新闻秘书斯考特·麦克莱伦和托尼·斯诺每天结束时也都召开同样的工作例会。

协调总统的宣传工作

30

通讯宣传班子与政府其他部门和私营企业里的支持者共同协调白宫的宣传工作。他们协调政府各部局、国会的盟友以及白宫在州、地区一级的盟友之间的关系。此外还有一些利益集团,它们支持政府的工作,并且与白宫合作共事,意在通过新闻媒体向特定的选区宣传自己的政策。

只要考虑一下白宫怎样跟行政部门各下属机构合作,就不难看出这种协调机制是如何运作的。在本书论述克林顿和乔治·布什政府的两章里,我们也将探讨其他几种类型的协调,例如协调总统的竞选连任运动。

在多个权力中心竞争重大议题支配权的政治体系里,一个行政部门被分割为许多下属机构，一个新闻领域也有到处分布的媒体渠道，只要其他行政机构辅助性的公关努力能助总统一臂之力，就可以增加他达成基础广泛的默契的可能性。为此原因，总统和他的工作班子极为重视通过白宫通讯宣传部门的努力调整自己的信息。除了通讯部门以外，这种调整还涉及到其他一些机构，如办公厅主任办公室、政治事务办公室、行政管理办公室以及国内政策委员会。他们协调自己与行政各部、局以及国会中的政府支持者的关系。

调整行政部门内部的宣传工作

协调通讯宣传工作，需要动用白宫及其下属各部、局的所有资源，包括内阁部长和局长。在跟其他人打交道时，白宫官员试图利用他们广泛的资源，以宣传总统的工作重点。白宫官员作为总统的代理人现身某些场合，就像财政部长约翰·斯诺 2005 年谈论社会保险改革一样。联邦政府出台了一项方案，旨在宣传总统支持社会保险改革的一些个人意见，白宫和财政部官员为此不遗余力，用他们的话说就是"60 天 60 站"[39]。在这场为时 60 天的宣传运动中，下列官员所到每站都发表了演讲：布什总统演讲 18 站，切尼副总统 5 站，财政部长斯诺 13 站，社会保障管理局官员 29 站，商务部长卡洛斯·古铁雷斯 5 站，财政部官员 7 站，卫生与公众服务部长迈克尔·莱维特 5 站，劳工部长赵小兰 10 站，住房与城市发展部长阿尔方索·杰克逊 5 站，小企业管理局长赫克托·巴雷托 13 站，另有数位白宫官员。副部长们也同样参加此项活动。政府各级官员都感到有人召唤他们参与推销总统提案的活动。可惜这场声势浩大的运动未能全面获胜，未能赢得公众和国会议员的普遍支持，甚至是总统所在的共和党内一些人士的支持。

布什总统从入主白宫的第一天起，就对建立有序的通讯宣传机制一直高度关注。他清楚地表明，他想让白宫的通讯宣传队伍协调其与行政部门下属各机构的公共关系成为一种惯例。他的第一任办公厅主任安德鲁·卡德深知与各部局协调宣传工作，是自己职责的一部分。"我确信我们的通讯宣传班子不单是白宫里的一个工作团队。它是效力于政府行政部门的一个团队。"[40]

作为各部门间协调工作的一个方面，公共关系官员定期晤面。布什通讯宣传队伍的头面人物，也与各部局的公关人员定期会面。接替休斯出任通讯主任的丹·巴特莱特，解释休斯在白宫期间这些会议召开的原因：他们试图"每月一次会见各部局负责公关事务的官员，（集中探讨）比较重要的事态"。这种平均 4 到 6 周举行一次、地点经常设在罗斯福办公室的会议，在布什任期内一直持续至今。

　　白宫内部还有各部局每天参加的新闻事务协调会。新闻办公室就当天新闻的相关问题每日跟各部局保持接触，为新闻秘书每日两次的新闻发布会做准备。"我们的新闻办公室每天召开一次电话会议，我们称其为近在眼前的目标：处理当日或最多的明日新闻"，巴特莱特说。白宫通讯班子还同时就长远问题与各部局的公关人员打交道，主要途径是在白宫召集会议，讨论可能采取的宣传举措。"不过我们的做法却是，把他们请进来，告诉他们，'这是未来几周总统将集中精力解决的问题……你有何高见？几件事情与此有关，需要得到你的帮助或配合'。"

32

　　在有些情况下，巴特莱特还以个人身份与这些公关官员交往，尤其是供职于国务院和国防部的官员。"通常针对某个问题，取决于具体的部门。我跟托雷（·克拉克）在五角大楼每周至少交谈3到4次。我跟（理查德·）布歇在国务院交谈。"除了每天与国务院和国防部的公关人员接触之外，巴特莱特还就特定的议题与其他部局的公关人员晤谈。例如，他曾与住房和城市发展部公共事务局长一起讨论"'住房拥有月'（六月）。她想将他们正在做的一切和盘托出。这就是我为数众多的正常接触中的一次"。此外，巴特莱特还与华盛顿政界以外的人士交谈："不管是来自州议会的人，还是州议会以外的人，我们之间的交谈都不拘形式，没有一本正经的味道。他们是我信息的非正式来源，或者说是我的眼睛与耳朵。"[41]

　　在接下来的两章里，我们可以看到克林顿和布什政府如何利用他们的通讯宣传队伍制定旨在拥护总统及其各项政策主张的方案。我们还可以了解他们如何利用各种途径，解释总统的行动和决定，回应各方对总统议案的质疑。两个政府都在白宫建立了足以应对总统面临的危机的保护性机制。协调与沟通也是两个政府通讯宣传队伍平时工作的一个重要方面。

第 2 章

克林顿总统的通讯宣传机制

　　一项对比比尔·克林顿和老布什政府的研究表明,白宫通讯宣传机制中存在若干一成不变的要素,同时也存在一些差异。克林顿和老布什政府这方面的工作皆由基本的通讯事务部门负责,尤其是通讯处和新闻办公室,但其工作方式颇能反映两位总统不同的个人风格和入主白宫时的不同作派。两个政府都各有一套有效的通讯宣传机制,但却产生于他们各自任期内急需某种实力的不同阶段。克林顿的工作机制以灵活多变而见长,布什的工作机制则以严谨务实、部署周密而著称,尤其是在总统的第一任期内。

　　布什入主白宫时,通讯宣传机制已经落实到位,而克林顿上任之初情况却远非如此。经过一段时间,克林顿政府的通讯宣传工作的格局才最终确定下来。克林顿 1993 年 1 月正式就任总统时,他的各位内阁成员已经配齐,但其白宫工作班底尚在组建之中,其中多数人是在总统就职典礼不足一周前才接到任命。只有少数人利用两三个月时间培养自己任职的"感觉",学习如何与他人合作共事。在克林顿任内的第一年,希拉里·克林顿在白宫的角色定位始终混淆不清。戈尔副总统是堪可倚重的主角,因为他是班子中唯一有国会工作经历的人。鉴于总统期待他工作班子的每一个成员能够成为处理很多不同问题的多面手,因此既没有把他们的工作限制在特定的职责范围之内,也没有安排他们参加某些会议。随着时间的推移,这种松散的体制催生出一位以强化组织重视计划为己任的得力的办公厅主任。

　　克林顿的通讯宣传工作机制反映出组织发展的一般规律。克林顿上任之初,由于缺少专门负责计划统筹的人员,通讯宣传工作呈现出率性而为、不循章法的特点。人事任命中职责界限不明、相互重叠的现象,也同样反映在通讯宣传领域。例如,乔治·斯蒂芬诺普罗斯既是通讯主任,又履行新闻秘书的一部分职责,其中包括主持每天下午的新闻发布会。此外,他还参与制定政策。

　　尽管通讯体系日趋严密,但从来没有哪一个人或是哪一个组织部门负责白宫的宣传事务。它始终是一个团队整体的工作,克林顿本人参与事关政策和宣传的所有重大决策。大多数这些决定都是在小组会上做出的,例如住所会议以及由几任办公厅主任召集的清晨例会。决策和通讯宣传方面的决定由若干受命处理具体问题的小组实施。

　　这些小组筹划有关事务活动的本领显著提高,但他们最为人知的还是快速应对突发事件的能力。他们在 1992 年总统竞选活动中处理初露端倪的事态的技巧,已经成为本届政府通讯宣传工作特有的优势。无论是推行某些具体的政策,或是对付一个骤然出现的丑闻,本届政府的若干通讯特别行动组都能充分有效地利用克林顿总统及其幕僚。

上任之初

　　克林顿上任伊始,在他涉足的所有领域,不单是通讯宣传,开局都颇不顺利,可谓起步维艰。[1]他的工作作风表明他不愿受到过多约束,对于说什么、对谁说、何时说往往无所顾忌。"我不愿成为一个生硬刻板的总统",克林顿总统 1993 年对他新任命的顾问戴维·葛根说。"我不想成为一个总是束手无策的人。我想成为一个坐在驾驶座上、捉摸路在何方的人。"对此葛根认为:"他得出的结论很正确,但他很难抵御那种诱惑。"[2]在他上任之后一年半的时间里,他常常是头痛医头,脚痛医脚,少有利用组织资源未雨绸缪之举。[3]

　　公众从电视和报纸上看到克林顿无处不在的形象。天底下很少有什么问题他不能侃侃而谈,很少有什么问题他不能从容应答。"第一次登上总统宝座,他为自己顺利赢得选战、将现任总统淘汰出局而踌躇满志,因此他从来不对我们的问题避而不答",效力哥伦比亚广播公司的资深白宫记者马克·诺勒说,他在克林顿八年任期内一直采访他。[4]"如果我们大声提出一个问题,他会驻足而谈。每次他走过我们身边,我们大声提出一个问题,他脸上微露愠意,随即简短作答。"

　　在上任之初的头两个月,总统对创建高效有序的通讯宣传机制并无兴趣,但也确曾为此目标作过一些努力,那是在他几番受挫,无法把公众的注意力引向他关注的重大问题之后。克林顿执政三个月之后,《华盛顿邮报》头版出现了这样的大标题:"帕尼塔:总统在国会山陷入困境。"下面的副标题更是一语道明:"议程受阻,贸易协定夭折。"预算主任列昂·帕尼塔在向一群记者发表录音讲话时,对本届政府在经济、医疗卫生、援助俄罗斯以及

35

签署北美自由贸易协定等方面的表现颇表疑虑。本周是宣扬新政府运作以来百日政绩、从而为将来的议程继续造势的关键一周，对于白宫如此寄予厚望的一周，这确实是一个令人失望的开端。

此时，在媒体事务办公室，主任杰夫·艾勒及其助手正在准备散发几千份盛赞总统政绩的书面材料。"我们取得的成绩有目共睹——经济稳步发展，医疗和社会福利改革全面展开，兵役推行新政，等等——凡此种种，都为美国中产阶级取得成绩、不断进取、施展抱负提供了新的机遇，同时也为我们大家指明了新的方向。说它是美国百业振兴的一百天，此言并不为过。"这是"白宫本届政府百日政绩评估报告"中的一段话。白宫高官帕尼塔访谈录，持续两日占据头版篇幅，作为传统的"新政百日"系列宣传短文的开场白。媒体事务处的材料并未引起新闻界的注意——就像将木瓦盖在漏雨的屋顶上一样徒劳无益。据说克林顿总统一开始对事态如此转变深感"郁闷和烦恼"。但等到帕尼塔公开表明自己的观点后，他开始支持他的预算主管。"我需要他来振作精神，"克林顿说，"他昨天情绪低落，因此日子很不好过。我想给他打打气。我不想惩罚他。"[7]

如果克林顿在加强通讯宣传工作的规范管理方面表现得无能为力，他的工作班子在这方面也同样难有作为，这常常使他处于不利的境地。此外，他的手下人员有时为他安排一些他几乎无法控制的活动。在克林顿执政初期戴维·葛根正式主管通讯宣传工作以前，市政厅一级的会议有时居然被安排在白宫玫瑰园举行，这种缺乏计划的混乱局面使总统深受其害。哥伦比亚广播公司"今晨"节目的主持人哈里·史密斯、保拉·扎亨与大约200名游客同时出现在白宫大门外面。

史密斯首先质问总统，他的民意支持率近来何以连连走低，随后又对他发表了一通在许多人看来堪称奇耻大辱的人身攻击。"我知道你不在乎这一套——这种民意测验。你大概从没在乎过，对吗？民意测验的反对票现在超过了支持票"，史密斯说。"我认为美国人民愿意看到你成功，但是我今天早晨就想看看有多少人举手——不会单单因为你在玫瑰园而吓破了胆——（笑声）——你们认为他会有长进吗？"他告诉总统："许多人都有那种感觉。"他接着又问总统："是什么出了纰漏？"总统向电视新闻主持人提供了一个场合，被他用来怂恿普通选民公然表示对这位大人物的藐视。克林顿总统心里默认主持人的假设，口中答道："我们的工作做得很糟，没能驱散笼罩着这座城市的烟雾。"[8]

克林顿在就华盛顿烟雾口出怨言的同时，也吃够了他认为对其政绩视而不见的新闻界的苦头。1993年初克林顿入主白宫时，对竞选期间自己遭到劲敌的种种指责依然耿耿于怀。在 1993 年春天美国报业协会年会的一次问答会上,克林顿描述了他的政府几乎完全听任记者摆布他却对此无可奈何的现状。"当你不再参与选战,当你必须坚守岗位开始工作时,不管媒体对你怎样报道,你只有乖乖听其摆布的份。"按照他的思维方式,他的 160 亿美元经济刺激一揽子方案最终未获通过,但毕竟一项预算方案经过他努力斡旋最终达成协议,而新闻媒体对前者的报道量,竟然是涉及的资金总量远远超过 160 亿的后者的 50 倍。他认为预算决议之所以受到媒体的轻视,是因为它最终取得了胜利,而没有遭到失败。他说:"因为我们最终赢了。我们此番获胜,是在一个前所未有的时期,而且速度极快。"[9]

总统如果总是愿意应对别人提出的问题,就会为此在一定的政策背景下承担各种后果。他的日常工作很快受到影响,那些需要引起他注意的人常常跟他过不去。他本想用以讨论经济的精力,被转移到一些使他丧失政治支持的次要问题上,诸如军队同性恋问题。他花了一年多时间,逐步建立起一套受到严格制约、服从他的意愿、对重大问题及早并经常表态的组织与程序。他知道他有一个能够替自己承担一部分工作的通讯宣传机构。

第一步是任命戴维·葛根为总统顾问。葛根曾供职于前三届民主党政府,在里根总统任上以公共关系大师而著称。"我遇到了麻烦。我需要你帮助",一次克林顿午夜过后打电话给葛根,跟他聊了 30 分钟,请他来白宫工作。葛根回忆说,克林顿总统提到的以下几点深深打动了他:"我的经验和能力如何能帮助他摆脱困境。我如何能够在总统与媒体、民主党和华盛顿我所尊敬的人之间起沟通作用。而这些对国家是何等重要:我能否考虑考虑?"[10]

葛根在后来的白宫岁月里与许多记者建立了建设性的关系。他的个人经验与这些关系在他担任总统顾问期间令克林顿获益非浅,白宫人员对记者报道政府事务时他也在场颇有微辞,但他的建议于总统颇有裨益,对北美自由贸易保护协定获得通过更是功不可没。[11]

克林顿对于通讯宣传的新的希望,反映出他对白宫组织机构的思考也有了类似的深化与提高。总统专门方案副高级顾问布鲁斯·林赛也许与他关系最密切,他说克林顿引入白宫的一套决策程序,"并不真正井然有序"[12]。克林顿任命他小学时代就已结识的阿肯色州的朋友托马斯·麦克·麦克拉蒂为白宫办公厅主任,政府因此缺少一种能促使其积极从事宣传工作的统一性和专业性,在这方面难有建树。

到 1994 年底,已经被自己在公共关系上的屡屡失误搞得焦头烂额的克林顿,认为他的政府需要一支顶级的通讯宣传队伍。他充分认识到吸引公

37

众注意他治国理政的表现的必要性，有效利用新闻媒体在他势在必行的诸项改革中位列第一。第一夫人希拉里·克林顿也做出了同样的调整。到第二年，希拉里对政府的全民医疗保健计划的宣传推销以失败而告终，她由此悟出了通讯宣传在决策过程中的重要性。她保留了她在西翼的办公室，有史以来为总统配偶设置的第一个办公室，但到1994年，她已不再被视为政府决策过程中的重要角色，除非临时应召与会。[13]例如，她不参加总统与高级助理和政治顾问讨论行政议案的每周重要的行政住所会议。

克林顿卸任之后，曾经表示他认为自己执政初期主要有两大缺憾："我在内阁工作上投入时间过多，几乎无暇顾及白宫的工作班子，我很少考虑该如何使公众高度关注我工作议程中的第一要务，而不要竞相挖掘那些至少会分散公众对重大问题注意力的新闻题材，而且最糟糕的是，它们会使人产生我很轻视这些重大问题的错觉。"不过，经过任上一段时间的历练之后，他开始用较多的时间挑选他的高级白宫幕僚，并且学会了牢牢锁定自己主要的政治和政策目标。[14]

拥护总统

克林顿总统逐渐形成自己对通讯宣传工作的成熟的见解，主要基于两个方面：一是他上任之初因媒体对他经济一揽子计划宣传力度不够而心怀不满；二是人们形成的一个共识，即总统应该使公众对他的重大问题予以高度关注，并且利用媒体达到这一目的。他与他的白宫班底逐渐建立了一套工作机制，经过深思熟虑，认真策划，俾使那些对总统而言关系重大的问题，如愿以偿地得到媒体关注。总统演说是拥护总统议案工作中的一个重要组成部分。

按照约翰·波德斯坦的说法，克林顿总统对自己的演说极为重视，波德斯坦在担任白宫办公厅副主任后又接任主任期间，一直悉心研究总统演说的套路及风格。他说克林顿总统为在演讲中使用民众易于理解的语言常常绞尽脑汁，煞费苦心。克林顿"果断地删去那些晦涩难懂的词语。把它全部删掉。这是废话。他最喜欢说的就是'词，词，词'。他有时删掉一个词，仅仅因为它……好听但毫无意义"。

他在演讲过程中另一值得称道之处，是他特别强调自己所讲的内容必须为普通民众所理解："每次你将一份讲稿放在他面前，他都让你站在他座位边。他会用心推敲一个短语或一个词——我将要发表无人注意的广播讲话——因为他将公共演讲视为真正帮助人们理解他目前的所作所为以及下一步行动目标的机会。"他将大量时间用来准备国情咨文:"它不仅仅是计划方案。他其实是想通过它讲述一个故事,告诉人们路在何方。我想,他可能认为民众没有多少机会听他原原本本地讲述自己正在思考什么,讲述他自己认为什么重要,讲述在他看来民众应该认为什么重要,这个国家的出路在哪里。"[15]他想尽可能利用这些机会,因为他知道大量民众正在从头至尾聆听他的演讲,而不是电视新闻30分钟的内容摘要。

克林顿总统借演讲之机唤起公众意识的一个例证,是他就全球性气候变暖发表的谈话。1997年10月初,在全球气候变化大会当年深秋于日本京都召开之前,克林顿在白宫东室发表演讲,他的听众由来自全国各地的电视气象预报员组成。克林顿和他的通讯宣传班子想跟一群远离政治的听众面对面接触。此前两个月,参议院以95比0的票数抵制了对发达和欠发达国家没有作出限制的京都议定书。在民众对美国参加京都协定普遍持冷淡态度的背景下,克林顿总统试图提高人们对全球变暖会怎样影响社会的认识。

在开场白中,克林顿总统探讨了让民众充分认识一个尚未显然可见的问题本身的艰巨性,他说在认识很多问题时都会遇到极大的困难,不仅仅是地球缓慢经历但不可避免的气候转暖。"如果我们遇到的问题,是一个显而易见、实际存在、可见可感的危险,我们立刻就能明白,"他说,"我们是怎样登上月球的? 因为俄国人把我们逼上太空,所以我们知道怎样保持不败记录,我们将把他们逼上月亮。"

他告诉与会者,作为气候专家,他们能够加深人们对全球性气候转暖问题的认识。他说自己想让民众受到普及教育,因为"就在此时,科学家看着火车穿越隧道,而大多数美国人尚未听见汽笛声。他们意识不到,它已经作为一个重大问题摆在那里。我作为美国总统完全相信,我的一项最重要的工作,就是告诉美国人民什么是我们的当务之急。如果我们开始就制定若干原则,我们几乎总能处在正确的位置"[16]。

在讲话最后部分,总统继续讲述他怎样向所有当事方表明,个平衡预案如何照顾他们各自的关切,从而使所有人就该平衡预案的必要性达成一致意见。他的赤字削减计划要得到通过,关键在于帮助公众既意识到问题,同时又悟出解决问题所需的各个必要条件:"我们就是得这样解决气候变化问题。我们得说:'我们前面有一个重大挑战,我们得应对这个挑战,在应对挑战的过程中需要遵循若干原则。'然后我们就得着手工作。但是,只有唤起美国人民的觉悟,我们才能实现既定目标。"[17]

克林顿政府将气象预报专家请进白宫,动员他们在北草坪上向当地观众发出气象预报,因为白宫人员很喜欢接触那些对政治不一定感兴趣的人。

总统和他的助手们认为，收看当地电视节目的人数往往多于收看全国晚间新闻节目的人数。邀请气象预报专家做客白宫，能使政府在全国各地收到很好的宣传效果。

新闻秘书迈克·麦柯里这样解释他们对请进气象预报人员的考虑："有时你确实需要尝试新的做法，真正接触各种各样不同的人，"麦柯里说，"为了培养人们对全球转暖有关政策的兴趣，我们将气象预报人员请进白宫。"他们吸引了一个对政治不甚关注的观众群体。"每个人都看（当地）新闻，不论他对政治是否痴迷。每个人都看天气预报。"克林顿的通讯宣传班子深知，关注特定人群能使他们获益匪浅："你试图找到有趣的各种不同方法，吸引各个不同时期的不同的听众。事实上，总统的大多数通讯宣传工作并不针对全国，而是针对全体民众中一些不同的群体。"[18]

在长达5年的时间里，克林顿认为许多新闻组织已经成为怀有偏见的对手，并且坚信自己是达成至关重要的默契的中坚力量。他本人已从一个不事雕琢的即席演说者，成长为一个经验丰富的公共联络行家。他的通讯宣传人员如今已有很高的悟性，善于发现新的听众，包括从政治以外的领域挑选的听众。

随着克林顿对总统的宣传资源和机会的认识逐渐加深，他开始将通讯宣传纳入自己的总体目标，外出期间也不例外。他对气象预报人员表达的观点，因为他对1998年非洲之行期间自己的媒体形象传回国内感到喜悦而得到印证。在克林顿总统即将结束他对非洲撒哈拉沙漠以南六国的访问之际，他和新闻秘书迈克·麦柯里表示，此行的目标与媒体对它的宣传报道之间有某种联系。有记者问，克林顿总统是否因媒体对他此行的宣传报道而不堪其扰，麦柯里作出了一个完全不同于总统行事作风的答复："媒体的报道实在太精彩了。简直妙不可言。（克林顿总统）几次对我说，你们能够对此作出大量报道，消息的编排恰到好处，播出的时间也很适宜，令他多少有些感到不可思议。他觉得这很重要，因为他此访的一个目的，就是向美国人民介绍一个充满潜力与机遇的当今和21世纪的非洲。这次的新闻报道相当成功。"[19]为了达到让美国民众将这些非洲国家视为现代国家的目的，只有新闻机构才能传输克林顿总统希望公众能够耳闻目赌的声音与画面。取得成功的关键，是获得媒体及时到位的宣传，克林顿在这方面可谓如愿以偿。媒体对他此次出访的报道很少涉及政策措施。

行政住所会议：政策、政治和宣传

随着克林顿总统对其身为总统的职责的认识逐渐成熟，他的白宫班底的工作机制也日趋健全。在开始一年左右的时间里,总统和他的助手发现,除去讨论经济问题以外,他们的大部分时间都用于回应其他人想要讨论的问题。他们的工作主要是回应他人的质疑,而不是精中精力制订计划。这种情况直到 1994 年列昂·帕尼塔出任白宫办公厅主任才发生变化,潘尼塔配备了一套完整的班子,由他亲自任命的负责人领导白宫各主要职能机构的工作。从那以后,通讯宣传工作开始体现白宫高度统一集权的组织特点。

在建立一套能采取攻势、制定并传达总统议程的工作机制的过程中,克林顿统治下的白宫特别重视协调政治、政策和宣传人员之间的关系。自 1995 年以来,克林顿领导下的白宫日常工作的一项重要内容,就是总统与其助手定期开会讨论主要议程。为竞选连任作准备,此时克林顿本人已直接参与通讯宣传事宜。[20]他主持每周行政例会,处理与政治和管理有关的事宜。在这些自 1995 年始一直持续到整个任期结束的会议上,克林顿将他的政策专业人员与白宫内外深知如何利用官方事件推行政策措施的专家召集在一起。

这种被迈克·麦柯里形容为"双骰子赌博游戏"的中枢会议,每次的讨论内容和与会者均有所不同。[21]当时担任通讯宣传计划助理的拉姆·伊曼纽尔,描述了与会者所代表的各种基本兴趣:"聚集在室内的人思想观念趋同,他们考虑问题,或者从一幅图画的角度,或者从一个词的角度,或者从政治的角度,或者从政策的角度,然后从计划安排的角度。"[22]这些与会者都是通晓媒体知识的政治行家,他们当中有民意调查专家,政治顾问,前任和现任白宫官员,以及两位内阁成员。这个有 20 几名成员的小组包括副总统戈尔,民意调查专家马克·佩恩,总统顾问迪克·默里斯,鲍勃·斯奎尔,安·刘易斯,保尔·贝加拉,以及几位参与政治、公共联络和政策的白宫事务助理。[23]

在这些每周举行的会议上,与会者将各自的政治和管理经验融合在一起,以期实现实施总统的计划、回应对他的批评以及赢得连任选战的共同目标。讨论涉及的一个持续不变的议题,是他们策划制作的广告,他们利用这些广告推行总统的赤字削减提案,声称共和党应对削减社会福利计划和关闭联邦政府机构负责。这些广告片从 1995 年夏天起在 20 个主要的州播放,直到一年之后民主党大会召开时又进一步扩容,增加了其他一些主题。"我们决定不在纽约市或华盛顿播放这些广告,在洛杉矶偶尔播放这些广告,"迪克·莫里斯说[24],"这些城市有很多记者生活和工作,如果在那里播放广告片,媒体就会揪住我们行动的巨大规模不放。"他们的具体目标是,直接借助当地电视台这样一个民众普遍信任的信息来源近距离跟他们接触。总统本人积极参与了广告片的策划制作过程。"他用心推敲每一个广告脚本,审看每一个广告,每次画面试播时都会提出修改指示,最后确定播放哪些广告,何时何地播放,"莫里斯说,"这些广告不再是媒体人刻意追求俗艳的产物,而是总统本人的工作。"[25]

43　　　除了主持例会之外,克林顿总统开始小范围会见一些顾问,向他们请教如何利用通讯宣传手段推销他的政策,推进他的竞选连任活动。他们对总统在整个第一任期采取的各种立场进行了深入浅出、条分缕析的归纳与总结。"我们与总统的会面避开(其他)那些人,以便对他做的所有事情进行一番思考和回顾,琢磨出个所以然来",策略与计划推进主任唐·贝尔回忆道。他们拟订的主题回归到他一次为准备竞选总统而设计的议程:"事实是,它们是由比尔·克林顿1991年到1992年亲自拟订的,我们确实试图充实许多我们认为是他带入白宫的主题、观点以及出任总统的所有目的。"作为白宫政治顾问迪克·莫里斯与白宫班底1995年到1996年间的联系人,贝尔对当时制定的各项战略决策有着独到的见解。他又说:"本届政府已经花了大量时间往画布上涂了许多点点,就在眼下……许多已经成形、轮廓分明的东西供人观赏,效果和大一些的形象全都一目了然。"[26]

　　　就在克林顿潜心策划本届政府的通讯宣传方略时,他也开始更加积极地参与制定自己的工作日程。"所有的日程决定都由他复审",通讯主任安·刘易斯说。"一旦我们拟订出一份日程计划,随即送给他审核。有时我们直接跟他会面;有时让人送给他。"[27]迈克·麦柯里描述了克林顿如何以下列方式直接参与日程计划的制定:"我在白宫任职的差不多四年时间里,他往往就如何分配自己的时间做出一些非常具体的决定。"克林顿亲自敲定自己希望讨论的题目及讨论地点。"他会做出大量涉及信息与通讯宣传的那类决定。"有关工作日程的更多决定在行政例会上做出,麦柯里回忆道。"会上政治人员常常提出一个论点——你得直陈己见,就此议论一番——他或者说,'我很愿意谈谈个人的看法,要不等等再看结果如何',或者说,'我们不妨让政策人员对此再作一些探讨'。"[28]

　　　到1996年,随着竞选连任在即,克林顿已经建立了一套灵活多变的通讯宣传机制,对新闻界也摆出一副新姿态。他始终坚信,新闻界心胸狭隘,难以驾驭,对他怀有偏见,但他同时又认为它作为一种资源自有其可贵的潜力,能够用来帮助公众认识他们面临的难题,推行本届政府解决这些难题的良策。眼下的当务之急,是学会如何使其发挥这方面的作用。随着1998年
44　秋季的临近,白宫官员相信自己已经设计出一套有效利用总统的体制。"他身边的人更加善于明智地利用他,而不是处处利用他,这是六年间白宫管理

工作取得的一个进步",1998 年接替麦柯里出任新闻秘书一职的乔·洛克哈特说。[29]

组织机构

克林顿时代的白宫并没有主管白宫通讯宣传事务的核心队伍,这方面的具体工作由轮流坐庄的一组官员共同负责。他们有时单独行动,有时集体行动,不遗余力地确定媒体刻划总统形象、宣传其政策主张的路径。白宫并没有由一个统揽一切的办公室,而是由四个实体共同承担实施公共关系行动方略的职责,它们构成了通讯宣传工作的支柱:新闻办公室,公共联络办公室,办公厅主任办公室,以及各种各样的"通讯小组",包括"应对丑闻行动组"。在大多数这些小组里,白宫人员与白宫之外的专家共同实施专项行动。每一项行动由哪些负责人牵头,不仅取决于所涉及的问题本身,而且取决于时机、个性、专长,最终还要取决于总统本人的意愿。

在克林顿任期内,新闻秘书是通讯宣传事务的一线人物,负责处理与信息有关的日常事务。总统在白宫期间的每一天下午,新闻秘书——第一任迪·迪·迈尔斯,第二任迈克·麦柯里,第三任乔·洛克哈特,第四任杰克·西维特——走进白宫新闻发布室,会议室门上安装了一只火警报警器。打个比方说,迈尔斯和她的几位继任都要花大量的时间预防、控制和扑灭火情。

不同于每一任期约为两年的克林顿的几位公共联络处长,4 位新闻秘书的任期长短不一。任期最长的是迈克·麦柯里,他担任此职近 4 年之久,乔·洛克哈特和迪·迪·迈尔斯各两年,杰克·西维特只有最后 3 个月。四人的工作作风迥然有异,但在处理相沿成习的例行事务时,都须面对各种类似的难题。在他们每日两次的新闻发布会上,他们不得不同时兼顾总统、其他白宫职员和各新闻机构这三方委托人的各种需要——同时建立现任总统的官方公开档案。走下讲台之后,他们花时间私下会晤记者,电话联系这些记者的上司——新闻联络站站长、新闻编辑和节目制作人。无论什么时候,他们的工作都具有双重性,一方面须证明他们代表白宫发布的消息真实可信,一方面又要及时补充消息,使那些理应向民众传达消息的人感到满意。

他们的新闻委托人不可避免地会表达自己对白宫某项行动、某项方案或某个答复的不满。除了具备其他素质以外,作为政府的官方发言人,新闻秘书首先应当忍受、转移、缓和各种批评,否则它们就会直接指向总统和他的幕僚。新闻秘书可以适当照顾他的同事和记者的某些需要,但其第一要务应是保护总统。不过,新闻秘书负责在白宫讲台上发布政府各方面的消息,而通讯主任则负责制定长期全面的策略和计划。

通讯部门主要职务的更替,自有其特定的规律。第一位主任乔治·斯蒂芬诺普罗斯任职时间不足 4 月,他的 4 位继任者马克·吉尔安、唐·贝尔、安·刘易斯和洛丽塔·尤塞利,每人任职时间均约 2 年。有趣的是,他们的职衔也有不同。乔治·斯蒂芬诺普罗斯、马克·吉尔安、安·刘易斯、洛丽塔·尤塞利是通讯处主任,唐·贝尔则是战略计划与通讯协调人。总统助理西德尼·布卢门撒尔也从事通讯宣传方面的专题工作。

在某种程度上,这种职务名称的差异也反映出职责的不同。在最初的调整时期,斯蒂芬诺普罗斯担任通讯主任,但又在下午的新闻发布会上发布新闻,而传统上一般由新闻秘书履行这一职责。二者界限不清,致使新闻秘书及其他需要跟斯蒂芬诺普罗斯打交道的人无所适从。然而,从 1993 年春天到 2001 年 1 月,宣传通讯职位的有关职责,均由克林顿政府的基本规则所确定。在选举期间,尤其是在竞选连任期间,宣传通讯的职责范围扩展到政治战略及协调各党派团体的关系。在其他时候,该职位主要用作一种工具,设计并组织各项活动以推销总统的政策主张。

安排讨论总统的议程

克林顿的工作班底在制定计划时,首先明确一个总统选举年自身相沿成习的传统和可以预见的规律。"我们试图按照若干特定的时期考虑问题,"伊曼纽尔说,"我们把 12 月到预算出台当作一个窗口通盘考虑,下一个窗口从预算出台到复活节休假。"[30] 每一个窗口代表若干需要总统发表重要演说的特定场合。名列第一同时最重要的是每年一月份的国情咨文讲话。[31]然后是年度预算报告;复活节前国会两周休假;独立日,劳工节,圣诞节,每年秋季的联合国代表大会开幕式;国际经济会议年会,亚太经济合作会议,以及每年夏季的西方八国峰会。

作为一年的开局之举,在煊赫的声势烘托下,总统按照惯例向受邀嘉宾和各界政要齐聚一堂的国会联席会议发表精心准备的关于"国情"的讲话,具体阐述他的施政重点。按照刘易斯的说法:"你即将听到的国情咨文,囊括了本年度我们的大部分议程,一年中我们的主要工作,便是遵照、贯彻并实施国情咨文。"[32]它成了克林顿政府的政策框架。

规划组一旦设想出一个需要总统到场的活动,便会拟订一份方案,以此渲染特定的主旨,同时着手构思比较直观形象的整体布局。"我们的长期目标是(突出)一个实干的总统(的形象),他大胆的念头和深邃的思考推动他日常工作的开展,"伊曼纽尔在谈及克林顿发起的禁烟运动时如是说,"禁烟本身是一个机会,可以让你补上你大幅镶嵌画脱落的一小点。"[33]随后的几次露面,对总统而言可谓天赐良机,让他再度强调他对美国民众健康和福利的关切,类似的意思他曾在那些经过战略性谋划广为宣传的演讲和亮相中表达过,同时,他又通过接受当地及全国主要新闻媒体的采访,进一步阐述这一主题。

总统的公开亮相策划已毕,切实有效的行动方案已初具雏形,相关的后续行动业已经过讨论,此时总统的高级顾问就会召集职能性质各异的几支队伍,对整个构想进一步充实完善。诚如安·刘易斯所言:"政策人员讨论它涉及什么政策。立法人员和政府间机构确保参与活动的人选合适。通讯宣传和演讲稿撰写人员确保他们知道我们试图突出什么重点。"[34]

检验他们拥护总统机制的一个标准,是看它在总统在众议院和参议院相继遭到指控和讯问的情况下,是否仍然能够保持民意测验中总统强劲的支持率。他的通讯宣传人员 1998 年和 1999 两年深知如何推出备用的宣传路径,驳斥共和党把持的国会对总统形象的歪曲。[35]

解释总统的各项行动和决定

在克林顿执政时期,随着三大有线电视网从白宫直接报道新闻和互联网的迅速崛起,白宫首次面对由此产生的快速新闻周期。白宫人员在解释总统计划时遇到的一个难题,是周期速度极快,不容你搜集到全部信息后再代表总统作出反应。在克林顿执政之初的一段时间,美国有线电视新闻网的记者在白宫北草坪定期安营,向它的新闻观众提供最新消息,这跟全国电视网记者几十年来的做法一样,尽管他们收集的信息,仅供晚间新闻节目播报。

接触总统和总统的思想

总统本人是解释重要事件的最关键人物。他在这方面有几种选择。他可以在演说或活动开始时,通过一则声明表达自己对某一正在发生的事件的看法"。如果这一事件需要立即作出反应,比如某些国际事件常常就是这样,一组消息源记者稍后有可能走进椭圆形办公室,罗斯福办公室,或者国会办公室,询问几个问题。如果总统希望解释一项主要政策或多项政策,召开一场记者招待会是合乎时宜的选择。

克林顿总统喜欢谈论政策,而且是频频谈论,尤其是在他第一总统任期的早些时候。碰到他在市区兜风,记者常常会问他几个问题,而他依然一身

47

运动装，脑中思索着答案。他乐于答复他们的问题。自从白宫强化对通讯宣传的纪律约束后，他减少了当众兜风的次数，也不再像头两年那样经常回答记者的问题了。当时，克林顿的通讯宣传程序经常受制于他用以答复记者提问的评论，而不是他希望讨论的话题。尽管他依然召开会议，回答记者48的问题，他用这种会议与记者沟通交流的次数已经从任期头两年每年平均299次，下降到后两年每年平均170次。在他的第二任期内，他保持了相似的纪录，1997年到1999年每年平均148次。他在白宫的最后一年，这个数字又上升到220次。

在快节奏的新闻环境里解释有关事件

新闻媒体都希望在第一时间把自己掌握的白宫新闻公之于众，从而增加了总统和他的助手解释总统的决定及行动的难度。迈克·麦柯里谈到他们因有线新闻电视网报道正在发生的事件而面临的窘境。"有线新闻电视网在同行业的信息占有量名列前茅。它截获的我们的每日信息流量远远超过其他几家机构，从而抵消了我们为使政策讨论更具连贯性而付出的努力"，他说。每当总统及其助手为如何应付一种局面冥思苦想时，总会发现有线新闻电视网已经超前他们一步。他们注视着电视画面说，"这准是沃尔夫·勃利泽，天晓得他跟谁的谈话，开始播放你还在用心琢磨的消息。这样做的结果，是大大加快并缩短我们能够真正掌握新闻的时间。"

这方面麦柯里想要做的，是使白宫暂缓表态，直到掌握足量的事实。他不肯向记者撒谎，他说一个新闻秘书永远不能那样做，但他宁愿"缓慢地透露真情"。如果你还没有准备提供一个完整的答复，"你就得暂且应付和搪塞一番，说'我们还没有完全作好就此发表看法的准备'。我一般总是尽量确保记者至少向着正确方向努力，即便我不一定能证实什么，或是说出什么可以记录在案日后待查的话。"

每当记者要求总统答复他却不能作出任何答复时，麦柯里都出面替他挡驾。例如，1998年7月，美国环球航空公司的一架客机在纽约长岛海域坠毁，麦柯里对此作出的反应，是在第一次新闻发布会开始就宣布，克林顿总统将于当天上午晚些时候发表一项声明，因此眼下不准备回答任何问题。他直言不讳地解释其中的原因。"他非常想回答问题，但是坦率地说，此时并没有多少问题，"他告诉在座的记者，"在类似于眼下的任何一个时刻，我们总是特别强调，新闻的传播速度不能快于事实。"[36]如果没有掌握全部事49实，新闻秘书的工作职责就是审查行政官员正在利用的程序，以便收集到准确的消息，而不是试图断定到底发生了什么。

基于 1995 年开始形成的常规,克林顿的通讯宣传队伍致力于更有效地规范信息程序,这样白宫人员在回答五花八门的媒体问题时,总统当日的核心信息就能披露。麦柯里解释在记者要求得到的信息与白宫当日想要发布的信息无关时何以有必要对其作出回应:"如果白宫持这种姿态,我们今天就会对它避而不谈,否则就是在说'题外话'……他们看上去就像是在设置障碍,而不是容易接近。"

这方面最棘手的工作,莫过于如何使你的信息生动有趣,达到记者乐意采纳的程度:"因此检验成功与否的标准,就是看你能否令提问者满意,并且尽量使他们的问题显得无关紧要。换句话说,你能否设计出一个新闻线索,令媒体排在自己某个工作日程上的无论什么采访重点相形见绌? 这就是日复一日地处理这种关系的工作重点所在。在这样的日子里,由当天报纸的大字标题引发的通常处于幕后的各种议论,无论多么纷繁嘈杂,总统的信息和计划都丝毫不会受其摆布。在这样的日子里,白宫往往觉得自己在一天结束之际依然一枝独秀。"

在克林顿主政时期的白宫答复记者的提问,本身包括定期请进政府各部门的官员和新闻记者。他们来到新闻发布室,参加准予摄像的新闻发布会,而不是为了听取那些来源不明的消息,或是听取几个人在"幕后"(即不愿披露自己身份)简要介绍基本情况。"让参与制定政策的副国务卿助理到场解释总统刚刚宣布的决定,这在我看来更加真实可信",麦柯里说。他坚持认为,因为担心白宫官员抢占总统的风头宁愿他们退居幕后默默无闻地工作,这实非有利于总统宣传工作的上策。"我从来没有看见在哪个场合总统不是最有光彩、最引人瞩目。"邀请行政专家发布消息的最大优势,是他们能够触及政策的实质:"我为准备答案费尽了心血,深知自己回答问题时能够发挥最佳水平,不过这总是对记者有利,在我看来,真正的专家亲临现场,完全符合公众的利益。"[37]

将丑闻从新闻发布室转移出去

按照麦柯里的看法,丑闻不属于集体应对的范畴,为此他约请一组律师及其助手与记者个别讨论这一问题。为了将丑闻对总统的伤害降低到最低程度,同时维护新闻秘书的声誉,有时需要新闻机构把这一问题转移到白宫其他场所处理。克林顿第一任期的总统助理兼负责政策与政治事务的办公厅副主任哈洛德·伊克斯以麦柯里的经验为例,解释为何白水门事件及相关的政治资金募集丑闻最终促使政府采取新的战略,尽量减少由丑闻造成的伤害及干扰。说穿了，无非就是把处理这些难题的职责转给几位指定的上司，从而彻底撇开它们。伊克斯对此作出这样的解释："迈克深知伤害控制的一个要诀：他永远不会了解所有的事实……他知道，其一，他没有时间，其二，这将有损于他的信誉，其三，他永远无法得知所有的事实。所以，无论某天他说了些什么，都会冒出新的事实，证明他的说法纯系不实之词，他的信誉将很快丧失殆尽，他会身心疲惫。"

为此他承认，将处理涉及丑闻的报道的职责从新闻办公室转移到顾问办公室，此举实属明智。正如伊克斯所言："因此，最好是有某个人，比如（特别助理顾问马克·）法比亚尼，此人受到我们信赖，因为他善于跟记者打交道，让他坐在那里，听任他的信誉（受到影响）——那是他的问题——保住主要的角色，这样做很有意义。"[38]此举确有意义：如果麦柯里的说法被认为不合情理，谁也不会相信他就政府正在处理的基本政策问题发表的评论。

建立一套可信的新闻发布机制

在克林顿任职的最初阶段，新闻发布会场有时处于混乱状态。按照通常的惯例，由两位而不是一位白宫官员向媒体发布新闻。白宫通讯主任乔治·斯蒂芬诺普罗斯举行下午的新闻发布例会，其中一部分由电视转播。上午则由新闻秘书迪·迪·迈尔斯发布新闻。安排两人作为总统的正式发言人向媒体简要介绍情况，这本身极易造成混乱，因为迈尔斯有时不能和斯蒂芬诺普罗斯一起掌握同样的消息。记者整天需要信息，他们不清楚究竟该找谁，究竟哪条信息准确。此种局面使记者纷纷口出怨言，他们希望从根本上解决问题。斯蒂芬诺普罗斯于 1993 年 5 月离开通讯岗位。

1995 年 1 月，克林顿的首位新闻秘书迪·迪·迈尔斯离任，由迈克·麦柯里接替其职务。此前，总统已经意识到人们对白宫信息的可信度普遍存有疑问，此种状况亟需纠正。麦柯里后来回忆道："我感到总统的指令相当清晰。我必须使工作走上正轨，使讲台重新成为中心，在这里接受来自白宫的真实可信的权威信息，寻找那些使总统的议案被新的眼光审视的机会。""使讲台重新成为中心"，就是要使讲台成为提供官方信息的场所，使信息在记者和其他人看来真实可信。麦柯里称，根据总统的思路，更为有效的通讯宣传，将提供"一个听见我们一方的说法的较好机会，而不一定是对我们有利的新闻报道"。

为了发挥这些作用，麦柯里得雇用并管好他自己的助手，同时跟他的同事的助手保持接触。从克林顿第一总统任期中期至第二任期之初，麦柯里不遗余力地帮助克林顿政府提高通讯宣传工作的专业水平。他雇用了约 40 人,他们的办公室分布在西翼的一楼及地下室以及老行政大楼里西行政路对面的区域里。除了面对面的接触以外,他的手下人员还利用多种途径扩大与外界的交流:置于新闻办公室门口文件篓里的简报;一则则官方宣布的消息,通过有线广播系统传送到新闻办公室下方的地下室和新闻发布室里一些指定的角落;利用携带式电子播叫器和电话持续发送的信息。

新闻秘书身为白宫官员,负责回答采访总统活动的记者有可能提出的任何问题。麦柯里接手时,这项工作已是劳神费心的日常例行公事。1998年,他曾应别人的要求谈到它的甘苦,其中特别提到没完没了的压力:“我从来不把任何一件今天以外的事放在自己的职责范围内考虑。我一天三分之二的时间忙于新闻发布,另外三分之一的时间用来完全掌握随时出现的无论什么消息。”[39]新闻秘书的工作日程排得实在太满,无法容纳谋划宣传战略这一应重点实施的环节,因此不难理解白宫为什么需要设立通讯主任一职。

克林顿的每一任新闻秘书努力应对当年政治环境强加于他们的各种问题。所有秘书都处理各种丑闻引起的问题,但处理方式因人而异。迪·迪·迈尔斯和乔·洛克哈特来自竞选政治的党派圈子,他们都把敏感的政治触角带到讲台上。迈尔斯是克林顿任职早期组织机构松散的白宫的一位老资格人员,因此她对政府事务的介入少于她的继任。事实上,为了抵消她在一定程度上看起来消息闭塞、脱离联系所造成的影响,政府工作的经历或至少密切接触政府高官,已经成为未来新闻秘书的一个必备条件。

保护总统

克林顿的各个通讯特别行动队中寿命最长、作用最大者,当首推应对丑闻行动队。早在总统竞选期间,克林顿和他的竞选班子就已经认识到,他们对新闻报道尤其是批评性新闻报道迅速作出反应是何等重要。就在新罕布什尔州总统候选人初选会议召开前几周,一名前阿肯色州政府雇员、夜总会歌女詹妮弗·弗洛尔斯声称她与州长克林顿有婚外情,这时他的快速应急行动队迅速出动,制止了事态的进一步扩大。总统的竞选班子创建了快速应急行动队,负责确保他们一方的消息、他们对某个事某个问题的看法,在含有批评或指责的消息出笼后尽可能在第一时间发表。以弗洛尔斯为例,她在被通俗小报《星报》买通的一次访谈中对克林顿提出指控。[40]弗洛尔斯在由该报资助的一次记者招待会上指责克林顿。此事发生两天后,克林顿州长与夫人在哥伦比亚广播公司的"60分钟"节目中共同露面，驳斥这些指责。在接受斯蒂夫·克罗夫特采访时，克林顿"承认过错"，并且说："我承认此举对我的婚姻造成痛苦。"[41]克林顿的竞选班子学会快速并有力地作出反应。

克林顿刚刚入主白宫之后，他们又建立了一支快速应急行动队，以对付有可能造成伤害的任何一则耸人听闻的新闻，尤其是带有一点丑闻色彩的新闻。他们控制的资源包括两类专门人才：第一类人才运用政治智慧进行专项研究；第二类人才能够设计并对准目标发送信息，包括进攻，以及教你一些如何少说话，如何设置障碍之类的常识。所有这些冲锋陷阵的干将是不可或缺的，因为克林顿统治下的白宫接连遭受一个又一个丑闻的困扰。

每当有记者在麦柯里的每日两次新闻发布例会上提出与丑闻有关的话题，他或他的一位副手总会请该记者具体咨询白宫顾问办公室，那里有两名人员专门处理此类事宜。克林顿就任总统后深受其害的各类丑闻，建立在他第一场总统竞选运动中别人提出的涉及个人品德的问题基础上。他在白宫期间最受关注的丑闻按时间顺序依次如下：白水河沿岸房地产交易，开除旅游办公室的几名官员，白宫工作人员未经授权获取联邦调查局的几百份档案，总统及副总统竞选连任资金募集活动，保拉·琼斯的性骚扰指控，凯瑟琳·威莉的性骚扰指控，最后同时最具轰动效应的，是总统与一名白宫实习生莫妮卡·莱温斯基的暧昧关系。

起初，克林顿政府很不情愿与那些对丑闻充满兴趣的记者合作，自然不允许白宫律师接受他们的采访或公布有关文件。尽管戴维·葛根经与克林顿夫妇磋商，公布了涉及白水案的有关文件，但没有哪一份是在头两年公布的。但到克林顿第一届任期过半时，通讯宣传班子来了个180度大转弯，选择了公开透明的保护性战略。

针对1996年为竞选连任运动募集资金引发的争议，尤其是林肯卧室的使用是否正当，以及为党建募集的"软资金"是否被滥用的问题，通讯班子的最高层迅速作出反应，指定一组人员专门处理与丑闻有关的问题，从而使白宫的其他人员能够聚焦于他们主要的政策主张。如果规定不得在新闻发布会上谈论丑闻，那就需要另一个能够与记者就此互相交流的场所。克林顿政府打破先例，任命顾问办公室的一名成员负责所有与丑闻相关的宣传事宜。头两位受命担任这一要职的白宫职员马克·法比亚尼和兰尼·戴维斯，同时又是律师，还须履行其他职责。戴维斯确定的对付与丑闻有关的信息的基本思路，自1997年起一直被有关人员参照。它包括两个基本手段：第一，向记者提供大量信息；第二，向经过选择的记者提供对被调查者的详细解释。

　　当国会命令他们交出有关文件时,应对丑闻行动队公布国会议员索要的所有文件,有时甚至更多。例如,当众议院政府改革委员会和参议院政府事务委员会命令交出属于办公厅副主任哈洛德·伊克斯的文件时,应对丑闻行动队 1997 年公布了三大堆文件,而这时距听证开始还有较长一段时间。他们在国会专题听证会召开前将全部材料公之于众,从而确保国会专门委员会成员不会对总统和由他主政的白宫造成什么新的伤害。

　　有时,应对丑闻行动队公布的文件实在太多,记者需要一次翻阅 500 页,才能就里面具体涉及哪些内容作出报道。因为不想让白宫其他人员获悉内情,他们总是在白宫以外的某个地点公布文件。记者可以定期见到兰尼·戴维斯,但是他和他的任何一位同事都不会在白宫新闻发布会上发言。他们在白宫北草坪上与记者相见,或是接受允许摄像的记者采访,或是在西翼车道上、旧行政办公楼中通道对过的印第安条约室露面。

　　戴维斯还负责公布那些由国会专门委员会下令交出的录像资料。1997 年 10 月 16 日,即总统出访委内瑞拉和巴西之后回国的当天,他安排播放由白宫通讯社制作的白宫咖啡茶会录像,从早晨一直持续到傍晚。记者可以随意进出。他们有权要求官员完整或部分播放录像带。

　　最轰动一时的录像,大概是克林顿总统 1995 年 12 月 7 日在海伊·亚当斯旅馆一次聚餐会上的活动画面,他向民主党的赞助人介绍他如何巧妙利用他们计划用于党建活动的"献金",制作并播放电视广告片,以使公众相信 1995 年秋季政府部门的临时关闭,纯系国会中的共和党人所为。[42]克林顿告诉这些听众,用献金支付广告费用的一大好处,在于"我们能够 2 万、5 万、10 万一笔笔地筹措大额资金",无须受到总统大选私人捐款额最高 1000 美元的限制。[43]国会里的批评者和各利益集团迫不及待地牢牢抓住克林顿的话不放,因为它暗示说话人可能破坏了有关献金的竞选法律。好在最终未对总统或民主党全国委员会采取法律行动。克林顿的通讯班子通过白宫公布这些录像,而不是等到共和党在国会山公布它们,从而抢在国会听证会下令交出录像带之前杜绝了宣传不力可能造成的后患。

　　这个通讯特别行动组在处理其他丑闻问题时也同样果断彻底。1999 年,前白宫社会工作部雇员凯瑟琳·威莉利用莫妮卡·莱温斯基丑闻的影响,指控总统在接受哥伦比亚广播公司"60 分钟"节目主持人艾德·布拉迪莱一次允许摄像的采访时,利用权势抚摸她的身体。此刻的丑闻应对行动队已经成熟老练,处于最佳工作状态。第二天,白宫公布了一大批威莉在此前连续数年写给总统的信,其中包括两人在通往椭圆形办公室的过道上所谓的不期而遇之后她写的信。[44]这一迅速果断的反应行之有效,防止了威莉的指控成为媒体热炒的新闻。

　　为了使他们的材料公布策略更能奏效，戴维斯和其他负责与记者打交道的律师将潜在危害最大的材料，交给他们相信能够而且愿意仔细审视一桩丑闻的各个方面的记者。戴维斯本人将这种策略的特点概括为报道"预先定调"的新闻[45]，换言之，由那些经过特别挑选的记者或新闻机构公正地处理可能造成危害的信息。"从本质上讲，一篇预先定调的新闻稿需要时间调查和写作，因此撰稿人不会像所有新闻机构纷纷发稿时那样，因为媒体的相互竞争和迫在眉睫的截稿期限而感到压力重重"，戴维斯说。[46]撰写一篇涉及诸多方面并有可能造成损害的新闻稿，需要耗费大量时间，因此，向那些被认为愿意承担这一艰巨任务的记者或新闻机构提供原始素材，显得尤为重要。

　　负责处理丑闻专题的人员，精心挑选他们为其提供信息的新闻机构。他们选择的依据，是看对方能否最好地把握新闻的传播。戴维斯说，每当他们碰到角度不同潜藏危险的新闻需要调查时，总是将其交给美联社。"不仅因为美联社这支专爱寻根究底的记者队伍素质一流，尊重事实，立场公正，口碑颇佳，而且我们发现只要美联社的一则消息通过电视广播连夜发布，国内主要日报，比如《华盛顿邮报》《纽约时报》，就不愿意把它发在头版头条。就算发表，也常常位于报内某一页不起眼的位置。更重要的是，如果美联社的一则新闻报道全面准确——就是说，是一篇预先定调、言之有据的新闻稿，各大日报第二天就没有多少报道的余地。"[47]

　　1998年，就在克林顿身陷一桩桩个人丑闻不能自拔时，白宫的这一策略
56　得到进一步完善。莫妮卡·莱温斯基丑闻曝光以后，白宫聘请吉姆·肯尼迪专门应对媒体有关的质询，制定宣传策略。作为白宫顾问办公室的通讯主管，他是第一个未经司法训练担任此职的白宫官员，同时也是第一个理应聚精会神地处理针对丑闻的通讯宣传事宜的官员。

　　有顾问办公室的通讯专门人才对付丑闻，新闻秘书在新闻发布会上就可以对涉及丑闻的问题避而不答。肯尼迪首次指出，迈克·麦柯里仍须回答电视记者的问题，"仅仅因为他们是在寻找一些可供摄像的材料，是在试图用这样那样的方法试图获得一点材料"。然而，白宫的通讯工作班子情愿肯尼迪与询问有关丑闻话题的记者私下接触，而不愿他们的新闻秘书在新闻发布会上公开答复这类敏感问题。"如果是借助一对一的电话交谈，问题很容易控制，"肯尼迪说，"那些问题措辞上就不会那样有挑衅性。他们在新闻发布会讲台上听到的问题，语气上与我听到的问题有很大区别，因为那些记者是在寻找一个可供摄像的答复……（在电视转播的新闻发布会上），这

更像是一场决斗。对我而言,它不过更像是常规的信息搜索,我可以更加灵活地跟他们打交道,不断变换跟他们交流的形式,可供记录,需要背景,需要深层背景,不供记录。"

应对丑闻行动组以灵活善变见长,因为他们人员少,在较长的时间跨度内遇到问题相机处理。肯尼迪记得他们经常通过电话会议共同磋商,特别是在周末。"星期天有可能举行一个电话工作会议,单单为了留意周日节目有什么问题值得关注。不是每个星期日都有会,但我们有时召开一个电话会议,决定是否该对节目中的什么内容作出回应。"除了周末的电话会议之外,他们还在顾问办公室碰头,共同讨论通讯部门与丑闻有关的工作。

肯尼迪几乎每天都与大多数主要媒体机构的记者交谈。"说到我的谈话对象的类型,几乎每天我都会跟固定的一帮人交谈,包括全美有线新闻电视网的鲍勃·弗兰肯,弗兰克·塞斯诺和沃尔夫·勃利泽。我每天跟他们的人交谈几次。然后我通常跟美国广播公司、美国全国广播公司、哥伦比亚广播公司、福克斯、美国大陆(代表较小市场上的若干电台的一组)的记者进行相当定期的交流。我不能说每天都有上述机构的什么人打电话给我,但我们的交流相当频繁。然后我几乎总是跟《华盛顿邮报》和《纽约时报》的什么人交谈。跟《华盛顿时报》记者的交谈也很频繁。"他列举的其他接触包括《纽约邮报》、《纽约每日新闻》、《阿肯色民主党人公报》、《达拉斯早间新闻》、《休斯敦纪事报》、《巴尔的摩太阳报》、《波士顿环球报》、《洛杉矶时报》、美联社、路透社、新闻日、斯克里普斯-霍华德、奈特·瑞德,以及全国公共广播公司。他还跟特别节目的评论员交谈,诸如有线新闻电视网的《交锋》,微软全广新闻网的《热拉尔》和法庭电视。所有的媒体形式他都接触过。

57

在白宫工作期间,肯尼迪既参加通讯工作例会,又参加8时30分议题仅限于丑闻应对的后续会议。但他认为这两种会议的性质截然不同,前者的特点是进攻,后者的特点是防御。第一场会议"比较活跃,比较注重逻辑推理;偏重于落到实处的计划——接下来会发生什么;下一步令怎样发展,我们应该为此具体做好哪些准备——然后预计大概未来一天的情况。这份演讲稿需要再斟酌一番。与会者比较积极,比较关注细节"。后续会议上,他们"利用有限的信息开展工作,它更带有防守性质,主要对付正在来临的一阵猛烈攻击,考虑如何削弱其威力,令其转向或偏移"[48]。

为了做好准备迅速对付那些涉及丑闻的指控,内部人员和外部人员行动队将评估事件性质,搜集相关情报,确定宣传口径,挑选合适的信息发布人。白宫政治顾问保罗·贝格拉经常在电视上露面,答复有关丑闻的问题。通讯主任安·刘易斯和特别助理拉姆·伊曼纽尔也经常这样做。詹姆斯·

卡维勒随时准备现身荧屏，用犀利的言辞回敬克林顿的批评者。圈内普遍认为高级顾问西德尼·布卢门撒尔在禁止摄像的场合更能发挥作用。在幕后，每个人都依赖圈外人马克·佩恩及其同事的民意调查专长。

评估总统通讯计划的成效

要做好保护总统的工作，关键在于科学评估通讯工作的效果，同时准确判断公众对总统及其议案的反应。评估通讯工作的成效，是当今任何一届联邦政府每天必做的工作。和当代大多数总统一样，每天评价克林顿政府的一个客观标准，是看它的新闻基调怎样主导当晚的新闻节目及次日的报纸。"每当你收看晚间新闻网节目，或开始搜索互联网，看出明天报纸将是什么样，到底哪些方法起了作用就再清楚不过了，"迈克·麦柯里说，"大多数日子，到了晚上八九点钟，每个白宫人员都很清楚，媒体新闻是否准确无误地体现出白宫当天关注的新闻事件，或者他们的信息计划未能实施，因为某个其他问题开始从中作梗，使他们无法将自己最严密完整的论证呈现于美国人民面前。于是你就掌握了一个行之有效的通常相当准确的衡量标准。"

政府用以检验他们是否成功实现既定通讯目标的另一个手段是民意测验。新闻媒体和总统的民意调查，有两个对于克林顿的白宫须臾不可或缺的评估标准，麦柯里说。"每一位总统在相当常规的基础上得到的支持/反对率，以及更大、更宽泛、或许更具政治意义的评估标准——这个国家是在走上正道还是已误入歧途？——这能很好地检验总统在公众心目中形象如何，并且判断出，照目前的态势，某位处于第一届任期的总统是否有可能连任。"[49]

从1998年10月到2000年9月担任克林顿总统新闻秘书的乔·洛克哈特，透露了他如何看待民意调查在评估公共关系成效方面所起的作用："民意测验等于是给你一张记分卡。它相当于综合性的终极裁定。你非得是一名专家，才能读懂其中隐含的全部信息，不过它告诉你人们对你是否有好感，是否赞赏你的工作。每个调查对象自有错综复杂的心结不为人所知。然后它告诉你人们对某个问题的关心程度，使你约略知道你能如何有效地表达自己的观点。"按照洛克哈特的看法，更能显示民意调查作用的，不是确定公众对总统的选择或行动的支持率，而是判断如何最有效地推销总统需要的东西："民意调查确实能起的作用是，一旦你已决定你持何立场，确定你以何种方式传递有关的信息，确定……你使用的语言，你的论证方式，就能对人们如何看待它产生重要的影响。"[50]

　　总统和他的工作班子利用收集到的民意调查结果,并借助媒体将其公布于众,但他们也利用自己的民意调查。总统的民意调查与媒体的民意调查之间的主要区别,在于就如何最好地表达总统的原则立场,二者的侧重点有所不同。"总统的民意调查员倾向于更多地问一些我们称之为信息测试的问题,"麦柯里解释道[51],"这些问题大致可以解读为:'有些人这样说,有些人那样说。哪种说法更接近你自己的观点?'你这是在试图判断人们听到某种观点时作何感想,以及对不同的观点如何作出反应。"

　　一般而言,他们的民意调查员寻求有关总统行动的两组数据。"第一,你可曾听说克林顿做过某事?(第二,)这是否会使你或多或少地更支持他?"迈克·麦柯里解释道。"显然我们需要的是选票的高回收率,以及声称总统更有可能得到支持的人数居高不下。这方面一个有力的例证是克林顿对塔斯基吉梅毒实验受害者表示道歉①。大约85%的人听说过这件事,80%的人(说)正因如此,他们觉得自己更支持克林顿。"[52]

　　能说明民意调查确有帮助的一个事件,是克林顿政府 1994 年底力挺墨西哥比索,以缓解该国的金融困难。"就我们在 1995 年是否应该动用美利坚合众国的财政资源,帮助墨西哥经济摆脱困境,比尔·克林顿察看了每一项民意调查的结果。在连任选战开始之际,你很有理由这么做。"民调结果表明,类似的行动不受欢迎,但克林顿仍想这么做。他邀请一些国会领袖来白宫商谈此事。众议院议长纽特·金里奇主张力挺墨西哥,并且依据他的党的民调结果提出建议:"他说:'通过调查我们知道经济保守派人士将对这一看法作出强烈反应,你应该在面向更加广泛的听众的宣传中强调这一点看效果如何。'话虽如此,问题在于,你该怎样跟这些观点保守的听众交谈,使他们比你那些见解开明、站在民主党一边的朋友更乐意接受这一经济方案?"[53]总统需要国会支持,虽然未能如愿,但他已经能借助联邦贷款基金及国际组织和美联储的支持采取行动。

　　洛克哈特认为,观察公关工作的效果,可以在评估他们的成绩时作为民意调查的补充。他另外又提到一个检验你当前工作的方法:"你能够用来检验工作成效的另一个方法,就是观察旁人的行为。这方面我能举的例子,是我们一直持续推进医疗保健法案,至今已有 6 个月、7 个月、8 个月之久。支持该法案的人数并没有多少改变。它总是受到人们的支持——检验你成功与否的一种方法,是观察反对派的活动和行为。"

---

① 自 1932 年起美国公共卫生部以 400 多名非裔男子为试验品秘密研究梅毒对人的危害并一直隐瞒真相,直至 1997 年克林顿代表政府向受害人及亲属表示道歉。——译者注。

60

　　当国会的共和党开始全力对付这一法案时，洛克哈特知道联邦政府正在取得进展。他们开始寻找"某个能为他们的政治信仰所容但同时又能使我们失去优势的方法"。密切注视反对派的行动，"常常是检验你目前的行动是否正在奏效的最佳途径，因为他们全都无所事事地坐着，心里在盘算同样的事情"[54]。

通讯协调

　　克林顿的白宫用以处理竞选公关的方法，确定了它宣传交流的一般途径。这一途径以1992年总统竞选期间逐渐形成的若干步骤为基础，并且随着1996年的谋求连任成为制度，实质上是由一个核心组召集白宫内部的政策人员及白宫之外的政治和媒体顾问组成特别行动队，策划并实施通讯宣传的重要行动。最终，克林顿时期的白宫组成三类基本的通讯特别行动队。第一类处理与总统日常活动策划有关的事宜，第二类负责各种推行政策的活动，第三类专门对付丑闻。

　　白宫拥有的最珍贵的资源是总统本人。帮助总统决定如何推销他本人和他的目标，是第一类通讯特别行动队的职责。戴维·葛根介绍了这方面的整体概况和那些负责各类特定行动的人："……在长达一年的时间里，不知会有多少事情发生，你得认真考虑它们的影响范围，仔细琢磨某一事件会怎样逐步发展"，他解释道。"这里说的并不是发生在某一天的某个事件。而是一个重大新闻事件如何随着时间的推移慢慢发展，透过这一新闻事件我们会对那位一号人物怎么看，对他这一任的工作怎么看。换句话说，这一新闻事件在未来三周、四周、五周的时间里会怎样发展，而不是，我们将来哪天能否从中获得很多利益？"[55]

　　除了行政例会外，他们还召开三类会议，以便精心安排总统的宣传议题。第一类会议主要用以确定那些需要或引发主要公关行动的事件。第二类是每周举行的计划会议，用以决定某一重大社交活动的重点。第三类会议，主要是与有关官员和政策班子合作，进一步充实总统出席某项活动的方案。

　　在克林顿第二届总统任期的大部分时间内，4个人，连同视需要增加的其他人，具体负责确定何时、何地以及如何披露各种宣传方案。这个后来以"四人帮"而知名的工作班子，包括高级官员约翰·波德斯塔、迈克·麦柯里、拉姆·伊曼纽尔，以及负责咨询的政治顾问保罗·贝格拉。通讯主管安·刘易斯戏称他们"四人帮"，但是和白宫大多数会议发生的情况一样，后

61

来添加的与会者使这一绰号名不符实。正如刘易斯所说:"我们这个班子被人称为'四人帮',而根据最新统计我们大约有10人,每个月聚一两次,审阅一长串采访请求,然后作出推荐。"[56]

在弹劾案成为备受瞩目重大新闻事件期间,"四人帮"会议减少了召开次数。乔·洛克哈特说:"你无需坐在那里,苦苦思索如何说不。但是偶尔会出现几件总统想做或者值得做的事情。你得为此展开争论。""四人帮"会议是减少了次数,但在乔·洛克哈特新闻秘书任期内又增加了一种新的会议。曾经担任过电视制片人的洛克哈特,非常注意确保他们尽力调整政府官员的电视形象,并且为他们希望通过电视报道的活动准备信息:"我们每周召开一次由我发起的会议,现在一般是周三或周四召开,叫作电视会议,会上我们基本上是争取与马克(·法比亚尼)合作,他负责审查电视报道申请,并且考虑我们在周日节目中应有怎样的表现,同时结合未来一周的情况好好琢磨一下,我们是不是有什么重要新闻线索能够推销给电视台,因为这比报纸一般需要更多的提前量。"[57]

无论是为周日节目或其他节目运筹谋划,白宫工作班子都会认真考虑观众的很多情况,并且仔细设想通过让一位政府官员在荧屏上亮相,他们到底能达到什么目的。约翰·波德斯塔说:"我们从来不太担心那些没有人看的有线电视节目会是什么样子。"即便是收视率尚可的有线电视节目,从推行某一项政策主张的角度来看,也没有多少作用:"拉里·金,这个那个的,偶尔你可以把它当作一个机会,利用一下,"他说,"它就像是,整个全是中国食物。它从来没有任何持久的吸引力。它从来不可能影响公众舆论,不会影响信息,从来不会起任何作用,它有趣,是因为它受到媒体的大量关注。不过依我看它就像是一阵泛起的泡沫,转瞬即逝。"[58]其他几届政府也同样动足了脑筋,认真策划政府官员在十分注重个性的电视访谈节目中的亮相。

全天候利用几个顾问小组与若干征询意见者一起合作,处理各类政策问题,这一理念在1992年克林顿参加竞选期间初具雏形,在他首届任期内得到充实深化,在他1996年的竞选连任运动中更是被发挥到极致。担任总统政策与战略顾问的乔治·斯迪法诺普洛斯,任命了几支混合编队负责鼓动雇用少数民族成员及妇女的赞助性行动和福利事务,这时通讯宣传的具体实施与谋划,便是决策战略的中心环节。在竞选连任运动中,这些所谓的政策协调小组用更多的时间设计各种主题、信息甚至口号,它们概括了设计者的政策立场,且语言简洁,因此易被广泛接受。"犯罪专题小组",例如,包括政治顾问迪克·莫里斯,他将犯罪当作一项专题;克林顿的民调专家马克·潘恩进行民意调查,旨在详析民众对此产生的具体认识;特别助理拉姆·伊曼纽尔组织了若干次活动，宣传克林顿关于增加巡警的重要性的观点，而且发现许多警官愿意帮助他们推波助澜。通讯主管唐·贝尔撰写演讲稿，而国内政策班子的副主管布鲁斯·里德，发现了一种途径，能将警察提案纳入关于全民健康和社会福利的首要主题。

以政策为重心的几个通讯协调小组，在观点、政策、辞令、道具诸方面充分利用内阁部长及其助手。1996 年竞选总统期间，白宫赞助了一系列活动，旨在生动阐述克林顿在诸如教育、犯罪、住房等国内问题上的立场。时常有一位内阁部长，一般情况下是住房和城市发展部长亨利·西斯内罗斯，卫生与公众服务部长唐纳·莎拉拉，或者教育部长理查德·赖利，来到白宫陪同总统出席一项活动，然后去新闻发布室与记者一起探讨政策细节。例如，1996 年 6 月 6 日，总统与西斯内罗斯部长一起来到白宫南草坪，为一对年轻夫妇购置第一套住房捧场。他们身后是作为广告画面的一幢硬纸板房。该活动的目的，是推行总统提出的中等收入家庭购房倡议。类似活动按常规一般在玫瑰园、罗斯福室和老行政楼的 450 室举行，此外还有椭圆形办公室本身，不过难得在此举行活动。

随着各政策小组工作的持续推进，长期计划及配套的实施方案一经确定，他们面临的挑战就是让所有人员所有事务步入正轨。"你努力争取占有一扇时间之窗，牢牢记住你的战略计划是什么，"伊曼纽尔说，"它和日常管理有冲突……还有，另一方面，你的长期目标是什么？"最大的威胁来自无法预见的事件。就克林顿而言，最大的威胁有可能涉及丑闻。"每天都有一副纸牌朝你甩过来，"伊曼纽尔回忆道，"除了大概一种职业以外，我不知道还有哪种职业，会每天都有一副牌朝你甩过来。"[59]

办公厅主任

办公厅主任或办公厅副主任作为通讯宣传的监督者开展工作。克林顿入主白宫之初，曾试图通过办公厅主任麦克·麦克拉蒂实施有限的行政制约手段，最大限度地增加他本人的权力控制。一定的舆论环境，有利于促使政策的通过及成功实施，但是麦克·麦克拉蒂并没有试图利用旨在造成此种环境的宣传手段，推行有关政策。正如人们所期待的那样，他将推行政策的工作留待总统本人完成。除了总统以外，第一夫人在最初几个月积极参与了政策制定与推行事宜，主持一个医疗保健改革工作班子，并谋求国会和公众对它的支持。这两方面的努力未能奏效，第一夫人遂开始扮演一个不太抛头露面的工作，作为居于政策舞台中心的夫君的陪衬。

然而，克林顿很快开始面对他如此安排的后果：政策的实质与政策的推行之间并无关联。"给我一个战略!"据说他曾经这样大声嚷嚷,那时他和助手们刚刚开始竭力促使他们的经济刺激一揽子计划在民主党控制的国会获得通过。"我得到的仅仅是分析。我从未得到一个战略。我从未得到一项计划。"[60]

为了解决这一问题,克林顿用经验丰富的前国会议员、此前曾被任命为行政管理和预算局长的列昂·帕尼塔取代麦克拉蒂。帕尼塔还曾供职于国会众议院,直到升任众议院预算委员会主席。上任伊始,帕尼塔立即营造了一个严密管制的氛围。后来出任克林顿第四任白宫办公厅主任的约翰·波德斯塔回忆道,人们曾经认为,"白宫有一种半夜吃皮扎饼似的凌乱无序的氛围。事实上,自上任以来,这个地方变得很上规矩了"。促使这种循规蹈矩的制度形成的,正是总统本人。波德斯塔说:"我认为他(克林顿)至少有这样一种意识:我要想成功,这里就得有一帮棱角分明、舍得出力、循规蹈矩的人。"[61]作为他们致力于规范行政管理过程的工作的一部分,帕尼塔和他的继任者每天召开例会,商讨形成和促进立法的有关问题。在这些清晨例会上,白宫高级职员不仅讨论政策提案,而且讨论宣传策划这些政策提案的不同角度。

64

到1995年,克林顿政府已经有了一套通讯宣传的有效机制,以配合其决策班子的工作。办公厅主任是主角,尽管帕尼塔和他的继任者埃斯金·鲍尔斯的工作方式有所不同。"列昂对于我们怎样做出反应特别有兴趣;他喜欢跟媒体打交道,喜欢跟记者交谈,喜欢事必躬亲,"迈克·麦柯里说,"埃斯金差不多跟他完全相反。"埃斯金不相信他在周日早晨访谈节目中露面有任何价值。"他对此深恶痛绝。他说过:'你们说我得这样做,好让旁人对我这个办公厅主任另眼相看。我想我自己完全懂得,无需浪费整个周末准备在一次访谈节目中露脸,我照样能引人注目。'"[62]

尽管鲍尔斯不喜欢现身周日访谈节目,但他委托自己的副手约翰·波德斯塔履行有关职责,从而确保通讯宣传工作正常开展。再者,很快就不难看出,他平时处处回避那些抛头露面的场合,因此在与国会里的共和党就预算问题进行谈判时,反倒占了一个便宜。"我认为任何不带偏见的观察者都有理由认为,在进行平衡预算的谈判时,为了进展顺利,我们把平时积蓄了对共和党的大量良好愿望的埃斯金·鲍尔斯推到第一线,实为明智之举,"乔·洛克哈特说,"我还要补充一点,倘若他日复一日地在脱口秀上抛头露面,那事情就会难办些。"[63]电视采访记者将迫使鲍尔斯对克林顿的反对者横加指责,致使报纸上出现充满敌意的大字标题和新闻报道,转而削弱他与反对派谈判的能力。

波德斯塔本人强调，克林顿的通讯宣传的运作方式在他两届任期内逐渐产生了不少变化。"你请来一批记者，让他们在椭圆形办公室围桌坐着随意闲聊一阵，以此体现你的通讯宣传战略，这样的时代早已一去不复返了"，他说。相反，新近制定的战略赋予他们相机行事的权利，可以迅速果断地调整方向："令我惊讶不已的是，我们可以转瞬间作出多少调整。事实上我总是将它归功于（戴维·）葛根的言传身教……你可以停下脚步，估计你已误入歧途，瞬间转变方向，朝其他地方走去，而不是一味前行。"

65　　迅速调整方向的能力，已经成为克林顿通讯宣传工作的一个重要特征，尤其是在对付接连不断相继浮出水面的一桩桩丑闻时。如今，每一个白宫办公人员似乎都意识到媒体的威力，都知道应该重视媒体对政府事务的报道。波德斯塔用最熟悉的语言，解释了其中的道理："这些人住在你的房子里，随时都想里里外外把你彻底检查一遍，这意味着你得对此作出反应，并且为此重新安排你的生活。"

　　埃斯金·鲍尔斯开始将他清晨办公例会相当多的时间，用以商讨宣传方面的议题。但又指示约翰·波德斯塔在他更务实的会议的基础上，另行开一些主要与通讯宣传有关的会议。他们形成的共识是，通讯宣传工作的不同角度得由办公厅办公室把握——如果不是办公厅主任，那便是副主任。

　　在克林顿的第二届总统任期刚开始不久的一段时间里，白宫每天早晨召开 4 个由办公厅主任监控的会议。按照波德斯塔的说法，所有这些会议都具体涉及到"究竟报道哪些事情，哪些事情我们希望报道"。在每次由中高级助手出席的这些会议上，宣传事务都被列入头号议程。让所有助手参与，本身隐含的信息是，每个人都应了解上司想要强调的具体问题，并应知道上司希望他们如何处理这些问题。第一次会议于 7 时 30 分在鲍尔斯的办公室召开，参与者仅限于办公厅主任和他的高级助手。7 点 45 分，开始扩大会议范围，所有高层人员和经过挑选受到专门委派者入场，与会 30 分钟。8 点 15 分，主要针对政策主张的不同宣传角度的会议在约翰·波德斯塔的办公室召开。最后一次会议 8 点 45 分开始，仍由波德斯塔主持，专门对付正在发生和可能发生的各类丑闻，每一桩丑闻都从公关角度加以考虑。

　　早晨 7 点 30 分：由埃斯金·鲍尔斯主持的第一次清晨例会，主要致力于预测当日的动向。与会者包括办公厅副主任希尔维娅·马修斯和约翰·波德斯塔，总统高级顾问道格拉斯·索斯尼克，总统的政策与战略事务高级顾问兼办公厅主任的政策行政助理拉姆·伊曼纽尔，总统助理保罗·贝格拉，有时加上总统助理希德尼·布卢门撒尔。波德斯塔以这种方式解释会议的目的："我们试图确定正在发生什么事情……报纸上就是这种情况，我们今天要对付什么麻烦，是什么问题？"

7 点 45 分：约 25 名代表白宫各工作班子的总统助手，与 7 点 30 分到会的核心人物会合，共同出席一次扩大范围的高层人员会议。与此前和随后的会议不同，这是"一次所谓的汇报会，让更多的人思考当天会发生什么"，波德斯塔回忆说。"今天总统准备做什么？好像每位总统助理都有机会汇报正在发生的情况，你知道国会山发生了什么情况？你听到国家安全委员会简单的情况汇报；你听到行政管理和预算局的情况汇报。"

由于知道白宫的这些会议开放程度较高且内容相当重要，一些先前供职于白宫、现在政府其他部门任职的人士特别热衷于参加高层人员会议，以便及时了解国内政治动态。财政部长罗伯特·鲁宾与行政管理和预算局局长富兰克林·雷恩斯虽然不是白宫人员，但却照常出席第二次清晨例会。他们都意识到及时了解白宫优先考虑的工作，对于履行他们的职责极为重要。"鲁宾一直坚持参加白宫的各种活动，他自担任全国经济委员会主席以来便养成了这个习惯，调任财政部长后仍乐此不疲"，波德斯塔说。时任行政管理和预算局官员、后在副总统手下工作的拉里·哈斯，也同样经常在场。借助这种会议上提供的信息，"我们通常会对目前发生的情况有更深刻的认识"。

8 点 15 分：这种高级别会议结束后，随之而来的是由波德斯塔主持的会议。"这是一种碰头会，主要商讨当天的通讯宣传计划"，他说。他们在讨论报纸和电视当天会出现哪些新闻的同时，也在考虑此前制定的计划应作哪些补充。"我们真的很想搞清楚：总统可以接见记者吗？新闻基调是什么？他们会提出哪些问题？我们得提出哪些问题？"

除了主持人之外，定期参加这类会议的人包括中高级助手及政治和政策领域的代表。拉姆·伊曼纽尔，迈克·麦柯里，一名或数名副新闻秘书（巴里·托义乌，乔·洛克哈特，埃米·威斯-托比），总统讲稿撰写人迈克尔·沃尔德曼，通讯主任安·刘易斯，副总统办公室主任荣·克兰；他的新闻秘书拉里·哈斯，政治顾问保罗·贝格拉和希德尼·布卢门撒尔；国内和经济政策顾问布鲁斯·里德和吉恩·斯珀林，全都参加会议。

此外"其他任何人都可能希望出席会议，如果他们处理的一个问题，正好列入会议议程"，波德斯塔补充道。"我们一般不让国家安全委员会的人到场，除非当天有他们的什么活动，如果是这样，我们就邀请他们某个人与会。"他把会议本身的特点概括为"房间里尽可能容纳最多的参与者的会议。……我们认真思考应该做些什么"，波德斯塔解释道。"我们补充演讲素材；我们调整通讯宣传的方向。"如果他们确定演讲稿要有一处改动，"我们就会说，'迈克尔（·沃尔德曼），这里我们需要一个别出心裁的例子，或者，把那个题目改一下'。他一般都会照办"。

他们的一个目标，是如何使一项他们希望出台的政策，得到媒体最多的宣传。"如果我们准备披露什么——如果我们即将推出关于医疗保健或别的什么的新政策——如果我们知道我们明天将开展一项活动，我们是否想在网络上对其作出一番预测？"波德斯塔说。一般来说，出台一项政策主张，需要在有关宣传活动举行前一天的夜间新闻中插播一则简短预告。当然，有些新闻登在报纸上效果更佳。"如果我们要起草一份有关网络恐怖活动的报告，照我看你大概得利用《今日美国》，"他说，"电脑下载的《今日美国》首页的全部内容。"[64]

在考虑如何以有利于总统的方式发布一则新闻、如何获得媒体关注的同时，第一次通讯会议的参与者将决定由谁牵头、由谁宣读声明，什么方面的声明，谁将在幕后操纵局面。"总统可以讲一些。副总统可以讲一些。拉姆可以讲一些"，迈克·麦柯里回忆道。"实际上只有几个人发表正式或非正式讲话"，他补充说。除了他本人以外，"我们一般会有道格拉斯·索斯尼克，拉姆·伊曼纽尔，保罗·贝格拉，还有露面少一些的安·刘易斯，希德尼·布卢门撒尔，我认为他们花了大量时间跟媒体打交道……我认为我们从不轻易透露工作的有关情况是合乎情理的"，他在提到工作人员必要时保守秘密的能力时如是说。[65]

一旦确定由谁在前台露面，由谁在幕后吹风，通讯班子就将确定使用什么最有效的媒体渠道。"对外发布消息的工具有不少"，约翰·波德斯塔说。若要往不停涌动的新闻潮流中投放一个专题，一般认为美联社应是首选。"你可以把它发给美联社，让它打动每个人。要是再配发一篇电讯稿，就会让每个人像跳摇滚舞般地激动不已。"[66]报纸是发布重要政策的最佳选择。电视最适合播放那些情景再现的新闻。

68　　莫妮卡·莱温斯基丑闻曝光后，一名通讯人员被安排到顾问办公室。起初，担任总统顾问特别顾问的吉姆·肯尼迪处理所有相关的公关事宜。但他同样参加通讯晨会。"了解在我工作范围之外的白宫现实世界里正在发生什么情况，对我颇有裨益，"他回忆说，"让我知道总统准备什么时候接触那些问题也很有好处，假如需要我筹划有可能举行的问答会，就能做到心中有数。"[67]

8点30分：在每天都在办公厅主任支持下召开的晨会上，约翰·波德斯塔考虑媒体正在怎样报道丑闻。他一般会说："刚才谈了媒体，战略，对手，我们该怎么办？"为此提出建议，应该另行开会讨论影响丑闻的公共关系，以使办公人员集中精力商讨实质问题："我们已经学会如何尽可能隔离并避开那些在白宫从事常规工作和重要工作的人员,那些我们日复一日地与之打交道的特别行动人员。所以只管避开我们当中的一些人,避开顾问办公室。"[68]

总起来讲,7 点 30 分到 8 点 45 分回答的问题是:宣传应该怎样为政策造势? 谁将领导当天的宣传攻势? 他将发表正式讲话、非正式讲话,还是兼有两种讲话形式? 我们应该利用怎样的媒介和新闻机构? 我们怎样吸引注意力,怎样维持别人对我们的注意力? 为了贯彻一项政策主张,应该利用哪些代理人,尤其是内阁部长? 由谁发布背景消息,以便向记者提供必不可少的辅助信息?

在 1996 年连任选战中,办公厅主任办公室对于协调宣传事务发挥了核心作用。除了发布信息之外,主管政治事务的办公厅副主任哈洛德·伊克斯负责确保竞选运动发言人、民主党全国委员会以及白宫人员全都口径一致。"依我看,白宫的口径、民主党全国委员会的口径、连任竞选运动的口径几乎完全一致,"伊克斯说,"这是一种控制得很严的运作机制。我们在白宫监控这种机制。我们对这一点直言不讳。民主党全国委员会是白宫的工具,竞选运动是白宫的工具。我们控制信息。你要是不喜欢这样,不妨另谋高就。"[69]

办公厅主任办公室还利用民主党国会领袖操纵通讯会议。在克林顿第二届任期的最后两年,白宫高层官员每周五会晤民主党国会领袖,商讨他们可以怎样互相帮助共同推进立法。在克林顿任内的最后几天,对波德斯塔负责的高级顾问乔尔·约翰逊,描述了白宫官员如何试图帮助他们在参议院的盟友:"我们预测未来一周的情况。我们试图设想领导战略是什么,他们计划推动哪些议题,总统如何能够进一步阐述他们在那里争取实现的目标。他们也许在星期五告诉我们,(参议院少数党领袖汤姆·)达施勒下周二试图将最低工资条款加入待批法案。"一旦白宫办公人员获悉他们在国会山的盟友的计划,他们就能调整总统的日程,助他一臂之力:"因此我们能够调整现有计划,俾使总统上午外出谈论最低工资,争取为有关新闻和行动造点声势,这种行动能够提升他们在宣传报道方面做出的努力。"

约翰逊最后提供了某种用以观照克林顿通讯的更宽广的视角:"你努力使你的各项战略议程新颖感人,呈现生气,轮流受理,公众会因此对某项专题表现出浓厚的兴趣,同时亦可防止国会简单操控或回避某个问题。"总统和他的工作班子还须谨慎从事,切勿"对此议论过多,否则媒体再也不会对你进行报道"[70]。媒体机构喜欢加以报道的,是新出现的问题,而不是总统就此采取的立场、行动及表达的观点已为民众熟知的那些问题。

新一届政府班子走马上任之初，时间或兴趣都不允许总统及其手下人员将通讯宣传工作视为当务之急，其重要性可与他们在政治、政策方面优先考虑的问题相提并论。辞去州长职务不久的克林顿入主白宫之初，他的工作班底尚未配齐，而他对新闻机构及如何使其适应政府管理体制却所知甚少。起初远未定形、缺少规范的克林顿通讯运作机制，最终两方面都得到健全。随着政府工作渐渐步入正轨，他召集了一批训练有素、经验丰富的白宫办公人员，他们知道如何将通讯宣传工作纳入整个管理过程。

从一开始仅有两名主要发言人、通讯和新闻办公室之间职责界限不清，发展到能有效处理日常事务、并且提前安排第二年全年日程表上的通讯宣传活动，其间经历了一个漫长的过程。这个在 1993 年还想不出如何使总统的经济计划得到很好宣传的职能部门，到 1998 年莫妮卡·莱温斯基丑闻曝光后，能够向当政总统提供一套配用的宣传方案，表明克林顿的通讯宣传机制已经发展到较为完善的程度。每天人们都能见到总统向有关团体发表演讲，讨论他的政策主张，照常处理政务。只有总统的思想观念产生进步之后，才会导致这种变化。

克林顿总统的工作机制酷似他引进白宫的一套工作机制。他在总统竞选期间建立的一种强势防御性机制，在他入主白宫后稍经调整又开始为他所用。尽管他和助手们学会了如何策划对他的宣传，他们的工作机制仍有一种特别之处，因为他们有太多的活动和议案需要处理，包括对他的弹劾。

第 3 章

乔治·W. 布什总统的通讯工作机制

　　早在就职典礼之前,乔治·W. 布什和他的顾问已经花了大量时间考虑如何搭建工作班子。已受委派而尚未就任的高级通讯顾问凯伦·休斯,离 2001 年 1 月还有一段时间就设计出建立通讯运作机制的几种可能的方案,确定她将如何建立这种机制,并且开始配备有关人员。白宫其他部门的组建方式与此类似,业已做好着手实施的准备。事实上,他们迫不及待地急于进入角色,以至在就职典礼前一个月就举行模拟高层人员会议。

　　克林顿和布什不仅在白宫组织机构的计划布局上有所区别,他们建立的两套体制也各自着眼于不同的职责。克林顿在通讯宣传领域的运作机制,以在处理突发事件和问题时灵活机动、易于变通为主要特色,尤其在涉及到对总统的保护时更是如此。减轻损害程度是他们的强项。每次面临麻烦或机遇,他们的运作机制都能迅速发现和评估各种问题并作出反应。他们并不善于提前计划有关活动和政策,唯有国情咨文演讲例外。他们的活动时间表更多的是提前一周,而不是提前两三个月。拥护总统的行动实施时常常太过仓促,原因在于许多计划因无法预见的问题而被搁置,尤其是莫妮卡·莱温斯基和弹劾案掀起的一阵阵风波,花去了他们一年中相当多的时间。

　　克林顿通讯宣传运作机制中的弱点,正是乔治·W. 布什的强项;而克林顿在这方面的优势,也正是乔治·W. 布什的不足。在提前制订政策、建设一个恪守规范和严密掌握总统信息的白宫工作班子方面,布什政府的运作机制发挥了很好的作用。布什的助手们认真考虑如何为他希望讨论的问 题宣传造势,并聚焦于他们认为重要的方面。通讯人员强调他们认为关系重大的问题,避免讨论他人已经想到的问题。他们耗费大量精力区分若干问题的轻重缓急,策划活动为极其有限的施政要务大事宣传造势,并且召集有关人员开展讨论。

说到倾听他人意见包括国会议员意见，以及创建一支能够适应不断变化的环境的通讯工作机制，布什班子整体上不够灵活。虽然布什政府5年来每年都有人事调整，但白宫的组织结构至今仍与当初的设置相似。2006年他们面临的挑战与2001年截然不同，但组织结构却没有什么变化。

布什的工作机制不能有效利用突如其来的机遇，以应对出人意料的问题。信息危机发生后，白宫人员经常要花几周的时间，才能让媒体热议的事件从报纸头版和晚间新闻节目上消失。例如，布什总统在他2003年国情咨文报告中声称萨达姆·侯赛因曾试图从尼日尔购买俗称"黄饼"的核反应燃料（事后白宫承认总统的说法并不属实），自那以来旷日持久的一连串麻烦接踵而至。所有高层人员和总统本人都参与了处置并纠正他早先说法的工作，耗费了2003年大约6个月的时间，才使事态平息下来。即便如此，这一事件在2005、2006和2007年又几次重新浮出水面，部分原因在于白宫人员起初对纠正他们的错误持竭力回避的态度。

在布什第二届总统任期内，由于民众对总统伊拉克政策的支持率普遍下降，由于需经总统签署的议案缺乏足够的支持，如社会保障改革方案中增加的个人退休账户，作为拟议中的移民法案一部分的客籍工人计划，白宫的通讯班子经历了极大的政治困难。随着来自国会民主党和共和党的各种批评日趋激烈，白宫人员包括通讯班子都遭到了激烈抨击。

2006年4月，民意调查中民众对总统工作的支持率在全国各主要投票点都跌至30点，布什随即撤换了他的办公厅主任和新闻秘书。总统和他的手下人员还争取使事情发生转机，他们尝试着采用一种与本届政府脱离干系的战略：使布什及其代理人对他们政策的批评者及提出涉及总统弱点的问题的记者及时作出回应，从而面临易受攻击的局势。总统和他的助手一改他们在第一届任期内较少提供信息的做法，他们目前正在提供很多的信息。"我们正在发布大量消息，制订政策前，我们都会推出政府发言人和政府决策者让他们发表公开或不公开讲话"，卡尔·洛夫在2007年初如是说。例如，在他们乘坐空军一号前往政策宣传活动目的地途中，他们安排一些人向记者介绍基本情况，其中有全国经济委员会的耐德尼克斯，还有科技委员会的人员，国内政策委员会的人员，教育委员会的人员。[1] 此外，他们安排专人负责对他们认为含有错误消息的新闻稿迅速作出反应。通讯处的这个快速应急小组定期发布消息，以抵消被白宫官方认为不够准确或需要作出官方反应的媒体新闻的影响。

目前的信息公开，始于布什再度当选总统之后的一个阶段，当时他增加了单独召开记者招待会的频率和规律性,以及他面对未经确认是否拥护总统及其方针的观众发表演讲的次数。除了向包括一些批评者在内的若干团体发表演讲外,他还就伊拉克战争形势、伊拉克没有发现大规模杀伤性武器、总统持续下跌的支持率、国家安全情报泄密以及国家安全局窃听计划等问题回答他们的提问。

执政之初

　　布什总统带进白宫的组织,十分重视对他们希望谈论的话题加以精心策划并保持严格控制。[1] 他们建立了一套拥护型的运作机制,重点放在他演讲的选题上。他们希望围绕总统制造新闻,不愿意花多少时间对其他人、包括对记者的议程作出反应。

　　乔治·布什入主白宫之初,既对总统的通讯运作机制表现出浓厚的兴趣,同时又熟悉与新闻媒体打交道的惯例。他意识到他说的话举足轻重,因此必须对自己说的话负责。1993 年,正为自己第一次竞选州长作准备的布什,在接受《豪斯顿邮报》记者肯·赫尔曼采访时说,"天堂只对那些相信耶稣·基督的人开放",这一话题是由一场关于家庭的讨论引起的。"当时我们正谈到他的家庭,"赫尔曼回忆道,"之所以把它写进稿子,是因为他和他母亲在你得相信耶稣才能进天堂这一点上有分歧。于是他们打电话给比利·格雷厄姆要他参与讨论。这表明他们与一般家庭有些不同,他们能打电话把一个被某些人视为上帝的得力助手的人请来。"[2] 这次采访掀起了一场轩然大波。"最终他不得不就此向某些团体作出解释。我想他其实已经从中悟出一个教训,你说话时一定得谨慎择言。"

　　5 年以后的 1998 年,宗教话题在布什与赫尔曼的另一次讨论中被再度提及。当时布什正在出席民主党州长协会的一次会议。他和他的弟弟、新当选的佛罗里达州长杰布·布什联合举行一场记者招待会。这位德克萨斯州州长邀请记者到他下榻的旅馆房间参加一次小规模的记者招待会。他在会上透露他将赴以色列访问。按照赫尔曼的说法,"这表明他正从国家这个全局思考问题,正在考虑参加总统竞选,一个意味深长的消息"。

　　会议结束后,赫尔曼在等电梯。"就在那时,布什州长朝我走来,眼里闪烁着他即将说出睿智妙语时的一丝光芒,"赫尔曼回忆道,"他朝我走来,说他将出访以色列。(我说)'很有意思,州长,这肯定是一次有趣的旅行。'他没有搭我的话碴,但他下面说的话显然与我们此前的谈话有关,他瞧着我说:'你知道我到那儿后说的第一句话是什么吗?'我说:'不知道,州长。'他说他会说他们

74

'将下地狱'。这显然是个自嘲式的笑话。他显然是在开玩笑。"[3]

　　这有可能是笑话,但赫尔曼的编辑仍想把它用到一篇文稿里,"明白无误地(把它处理为)一则自贬式的笑话,因为此前说了无意中得罪某些人的话而幽自己一默。它毫无疑问的的确确是个笑话"[4]。这个故事还惹出另一个麻烦。"第二天我通过某些渠道获悉州长可能对我有些生气。我不知道是什么缘故。于是我打电话问凯伦·休斯:'我是否得见一下州长?'休斯建议他见我一面。"刚刚结束慢跑从外面回来的布什州长在州长官邸外的一个游泳池边接见赫尔曼。"我对他说:'怎么回事,我为什么来这里?'他对我说他对那条发表的评论感到失望。他觉得那只不过是两个朋友之间的戏言。"[5]

　　布什会在经常出现政府官员和记者的某种场合骤然失去警觉,尤其是在州和地方两级。正如赫尔曼所言:"你渐渐了解这些人,你很多时间和他们待在一起,你开始了解他们的家庭,他们也开始了解你的家庭。这可能会成为是否会有麻烦,你心里暗自琢磨,不知从现在起到将来哪个时刻,你必定会说,过去我们不会把它登在报纸上,可是眼下我们需要把它登在报上。"

　　布什知道他和赫尔曼已经达到这一点。他告诉赫尔曼,他只要不说这话,就可以阻止它见报。到1998年,布什已经吸取了两个教训:与记者建立良好关系对于通讯工作固然重要,但在与那些向读者披露政府官员隐私并以此为己任的记者打交道时,自律也同样不可或缺。他在组建白宫通讯班子时牢牢记住了这两点教训。

　　由于拥有一支经验丰富的通讯和政治队伍,布什在他第一届任期的最初阶段成功避免了若干失误。他凭借卡尔·洛夫和凯伦·休斯的鼎力相助开始了他在加州的政治生涯,两人都觉得,后来成为他竞选总统主要资本的两届州长任期,以及他俩担任他第一届任期的战略制订者,都使他们得到了很大的回报。休斯曾经先后担任达拉斯电视台记者和州共和党执行主任,直到成为布什的州长通讯顾问。自老布什担任副总统起就为布什所知的洛夫,持续担任布什的政治顾问,直到他参加州长竞选。休斯后来又一面经营自己的咨询所,一面为州长任上的布什继续出谋划策。从职业角度来讲,休斯和洛夫代表了通讯与政治的联姻,它使布什的执政风格成为他竞选风格的一种延伸,同时他的竞选风格也是他执政风格的一种延伸。

　　甚至在布什当选总统获得批准之前,洛夫便开始着手制订一份180天计划,旨在实现他们在竞选期间为之鼓吹并讨论的各项目标,主要包括加强军事防御,提高教育质量,减税,基于诚信的一些议题。布什刚刚就任总统,便开始推行这份执政议程表,每周研究完善其中的一个目标。为了进一步充实他在竞选期间讨论过的思想,他准确解释了他希望如何逐一实现这些目标。在整个第一年,总统和他的工作班子将他们的竞选议程转换成治国理政的议程。

拥护总统

76

上章探讨的主要原则这里依然适用:一届政府最重要的拥护者正是总统本人。布什本人对他的通讯宣传工作表现出一种很明显的兴趣。在全球反恐战争方面,我们遇到的主要难题是如何使人民理解重大问题,理解作出反应的紧迫性。玛丽·玛塔林说,2001 年 9 月 11 日之后不久的一天,"他把我们召集在一起说:'通讯宣传对于这场战争至关重要,因为这场战争的打法,将不同于美国或世界人民以往亲身经历过的任何一场战争。不会有强攻海滩,不会有美国有线新闻电视网夜间拍摄的模糊不清的画面。很多军事行动都将在暗中进行,有很多我们肉眼无法看见的行动,比如直接破坏金融系统。'在一场戏剧性的战争之外其他行动正在发生。"[6]

他告诉他的高级助手们,政府的通讯战略将显得十分重要,他希望自己处于这一战略的中心。他敦促手下人员务必确保与我们对 9 月 11 日事件作出的反应有关的各项活动提升到总统级别。丹·巴特莱特谈到总统很注意使自己处于通讯活动的中心:"我记得我们第一次有个很好的机会能证明我们知道自己在谈什么,可惜希望落空了,因为下一周他们就把文件送到戴维营让他签署。"这些文件涉及到冻结那些列入政府恐怖组织名单的组织的金融资产。"他打电话给凯伦,把正在教堂做礼拜的她叫出来,"巴特莱特说,"她让我接电话。总统十分恼火。他说:'为什么我现在才签署这份文件,(保罗·)奥尼尔财长明天就要宣读它了?这是在这场新的战争中对恐怖分子实施的第一次打击。不是使用导弹,而是大笔一挥。'"[7]通讯宣传班子将次日早晨玫瑰园的一次签名活动与布什总统签署文件合并在一起。他明确表示,他本人,而不是他的阁僚,想要亲自采取行动。他想在反恐战刚刚打响之际准确无误地表明是他在统揽全局。

支持兼有个人和领袖身份的总统

面对整体上比总统的许多政策温和宽容的民众,总统的通讯班子重点塑造他兼有平民与总统双重身份的个人形象,在他应对"9·11"恐怖分子进攻及处置其后果方面更是涂上浓墨重彩的一笔。他在第一届总统任期内确立的领袖角色,对他在连任选战中的活动颇有助益。布什总统经常拿自己演讲风格的种种缺陷开玩笑,但他知道人们理解他的意思,更重要的是,清

77

楚他的身份。在他竞选连任运动的最后一个月里，他在常规竞选演说中谈到公众对他这位总统有多少了解时，往往博得最热烈的掌声。在一个又一个城市，他告诉听众他在自己的第一届总统任期内了解了很多东西："过去4年，美国人民对我本人也同样有所了解。有时，我有些过于直率。（掌声）这是我母亲的遗传。有时，我说英语咬不准字音。这是我父亲的遗传。（笑声）但无论何时，无论你们是否赞同我的观点，你们都知道我置身何处，知道我将把这个国家引向何方。"[8]

尽管他的名词动词时有混淆，说话也有些吐字不清，选民们却坚信自己了解总统的思想观念，理解并赞同他个性鲜明的领导风格。通过他下面说的话，公众能理解他的为人："我知道一位总统是多么需要处于领导地位。从林肯到罗斯福再到里根的历任总统再清楚不过地表明，总统不应该随风飘浮；总统必须作出强硬的决策并且恪守不渝。"这种向美国民众吁求支持的做法，与总统从他本人对"9·11"恐怖袭击作出回应起确立的领导风格是相当吻合的。

聚焦于总统的个性特征和领导风格，是一种收效显著的战略。公众对他领导素质的认可度远远高于他对重大问题采取的立场，许多美国人对他的原则立场颇有微词。在2004年由有线新闻电视网、《今日美国》和盖洛普民意学会联合举行的一项民意调查中，针对乔治·W.布什是否"具有一位总统必备的个性和领导素质"的问题，57%的调查对象作出肯定的答复，41%的调查对象作出否定的答复。针对同一项调查中你"是否赞同乔治·W.布什在对你至关重要的事情上表现出的态度"的问题，赞同与反对者比率持平，均为49%。[9]

获得很高的民意支持率，一直是布什时期白宫通讯班子孜孜以求的一个目标。丹·巴特莱特谈到他让媒体把总统当作普通人进行采访的战略："我作为通讯主管为总统制订的、同时在我看来符合总统切身利益的战略目标，是让更多记者聚焦于总统本人，而不是白宫。我认为从通讯宣传角度来看，这个战略是比较可取的。"他们想展现他普通人的一面，因为，诚如巴特莱特所言："他的一个长处在于他独特的个性。"

总统与民众沟通的途径有若干条，其中蕴藏着媒体的新机遇。巴特莱特和通讯团队中其他人采用的一种方法，是借助非传统媒体形式影响民众。在2004年的连任选战中，他们对巴特莱特所说的"渔猎发烧友"施加影响，方法是将多名记者请来白宫，他们来自"所有的狩猎杂志，钓鱼杂志，谈话类杂志，这些杂志影响了千百万美国民众。我们把他们请进来，跟总统一起围着一张圆桌聊天"。有些媒体机构，比如《跑步者世界》和《田野与溪流》，在白宫开展了一对一的采访。《体育画报》和《自行车运动》的记者来到布什位于德克萨斯州的克劳福德牧场与总统一起骑自行车,随后对他进行了简短的问答式采访。三名来自其他新闻机构并且全都长期坚持骑车锻炼的记者,也参与了他们的活动。

"通过精心谋划,知道我们将影响哪些人以后,我们开始着手设计我们的信息,并且使它尽可能具有吸引力。你无法改变自己的立场,但你能够以某种向总统简要介绍情况的方式谈论自己的立场,同时务必使总统了解人们脑中的真实想法,这样他就会主动投他们所好,谈论他们切实关心的问题",巴特莱特说。这样做的好处是,这些讨论比他组织过的许多讨论会随意轻松:"这些非传统型讨论会、新闻讨论会往往更像是私人间的谈话……不太关注政治和程序。它更多关系到你如何看待这一点以及为什么。"在竞选期间,他们采用了在非传统型频道如高尔夫频道上做广告的类似做法。

在布什的第二届总统任期内,他的工作班子继续寻找非传统媒体途径,以便传递那些很难借助传统媒体形式加以传递的总统信息。总统在非洲开展的防治艾滋病工作以及他的千年挑战帐户①均受到美国媒体的冷落。巴特莱特解释说,他们面临的一个基本难题是电视新闻节目里国际新闻容量有限。"在夜间新闻、早间新闻及各大报纸的节目编排表上,国外政策的容量实在有限。你如果需要报道伊拉克,那就得连带报导伊朗或朝鲜的有关内容。你无法使公众耐久集中地注意你发布的消息。"由于存在这些局限,他们主要依靠非传统媒体手段。"我们最好的媒体公关宣传一直通过波诺博克网站展开——因为它是非传统媒体。它没有通过国家新闻节目,而是更多地通过波诺博克网站或这种那种非传统媒体手段。"这些都是他们的非洲艾滋病议题被集中报道的地方。[10]

通讯人员试图从白宫吸引人们浏览网站(www. whitehouse. gov)上的总统信息,点击网站上一些引人注目的条目,诸如那条以总统爱犬为原型、渲染2002年圣诞期间白宫喜庆气氛的巴尼犬宣传片:"我们正在试图以非传统途径吸引人们的注意力,从而使他们情不自禁地访问有关网站,然后可能会说,'哦,我想知道他就教育说了些什么',接着点击巴尼宣传片旁边的什么条目。"[11]

另一条使人完全理解总统人格魅力的途径,是借别人之口议论总统,尤其是某一社团的成员。这样的策略在布什就任总统的早期阶段就已采用。总统在国内巡视期间,会受到其视察目的地某市或某区官员的特别欢迎。

---

① 美国政府对16个受惠国的发展项目提供10亿美元资助的计划。——译者注。

此外,会有一名美国和平队队员迎接总统并接受总统颁发的志愿者服务奖章。这些欢迎者由美国和平队白宫办公室挑选,作为"迎候总统计划"的一个组成部分。这些人是在社区从事服务工作的志愿者,同时也是总统来访前后当地媒体关注的焦点。他们无一例外地以相当赞赏的口吻谈及总统与自己的会面。例如,伊利诺伊州斯普林菲尔德一位参与"照料养祖父母"计划的志愿者黛拉·艾默斯,是《国家期刊注册》上一篇文章的主人公。该文集中报道了她的一天,从总统和总统夫人为她授奖,然后与她同乘总统车队专车,直到参加亚伯拉罕·林肯总统博物馆的落成典礼。"太棒了",她这样提到自己的此次旅行。[12]

　　布什总统抵达印第安纳州南本德市时,将志愿者奖章授予露西·B.库明赛斯,以表彰她为"忙碌的手"这一团体从事的缝纫工作。当地报纸一篇题为《她无比珍惜布什总统的亲吻》的文章,集中介绍了她的工作以及她与总统的会见。[13]城市大小报纸都会介绍当地志愿者奖获得者的事迹。《密尔沃基新闻报》刊登了有关贝弗利·克里斯蒂-莱特的通讯,他因努力争取获得"北边基督教青年会黑人成就奖"而获奖。克里斯蒂-莱特也谈到她与布什总统的会见。"他说,'继续好好干,'他确实喜欢我在社区做的那些工作",她说。[14]在西雅图,有三个儿子分别在伊拉克和阿富汗服役的雪儿·谢弗说,她与布什总统的会见"实现了自己的一个夙愿:她能和其他人在空军一号降落波音机场之际共同迎候布什。她告诉一名记者:"我一直渴望见到他。"[15]对志愿者的宣传并不仅限于他们获奖当日。一些情况介绍一直持续到总统来访数日之后。洛杉矶的洛·当泽勒去世以后,他的讣告提到他于1992年荣获老布什总统颁发的一千点光奖,并于2004年荣获现任总统的美国和平队应召服务奖。[16]迎候总统计划自2002年启动以来,共有550多名志愿者见到总统并荣获奖章。[17]该计划由通讯处负责实施。

以总统的名义开展通讯工作：作出纪律约束

　　吉姆·威尔金森在布什第一届总统任期内任通讯处计划主管,而后担任财长亨利·保尔森的办公室主任,他说总统作为一个信息传播者的目标是"以他自己的名义制造新闻"[18]。白宫采取的许多战略,是在它为报道总统所付出的努力中形成的,一般选择符合总统及其手下人员意愿的时间和方式对他进行报道。他们的信息发布策略,以作为他们工作中心的总统为基础,包括安排总统宣布重要决定而不在媒体上制造多少舆论。工作人员策划活动时,往往按照对他们有效的某种方式,包括以他们的名义答复记者的提问。

　　首先,总统,而不是他的工作班子或阁僚,是总统通讯宣传工作的中心。阿里・弗莱舍用具体的语汇解释了总统的意愿:"总统确实相信,他,而非手下人员,才是新闻制造者。"[19] 由此可以看出白宫新闻政策的两个特点。第一,总统不愿意在新闻中看见他的手下工作人员。他们把重点放在以总统名义公布政策上,由此导致的一个重要结果是,他们很少安排政策专家利用新闻发布室,在一场电视转播的会议上提供背景信息。这反映出不同于前几届政府的一个实质性变化,因为当代总统一般都有专为实施他们的大多数重要行动的一套保障机制,即安排包括内阁成员在内的政策专家参加正式会议,解释总统的某项计划。

　　在克林顿主政时期,内阁部长唐纳・莎拉拉(卫生与公众服务部)、理查德・赖利(教育部)、亨利・西斯内罗斯(住房与城市发展部)定期在白宫新闻发布室召开新闻发布例会,经常这样做的还有经济顾问吉恩・斯珀林,国内政策顾问布鲁斯・里德,以及预算主管杰克・刘易斯。此举对总统的有利之处是,与会记者可以随即将他们在新闻发布室获得的材料加入他们当天来自白宫的新闻稿里。

　　小布什上任以后,没有沿袭这种由内阁部长利用新闻发布室解释总统重大行动的惯例。在他的第一届任期内,只有国家安全顾问康杜丽莎・赖斯定期出面向记者发布新闻。在布什第二届任期内,由赖斯的继任者斯蒂芬・哈德利继续这项工作。但是总统近来的行动需要若干不同级别的白宫官员所作的配合,已经超出了像他们先前那样必须解释总统的思想及政策目标的范畴。内阁部长们被视为总统观点的"附和者",而不会像在初期阶段解释总统政策时那样发出自己的声音。利用他们,是为了重申总统的某一个主题,而不是深刻地解释他的政策。

　　为了确保总统在第一时间宣布重大政策,白宫在布什的第一届任期内没有为他的政策发布制造什么舆论。阿里・弗莱舍解释了他们在布什第一任期内控制新闻发布的具体做法:"在他宣布政策前就已走漏风声的情况已很少见。他有话要说时不论说出什么,听起来都很独特,每个人都是第一次听他说出。我们的方针是……美国人民必须头一回听到他说这种话。"[20]

　　与第一任期相比,布什在第二任期更愿意在提出政策主张之前让手下人员预先透露相关信息。新闻秘书斯考特・麦克莱伦说,他们有时提前透露一项总统即将宣布的政策,主要通过头天夜里向电讯社提供消息的方法,同时附加时间限制。"我们或许会去电讯社跟他们说,'你看,我们不愿让这消息存入你们的新闻网',这就是说,他们会在凌晨两三点钟发出电讯稿,那时所有的晨报都已即将开印,这样,在总统宣布之前,这条消息就会透露出去",麦克莱伦说。跟报纸不同,电讯社提供的新闻稿的篇幅极为有限。它们有足够的篇幅解释政策主张,但没有足够的篇幅介绍来自各种渠道的反应。将它发给电讯社,"有助于正式发布消息,以免有人以自己的名义将其提前泄露,或者说不是提前泄露,而是传达的不是你想传达的信息"[21]。

82　　　第二,以总统本人的名义报道他的消息,意味着由联邦政府决定它的通讯目标是什么,总统及他的工作班子向记者提供什么消息,向谁以及何时提供消息。这一准则处于布什通讯战略的中心。按照丹·巴特莱特的说法,布什政府不情愿接受媒体提供的机会,因为这些机会常常与他们拟订的计划相抵触。巴特莱特解释了布什政府的新闻循环机制是如何运作的:"如果报纸头版突然冒出什么消息,或是电视节目盯住什么新闻,我们将放弃这些机会。"他继续说:"我们不会急于抓住什么东西,打个比方,不会顺着那股波浪飘流,只要它无助于实现或是不符合我们本周、本月、本季度或无论多长时间的通讯战略目标。"[22]

　　　他们坚持原先的计划,尽管严格控制讨论令有些记者感到不快,因为他们需要白宫对自己的问题而不单是总统和政府想要谈论的问题作出答复:"因此我认为在这一方面,我们接近新闻周期的方式与以往稍有不同,那会令有些记者感到失望,因为他们正逮住那个新闻不放,他们就是那样。"根据巴特莱特的观点,记者设法诱使你对他们最为关注的新闻作出反应,他把这称作被拽向"最末端"。"他们处在新闻周期里,他们想在里面施展一番,他们想把你引向最末端。""我们往往看一下自己的长期或中期目标,扪心自问,'这样做是否符合我们通讯工作重点关注的目标?'"

　　　在第二届任期里,当发现民意支持率开始下滑时,总统和他的工作班子比以往更愿意在通讯宣传方面承担风险。2006年,随着民众对总统工作认可度持续在低位徘徊,冒险已是势在必行。布什政府正面临来自各种政治渠道的批评,包括来自本党的批评,各大民意调查对总统工作的支持率平均只有30点。他们为第二任期选择的工作重点,诸如作为社会保障改革中心的个人退休账户,全面的移民改革等,遭到广大民众、共和党阵营内部包括共和党国会议员的强烈反对。

　　　他们没有回避风险,而是迎难而上,允许总统及其手下人员回答那些观众有可能提出的令人讨厌的问题。2006年春天,总统出现在那些未经联邦政府或地方政府特别挑选的听众面前,此种局面他在首届任期内曾竭力回避。他
83　认真解答的一些问题,往往涉及他及其手下人员并不情愿重点考虑的工作。白宫人员发现,只要总统的谈话包括答复观众的提问,而他们当中又有未经白

宫甄别的人群,那就更有可能被新闻机构报道。总统不再仅仅出现在当地共和党听众或友好的企业主面前,在其他场合也能见到他的身影。2006 年 4 月 10 他在约翰·霍普金斯学院国际研究高级学院演讲结束之后,在场的学生听众纷纷提出令人头疼的问题,如美国对伊朗的政策,牵涉到约瑟夫·威尔森大使的夫人瓦莱丽·普莱姆的情报泄露案,以及总统的民主倡议。[23]

那种不需要事先准备演讲稿的活动,对媒体具有更多的吸引力,公众对它的兴趣,也会超过那种与会者经过甄别的党派活动。这些活动"无疑能够调动公众与媒体的兴趣,"负责电视节目制作、安排总统活动舞台布景的通讯副主任斯考特·斯福尔扎说。"记者问,'马上会发生什么?'总统自己甚至也不知道。"[24]这种情形很容易在电视上报道,这对政府很有利,它的另一个好处是,能够表明总统听得进与自己相左的观点。

2006 年 5 月 18 日,总统赴亚利桑那州尤马市,连同边界控制问题一起讨论他的移民动议。通讯人员此前通知五大新闻网,称记者有机会当场对总统进行个人短时间采访。完全不出他手下人员所料,记者绕过移民话题,向总统提出关于他民意支持率持续走低以及白宫不愿回答的其他问题。在就移民议案采访布什总统时,全国广播公司记者戴维·葛里高利提出伊拉克问题和总统民意支持率低迷的问题,有线新闻电视网的苏姗妮·马尔沃克斯也同样如此。

布什政府以总统名义制造新闻的方法的第三要素是周密计划。布什总统遵循他在经商和担任德克萨斯州州长期间制订的一套管理原则。该原则的核心,是树立目标,制订旨在实现既定目标的各项计划,使手下人员各司其职,并具体实施各项计划。[25]卡尔·洛夫描述了布什的这个行动体系:"树立目标;召集全体人员;让他们聚焦于目标;让人们发现如何分段实施计划;熟知方法;熟知原理;熟知目标。确定人们的工作极限,但务求拓展这种极限。布什把这些由彼得·德鲁克首创的原则付诸实践:"这些就是整个体系,无论是出于他经受的训练还是他的禀性,他把它运用到实践中去。"[26]这里需要强调的是,总统应该确定该体系如何发挥作用而不是由他本人具体操控。布什愿意让别人承担由他和其他人分配的任务。在他愿意时也会亲自参与有关工作。

凯伦·休斯解释总统的管理体系在哪些方面与通讯体系相协调:"他想知道计划。我们的计划是什么?我们准备怎样实施?"[27]玛丽·玛塔林这样描述:"他抛出一项项重大方案,一个个重大目标,由你设计具体的细节。"洛夫说:"会有更多的会议,更多的讨论,但要下达任务,明确具体分工。"[28]"我们的起点其实就是总统(布什)在德克萨斯的办公室,然后是竞选,其间政

84

策、政治和宣传三者之间一直紧密结合在一起。"[29]在第一和第二届任期内，这三大要素在卡尔·洛夫的领域内始终密不可分，在为总统的议题策划宣传活动方面发挥了至关重要的作用。

由洛夫建立并领导的计划小组，颇能说明政治、政策与宣传应该如何紧密联系在一起。洛夫每月或每半月主持一次被他称作"战掠"小组的会议，此名出自电视喜剧节目《周六夜生活》中的一则滑稽小品，剧中人模仿布什将战略说成"战掠"，以此嘲笑他发音和句法上的毛病。2002年5月初，洛夫通过自己对未来一年的期待，阐述了他的"战掠"小组的运作方式："眼下，比如说，我们昨晚召开了一次战略会议，讨论了八月份的工作。在争取完成哪些任务、实现哪些具体目标方面，我们已经确定了从现在开始到今年底的工作思路。"对于较短期的目标，他们已经拟订了3至4个月的计划。"但若说起，比如，计划总统出行，重点考虑相关信息，重点考虑活动主题，同时弄清楚我们这里每个阶段的意义，针对上述各方面，我们六月份工作已经有了有效方法；七月份，已经有了一套完整计划；八月份，已经有了整体框架。很快我们将进一步充实7月份计划。"

虽然他们提前制定计划，但也知道计划容易背离预期目标。"但是去年
85   我们开始制定计划时，已经超前八周，有时我们超前4周，有时8周。我们有时统一制定9、10、11三个月的计划。"即便他们会因某些不可预测的事件偏离既定目标，就像在2001年"9·11事件"时那样，早已拟订的长期战略方针仍会使他们在大方向的指引下安稳无虞。用洛夫的话来说："一天开始之际我们说'这是我们当天的计划，我们准备放弃它'，总比问'我们今天的计划是什么？我们打算干什么'好。"他们根据一份已确认各项主要活动的总体计划书开展工作。"当日工作主题、某项总统活动以及我们出行的天数，全都用绿颜色逐一标明"，洛夫说这话时，正在凝神推敲一份计划书样本。此外还有那个阶段每项活动的详细描述。[30]

凯伦·休斯参与制定那份日程总表的通讯联络部分的计划，后来由丹·巴特莱特接手她的工作。在布什执政初期，休斯每周三和周五召开通讯计划例会，俾使工作班子中的高层人员预先确定未来3至4月总统工作日程的要点。他们以总统和他的高级助理制定的总目标为基础，进一步计划便于他解释、推进和阐述其具体目标的宣传活动。这一方案一经确定，20多名白宫各部门人员将与对口内阁部委职级相当的官员及州、区、地方各级官员和非官方单位的官员共同策划特定的活动。某项活动列入日程表后，将指定一名高级别人员负责与行动小组合作，由他监督各单位代表大致确定活动的细节。此人可能是通讯、程序或政策部门的官员。这位战略协调者

将确保该活动的目的清楚无误,设计的方案将有效地达到既定的目的。同样的过程在办公厅主任乔舒亚·博尔顿的领导下继续进行。"每一个问题在白宫都有一个专门处理的中心……一名主办者,一名组织者,只有一个中心",博尔顿说。"许多人都得发挥作用,任何一个对此有正当兴趣的人都得在这个过程中发挥作用,"他继续说,"每个人和无论哪种工具都有责任推进政策,有责任确保每一个有兴趣的人发挥作用,但是只有一个渠道可以接近总统。"通过自己供职于第一届布什政府的经历,他深知要想发现一个问题如何引起椭圆形办公室的注意是何等不易,因为有多种途径。[31]

　　布什的白宫班子纪律之严明堪称传奇。一旦决定何时何地何人发言,他们全都谨遵规则,从不逾矩。与前几届政府相比,布什任内很少发生不应有的泄密事件。前几届政府,包括里根和老布什政府,巴特莱特说:"在白宫内部有几个互不相容的阵营,它们通过媒体将他们之间的分歧炒到白热化程度。"以办公厅主任詹姆斯·贝克为首的阵营,和以埃德温·米斯为首的阵营,都曾发生过向媒体记者透露内幕消息的情况。巴特莱特说政府对这种泄密没有免疫力,因为"你卷入其中的这种再明显不过的公开化'折腾与较量',发生在国务院与国防部之间,即拉姆斯菲尔德与鲍威尔之间"[32]。但在白宫却少有这种情况,因为他们倚重那些长期为总统工作的人,另外招募一些有华盛顿政界经历的人,作为对他们的补充。

　　从一定意义上讲,白宫之所以纪律严明,是因为布什总统特别看重控制,同时也与白宫高层人员 2000 年竞选运动合作共事的经历有关。在 2000 年竞选期间主管政策实施的办公厅主任乔舒亚·博尔顿,对布什的纪律与组织发表了如下评论:"现任总统领导下的白宫,自他上任第一周起就始终表现出一种强势作风,以前数届政府并非全都如此……其中的一个原因,是他一贯保持那种作风,他将竞选班子的一大半人马带进白宫,他以同样的方式驾驭竞选运动。"作为亲密助手进入白宫的人员——博尔顿,卡尔·洛夫,丹·巴特莱特,还有早先的凯伦·休斯——全都是参与 2000 年选战的一班干将。博尔顿称,布什州长在竞选初期曾给予他"第一次实质性指导"。布什告诉博尔顿:"我要用治理州事的方式来领导竞选。"布什告诉博尔顿:"他想让(竞选中的)决策过程像在政府内部一样推进。"结果,在创建白宫组织机构的过程中,"他希望能够全盘接受他在竞选期间所说的一切,他建立的组织机构,如果他当选总统,那就随着他入主白宫将它们原封不动地照搬过来"[33]。纪律、方向、各色人等三位一体打造一个"强势白宫"。

通讯组织机构

　　乔治·布什挑选以前共事时彼此密切合作颇有成效的一名通讯专家和

一名政治专家担任自己的高级战略决策者，从而将他任内的公共关系提升到前所未有的显赫地位。凯伦·休斯和卡尔·洛夫向其他高层人员示范如何针对总统的议程策划行之有效的宣传活动，如何与具体实施的人员合作共事，以期整体上均衡把握活动计划的各要素，然后监督各项计划的实施。为了实施这些计划，他们特别倚重传统上负责此类事务的 4 个办公室，即新闻办公室，通讯办公室，媒体事务办公室，以及讲稿撰写办公室。这 4 个办公室共同实施布什的通讯宣传计划。

如表 5 所示，布什接任后这些办公室所需的雇员数与此前大致相当。1998 年，即克林顿在总统任上的第 6 年，这 4 个办公室共有 39 名职员。而到 2001 年布什刚刚入主白宫不久，4 个办公室的职员总数已增至 43 名。[34]但是工作重点发生了变化。布什政府主要致力于长期计划的制定，而克林顿则聚焦于每日新闻事务。

布什时期白宫的宣传事务属于总统顾问凯伦·休斯的职责范畴。在她任职期间，几个办公室都对她负责，后来则对丹·巴特莱特负责，他的头衔是总统的通讯顾问，2005 年升任总统顾问。而在克林顿主政白宫时期，没有专人负责所有的通讯机构。新闻办公室及通讯办公室主任分别对办公厅主任和总统负责。

表 5　白宫通讯宣传部门职数

白宫宣传部门	G.W. 布什 2005 年 5 月	G.W. 布什 2002 年 7 月	G.W. 布什 2001 年 7 月	比尔·克林顿 1998 年 7 月
顾问办公室	4	5	4	—
通讯处	12	8	8	8
演说稿撰写	16	13	11	8
媒体事务办公室	10	10	10	新闻办公室的一部分
全球通讯办公室（2002 年 7 月设立；2005 年 3 月撤销）	—	2	—	—
新闻办公室	12	12	10	23
处理传统媒体事务的新闻办公室人员*	—	—	—	13
通讯人员总计	54	50	43	39

来源：作者根据白宫电话簿、国家事务局、每日行政报告、2005 年 6 月 17 日第 116 期白宫电话簿的资料制表。作者同时利用 2001 年 8 月 13 日 155 期和 2002 年 7 月 22 日 140 期电话簿中的数据。

* 不作为通讯人员统计。

战略制定者:凯伦·休斯与卡尔·洛夫

在局内人看来,总统显然是由洛夫和休斯代表的政治专长和通讯知识两者联姻的受益者。凯伦·休斯一直保持总统顾问的头衔,主持白宫所有的宣传事务及布什总统向她布置的额外工作。卡尔·洛夫凭借其高级顾问的头衔,能够专门处理政治事务并承担总统分派的其他任务。他俩的职衔蕴涵着白宫人人皆知的事实:休斯和洛夫都在涉及面很广的白宫和政府活动范围里履行职责。

88

一位高级助手 2002 年提到总统在当年秋天中期选举中提高共和党胜算的计划时说:"卡尔负责竞选的有关事务,正在争取参议院,稳定众议院。他做了大量工作,以期达到这一目的。"这位助手还提到洛夫无与伦比的知识和对总统资源的娴熟利用:"他在一场竞选中尽己所能使用了各种工具。对总统有利的时机,你把他放在什么地方,需要发展什么样的关系,哪些外界组织将有助于竞选筹款,将有助于争取选票,将有助于为我们希望看到胜出的共和党和政府候选人获得足够的选票。这些正是卡尔做的事情。他注视着所有的政策,同时还用一只眼睛盯住他的目标,即保持对总统继而是国会中期选举的政治支持。"

89

这位助手还说,凯伦·休斯用一种宽广的视角看待政府的战略计划。"凯伦目光比较深远:美国公众的主流民意是什么? 我们需要在哪些方面开导公众,或者范围更广些,开导世界民众? 总统的政策是不是正在被人们理解? 总统的政策有没有得到支持? 我们怎样才能为总统的政策争取更多的支持? 凡是一个人在竞选中可以无所不用其极的手段,全都由她控制:演说撰写稿,媒体事务,电视,新闻秘书,通讯事务。"[35]除了视角宽广以外,阿里·弗莱舍还提到她对白宫内部的事态如何发展有一种控制能力:"凯伦的确是举足轻重的人物。凯伦能够改变事态发展的根本方向,或者在事态发展时令其增速。"[36]

两位高级助手的个性能够彼此互补。一位助手说起他们的个性怎样与他们从事的工作相协调:"卡尔棱角比较分明,凯伦却表现出'坐下跟我谈谈你的见解'那种轻松随意的风格。两人个性有些不同。因此总统有这样两个智力超群、行事风格和手段各不相同的助手辅佐,可谓适得其所。"[37]

借助洛夫和休斯这两位总统最信赖的政治和通讯长期顾问,那彼此互补的两种眼界,总统能够更加真切地看到他想亲眼所见的情景,更加深刻地认识自己想做的事情。在长达 1 年的时间里,他必须在文化和政治环境里开展工作,前者无需掺杂党派因素,后者却是彻头彻尾的政治。正如玛丽·玛塔林所说:"他也懂得在不同的环境下,你应该适应你所处的具体环境。这是一个政治环境,那就以人们所能理解的方式讨论问题。"[38]因此,当他在2002年、2006年国会选举和2004年总统选举前几周探讨国土安全时,他用风格鲜明的政治语汇描述他的诸项议程。但在发表国情咨文演说时,听众更加期待一种能为两党所拥护的立场,于是他心目中的听众便扩大到民众、国家甚至世界。

在布什的第一届任期内,大多数工作日都始于一场由总统主持的战略会议。"我们每天早晨召开一次会议,会上我们讨论战略方向和问题及方法,"凯伦·休斯2002年离开白宫重返德克萨斯前如是说,"今天早晨我们的讨论范围很广,涉及很多内容。一般是我,安迪、卡尔、总统和副总统在场,如果讨论的问题涉及外交政策,有时还有孔迪。如果是一次围绕外交政策的专题讨论,孔迪列席会议。"[39]

每天的第一次会议之后,接着召开另一次旨在推进并实施既定目标的会议。在担任通讯主任期间,休斯主持这种后续会议,此项工作后来由她的助手丹·巴特莱特接替。

卡尔·洛夫举例说明了这一过程中的实施环节,他提到2002年5月在威斯康星州举行的一场旨在推进总统的教育政策的活动。"围绕每一项活动我们有若干工作小组,成员是那些人们所说的项目官员,只有总统助理才能成为项目官员。"这些总统助理其实是活动的具体实施者:"因此,比如,今天在威斯康星,(国内政策顾问)玛格丽特·斯佩林和我同为教育活动的联合项目官员。这就是说,我们有几位副手和通讯人员以及所有其他必不可少的记者共同参加会议,由他们组织活动,发布信息。活动结束时,达到我们真正想要达到的目的,其中包括推进计划的实施。"

这些主要的战略制定者要确保手下人员用最得体的语言揭示他们策划的活动的主题。洛夫解释道:"但是一般而言,计划过程中每一个主题的目标是观察——像今天一样,我们在威斯康星的目标是,威斯康星州共有116所质量欠佳的学校,(但)根据新的教育改革法案,这些学校里的7万名学生到今年秋天将有资格进入该地区的另一所公立学校(该地区一所高质量的学校)学习。至于那些由于学校质量连续三年持续滑坡而有资格接受额外辅导的学生,那些学生的数量我们尚未掌握,不过很快就可以知道。"他最后得出结论:"我们的目标是,尽可能及早启动这些活动的准备工作,以便在最后一刻三方面人员之间开展有效互动。"[40]

休斯每周两次的通讯计划会议提前三月筹划有关活动,以便整合为实施计划所需的各种资源的进程及早启动。另一方面,她每天召开的通讯会议专为敲定各项安排,并且在突然发生偶然事件确须改变的情况下做出最后一刻的调整。在这种日常实施的层面上,他们做出的决定,通常围绕一项战略如何贯彻执行,或是复杂程度不等的各个消息如何推销。

国土安全部的通讯主管苏珊·尼利详细介绍了他们确定的国土安全有关信息的发布程序:"我们的一些普通材料过于枯燥复杂,往往更适合报刊。因此,我们经过大量加工,最后将一份内容丰富的材料或者一份说明背景情况的新闻简报,在前一天晚上提供给一位被我们选中的记者,作为次日早晨的独家新闻,为了使它发布后原原本本不走样——假设它主要是一篇登上报刊的新闻稿。然后它将在电视广播上播出。"

有些消息适合于报纸杂志,有些则适合在电视上宣传。"新闻材料越复杂,可视性越低,显然越适合于报纸杂志,"尼利说,"那么问题是,怎样让公众接触新闻呢? 这取决于你利用电视广播能将消息传播到多大范围,因为,要想使公众接触这一消息,你一般有能力将其制作成一则较为简短的消息,与公众确有关系的消息。于是你可能利用晨间节目,它是影响许多人的一条极好的途径,然后它将出现在新闻简报节目中,产生家喻户晓的效应。随着有线新闻电视网和福克斯公司持续播出节目,你今晨发布的消息不时回响在听众耳畔。"[41]

休斯召集约 20 名负有通讯职责的下属出席她 8 点 30 分的清晨例会,共同商讨意料之中的日常事务性工作。"新闻办公室的阿里(·弗莱舍),或他的一名副手,斯考特(·麦克莱伦)或克莱尔(·巴肯),介绍当日新闻,包括热点新闻,预测未来一周的形势,总统准备发表哪些演讲,"一位常规与会者如是说,"它针对一天和一周的情况。有时,根据信息流量和每人承受的工作压力,凯伦会额外增加一些更重大的任务。"这位人士说,休斯懂得如何使他们所有人的口径保持一致,能觉察出在什么环节上他们不是在实现既定的目标。据他说,休斯对她的通讯团队说了这样一番话:"最近,我们面临的各种小事好像实在太多,因此没有一件能够产生深远的影响。我们的信息太多,其结果是没有信息。我怎能告诉美国人民眼下哪条消息准确?"她问道。"因为我无法确定到底什么是信息。看看这份日程表,相当全面,儿童早期培养,航空安全,可谓无所不包。她将再次表现出那种轻松随意的风格——讨论,让部下各抒己见。"[42]

每天供应一条主要消息,是他们的一个创意,旨在减少因消息竞相涌现令视频媒体不堪重负的风险。"我们设想每天供应媒体一条消息,"一位被上层选中处理信息问题的办公人员说,"你每天一次获得总统的言论,因此如果他们报道一条消息,势必会引用他的原话。如果他们引用这些话——

这似乎很简单，不过凯伦为什么做得很好的原因就在于：将总统的原话化为浅显易懂的语言。"[43]

第二任期内的新闻周期远快于第一任期，致使信息很难持久不变。随着互联网新闻来源的激增，2006 年传播新信息的地点远远超过 2001 年。此外，许多白宫记者已经因为他们正在履行的多重报道任务而增加了信息需求。副新闻秘书丹纳·佩里诺提到白宫需要向记者源源不断地提供信息，因为他们的新闻稿除了发表在报刊上以外，还可能出现在博客或电视上。许多记者目前的信息需求量与电讯记者同样多，他们将新闻稿一分为几，需要白宫源源不断地提供信息。她将《时代》杂志的迈克·阿伦称为"改变杂志记者工作方式的一个典范。他经常在网上撰稿，他开有个人博克，他制作电视新闻，他制作广播新闻……作为记者，他几乎无所不能"[44]。

解释总统的决定与行动

通讯顾问领导白宫的游说工作，新闻秘书则负责提供旨在解释总统决定和行动的信息。布什总统在任命托尼·斯诺为他的新闻秘书的当天，告诉其他记者斯诺将是解释他的决定的人："我的工作是制定政策，他的工作是向记者团和美国人民解释这些决定。他和我同样理解新闻对于我们的民主的极端重要性。作为一位职业记者，托尼·斯诺理解政府与专门报道政府工作的记者之间关系的重要性。他将不遗余力地向你们及时提供有关信息，以便各位了解我的观点，我优先考虑的施政要务，以及我们为推进议程而正在采取的行动。"[45]解释总统的观点、行动和优先考虑的大事，需要新闻秘书和总统按照官方口径开展合作。"我按常规做的一件事，是走进他的办公室，跟他一起把我自认为在发布某条消息时应采取的方式再仔细推敲一番。我想确保意见、政策和环境全都正确无误。他总是乐意配合我。如果我吃不准该如何表达，我不会无所事事地坐着，随便搪塞一下，而是走进去向他请教……曾经有几回他说，'我想这话我们应该这样说'，不过通常他让我自己考虑。"除了准确理解总统的意见以外，新闻秘书斯诺表示他和手下人需要为记者做搜集信息的大量跑腿活。"白宫记者团有一个与众不同之处，那就是，每个人的活动圈子都很狭小。白宫记者团不像国会山记者团一样能够自由出入于各个办公室，他们不能轻而易举地经常接近政府高官和总统本人。因此，记者团在许多方面都得依靠新闻办公室提供的便利，不仅仅是情况简报，而且还包括接触白宫的工作人员。"[46]由此看来，对于新闻办公室人员而言，解释是一项涉及到许多层面的工作。

在重点突出总统信息的同时解释有关活动

解释不同于拥护。记者、公众和总统的批评者,都有白宫人员必须认真对待的信息关注点和信息需求。"确保人们准确了解我们正在做出的决定和正在推行的政策,是我的一项职责",斯考特·麦克莱伦说。白宫和媒体有一个"共同的义务",他说,即向人们提供准确的情况。但他们对什么是"准确的情况"却有"分歧"。按照新闻秘书的观点,他们的人想要确保某些要点出现在文章或新闻报道中,但它们不一定引人注目,除非我继续屡屡提及这些要点。[47]

由于新闻秘书的新闻发布会如今已由电视转播,总统的通讯班子将每天的活动当作讨论他们想要讨论的话题的一个机会,这与此类会议传统上用于回答记者提问的情况正好相反。丹·巴特莱特提到这种电视转播的新闻发布会的双重性质,以及那些登上新闻发布室讲台的白宫人物所处的地位:"他们不仅仅是在答复记者的提问,而且还吸引了一批正在凝神观察的听众,你正在向他们传递一个信息。有时这两个目标互相冲突:你同时兼有的通讯目标和回应媒体的目标。"[48]

在有电视转播的情况下,布什领导下的白宫希望利用新闻发布渠道,把重点放在他们想要说些什么而不是记者想要听到什么上。通讯班子不愿听任记者的问题主导新闻发布会的方向。"我们的目标是,尽可能牢牢紧扣我们在新闻发布会上发布的信息,在台下不被摄像的情况下回答他们的问题",巴特莱特说。无论是在新闻发布室或是白宫的其他什么地方面向一群记者解释总统的行动,通讯工作班子都会重点考虑如何利用信息。巴特莱特不会邀请一组政策专家来新闻发布室回答记者的提问,因为他内心不情愿让那些参与决策者解释他们的工作和总统的具体想法。

在巴特莱特看来,与记者打交道,往往会减少而不是增强总统的灵活性。他这样解释自己的观点:如果白宫邀请一名记者与一名政策专家共同探讨"老年保健医疗改革的复杂性",以及"我们的老年保健医疗改革辩论已经进行到什么程度,并且就这一问题如何重要但极为复杂议论一番",此举将有很大风险,因为政策专家并没有就怎样跟媒体打交道受过专门训练。政策专家兴许会以一种并非出自本意的方式制造新闻,因为正如巴特莱特所说,记者在类似讨论中比官员更有经验:"那名记者颇有心计,(知道)如何向一位不与媒体打交道的政策专家提出问题——他们说嗯,你知道,托米(·汤普森,卫生与公众服务部长)他是那样想的,但我们这里有人却是这种(跟他相抵触的)观点。"

94

　　只出现在新闻稿中的消息可能会对政府造成损害，因为它减少了总统的选择。巴特莱特注意到"次日早晨触目惊心的大字标题：'白宫在老年医疗保健改革上产生分歧'，'白宫阵营出现分裂'"。总统和他的幕僚都不希望这类有关政策选择的报道出现在公共领域，因此他们主张政策专家免开尊口，尤其是在准备一项活动或总统演讲时。"这时我们陷入两难境地，我们希望那样，希望充实报道内容，希望为报道内容提供背景。但这又很困难，特别是在决策方面，因为当总统准备做出一项决策时，我们能做的一件最有利于他的事，就是尽可能给他最多的灵活性。"

　　在布什的第二届总统任期内，白宫人员对于安排消息灵通人士在总统发表演说之前回答记者提问，表现出一种前所未有的兴趣。当布什总统为他在2006年5月15日就移民问题向全国发表演说作好准备时，此前一周星期五一位政府高官偕一名宣传而非政策专家，分别向来自电子新闻媒体和报刊新闻媒体的两组记者发布消息。此举旨在向记者介绍总统移民议案的基本条款，而不是要工作人员透露其他信息。总统演说的前一天下午，两位政府官员详述了演讲各要点。通过这种做法，作派大多较为浮泛的白宫记者，能够与官员们一起讨论细节和演说的计划性角度的各种含意。白宫并非不愿意向记者提供新闻，但不希望因此吸引媒体对白宫办公人员的注意。

　　演讲当天，参与演讲准备的白宫资深人士在总统发表演说前不久会见记者。总统的4位助理，通讯主任丹·巴特莱特，新闻秘书托尼·斯诺，国土安全顾问弗朗西斯·汤森，以及负责政策事务的办公厅副主任乔尔·卡普兰，回答记者提问达一小时之久。他们没有深入探讨政策，而是谈论演讲本身，以及总统希望通过演说达到的目的。

　　尽管巴特莱特声称他们不情愿记者在公开场合向内阁部长提问，但是这些政策权威人士却在总统移民法案演讲前一日谈论边境安全问题。他们当中有国土安全部长，移民局局长，边境巡逻队队长，一位国防部助理部长，以及国民警卫队队长。通讯人员并没有因担心记者引诱政策权威人士说题外话而不给记者接触的机会，而是邀请了4名政策权威人士。在这两次会议上，记者在白宫人员作了开场白之后向官员提问至少达半小时之久。移民是一个非常敏感的话题，白宫已经尝试了各种发布这方面信息的途径。由4位政策权威人士提供的解释在大范围受到报道；他们的评论也都载入《纽约时报》《华盛顿时报》以及德克萨斯和加利福尼亚的移民专稿中。

　　始终保持对信息的控制权，以免在别人的驱使下违心地去做自己并不愿为的事情，这亦是灵活性的应有之意。巴特莱特说，白宫人员希望总统有条件"尽可能多考虑各种选择，而这些选择一旦处于公共领域，被赋予某种特征,就会开始箝制总统,但就他的情况而言,不妨说你正在用一种新的观念审视政策立场,或者说宣传报道这一立场的方式使他更难灵活地决定他想做什么"[49]。

日常新闻工作

在当代白宫——包括老布什执政时期,新闻办公室的主要职责局限于日常事务,其中心工作是提供有关总统目前行动和议题的阐释性信息。下周、下月、下一年属于通讯办公室和其他宏观战略决策制定者。新闻办公室的主要职责一直是利用由新闻秘书主持的上下午新闻发布会及两人或小组交谈等途径,向记者提供有关信息。新闻办公室参与总统外出旅行的前期准备工作,但它大多数的工作都与来自白宫的信息有关。

新闻秘书在制定总体通讯战略方面作用甚微,因为办公室每天的工作都很繁重。曾任布什总统第一任新闻秘书的阿里·弗莱舍这样说:"新闻办公室现在比过去忙多了,实施的计划远远超过以往。"新闻办公室是处理日常媒体关系的地方,是实施在其他地方制定的日常报道方案的地方。

弗莱舍工作时会向休斯请示,但并非事无巨细全都听命于她。他解释道:"工作一旦开展起来,凯伦就不会说,'这些词你得用'。如果我对敏感问题感到吃不准或有疑问,我总是向凯伦求助,今后仍将向她求助,因为她真的很棒。她能帮我琢磨问题,弄清楚我一般想把工作进行到什么程度,为什么我暂时停止。我可以满有把握地说,不知有多少次凯伦和我简直是在挨个审查那些词,'应该用这种方法说(它)。用这些词,不要用那些词'。"[50]

在布什主政时期,白宫新闻办公室的人员编制逐年略有缩减。在克林顿时期,新闻秘书迈克·麦柯里领导下的新闻办公室共有 24 名人员。但在2001 年该办公室只有 10 名人员,2005 年只有 13 名。主要区别是,在克林顿时期的白宫,被称为媒体事务办公室的部门属于新闻办公室。如今,它向总统的通讯事务助理负责,因为它在拥护总统的行动中发挥了一种关键作用。

与地方媒体打交道

新闻办公室负责与白宫和华盛顿记者团沟通联系,而媒体事务办公室则与外地媒体打交道。该办公室尽可能扩大布什政府各项议案的影响范围。它与地区和地方新闻媒体、特殊利益媒体以及少数族裔新闻机构相互作用。它通过报纸、电台、电视和白宫网站宣传确定的主题与信息。本届政府的媒体事务办公室重视总统活动的后续报道。当布什总统发表重要的巡回演讲时,该办公室负责协调当地媒体对活动前后有关情况的报道。

　　媒体事务办公室按不同区域划分为若干行动小组。负责特定区域的小组不仅向该地区的新闻机构通报消息,还要了解政府的倡议在当地落实的情况。办公室主任的一个职责,特别是在举行重要演讲或活动之际的职责,是在白宫官员与地区新闻机构的代表之间建立热线联系。

　　与内阁合作,是对总统的宣传倡议作出响亮而广泛的回应的一个重要方面。针对 2002 年的一项住房议案,媒体事务办公室邀请住房与城市发展部部长梅尔·马丁内斯与各方面的记者座谈。"有了住房部拟订的计划,我们等于是在引导和指挥住房与城市发展部的活动",第一届布什政府的媒体事务办公室主任尼科尔·丹万尼士·华莱士说,"我们请马丁内斯部长接受西班牙裔记者的专访。还有一位助理部长接受非洲裔记者的采访。我们召开了有全国各地记者参加的记者招待会。它有点儿——我不愿说低科技,但活动的大部分内容都在吸引我们的记者参加电话会议。"[51]

　　白宫的通讯班子相当重视地方新闻报道,因为总统外出视察时一般都能受到正面报道,而且人们对当地报纸和电视新闻节目的信任度也很高。总统赴某地视察时,经常受到媒体对此行自空军一号专机降落当地机场那一刻起的全程报道。他的公开言论出现在电视节目中,受到总统接见的人也会现身荧屏。当地电视播放的,不是那种经过剪辑的总统访问与讲话的片断,不能确定是否会由有线电视网转播,而是总统讲话全文以及媒体对活动有关人员的采访,比如本章前面提到的和平队志愿者奖章获得者。[52]与国家级媒体的报道相比,这样的报道更全面、更充分地向当地观众展现了总统的形象。这正是总统和他的工作班子追求的目标。

　　受到当地媒体报道是很重要的,因为它是一种比国家级报纸电视更可信的新闻来源。丹·巴特莱特说,当布什工作班子与前几届政府的通讯人员座谈时,"每一届政府,无论是民主党还是共和党,我们从中得到的最通常的忠告是,切勿轻视地方媒体,说白了是把地方媒体放在比国家媒体优先的地位上"。因为人们是在当地获悉新闻。"他们不会匆匆出门,迫不及待地去买一份《纽约时报》;他们匆匆出门,迫不及待地去买当地报纸。他们并不总是收看哥伦比亚广播公司的晚间新闻;他们收看自己信得过的当地新闻节目。如果你通过他们通常特别信任的媒介影响他们,他们当地的新闻广播,他们当地的报纸,他们当地的记者,那你就有更好的机会把你的信息传达给他们。我们已经这样做了。我们用大量时间强化地区和当地媒体的运作,因为它真实可靠。"[53]

　　民意调查的有关数据支持巴特莱特及其历届前任的看法。如表 6、表 7 所示,人们对地方媒体的注意和信任程度,均超过国家媒体。2004 年 12 月进行的一项盖洛普民意调查显示出公众不同的新闻习惯。问题是这样的："请标明你从下列来源之一中收看新闻的频率:每天,每周数次,偶尔,从不。"

表 6 各类媒体形式的普及程度,2004 年(%)

媒体来源	每天	每周数次
地方电视	51	19
你所在地区的地方报纸	44	14
有线新闻:有线电视新闻网、福克斯新闻网、微软全广网	39	16
晚间电视网新闻	36	16
早晨新闻及访谈节目	27	12
广播访谈节目	21	12
国家级大报,如《纽约时报》、《华尔街邮报》和《今日美国》	7	4

来源:盖洛普民意调查 2004 年 12 月 5—8 日。

表 7 公众对各类媒体形式的认可度,2004 年(%)

新闻来源	喜欢	不喜欢	不能确定
地方电视新闻	73	20	7
你最熟悉的日报	72	18	10
电视网电视新闻,如美国广播公司、全国广播公司、哥伦比亚广播公司	68	23	9
有线新闻:有线电视新闻网、福克斯新闻网、微软全广网	67	18	15
国家级大报,如《纽约时报》、《华尔街邮报》	38	25	37

来源:皮尤研究中心新闻业调查中"民众与新闻"优秀研究项目,普林斯顿国际调查研究协会,2005 年 6 月 8—12 日。

民意调查数据表明,白宫通讯部门得出的公众信任当地媒体的结论是正确的。皮尤研究中心一项"民众与新闻"的民意调查重点分析人们对媒体的信任度。受访者被要求按照"非常喜欢、相当喜欢、相当不喜欢、非常不喜欢"给各种媒体形式打分。最后将答案分为"喜欢"、"不喜欢"和"不能确定"三类,数据如表 7 所示。

媒体事务办公室把广播谈话节目作为自己争取的一个目标,以期向那些不以白宫为工作基地的记者提供信息。他们从保守的广播谈话节目获得的坚定支持,促使联邦政府主办了三天由 50 名电台节目主持人参加的各类访谈节目,谈话室设在白宫北草坪的帐篷里,节目时间从清晨 6 点 30 分到晚上 7 点 30 分,访谈对象是能抽出时间的政府官员,包括白宫的所有高层官员和几乎每一位内阁部长。[54]

100　**通过图像传递信息**

　　布什时期的白宫官员重点控制总统的通讯工作中有可能完全被他们支配的几个环节。如何通过媒体画面刻划总统的形象,属于白宫既有能力控制又有兴趣参与的一个工作领域。通讯班子成员对于从如何解释总统目前从事的工作,到他们希望在电视上见到的总统活动画面,都经过自己的深思熟虑。如同前几届政府尤其是里根和克林顿政府一样,布什的通讯班子为制作经久难忘的画面耗费了大量人力物力。由于总统在公开场合的形象如今由有线电视全程实况转播,因此这些活动的每一个细节都可能对信息传递的有效程度产生影响。

　　卡尔·洛夫认为,媒体在这方面的微妙性达到如此高的程度,可以追溯到里根时期。"我认为在 1980 年之后的那段时期,我们都把这归功于(迈克尔·)迪弗,他曾说:'关掉电视的声音,人们就用这种方法断定你是得势了还是失势了:图像的质量。'""他们就是这样传递信息,完全去掉声音。我觉得这很简单,但却不失为一种重要而深刻的见解。看来老话'形胜千言'如此重要是有道理的——我们形象如何,声音听起来怎样,举手投足姿态怎样——都很重要。以形象取胜,这一点很重要,总统身边有一帮得力干将时时推动重点信息的宣传,这一点(同样重要,这样他就能)以积极、热情和强健的形象出现。"[55]

　　战略制定者在白宫敲定他们希望宣传的主题之后,他们的计划实施人员确定怎样安排一次指导性活动,他们的具体办事人员落实所有细节,设想现场情景,以便发布策划者和计划实施者希望传递的信息。通讯助理斯考特·斯福尔扎利用他电视台工作的背景以及与白宫决策者共事的经历,确保自己处理好与双方的关系。他说:"我有时利用经验法则,如果哪里电视机音量关掉时你碰巧经过,你必须能够瞧着电视画面说出总统的信息是什么内容。如果你经过一家店门口,看见橱窗里有台电视,你应该能够瞥一眼电视画面,就说出总统的信息内容是什么,在大多数情况下都应如此。"

101　　　除了其他本职工作以外,斯福尔扎还为总统设计在外地室内场所演讲时身后的背景。为了配合总统在堪萨斯城发表的一篇有关国土安全的演讲,经他设计的"壁纸"上是"保卫国土"几个字,其间一名战士的侧影隐约可见。这些标语旗帜在白宫只是偶尔使用,主要出现在白宫里面及其周围的一些景点。为了逼真地再现自己心里设想的那些画面,斯福尔扎从不放过任何一个细节。他对总统身后背景的选择,主要是为了最大限度地提高电视摄像机极有可能采用的"画面紧凑"的镜头效果。总统演讲时前面是一张被戏称为"猎鹰"的专用讲台,因为台面好像隆起在一根细杆上。这种经过精心改制的讲台,能使电视特写镜头尽可能醒目地表现某一定格的背景。

斯福尔扎称,"猎鹰""如此设计,是为了让你看见(一幅画面的)底下部分。你能够看到它周围的情景。因此它确实拓宽了我们的视野,你还可以看到它后面的过程"。他继续说:"它使活动的效果远远超出我们的预期。你注视着这些画面,能够看出它们真的——真是完全不同。所以,它的效果确实好得出奇。有了它,我们能收到很好的效果,甚至在悬挂标语横幅的活动中也不例外。你能更加清楚地看见横幅,因为它位置较低,与背景很协调,不会给人喧宾夺主的感觉。"[56]

直到20世纪末,总统们几乎无法根据自己的意愿选择电视实况转播一次演讲的时间。他们大多把椭圆形办公室当作自己谈话的场所。在8年任期内除了向国会发表11次讲话外,克林顿总统还发表了19次正式的"对全国的讲话",其中15次是在椭圆形办公室发表的。[57]"截至布什任期第6年的2006年12月15日,撇开他的两次就职演说和7次对国会的讲话不论,他的20次"对全国的讲话"中只有5次是在椭圆形办公室发表的,有7次在华盛顿以外的其他地区发表,包括克劳福德,德克萨斯,纽约,辛辛那提,亚特兰大,新奥尔良,布雷格堡,北卡罗来那,一艘航空母舰。[58]其余8次讲话在白宫其他地点发表——3次在内阁室,4次在克罗斯室(位于白宫第一层东室与国宴厅之间居中位置),1次在白宫的条约室。

由于布什当选时业已启用的光纤技术,由于克林顿通讯工作打下的基础,布什总统的形象几分钟内就能从白宫的几个地点传到到电视上,比如西翼,白宫楼外南草坪、东花园等处。虽然克林顿的通讯班子已经获得了这项技术,但他卸任时仅有新闻发布室与东室安装了线路。

102

2001年10月7日,布什总统向民众发表讲话,宣布将对阿富汗境内基地组织和塔利班的目标实施军事打击。他这次讲话的地点是在条约室,该室因麦金莱总统签署结束西班牙—美国战争的条约而得名。他从下午1时起开始讲话。透过他身后的窗户,人们可以瞥见宪法大道上正午时分来往穿梭的车流。

没有哪位总统曾经在此发表过讲话。布什总统和他的幕僚选中此处,是因为他们觉得这里的画面将传递重要信息。"总统非常希望用一种不同于以往的方式向民众发表讲话，"斯福尔扎回忆道，"他很欣赏这个房间散发的历史气息，以及由此引出的所有联想。"他也需要背景中的车流："我们希望……向世界发出我们这里一切照常进行的信息。"

此前，为了进行电视实况转播，一辆装载卫星电传通讯设备的卡车需要提前一天抵达现场，同时得花费大量时间安装所有必不可少的设备。"有了光纤线路，我们确实能使实况转播的速度大大超过以往，比10年前使用老方法时有很大提高，"斯福尔扎说，"如此看来，这是一条很短的光纤线路。你只须插上插头就行了。拿到那份讲话稿后，我们尽量压缩通知各电视网的提前量。"过去需要提前1个半小时通知，而现在"我们能够在实况转播前20分钟开始通知它们，15分钟之内通知完毕"[59]。

任何一届政府都很重视"形象制胜"，但对于利用电视影响特定公众阶层的必要性，布什通讯工作班子比往届政府中他们的同行认识得更加深刻。即便在互联网吸引大量读者的今天，电视仍然是大多数观众获取新闻的一种重要来源。"形象制胜"的目标直接影响各部门机构如何宣传总统的方针，也直接影响白宫和总统的行动。政府出资雇请外来承包商制作电视录像在国家、地区和当地三级电视网上播放，本身正是扩大报纸报道覆盖面这种传统做法的延续。

"形象"同样也是白宫可以利用科技进步的一个领域。当被问及2002至2006年间展现总统形象的做法具体有什么变化时，斯福尔扎列举了这方面的一些进步。"有这么多电视网络，我们发出卫星信号进行实况转播比过去容易多了，当地电视台的编辑能力和可用软件的数量都有提高，转播新闻的速度大大超过以往。"这些变化需要白宫办公人员评估电视网和地方电视台播送新闻的方式，以使他们利用电视影响公众舆论的战略发挥最佳效益。

当布什宣布美国在伊拉克的军事行动已经结束时，他和他的下属正处于一个颇具戏剧色彩的场合。利用高度发达的摄像技术，他们能够在亚伯拉罕·林肯号航空母舰披波斩浪向前行驶之际从太平洋发回实况报道。斯福尔扎说，这在以前是绝无可能的，因为发射机"在……航行于海面之时总会遭遇黑洞"。布什总统乘坐海军S-3B海盗号歼击机降落在亚伯拉罕·林肯号航空母舰上，经过改进的技术产生出清晰而稳定的信号，播出总统到达及随后在雾霭中发表讲话的画面："那是我们首次利用这种海洋技术天线的新技术……它可以在移动状态下锁定卫星信号。"这意味着他们在林肯号航母驶向圣迭戈时能够持续不停地向所有的新闻媒体传播实况，而不会造成任何信号的缺失。

这次利用亚伯拉罕·林肯号航母的活动表明,如果通讯班子在活动中一味依赖高科技以至忽略这方面更加突出的问题,便会造成其他麻烦。白宫事先制作了一块上有"任务完成了"字样的标牌,作为总统讲话时的背景。斯福尔扎称这块标牌是应舰长之请而制作的,因为他们在海上已有 11 个月时间。总统的批评者认为,总统等于是在借助标牌宣称伊拉克战争已经结束,而事实远非如此。斯福尔扎说,这块标牌"自有其生命力,直至今日他们仍试图将其用作'任务完成了'讲话的一个周年纪念日"。尽管总统不情愿宣布结束战争,标牌本身却似乎暗示他已这样宣布。通讯人员由此悟出一个道理:"外表有时甚至比事实重要。"[60]

104

解释未曾预见的局势和已定政策时遭遇的难题

在那种需要制定长期计划并辅以相应活动的局势下,布什政府能够表现出最佳状态。但通讯人员应对未曾预见的局势时的表现却委实不如人意,无论是机会自动送上门,还是遭受出人意料的批评需要即刻作出反应,他们的表现全都乏善可陈。另外在若干政策领域,即便是接二连三地举行活动,也不能为政府赢得他们理应享有的声誉。更有甚者,总统并没有因为一时有利的经济形势受到公众的多少好评,甚至在非裔美籍社区里也很少有人理解他的非洲政策主张。

利比亚宣布放弃大规模杀伤性武器研制方案之后,布什的通讯宣传体系未能利用一场真正意义上的胜利。2003 年 12 月 19 日下午 5 时 30 分,布什总统来到新闻发布室,用事先拟订的 10 分钟时间宣布利比亚领导人穆阿迈尔·卡扎菲上校同意放弃该国的原子和生化武器,并允许国际机构核查。在美英两国共同努力下达成的这份协议,"将使我国更加安全,世界更加和平",布什宣称。[61]

事实上,就连民主党也承认这是一份突破性协议。曾在克林顿任内担任国防部助理部长的艾什顿·卡特告诉《纽约时报》记者:"谁都希望我们在伊拉克的军事行动,会使利比亚这样的国家注意到我们对于防止(大规模杀伤性武器)扩散是相当严肃的。"[62]这份协议确实意义非凡,但是政府没有因此而谋求——并受到——多少好评。由于白宫事先没有通知记者,也没有举行新闻发布会鼓励记者采访相关消息,因此媒体对这场胜利的报道可说微乎其微。如同忽逢坏消息一样,白宫面临他们没有应对方案的新闻时很难作出正确反应。

通讯宣传人员同样很难认识这一问题已呈日益严重之势。在 2004 年总统竞选运动中,布什总统屡次将公司职责列为他任内出现的一个主要问题。

但当安然公司 2001 年破产、世界通讯公司也随之破产之后,联邦政府却迟迟
未能理解公司职责的问题有多重要。甚至在总统任职较长时间以后,他在
有些问题上仍未因某项确实被证明正确的政策而受到多少好评。

自 2001 年秋天安然倒闭之日起,报纸上的新闻报道及电视新闻节目连
续数月详细而深入地探讨了与此有关的问题,包括公司的一些重量级人物
与白宫的种种关系。诸如发表于次年 1 月《华盛顿邮报》上的文章("安然的
影响渗入政府内部:关系涉及人事和政策")引出事隔很久仍未解答的问
题。[63]等到总统 7 月份就此发表谈话时,局势已经变得很难收拾。总统的华
尔街讲话之后第一天专稿聚焦于总统的说服力("布什对商业欺诈的打击标
志着一个新时代"),第二、第三天的专稿则集中分析了总统讲话缺少有效的
保障实施机制("一个明确的目标何以结果不明显")。[64]总统就这一专题进一
步采取的行动,是 8 月份在德克萨斯州召开了一天的会议。

保护总统

在快节奏的新闻周期内进退自如,一直不是布什领导下的白宫的强项。
丹·巴特莱特曾经描述了民主党在应对新闻节奏的需要方面如何远比他们
高明:"我能想出的一个最好比方就是,在日常新闻周期中,他们更像是当天
买卖投机者,而我们更像是长期投资者。他们驾驭新闻周期的本领远远超
出我们。他们非常灵活,非常敏捷。"[65]布什的白宫通讯人员在工作中发挥其
优势:计划与协调。他们制定工作日程并严格按照日程办事。如果他们处
在保护总统的状态而面临的问题不在自己打算讨论的范围之内,他们便会
尽早结束这种状态。

3 年以后的 2006 年秋季,巴特莱特声称他的观点已经渐渐发生了变化。
是做一个当天买卖投机者还是长期投资者,"不可能是非此即彼,应该是两
种身份兼而有之。处在这样的新闻环境下,你应该以更加合乎规范的方式
处理自己的信息,否则它就会化为乌有,永远不可能传达到一定范围。我对
此仍有很强烈的感受。我认为新闻途径越多,媒体渠道越多,无论是互联网
或别的什么,就越有必要突出重点,强化约束,确保信息内容不走样"。已经
很快的新闻周期仍有提速的可能,因为坏消息跟好消息一样易于迅速传播。
"新闻传播速度大大加快",他说。在新闻节奏大大加快的氛围里,"我认为
我们得更多地表现出一点灵活性,针对当天的新闻多做出一些姿态"。他提
到他们对媒体上热炒的 2006 年 10 月中旬校园枪击案的反应。他特别指出
早几年他们的做法与现在会有什么区别。"布什首届任期内的工作班子大

概不可能在第一时间即刻处理此事,落实好有关行动,4 天内组织召开一次关于枪支安全的会议。我们此次之所以这样做,是因为我们就应该如何应对新闻气候逐渐产生了一种共识。"面对突如其来的消息,他们势必要做的,是"利用它多做点姿态",他说,"更加愿意在决定事态发展方向时扮演一个更加武断的角色,总统星期三举行记者招待会,我们举行的记者招待会(数量)有所增加"[66]。

跟以往多届政府一样,布什的工作班子也是通过自己的努力才逐渐学乖的。他们对各种问题的反应曾一度非常迟钝,并因此付出了惨痛的代价。布什的通讯人员在保护总统时一个很难吸引媒体注意力的问题,是总统在 2003 年国情咨文讲话中关于萨达姆・侯赛因企图向非洲购买核反应燃料的说法有多少准确性:"英国政府已经获悉,萨达姆・侯赛因最近谋求从非洲购买相当数量的铀。"[67]总统和他的助手不愿承认他们发布了错误的信息。这个问题很重要,因为它关系到一个更大的问题:萨达姆・侯赛因拥有哪些类型的武器,还有哪些类型的武器他试图购买。

2003 年夏季,有关简报开始出现,对总统说法的准确性提出质疑。起初,中央情报局局长乔治・特内特主动为错误承担责任。他声称:"中情局本应确保这一不实之词被及时删除。"然而,中情局又放出这一错误白宫同样有份的风声。《华盛顿邮报》在同一篇文章中指出:"中情局长表明,提议在布什讲话初稿中加进这一靠不住的说法的,正是总统国家安全委员会的几位委员,尽管中情局与国务院已经对伊拉克企图向尼日尔购买铀的说法开始表示怀疑。"[68]

新闻发布室里,记者们接连数日连珠炮般纷纷向新闻秘书阿里・弗莱舍提出究竟谁有错的问题。甚至在他当年夏天的最后一场新闻发布会上,几乎所有的问题都集中指向国情咨文中人们熟悉的"16 个词"[69]。在首次提出质疑数周以后,白宫官员决定将这一问题从新闻发布例会上转移出去,改由一位政府高级官员在半小时的专题新闻发布会上回答记者的提问。[70]他们提供了国家情报评估报告中若干页经过选择的材料。即使这样还是无法阻挡汹涌的舆论潮流。

4 天以后国家安全副顾问斯蒂夫・哈德利终于在他与通讯主任丹・巴特莱特联合举行的新闻发布会上主动承担责任。他们在会上"出示了两份此前不为人知的简报,说明中情局长乔治・特内特去年 10 月曾经屡次敦促有关方面纠正伊拉克试图从非洲进口铀的一个类似说法"[71]。从那以后,这一问题开始转移到幕后——但它一连数周仍是白宫情报会议议题的中心。

国情咨文事件造成的一种后遗症，影响了白宫与记者之间的关系。记者已经厌倦了白宫向他们兜售的货色。两年之后的 2005 年 10 月，此事又在一次新闻发布会上被人重提，当时有不少记者就布什总统当天早些时候的伊拉克问题讲话向新闻秘书斯考特·麦克莱伦提出很多问题。《纽约时报》驻白宫记者戴维·桑吉尔，要求麦克莱伦证实总统讲话中列举的被安全保卫力量成功遏止的 10 起精心策划的恐怖袭击。桑吉尔说："在已经过去一段时间的'16 词事件'之后，我们比以往更想拥有——看到附在讲话后面的补充说明。说到底还是保持可信性的问题，哪怕只是搞到（关于恐怖袭击事件）最简要的说明也是好的。"[72]

与所谓的核燃料铀问题密切相连的问题，与两名白宫助理卡尔·洛夫和刘易斯·利比（副总统切尼的办公室主任）向记者透露的中情局特工普拉姆的情况有关，这些记者包括马修·库柏、朱迪斯·米勒和罗伯特·诺瓦克。一连数日，新闻秘书信誓旦旦地证明白宫其他人在这个问题上说的做的全都真实可靠，疲于应付那帮要求公开总统的国防纪录的记者，同时就副总统切尼猎捕鹌鹑时误伤朋友的事件回答记者的提问，从而使自己处于尴尬的境地。这些新闻发布会未能提供多少准确信息，最终成为斯考特·麦克莱伦信誉下降的一个主要因素。

108　联合情报中心

这是布什政府特设的一个防御性机构，负责处理对外事务。"9·11 事件"之后，白宫尝试建立一支快速反应队伍，结果设置了一个机构，反击来自塔利班设在巴基斯坦伊斯兰堡的基地的反美宣传。该机构名为联合情报中心。当总统和通讯班子认为它没必要存在时，他们又建立了一个白宫常设机构，旨在反击国外对美国行动的错误指责，并且提前出台那些阿拉伯世界感兴趣的议题。

"9·11"以后，为了回应舆论对美国的阿富汗和其他穆斯林国家政策的批评，布什政府设置了联合情报中心，将其通讯宣传工作扩大到全球范围，以便在相同的新闻周期内对来自阿富汗及其周边国家的信息作出回应。"9·11"袭击事件发生时主持媒体事务办公室工作的塔克·埃斯丘前往伦敦，与英国首相托尼·布莱尔的发言人阿拉斯泰尔·坎贝尔协调这一新的宣传行动。该计划旨在形成一种进攻与防御机制，以使美国政府及其盟友在与它们的对手尤其是塔利班相同的新闻周期内发布新闻并作出反应。

埃斯丘介绍了扩大现行通讯宣传机制运作范围的动因。"在对阿富汗空袭开始以后的一段时间里,主要由设在伊斯兰堡的塔利班公众情报部门散布的假情报、虚假消息和彻头彻尾的谎言,让我们吃了不少苦头",他说。据他讲,托尼·布莱尔政府的一些官员曾经告诉白宫,他们在新闻周期中的行动已经滞后:"我想,当时我们承认自己应该做出更积极、更迅速的反应,使我们在全球新闻周期中立于不败之地,尽快采取行动,这样我们就不会允许伊斯兰堡早晨和华盛顿早晨之间出现十个钟头的时差。"这种探讨刚刚开始,"阿拉斯泰尔(·坎贝尔)和凯伦(·休斯)便设想成立联合情报中心,以便更加有效、更加迅速地作出反应并且协调美国政府内部及盟国各部门机构之间的信息资源……这样一来在美国就有了各方面沟通信息的过程。在(唐宁街)10 号当然也有这样的一个过程"。

109

他们面临的难题,是及时反击由于塔利班在伊斯兰堡发布的信息而引发的舆论攻势,坎贝尔和休斯认为他们需要在那里安插一名信息发布官员:"我们必须这样做,因为媒体正在接受塔利班新闻官员发布的信息……这一战役大获全胜,因为我们不仅把塔利班赶出大半个阿富汗;我们还把那家伙赶出了伊斯兰堡。没有什么必要对那一切全都做出反应,但仍有一小批国际和地区媒体常常居心叵测,在某些方面专跟美国做对。因此,特别是在11、12 两月,我们定期、事实上是每天发布消息,我们彻底压倒了对方的某些消息。"[73]

该机构成立 4 个月之后即遭解散,代之以一个较长期的机构,它以比联合情报中心所代表的反应机制更加协调一致的方式推销政府观点。新机构命名为全球通讯办公室。

尽管人们早先抱有希望,怀着广泛的期待,直到 2005 年,该机构除了每天按照一长串名单发出对政府有利的电子信件外,并没有发挥其他多少作用。每个电子信件一般含有两条信息。第一是"当日消息",即有关阿富汗或伊拉克局势发展的消息或轶闻;第二是"全球信使",即摘自总统演说的语录和振奋人心的战报。例如,2005 年 3 月 11 日,"全球信使"部分根据国防部和国务院的观点就伊拉克局势发表评论:"布什总统和同盟国的首脑们不仅掀开了伊拉克新的一页,而且书写了新的一章。26 个北大西洋公约组织同盟国全部参与在伊拉克的军事演习行动。"[74] 2005 年 3 月 18 日,信息发布工作在未经正式宣布的情况下突然停止。办公室正副主任被同时免职,另有任用,该部门被悄无声息地并入国家安全委员会。2003 年 1 月 21 日签署的行政命令,批准设立全球通讯办公室,2005 年 11 月 30 日该办公室被正式撤销。

全球通讯办公室逐渐停止运作,正值凯伦·休斯重返布什政府之时。

110 康杜丽莎·赖斯在乔治·布什第二任期之初出任国务卿时，凯伦·休斯也在离开华盛顿三年之后担任负责公共外交事务的副国务卿。她承担了改善美国在穆斯林世界的形象的任务。通讯主任尼科尔·丹万尼什·华莱士说，由于白宫全球通讯办公室负责改善美国的国际形象，因此新任副国务卿的工作很可能造成不必要的重复。政府想要改变她在改善形象方面发挥的作用。"照我看来，赖斯国务卿认为这是国务院的一个当务之急"[75]，华莱士说。国务卿赖斯在宣布对休斯的任命时简要说明了她的工作性质："把美国的情况告诉世界，精心营造美国与世界开展对话的氛围，向世界推行普遍的价值观念，我实在想不出还有谁比凯伦·休斯更能胜任这些工作。"[76]在穆斯林世界实现理解和良好的愿望对休斯而言并非易事，就像她的几位前任一样。在她来国务院之前，公共关系主管夏洛蒂·比尔斯和老布什总统任期临近结束时担任通讯主任的玛格丽特·塔特威勒，曾经试图全面控制公共外交事务。但无论是他们还是凯伦·休斯，都难以在这一领域有所建树。

评估白宫通讯工作的成绩

在某些方面，某届政府通讯宣传工作成绩的评价方式与下届政府基本相同。无论是克林顿政府还是布什政府，工作人员都会观看并转录电视网晚间新闻节目，分析新闻报道的总体特征，评估报刊上刊登的新闻通讯，总结归纳白宫总统工作专线收到的电话和电子邮件的内容。媒体上报道宣传政府工作的方式是否符合白宫人员原先的设想？报纸上目前刊登的是些什么消息？由政府组织的民意调查是如何评价总统及其政策的？独立民调又有怎样的评价？"我们试图观察各种不同的途径与渠道，并且确定政府工作报道有没有得到大力推进或达到一定程度，有没有报刊评论的支持"，丹·巴特莱特说。克林顿和布什政府都将影响民众的过程视为"用力排除"一大堆杂乱无序、互相矛盾的信息的干扰的过程，发出这些信息的是政治体系内外的有关人士，包括国会中总统的批评者和代表利益集团的某些个人。

111 采用什么方式评估工作成绩，主要取决于总统和他的工作班子是在竞选期间还是在日常治理国事的环境下开展通讯工作。丹·巴特莱特根据他们工作的目标及目标的性质，解释了两者之间的区别。在竞选期间，你的目标就是选举日："你的通讯目标在很大程度上就是我所说的3米以外的靶子。它们近在你眼前。你朝对手反戈一击，或是跟他展开激烈的竞争，试图在某个特定的新闻周期内尽量争取更多的胜利。"用日常治理国事的模式评估通讯宣传工作的成效则更加困难,因为该过程本身与每天的得失成败并无联系。"在治国理政的环境下开展通讯宣传,这项长期任务的范围远远超过竞选期间,"巴特莱特说,"你试图实现一个目标,无论是推进一项立法抑或是在一段时间内影响公众舆论,无论是否在总统任期之内。"[77]

在竞选期间,检验的标准更加具体:他们当天赢了吗? 负责布什总统连任选战通讯工作的尼科尔·丹万尼什·华莱士,解释了每天获胜或失利的循环过程:"卡尔(·洛夫)在每天结束约晚上 8 点,不是在每天结束,而是电视联网新闻结束之后打来电话问:'我们今天赢了没有?'"她说:"每天都有人稍稍领先旁人一步,无论是唇枪舌剑式的辩论,或是民意测验,或是表现出的精神状态。"[78]电视联网新闻标志着每日循环的结束,而早晨发行的报纸,则是循环的开始。她密切关注的报纸包括《华盛顿邮报》、《纽约时报》、《华尔街时报》、《今日美国》和《华盛顿时报》这 5 家国家级大报以及 30 家左右的地区级报纸。

高科技手段的运用,使地方电视报道成效的评估比以往容易实施。如今不再需要单纯依靠当地工作人员搜集并向白宫政治和通讯官员发回信息,而是可以按照播出时间对全国各地所有的新闻节目进行监控。目前白宫依靠的是一家名为影子电视的私营公司,它"有能力通过关键词,或根据播出时间/日期搜索并转录电视节目。你可以在互联网上监控、加工并发布录像资料……影子电视根据你提供的关键词从直播及存档的节目中搜索重要新闻及广告"[79]。然后影子电视用电子邮件发出录像片断和剪辑的新闻资料。"拥有影子电视和类似的设施之后,你可以及时锁定地方台播出的节目,从而掌握某地新闻报道的整体情况",负责白宫电视节目制作的斯考特·斯福尔扎如是说。[80]

统计某日有多少人收到通讯人员发出的总统信息,是评估工作成效的另一条途径。以无线电广播为例,"你加上当天所有广播节目的数字……从肖恩·哈尼蒂,他的听众多达几百万,到国内公用无线电台,任何时候听众都有几十万……你把所有这些数字相加",巴特莱特说。[81]"你会说:'这一天,至少有 2000 万或 3000 万人收到我们发出的信息。'这本身对我们而言就是评估工作实绩的一条途径。"广播具有巴特莱特所说的一种"长期效益",因为访谈节目主持人采访某位政府官员之后,主持人将连续几天经常提到此次采访。

统一协调白宫的通讯宣传工作

通讯人员与其他政府机构和私营部门招募的支持者共同协调白宫的宣

传工作。他们从白宫协调各部局及国会、州、地方各级政府中的盟友间的工作。各利益集团也参与协调，以配合政府的工作，并与白宫共同向特定的选区、新闻机构和其他渠道推行他们的政策。

办公厅主任

　　办公厅主任安迪·卡德建立的运作体系中有两名办公厅副主任，高级顾问卡尔·洛夫和顾问凯伦·休斯都有相对独立的职权。除了卡尔·洛夫之外，其他人员都分配了具体的工作任务。洛夫负责政策、政治和宣传这三个领域之间的协调工作。在卡德的运作体系中，洛夫除外的所有办公人员全都在其中的一个领域内工作。

　　卡德将这种体系的特点形容为"高度分工，各司其职"。"我是'职员总管'，所以我对属下的所有职员负责。我只不过是职员的头儿，对所有人员负总责。"卡德描述了他的通讯宣传运作体系，该体系赖以维系的基础，是仅仅共享他认为与各位职员所从事的工作确有关联的信息资源。"我首先努力争取与所有人员建立良好的信息联系，但其基本出发点是'需要了解'，而不是'想要了解'。战争结束后，我跟所有的高级人员进行了讨论，我说从现在开始我们将在'需要了解'和'想要了解'之间作出非常严格的界定。你们每个人什么都想知道。我现在要你们管好自己，要认识到我们告诉你们的，只能是你们需要了解的东西。假使你们来找我，跟我说你需要了解其他东西，如果确实有此必要，我们会让你知道的。但是你得专心致志地做好分配给你的本职工作，而不要千方百计地打探不该你知道的东西。"[82] 该体制强调"需要了解"，从而约束了办公人员的行动，促使他们自觉完成上级下达的任务，这在通讯宣传领域意味着设计并推行总统的信息。

　　虽然该体系在防止职责重叠方面成效显著，但也日渐显露出其自身的缺陷：包括总统在内的所有人员，在某些重大问题上往往会措手不及，如立法地位，辞职，提名难获通过，方案难以实行等。该体系能确保有效发布有关总统政策主张的信息，但却难以察觉白宫内外出现的问题，如巴格达阿布扎比监狱的虐囚事件，以及政府批准迪拜港口世界在美国的几个海港控制集装箱营运事件（见序言ⅲ页）。其实国际红十字会有关阿布扎比狱囚处境的详细报告已经先期送达白宫的国家安全委员会，但没有往上呈交总统。这两个事件都是本应及早处理的重要问题。

　　公众得知巴格达阿布扎比监狱的美国卫兵虐囚的细节，是通过哥伦比亚广播公司"60分钟Ⅱ"节目中播放的斯考特·佩里短篇报道配发的照片。

白宫获悉此事也是经过同样的途径。"就我所知,这里每个人了解此事都是在它在 60 分钟Ⅱ播出之后",新闻秘书斯考特·麦克莱伦说。[83]公众已经通过图片知道了美国狱卒虐待伊拉克囚犯的真相,白宫眼下面临的处境,就是尽快挽回这篇负面报道造成的不利影响。他们只好让通讯人员解释为何总统居然还蒙在鼓里,而国家安全委员会人员都已了解红十字会国际委员会提交的这份长达 24 页的报告中提出的各项指控,该报告附有对士兵被指控使用的虐囚手段的配图说明。

总统助理告诉《华盛顿邮报》记者迈克·阿伦:"图片上显示出的虐囚情形令总统深感震惊。"[84]其实无论总统是否清楚虐待狱囚到了什么程度,消息本身都会惹出大麻烦,但直到现在才处理此事,确实为时已晚,总统和他的工作班子只能被迫仓促回应一篇由别人做出的报道。这个体系以一种最普通的方式令总统深受其害。"只好让白宫官员出面宣称这一消息并不令人感到意外",里根的高级通讯顾问汤姆·格雷斯考姆说。[85]

白宫同样会因涉及其他政府部门的问题深感震惊。深陷困境的证券交易委员会主席哈维·皮特递交辞呈以后,《华盛顿邮报》登出的报道称:"白宫方面声称,他们对此事发生的时机感到惊讶,但同时又深感欣慰。"[86]由马里兰州的一位民主党议员克里斯托弗·凡·霍伦提出了一项带有竞争性的外购①修正性条款的法案。该法案在众议院获得通过时,行政管理和预算局副局长克莱·约翰逊就该法案接受了《华盛顿邮报》记者的采访:"约翰逊承认凡·霍伦修正性条款令政府感到惊讶,他说有关职业竞争的辩论明显有很多误解和误报。"[87]佛特蒙州的参议员詹姆斯·杰佛兹从民主党转到独立党,据说白宫获悉此事感到惊讶。俄亥俄州的共和党参议员乔治·沃依诺维奇反对提名约翰逊·博尔顿任美国驻联合国大使,白宫也同样为此感到惊讶。

协调各行政部门的工作

考虑一下白宫如何与各行政部门合作共事,我们就能看出布什政府里的协调工作是怎样开展的。各行政部门间的协调涉及关键的几点。就像在 2005 年社会保障辩论中利用政府人员一样,总统及其工作班子在向民众宣传自己的纲领时,同样也会利用各部委的资源。因为单由总统及其阁僚出面往往收效甚微。

在围绕社会保障和其他事务展开的辩论中,白宫利用了它在行政部门

① 外购:指公司原自行制造的部件改向外国供货商采购。——译者注。

的通讯宣传队伍。建立一支整个行政部门的通讯宣传团队，势必控制对各
部局公关事务办公室的人事任免权，协调行政部门通讯宣传官员与白宫高
层官员之间的关系，务使各部局发表的声明符合政府的纲领和总统的
目标。

布什政府较早做出的一项决定，是赋予高级官员几项部局级人事任命
权力。公关事务是白宫希望完全控制的五个职务之一，这五个职务分别是
新闻秘书、副新闻秘书、立法联络、顾问和公关事务。一次记者询问卡德，拥
有任命公关主任一职的权力，是否意味着白宫官员乐意知道新闻发布会的
口径符合白宫的意图，卡德答道："我认为是这样。"为了确保公关人员了解
白宫的主题和利益，"每天早晨内阁各部打电话给通讯宣传班子。我知道
（负责政策事务的办公厅副主任）乔舒亚（·博尔顿）与通讯团队中政策方面
的人员保持联系，（白宫顾问）艾尔·冈萨雷斯与律师保持联系，由此可见白
宫的通讯人员何等重要"[88]。因此，通讯宣传是为使白宫与内阁各部紧密联
系而付出的一种努力，以此保持整个政府里的信息连贯。除了日常的电话
联系以外，白宫的通讯宣传班子还在白宫的罗斯福室召开例会，与各部局的
公关人员一起讨论政府的纲领和计划。

这样指导各部宣传工作的目的，是最大限度地利用政府资源，并确保所
有信息和议题的协调统一。近期各届政府都致力于达到这一目的。不过小
布什政府一直比其前任更愿意投入更多的资源，尤其是在公共事务领域。
从 2000 年 9 月到 2004 年 9 月间，公关事务官员人数有所增加。《新闻日报》
记者汤姆·布鲁尼指出："根据美国人事管理局提供的统计数据，各行政部
门的公关事务官员数量从 4327 人上升到 4703 人，增长了 9％。同期联邦政
府人员数量增长了 6％。"此外，尽管白宫大谈成本意识和预算控制，对公共
事务的资金投入却有增无减："资料显示，公共事务人员的成本从 2000 年的
2.79 亿美元上升到 2003 年的 3.32 亿美元，一共增长了 5000 万美元。"[89]

在布什总统的第二届任期内，政府由于公共事务官员采取了被视为过
于强劲地试图推行总统信息的一致的极端行为而遭到诟病。国家海洋和大
气局、国家航空和航天局的科学家们认为政府对他们公开描述自己的研究
发现进行了行政干预，并对这种干预公开表示不满。争议的一个焦点是全
球气候变暖问题。《华盛顿邮报》报道称，这些科学家们"说上面要求他们接
受任何媒体采访均须报政府官员批准，而 2004 年夏天之前他们无需这样
做"[90]。国家海洋和大气局的一位官员肯特·拉波德说他们是在执行接受采
访须经审批的已有政策。"我们一直有这项政策，只是没有执行而已"，拉波
德告诉《华盛顿邮报》的朱丽叶·艾尔泼林。"上级领导及时知道媒体将发

布什么消息是很重要的,因为它会产生巨大的影响。那些我们预计将在媒体上发表的消息,上级领导需要了解其精神实质和基调。"

其他科学家则公开抱怨说他们与媒体的接触受到政府部门的监控。国家航空和航天局的科学家詹姆斯·汉森说,他在该局网站上发布消息称2005年可能是有史记载以来最热的一年,却被要求撤下这一消息,"因为它事先未经政府部门审查"[91]。不久国会中的民主党便就此展开讨论,批评性报道也随之见诸报端。

除了公共事务官员发布与总统口径一致的消息之外,政府有关部门还推出宣传合同的举措,旨在促进某些计划的实施。其中有些合同给政府惹下了不小的麻烦。这种做法使有关部门与那些负责监督各部门工作重点和任务实施的国会专门委员会产生了摩擦,怨气由此而起,致使总统被迫命令废止其中一些合同。

布什总统曾直言不讳地反对政府与某些媒体著名人士签订的合同,这些人士负责宣传政府的政策,但却从来不提自己为此领取了丰厚的报酬。[92]其中最遭人诟病的,当属教育部与保守型访谈节目主持人阿姆斯特朗·威廉姆斯签订的合同。威廉姆斯接受了教育部支付的24万美元,参与推行其"不让一个孩子失学"的计划。他在电视广播上频频露面,对此加以探讨,但对领取政府报酬一事却只字不提。[93]威廉姆斯的这份合同一经记者格雷戈·托波在《今日美国》上披露,教育部与媒体评论员玛姬·加勒格尔和迈克尔·马纳斯的合同也被相继撤销。[94]

总审计局在一份应参议员爱德华·肯尼迪和弗兰克·兰顿伯格要求提交的报告中称,教育部向阿姆斯特朗·威廉姆斯提供的报酬实属非法,与玛姬·加勒格尔签订的合同则为法律所允许。教育部随即作出反应,通过发言人苏姗·阿斯普雷声称:"过去六个月我们一直在说此事不明智,有错误,考虑欠周。"[95]

除了与媒体名人签订合同以外,联邦政府的几个部还出资专门制作发行看似新闻报道的电视录像。虽然送给当地电视台的录像上有出处标记,但是当地电视台经常对其加以编辑,消除政府出处的标记,结果观众想不到这些片子是政府部门制作的。总审计长批评了国家毒品管制局与卫生和公共服务部的这项计划。总审计局在其报告中强调了有关宣传的法律禁令:"电视观众不知道他们观看的电视新闻节目中有关政府的报道,其实是由政府制作的。"[96]可是发布这样的新闻,仍被认为是适宜的,因为总统和他的工作班子知道消息的出处。政府官员分析,如果出现什么纰漏,那也得由当地电视台兜着,而不是由政府负责。

除了为推进总统的各项议程调配各部局的资源以外,控制内阁各部的公共关系机构,还能使总统和他的工作班子防止这些机构将实现本部目标凌驾于实现总统目标之上。实现这种控制的关键,是将那些在选战期间表现出自己对总统忠诚的人士安插到该部任职。国防部第一位公共关系官员托雷·克拉克曾先后在老布什和小布什的竞选班子里工作。明迪·塔克曾在双方角逐激烈的总统选战一开始促使佛罗里达选区发生重大转机,他后来任司法部公关主管。在小布什的第二届任期,数名白宫人员被调往其他部局任职,例如白宫副新闻秘书克莱尔·巴肯被调到商务部,詹妮弗·米勒怀斯·戴克则从副总统切尼办公室调到中情局从事公关工作。通过输出一些忠于总统和副总统的白宫人员,政府意在确保由各部局发布的信息与白宫口径一致。

处在专业分工成为组织机构的一个重要特征的这样一种环境,通讯宣传是打破条块分割的一股决定性力量。"它很重要,因为它能使人们关注施政重点,关注信息",前白宫办公厅主任詹姆斯·贝克说,"它使人们恪守常规,这样就不会有哪个内阁成员跑出去,做出什么事情来破坏或者抢先透露你的消息。"[97]

布什通讯班子的工作成效,主要表现为它有能力在布什第一任期内确定施政重点,提前谋划和协调政府各部门之间的关系。总统和他的通讯班子重点推介他们的议题,以总统的名义制造新闻。相比之下,在应对无法预见的形势和外界对总统的批评方面,他们的表现有些不如人意。这两方面都需要通讯人员迅速估量形势并随即作出反应,同时还应能够布置有关人员回应外界的信息需求,以此化解矛盾。通讯人员必备的这些素质,在一些关键时刻未能得到体现,无论是在处置国民警卫队档案问题时,还是当媒体指责总统在 2003 年国情咨文讲话中有关萨达姆曾从尼日尔购买核燃料的说法纯系不实之词、白宫对此作出回应时。在应对这些指责时犹豫不决、瞻前顾后,将使问题迅速扩大,最终殃及包括副总统在内的所有高层官员。

在布什的第二届总统任期内,通讯班子遭遇了诸多困难,因为民众对总统的伊拉克政策的支持率持续下降,一些须经总统签署的议案缺乏足够的拥护,如作为社会保障改革方案一部分的个人退休金账户计划,以及 一项移民法案中的客体工人方案。随着来自国会中民主党和共和党的指责日益升级,通讯班子和许多白宫官员不断受到抨击。当总统的民意支持率在全国各大民意调查中跌到 30 点时,他在 4 月初撤换了白宫办公厅主任。同年秋季,随着民主党取代共和党控制参众两院,他们面临的困难增加了许多。很快,民主党委员会主席确定召开旨在调查政府政策和包括支持伊战合同在内的诸多执政问题的听证会。

第 4 章

白宫的通讯顾问

119　　当今无论哪一位总统上任之际都得任命一名通讯顾问,以便负责他的舆论宣传并督查白宫各组织机构的通讯工作。通讯顾问监管与总统有关的文字、图像、宣传事务及其他各种活动。所有这些有助于公众了解那些总统希望他们了解的关于他本人及政府的信息,因而显得至关重要。

　　不管由谁担任总统,不管他怎样布置任务,组建机构,他和自己的助手都得建立一套能够履行两项基本职责的宣传工作机制。第一,通讯联络人员必须拥护总统、总统的各个目标和各项政策主张。通讯处下属的各部门负责为显示总统优先考虑的工作重点精心推敲文字、选择和准备各项活动。第二,通讯顾问和他的助手在联邦政府内部并在国家、州和地方各级向民众推介总统和他的计划。上述目标保证了白宫公共关系的重点,即便通讯主任的工作和白宫下属办公部门的具体任务和岗位设置各有不同。

　　总统的通讯顾问通常担任通讯主任,但在有的总统执政期间,也会由主任同时领导总统的所有宣传事务。比如,乔治·布什总统的通讯顾问凯伦·休斯,既担任总统顾问,又主持所有宣传部门的工作,包括新闻办公室,通讯办公室,媒体事务办公室。其他几位总统的通讯顾问,比如福特任上的戴维·葛根,主持通讯处的工作,但无权过问新闻办公室的事务。不过所有
120　的通讯顾问都无一例外地负责长期的宣传计划工作,包括讲稿撰写、活动日程安排,以及各部局信息来源的协调。机构名称和通讯顾问职责发生的变化,反映出各届政府运作机制中存在的区别。甚至在某一位总统任内、尤其是接连两届的总统任期内运作机构也会发生变化。

　　当代信息联络策划者兼协调者的双重角色,可以追溯到艾森豪威尔执政时期总统的宣传工作以一种组织方式固定下来时。[1] 艾森豪威尔总统的新闻秘书詹姆斯·哈格蒂作为白宫的宣传官员,第一个意识到他的办公室

能够发挥的作用,决不仅仅局限于满足当前的新闻需求。他履行了新闻秘书与通讯主任的双重职责,尽管其时后一项职责并不正式存在。除了做好新闻秘书的基本工作以外,他还协调内阁各位宣传官员间的行动,就总统的演讲预约提出建议,策划旨在配合宣传特定议题及总统个人品质的旅行,并且确保记者得到大量突出介绍总统各项活动和领导风格的宣传材料。[2]

在重组白宫人员机构的过程中,曾在艾森豪威尔执政时期出任副总统并非常赏识哈格蒂工作才干的尼克松总统,设立了一个办公室,处理曾由哈格蒂经手的例行事务。通讯办公室的职责,是树立政府形象,产生有利于全国各新闻机构的效果。[3]该办公室成立以后,有专人代表总统安排各场演说,并另外有人处理华盛顿以外的报刊和电视广播媒体事务。[4]

按照惯例,新闻秘书和新闻办公室负责与华盛顿记者团进行沟通。尼克松需要的是一个能与媒体建立广泛深远联系的办公室。肯尼迪政府有时会将华盛顿以外的新闻媒体请进白宫,让他们了解有关情况,并与总统共同参与一项活动。尼克松政府则使他们对外影响州和地方两级媒体的做法从制度上固定下来,作为总统通讯宣传过程的一部分。尼克松的通讯办公室向华盛顿以外的国内和国外新闻机构发送信息。通讯办公室主任或私下或在编辑和出版商的专业联合活动中与他们打交道。

尼克松总统要求通讯办公室帮助整理源自白宫的新闻,以使记者每天集中报道一个事件。老资格的白宫观察员布里特·休谟其时是华盛顿的一名记者,他说尼克松不仅组建了白宫的通讯机构:"他还创立了当代活动报道的模式。他创立了每日一项活动(的模式),他们不偏不倚,照此办理,达到了难以置信的程度。"[5]摄影记者也注意到这个同样的规律。后来担任福特总统专职摄影师的戴维·休谟·肯涅利谈及尼克松时期的活动安排时说:"尼克松政府确实使这里(白宫)的摄影艺术臻于完美……摄影技术的改进(始于)竞选期间,一直贯穿于他的整个总统任期,他们举行这些安排周密到无以复加程度的活动,十分注意角度等等这个那个的细节。"[6]

121

通讯主任的工作环境

随着白宫对通讯服务的需求日益增加,通讯工作的负责人不堪重负,致使高级通讯顾问更替率在白宫高层人员中位居第一。通讯运作机制的形式也屡有变化,取决于总统及其决策班底对通讯工作的具体要求。所有这些因素使通讯顾问成为历届政府中举足轻重而又易受伤害的官员。

日益增长的演说和活动需求

虽然尼克松总统是设立通讯办公室的第一人,但从艾森豪威尔当政、哈格蒂出任新闻秘书开始,就越发需要成立一个将演讲稿撰写、计划制定、公关协调等职能集于一身的机构。艾森豪威尔在他总统任内的演讲、活动任务及跟媒体的接触,按照今天的标准从程度上来讲是并不为过的。他的通讯工作的组织实施也能做到分寸合度——艾森豪威尔每年平均发表不到100 次演讲。

40 年之后,一位总统在公共场合发表讲话的次数增加了 6 倍。克林顿总统在 8 年任期内平均每年的讲话和评论多达 559 次,其中包括最高级别的面向全国的演说,每天在白宫内外大大小小的谈话,以及在各种场合的即席评论,如会前会后的椭圆形办公室、内阁室和罗斯福室。总统公开场合露面次数的极大增加,迫切需要一个机构负责提供演说稿、演说场地以及有助于加强语气并将宣传效果发挥到极致的演说脚本。

122

虽然总统每次演讲的重要性不尽相同,但都受到足够的重视,因为他的用词和演讲方式无不透出有关他内心活动的重要信息。曾在克林顿总统任期的最后阶段担任首席讲稿撰写人的特里·艾德蒙兹说:"总统的所有讲话都很重要,而且重要程度并无区别,因为总统无论何时开口,都是在以总统的身份发言,况且他的话有时能在世界范围存在影响。"有鉴于此,"我把每次讲话都看得相当重要,无论是感恩节火鸡宴上的致词,或是国情咨文报告……当然,我们为国情咨文报告付出的精力要略多于感恩节火鸡宴上的讲话,但它们都很重要"。[7]

正式发言和评论需要认真准备,回答记者提问同样不容忽视。总统的通讯班子为后者付出的工作量也在不断增加。

总统对记者问题的答复被视为非正式谈话的惯例,一直延续到艾森豪威尔入主白宫之后。艾森豪威尔在其 8 年总统任期内共召开 193 次记者招待会,但他从不参加那种正式的问答式短会,而他之后的历任总统一般都能定期出席这种会议。克林顿总统除了出席 193 次记者招待会外——艾森豪威尔与克林顿出席记者招待会的次数相同——还与记者有过 1410 次其他各种形式的接触。到他卸任时,总统特有的这种交流与接触已经包括定期预约的个人和团体采访,以及问答式短会。如果把克林顿跟媒体接触的所有次数相加——记者招待会,问答式短会,记者采访——那他平均每年与记者交流 200 次。[8]艾森豪威尔每年平均与记者有 24 次这些形式的接触。为了适应如此频繁的双向交流,有必要设立一个专门机构,确保总统完成有增无减的演说任务。

通讯顾问的频繁更替

白宫高层人员中职务最易被替换者,当首推通讯顾问。除了在处理总统的通讯事宜时自然须承受压力以外,这项工作根据总统在其任期内某些特定阶段的特定需要,表现出自身的一些规律。同一届政府内的几位通讯主任经常视其需要强调工作的不同方面。从表 8 所示的各位通讯主任的姓名和任期来看,频繁换人和任职者背景各不相同,是该职务的一个显著特点。另外还可以看出,参与总统竞选工作的背景,以及效力总统及办公厅主任的经历,对于这一职务都是很重要的。

今天,通讯工作面临着来自多方面的挑战,需要耗费大量时日,因而也显得越发重要。通讯主任工作不够稳定,比其他任何一名白宫上层人员更想另谋高就。其他高层岗位的稳定性远远超过通讯主任。在数位总统任期内共有 24 人先后出任通讯主任,但先后担任新闻秘书的仅有 14 人,办公厅主任 19 人,白宫高级顾问 19 人,国内政策主任 15 人,国家安全顾问 14 人。

通讯主任被频繁替换,反映出白宫对该职务常常是自相矛盾的多重要求,以及他工作时所处的复杂环境。[9] 该环境包含了非办公室所能控制的若干因素,如缺少白宫以外的广大人士的支持,总统的支持率的影响,以及白宫整个通讯机构内部工作职责和日常事务的不断变化。

新闻秘书有一群他定期与之交往的支持者:记者。其他不乏支持者的白宫高官包括内阁事务办公室主任,政府部门间事务办公室主任,政治事务办公室主任,他们在部长、州长、市长及州、地两级培植自己的亲信。公共联络办公室主任有若干他可以正常交往的利益集团。拥有亲信,意味着这些办公室主任一旦发现自己在白宫遇到麻烦向外求助时,会有一些举足轻重的人物为自己撑腰。通讯主任缺少这样的亲信,因为他们平素交往的,都是些分布面广且不断发生变化的媒体人员和机构。

乔治·斯蒂芬诺普罗斯在陪伴克林顿从竞选之路上一直走进白宫后,除参与政策事务外,另被赋予通讯职权,他说自己不到 4 个月即被解除该职,对此他丝毫不感到惊讶。"按照惯例,只要总统什么地方出现失误,那就是通讯工作的问题,对该部门作出人事调整也是合乎情理的。"[10] 通讯主任要为总统的行为承担责任,却没有什么实力对据以评判总统业绩的基础产生影响。斯蒂芬诺普罗斯是在克林顿的民意支持率急剧下跌之际临危受命的。

无论谁担任通讯主任,都得亲自确定具体的工作方式,正是这一点使其明显有别于白宫其他众多机构。例如,克林顿在执政期间曾先后提名 5 人主

表 8　1969—2006 年历任通讯主任

总统	通讯主任	通讯处地位及负责人的正式头衔	任职年限	主要经历	次要经历
尼克松	赫伯特·克莱恩	行政部门的通讯主管；1969 年 1 月由尼克松总统设立的通讯处	1969.1.20—1973.7.1	尼克松任副总统和总统候选人时的新闻秘书	《圣选戈联盟》编辑，1959—1968
	肯·W.克劳森	通讯处、通讯主任	1974.1.30—11 月	行政部门的通讯副主任 1972 年 2 月—1973 年	《华盛顿邮报》记者，1966—1972
福特	杰拉尔德·L.华伦	负责信息联络的副新闻秘书，后为通讯主任	1974.11—1975.8.15	副新闻秘书 1969—1975	《圣选戈联盟》城市编辑，副总编，1963—1968
	玛基塔·E.怀特	通讯处、通讯主任	1975.8.15—1976.9.22	副新闻秘书 1975.1—8.15	美国新闻署公共信息主任，1973—1975
	戴维·葛根	总统特别通讯顾问、通讯处、通讯主任，该处经重组后将对上负责级别从新闻秘书一跃而为办公厅主任理查德·切尼	1976.7—1977.1.20 为通讯主任	总统特别通讯顾问，1976.4—7 月；办公厅主任理查德·切尼的特别助理，1975.12—1976.4	财政部长威廉·E.西蒙的顾问，1974.11—12；总统演说撰稿和研究的特别助理，1973—1974.11
卡特	职位空缺		1977.2—1978.6,1979.8—1981.1		
	杰拉尔德·拉夫舒恩	总统通讯顾问	1978.7.1—1979.8.14	拉夫舒恩 通讯办公室主任，总部设在乔治亚州的亚特兰大	为卡特两度获胜的州长竞选负责媒体事务
里根	弗兰克·A.厄尔索马索	通讯主任，但名为副助理，对总统助理戴维·葛根负责	1981.3.27—1981.9.15	负责罗纳德·里根州长竞选的电视制作，1976	尼克松和福特总统竞选的助选人，1973—1976；汽车业

续 表

总统	通讯主任	通讯处地位及负责人的正式头衔	任职年限	主要经历	次要经历
里根	戴维·葛根	通讯主任,级别相当于总统助理	1981.1.21—1984.1.15	福特的特别助理;尼克松的特别助理,1973—1974	见上
	迈克尔·A.小麦克马纳斯(代理主任)	通讯处;向白宫办公厅副主任迈克尔·迪弗负责	1984.2—1985.2	筹划1983年在弗吉尼亚威廉斯堡召开的七国集团峰会	公司法律和私人法律事务
	帕特里克·布坎南	总统助理兼通讯主任	1985.2.6—1987.3.1	前副总统查德·M.尼克的行政助理,1966—1969;尼克松总统的演说撰稿人和高级顾问,1969—1974	报刊辛迪加,专栏作者,评论员,1975—1985
	约翰·克赫勒	总统助理兼通讯主任	1987.3.1—13	顾问;协助罗纳德·里根办公厅主任一职由霍华德·贝克接替的过渡期工作	美联社业务主管,前记者
	托马斯·C.格雷斯考姆	总统的通讯和计划顾问	1987.4.2—1988.7.16	公共联络办公室主任,1986.5—1987.7;负责共事务的交通部副部长,1983.11—1985.4	全国民主党参议员委员会行政主任,1985—1986;参议员霍华德·贝克的新闻秘书,1978—1984
	马利·梅森	总统助理兼通讯和计划主任	1988.7.1—1989.1.30		演说撰稿人,1981.1—1983.11;比阿特里斯公司副总裁,芝加哥

续　表

总统	通讯主任	通讯处地位及负责人的正式头衔	任职年限	主要经历	次要经历
G.H.W.布什	戴维·德马雷斯特	总统的通讯顾问	1989.1.21—1992.8.23	乔治·H.W.布什总统竞选主管,1988	负责公共和政府部门间事务的劳工部副部长,1987—1988
	玛格丽特·塔特威勒	通讯主任	1992.8.23—1993.1.21	负责公共事务的副国务卿兼发言人,1989—1992	负责公共事务的财务部副部长;白宫办公厅副主任詹姆斯·A.贝克三世助理;总统公共事务副助理助理,1981—1989
克林顿	乔治·斯蒂芬诺普罗斯	总统助理兼通讯主任	1993.1.20—5.29	高级政治顾问,1992年克林顿/戈尔竞选阵营	众议院多数党领袖理查德·A.格普哈特的工作班子成员;1988年杜卡基斯竞选总统团队成员
	马克·D.吉尔安	通讯和战略计划主任	1993.6.7—1995.6.21	副人事主管;过渡期主管的副手克里斯托弗·C.华伦,1992	阿尔·戈尔总统竞选主管,1992;杜卡基斯总统竞选新闻部新闻秘书
	唐纳德·A.贝尔	总统助理兼白宫战略计划与通讯主任	1995.8.14—1997.7.31	首席演说撰稿人,1994.4—1995.8	《美国新闻与世界报道》文字编辑,1987—1994;律师,杂志撰稿人,纽约市
	安·刘易斯	总统助理兼通讯主任	1997.7.31—1999.3.10	1996年克林顿/戈尔竞选班子副主管	负责公共事务的劳工部副部长,1993.5.17

续　表

总　统	通讯主任	通讯处地位及负责人的正式头衔	任职年限	主要经历	次要经历
	洛丽塔·M.尤塞利	总统助理兼通讯主任	1999.3.10—2001.1.20	环境保护局负责通讯、教育和公共事务的副局长 1993.3.2—1999.3.10	
G.W.布什	凯伦·休斯	总统顾问,负责白宫通讯处、媒体事务办公室、演说撰稿和新闻秘书	2001.1.20—2005.7.29	2000年布什总统竞选阵营的通讯主管;1994年布什两度获胜的州长竞选班子秘书	德克萨斯州州长乔治·W.布什的通讯主管 1995—1999;德克萨斯州共和党的行政主管 1992—1994;电视新闻记者,1977—1984
	丹·巴特莱特	总统的通讯顾问兼白宫通讯主任	2001.10.2—2005.1.5	总统副助理兼总统顾问凯伦·休斯的主要副手	德克萨斯州州长办公室政策副主管;1998年连任竞选班子成员
	尼科尔·丹万尼什·华莱士	总统通讯助理——通讯处负责人	2005.1.5—2006.6.30	布什/切尼2004年总统竞选班子的通讯主管;此前曾任总统特别助理兼媒体事务办公室主任	杰布·布什州长的新闻秘书,1999年;佛罗里达技术局通讯主管,2000年
	凯文·苏利文	总统通讯助理——现为通讯主任	2006.7.24—至今	负责通讯及对外联络的教育部副部长;此前曾任美国全国广播公司环球部与体育部记者	达拉斯·马维克斯公司通讯副总裁

持通讯办公室,他们采取了至少三种不同的领导方式。克林顿的通讯专家中先后有乔治·斯蒂芬诺普罗斯、马克·吉尔安、唐·贝尔、安·刘易斯和洛丽塔·尤塞利,加上总统的高级助理希德尼·布卢门撒尔和戴维·葛根。斯蒂芬诺普罗斯和葛根把大部分时间都花在与新闻秘书职务有关的工作上,例如与记者交谈。

　　在克林顿执政初期,无论谁出任通讯主任,都同时承担一部分新闻工作并兼任总统和政府的首席发言人。正如贝尔所说的那样:"每个人,无论是叫做通讯主任还是新闻秘书,都基本上认为他的工作属于新闻秘书的范畴,而不是真正意义上的通讯主任,能够制定战略,帮助白宫的各个对外联络部门认识自己在公共宣传宏观战略的环境下所起的作用。"然而,人们很快意识到没有人负责制定战略。贝尔说:"人们把大多数时间用在关注和满足新闻界的需要上,很少考虑白宫的通讯宣传战略目标,以及如何才能最好地实现这些目标。因此人们迫切希望多少按照另外的思路重新调整这种作用。"

　　埃斯金·鲍尔斯就任办公厅副主任之际,他还同时主管几个负责策划安排对外活动的办公室,例如计划推进办公室。"我们的整体目标和设想是,促使这些部门更好地协调合作,因为它们构成了白宫宏观战略目标的基础",贝尔说。[11]

　　与他那位喜欢贬低通讯宣传工作、没有将其制度化的前任相反,小布什总统把它视为自己各项工作的基石。布什在选择凯伦·休斯出任通讯主任的同时,还授予她总统顾问的头衔。2002 年秋季,凯伦·休斯离开白宫,但仍在家乡德克萨斯担任非正式的通讯顾问,她原先的职务由丹·巴特莱特接替。2 年之后,巴特莱特又担任总统的通讯助理。在布什第二届任期之初,巴特莱特被任命为总统顾问,而在布什—切尼竞选连任期间率领通讯团队助其胜出的尼科尔·丹万尼什·华莱士,则被任命为通讯主任。

解释与总统的关系

　　新闻秘书工作方式的确定,需要根据由其前任开创的先例和各新闻机构的期望;而通讯主任如何开展工作,则取决于他与各方面的关系。在所有这些关系中他与总统和办公厅主任的关系尤为重要,因为正是他们二人决定通讯人员到底该做什么。

　　里根时期的媒体权威、正式官衔为办公厅副主任的迈克尔·迪弗,声称他的工作方式取决于他跟总统和第一夫人的关系。"我不管获得什么权力,能够控制什么,其实靠的都是我的关系。"他谈到自己与总统和第一夫人的各种联系。第一家庭的日程安排和外出旅行归他支配,稍后属于第一夫人地盘的东厢的所有活动也由他控制。他同时还对"任何与通讯有关的事务都有特别的发言权。葛根卸任之后,我正式接替了通讯主管的角色"[12]。

对于出任老布什的通讯主任的戴维·葛根而言,工作强度大大减轻了。"我认为总统更愿意把我当成那个专门替他安排演讲和活动的人,"他回忆说,"我认为他并没有从通讯信息的角度看待这一点。我想他把媒体看成是一种工具,通过马林以及马林与媒体的互相沟通来传递通讯部门的信息。"[13]

131

当老布什总统确信自己需要新闻秘书马林·费茨沃特负责制定他的通讯战略计划并协调他与媒体的关系时,费茨沃特服从了总统的决定,尽管他对一身兼任二职心存疑虑。克林顿的过渡班子成员与费茨沃特商讨他们打算减少记者接触新闻秘书机会的计划,以及他们将新闻与通讯岗位合二为一的设想,他对这两点均持异议:"我费了不少口舌向他们解释为什么我认为这是一个馊主意,无论是减少记者接触新闻秘书的机会,还是将两个岗位合并,都断不可行。我刚刚有过这种经历。我不顾自己内心的反对被迫接受通讯宣传工作,6 到 8 个月后终于摆脱了它,因为它压根行不通。"[14]新闻秘书和通讯主任都承担了超出本人实际能力的繁重任务,因此不可能让一人成功地独自履行两项职责。

在通讯班子所有单位中对自己与总统的关系依赖性最强的,应该是演讲稿撰写人。谁是总统对演讲稿撰写人而言非同小可,因为有些总统希望在打造这支队伍方面发挥自己的重大作用,有的则无意于此。曾任小布什的一名撰稿人、现为老布什新闻秘书的托尼·斯诺,声称老布什将发表演说视为"一种必不可缺的讨厌东西。他不喜欢发表演说"。布什总统在情绪外露时尤其难以发表讲话。"他害怕以里根惯用的那种方式与公众进行感情交流",斯诺说。因此,在1991年拟就洛杉矶暴力事件向全国发表讲话时,他宁愿避免谈及可能激发人们情绪的话题:"我们就洛杉矶暴力冲突后应该发表什么样的讲话争论了一番,他最后的讲话围绕法律与秩序的主题,内容直截了当,而没有试图缓解人们的恐惧,以推心置腹的口吻跟他们谈论团结之类的话题。"按照斯诺的看法,这位总统"全然不知语言会产生怎样的作用,我认为颇具讽刺意味的是,这反映出他那既值得称道又惹人讨厌的谦逊品质"[15]。既然他对通讯宣传几乎没有任何兴趣,他在执政的任何一个阶段都不会将其视为应该优先考虑的大事。

此外,通讯人员还得帮助总统解决他在容易动情的环境下与人沟通时所面临的种种难题。1989 年 4 月 17 日,47 名水兵因爱荷华号战舰爆炸不幸遇难后,总统前往弗吉尼亚的诺福克会见遇难者亲属。当天在现场采访的美联社记者特里·亨特回忆起总统在抚慰遇难者时如何显得力不从心。

132

"这是他与水兵遗孀们的一次令人伤感的会面……过度悲痛的他面带微笑,似乎有些不妥,但其实他是高度紧张,(加上)心里过于悲痛,很想多做些弥补",亨特说。会见结束后,"他没有钻进轿车,而是从陡坡径直往回走向空军一号专机,摄影记者们说他在流泪。等到终于走出公众视线,他再也无法控制自己,因为那场面实在令人伤心欲绝。在我看来,他不像里根那样善于巧妙得体地表现自己的情绪"[16]。

演说是里根心目中的头等大事,他乐此不疲,耗费大量时间和精力。"在里根执政时期,演说撰稿人一直被视为特殊人物,被给予的见到总统的机会之多,与他们在白宫的身份、地位颇不相称",马利·梅森·威尔说,他在里根执政的初期担任演说稿撰写人,后期则升任通讯主任。在里根的第一届总统任期内,演说稿撰写人每周五与他定期晤面,"把几个基本概念和他要谈的内容梳理一遍"。接着,撰稿人与总统的政策顾问们进行一番磋商,继而就演说的框架提出初步设想,随后又是一阵讨论。"里根的支持使他们对自己在白宫扮演的这一角色充满信心:"里根时期在演说稿撰写人中间流传着一句戏言,说是他们将自己视为(耶稣在最后的晚餐时用的)圣杯的看守者。他们对工作的热情和信心由此可见一斑。"[17]

老布什和罗纳德·里根两位总统不同的演说风格,会转而影响他们在摄影机前的表现。摄影是向公众推介总统形象的重要一环。其时担任《时代》摄影记者的戴维·休谟·肯涅利,谈到里根和布什两人的出镜形象,他发现里根"在相机前比他伏案工作时更加'上镜'",肯涅利说,"他有登台亮相的风度"。里根在接受摄影时焕发出一股奇特的激情。"他在镜头前精力充沛,一旦处在镜头以外,精力就会减少几分,"肯涅利说,"他是摄影师心目中理想的摄影对象。"里根确实容易相处。老布什"本人喜欢摄影记者,但是,每次(接受拍摄)在他看来似乎都是一种麻烦,缺少身为总统认真对待的态度"。[18]

小布什执掌白宫权柄之后,演说和摄影重新恢复了它们在里根时期确立的重要地位。凯伦·休斯被任命为总统的高级顾问,这是历届政府通讯人员中迄今出任的最高级别的职务。

不管是谁在领导小布什第一任期内的通讯宣传团队,几位演说稿撰写人都把自己对总统的理解作为工作的基础。在一次非同寻常的行动中,由三位演说稿撰写人鼎力合作,为总统所有的主要讲话和大部分次要讲话撰稿。他们3人在一台电脑上连续工作几小时后,数篇演讲稿即可告竣,约翰·麦克康奈尔如是说。演说撰稿办公室负责人是总统的政策顾问兼演说撰稿助理迈克·格尔松,成员包括总统特别助理兼资深讲稿撰写人马修·

斯古里,以及总统副助理兼演说撰稿办公室副主任麦克康奈尔。由于在2000 年竞选期间共同为布什撰稿,他们 3 人来到白宫时,早已深知总统其人。因此,他们知道一篇演讲稿应该怎样谋篇布局,才能凸显倍受他们推崇的那些个人素质。

　　由他们撰写的布什总统在为克林顿总统塑像揭幕时的演讲辞,堪称其中的一个典范。"我们一致认为,我们是在为一位心胸豁达的人写稿,他在演讲时也将体现出这一点。过于矜持、欲露还藏是不符合他的性格的,"麦克康耐尔说,"我们希望说些好话,而且知道总统也将这样做。"那就得列举克林顿的一些优点,诸如他"总是(能够)看到更好的一天"。与此同时,他们"想看看我们会不会引用他这位阿肯色人的一个令人捧腹的笑料"。他们做到了这一点,总统在讲话中将提到克林顿乐观的天性,"将你一生中的六个月投入麦戈文在德克萨斯的竞选"。三位撰稿人在设想总统说这话时全都乐不可支,布什对此也是极为欣赏。[19]

与办公厅主任的关系

　　行之有效的通讯宣传工作,需要人员、部门与政治信息和政策之间的高度协调。总统的办公厅主任负责这个层面上的协调。办公厅主任可以像列昂·帕尼塔和詹姆斯·贝克那样本人亲自从事具体的协调工作,也可以委托副手相机行事。例如,埃斯金·鲍尔斯担任办公厅主任期间,要求副主任约翰·波德斯塔负责通讯宣传工作。每天早晨,波德斯塔在高层人员例会结束之后随即召开宣传工作的专题会。

　　埃斯金·鲍尔斯一般不过问具体的通讯工作,虽然也会偶尔提出一些宏观指导原则。詹姆斯·贝克在里根任内担任办公厅主任期间,花费大量时间在"幕后"向记者解释政府的政策——即透露一些可供刊印而又不说明提供者身份的消息。贝克与自己的几位前任会面时,曾被给予这样的忠告:"及时告知记者你打算采取什么行动,并继续为此花费时间,这对你来说是很重要的。"[20]曾在贝克手下任办公厅副主任的迈克尔·迪弗回忆说:"他确实是里根时代白宫的高级代言人。他不是斯皮克斯,不是葛根,而是贝克,这一点谁都清楚。"[21]

　　詹姆斯·贝克与媒体进行了多次"幕后"会面,但他的继任者不能理解他为什么这样做。贝克回忆说:"当唐·里甘接替我的办公厅主任职务时,他说:'我对吉姆·贝克花那么多时间跟媒体打交道感到不可思议。'有些人认为这等于是泄露消息。这不是泄露,而是放风。这正是办公厅主任应该在幕后做的事。不是位于前台(正式场合),因为办公厅主任不是选举产生的。"[22]

　　今天，一位办公厅主任可望定期参与周日电视访谈节目，有时也在晨间新闻节目中露面。列昂·帕尼塔对自己在担任住房预算委员会主席期间频频现身此类节目已经习以为常，他是第一位定期出现在荧屏上的克林顿手下的办公厅主任。他的继任者埃斯金·鲍尔斯尽量回避这些在电视上抛头露面的场合，但约翰·波德斯塔又沿袭了帕尼塔的习惯做法。鲍尔斯本人对涉及通讯的问题没多少兴趣，但仍知道宣传工作是办公厅主任办公室的一项重要职责。办公厅主任安德鲁·卡德确曾代表现任布什政府在周日访谈节目中偶尔露面，但没有形成惯例。与许多前任不同，他没有"在幕后"与记者会面。卡尔·洛夫倒是利用很多时间与经过挑选的记者在幕后进行非正式交谈。

　　精心安排对外宣传活动，是一项更加费时的工作。有的办公厅主任积极参与这一过程，有的则采取了不插手的做法。戴维·德马雷斯特描述了老布什时期通讯团队在与白宫以外的各种集团和机构打交道时经历的种种困难。造成这些困难的根子在办公厅主任约翰·苏努努身上，因为他想将立法战略或通讯宣传协调工作的各个方面完全控制在自己手上，结果办公厅主任便只能妨碍而不是促进协调。"弗雷德（·麦克鲁尔，立法事务主任）打算成立一个立法战略小组，以便整合这方面的所有力量，每当布什总统希望推出某项立法提案时，我们也会制定相应的立法战略，"德马雷斯特说，"苏努努却说：'用不着，我就是立法战略。'听说我想成立一个通讯战略小组，他又说：'用不着，我就是通讯战略。'"

　　为了绕过苏努努，德马雷斯特不得不建立一周事务例会制度："不过我认为这种例会定的调子却是，'这仅仅是为了把下周的各项事务梳理一遍，确保政府有关部门和白宫有关机构的代表了解正在发生什么情况。'因此，它既向与会者通报具体情况，又把各自为政彼此脱节的几个方面联系在一起，使人把握每周工作的全局。与会人员将包括白宫计划推进和政策事务机构以及政府有关部门的代表，任何人都可以参加。"[23]

　　大多数通讯主任在活动开展过程中与其他政府部门打交道时都不会遇到任何麻烦，因为这些合作搭档知道发生的情况有可能对他们产生影响。比如，唐·贝尔与政府部门间事务办公室合作组织一项活动，其中包括克林顿总统出席美国州长协会会议这一环节。他事先针对该环节提出以下问题："'总统想在州长协会会议上做什么？他想对与会代表说什么？'这是塑造总统正面形象的一个大好机会。因此，你得与他们一起经过多次筹划反复协商，才能确定州长愿意听他说些什么，以及我们希望当场做些什么说些什么,所有诸如此类的事情。这是一个复杂的过程。"[24]

民主党与共和党

在民主党当政时期,总统的个人风格是白宫的组织机构和他手下人员工作方式的一个重要部分,也是他的通讯队伍工作方式的一个重要部分。白宫的组织机构最能反映总统在多大程度上希望亲自操纵椭圆形办公室里出现的各种事务与局面,最能反映他以什么方式轻松胜任这一切。

共和党总统根据企业管理的若干原则确立工作作风,而民主党总统往往更加强调以总统为中心。白宫对办公厅主任的要求能够对通讯人员承担什么具体任务产生影响,两种工作作风之间的区别,在这种要求上表现得尤为明显。"杰克·肯尼迪是他自己的办公厅主任",希奥多·索伦森说。跟其他同僚一样,他与总统的工作关系谈不上密切。第二次世界大战后当政的每一位民主党总统也同样如此。[25]

两党在白宫事务管理上的不同作风,必然反映在通讯工作上,当具体涉及通讯处与新闻办公室之间的关系时,还会表现得特别明显。在共和党掌权时期,这两个单位总体上由一位资深通讯顾问监管。碰到大权独揽者空缺的情况,新闻办公室则在组织上隶属于通讯处。通讯主任负责统揽对总统的宣传包装。

自从通讯办公室设置以来,只有卡特和克林顿政府是由民主党掌权,而且两人任期中通讯队伍发挥的作用均不及共和党政府。卡特任内曾有一名通讯顾问领导通讯处达一年多一点时间。通讯主任杰拉尔德·拉夫舒恩当时从事的工作大多与该办公室有关,但他后又被调去指导竞选连任运动。即便如此,在他担任通讯主任期间,信息与宣传事务的首席决策者是新闻秘书乔迪·鲍威尔。这两个单位在克林顿执政时期独立开展工作,各自与总统和办公厅主任保持直接联系。新闻办公室在新闻秘书的指导下开展工作,这本身说明制定有关信息政策的正是该办公室,而不是负责推行总统计划的部门。

布什第二任期内的攻势与防御:快速应急机制组

前面我们看到克林顿政府如何快速应对批评指责或有损个人声誉的各种丑闻和事件,而布什政府则公开回避这种做法。丹·巴特莱特说,他的观点在布什的第二届任期内发生了变化,因为他意识到他们需要组建一支复合型行动小组,既能制定长期计划,又能同时对新闻圈内发生的任何情况作出迅速反应。

137　　　2004年连任选战结束后，竞选阵营的通讯主任尼科尔·丹万尼什·华莱士重返她曾任媒体事务办公室主任的白宫。随她而来的既有竞选阵营里的快速应急小组成员，也有快速应急的理念。"获得连任选战胜利后，我们考虑如何将竞选中显然行之有效的最佳方法与白宫显然行之有效的最佳做法结合在一起。我们现已做出了若干调整，"华莱士说，"我们第一次设置了快速应急机构。"[26]

　　通讯处下属的快速应急行动小组负责向经过选择的各方面人员提供信息，包括白宫官员、国会议员、共和党官员、电视和电台访谈节目制作人主持人，以及利益集团盟友。这些由电子邮件发送的信息能够迅速进入新闻渠道。"这等于是搜集现有的一些正面信息，再用一种不同的方式发送出去"，现任通讯主任凯文·苏利文如是说。这些信息根据需要可同时达到进攻和防御的目的。它们"非常有助于政府部门和国会山的办公人员同记者打交道"，苏利文说。白宫圈外人士也同样发现它们有用。"广播访谈节目制作人是从中获益的一个群体，"他说，"它有时向节目主持人提供一些他们可能想不出来的问题……如果某位节目主持人因无暇深入钻研某项军事行动的有关常识而不能全面了解该行动，他也能得到一份可以让他尽知其详的两页材料。"[27]

　　快速应急行动小组同时传递正面信息和负面信息。发送正面信息的目的，是让华盛顿政界及政府内部的重要人物及时掌握有可能被他们忽略的
138　情况。发送负面信息则是为了及时消除有可能正在形成的某个苗头。"如果我们觉得什么消息会让人产生误解或不准确……关键是得让我们的快速应急小组及时采取行动，以免它被普遍接受，形成流行的看法"，凯文·苏利文说。[28]

　　华盛顿政界及其他地方的人士能够接触大量信息，面临这样的局势，有必要通过一定的渠道综合各种信息。让盟友和其他人知道总统在说什么，他们优先考虑的事情是什么，作出怎样的反应，对于他们掌握最新动态是至关重要的。办公厅主任乔舒亚·博尔顿说，通过以自己的方式综合包括政府内部流行的各种信息，白宫人员已经适应了信息如洪水般涌现的这种局面。"我们已经改革了信息处理的方式，"他说，"随着信息来源的激增，传播和综合信息的各种途径也纷纷应运而生。电子邮件就是其中的一种。白宫这里电子邮件互相发送量相当大。我们其实都呆在同一个地方。你知道这个地方并不大。我们其实很容易聚在一起，但还是有大量的电子邮件发来发去。我想我们大多数人很注意新闻办公室发出了什么信息，'留神以免错过'之类。我们很多人依靠信息综合的一些渠道。"[29]

　　14 种电子邮件发送给 5000 至 10000 人。[30]电子邮件主要发给这样一些群体，"首先，白宫内部的每个人员。发给白宫记者团及其他政治记者，发给国会山的联络人，以及华盛顿的'其他利益派别'"，快速应急行动小组组长罗伯·萨利特曼说，他负责信息设计，协助他的有副手尼基·麦克阿瑟。[31]国会山的信息接收者是共和党的通讯人员，"其他利益派别"包括总统和政府的代言人，与结为同盟的兴趣团体有关的人士，广播访谈节目主持人、制作人，等等。事实上，信息发送的范围比这大得多，因为"其他人收到信息后，会根据主题内容再将其发送出去，因此信息的保存期比较长"，苏利文说。

　　通常为一两页的电子信息满足了白宫通讯人员进攻和防御的需要。"快速应急按照定义似乎属于防御范畴，但我们也将其视为一种进攻"，苏利文说，"我们将从正面的、非常积极的角度发出信息。因为快速应急并不总是对什么东西做出反应。它意味着搜集现有的一些正面信息，再用一种不同的方式发送出去。"[32]一共有 9 类"进攻性"信息，政府试图将其中有可能被人忽略的几类组合成一体[33]，包括总统讲话，托尼·斯诺每天发布的新闻汇编，政府官员发布的信息，新闻报道或报纸专稿摘编。最常用的组合类型有："早晨最新消息"，"要闻汇编"，"紧扣主题"，"留神以免错过"。2006 年，"早晨最新消息"是每天发送的信息，"要闻汇编"经常发送，具体次数取决于某日是否有总统的行动或倡议需要他们相机行事。"紧扣主题"共有 26 条信息，"留神以免错过"有 38 条。[34]

　　"早晨最新消息"在每个工作日早晨 8 时发送，以便人们及时了解总统的工作计划，读报时也有白宫希望发布的有关信息可供参考，包括可能已经结束的总统与广播电视和报刊记者谈话的摘要。作为篇幅最长的电子邮件，"早晨最新消息"分为三部分。第一部分是总统当天的公共活动计划。第二部分"晨报速览"是摘自当天几家报纸的大约 10 行引语。第三部分"白宫动态"借新闻秘书之口、人事任免通知和总统的言论简要介绍昨天的情况。第二种正面的电子邮件信息"要闻汇编"提供有关总统倡议的背景信息，或就业机会增加之类表明形势有利的事实。"紧扣主题"是总统正在发表的讲话的摘要。发送这一部分信息，大多是在总统发表讲话后一小时以内，以及根据录音整理的讲话全文送交记者不到 10 分钟之后。某星期一共发送出去 3 份讲话摘要，其中有一份是在总统讲话结束后 20 分钟之内发送，另两份是在 40 分钟之内。布什总统与托尼·布莱尔首相联合举行的长达一小时的记者招待会，经过有关人员 80 分钟的工作形成讲话摘要。[35]"要闻汇编"不仅仅是新闻秘书的简报，而是汇集了政府各部门官员提供的简报，其中有一个或几个问题与政府当天希望突出的要点有关。

140 　　"留神以免错过"是围绕一个主题、针对性很强的信息，附有一篇文章的全文或节选。例如，某周发送的 4 份信息含有下列内容：伊拉克宗教领袖阿卜杜勒·阿齐兹·阿尔·哈基姆对布什总统和美国和平协会的讲话节选；伊拉克总理阿尔·马利基在昨天的记者招待会上的讲话；广播脱口秀节目主持人希恩·哈尼蒂对美国驻伊拉克士兵的采访。[36] 2006 年约发送 38 次"留神以免错过"。副新闻秘书丹纳·佩里诺阐述了白宫对这些信息的看法："正是通过团队的共同努力，才想出发送信息的一些方式。'留神以免错过'取得了很好的效果。它不仅仅发送给记者，还发送给政府各部门和国会山的联络者。他们没必要阅读所有我们正在阅读看到的东西。如果我们发现一些我们认为有价值有意思的东西，就会设法发送给他们"，她说。[37]

　　还有一些临时发送的电子邮件——"用数字说话"，"他们在说什么"——这本身包括有关民意调查的信息（"八成药剂师、七成医生同意：老年医疗保健的药品补助帮助老年人省钱"），其他人对于自己提议的说明（"两党共同支持盖茨"）。[38] 老年医疗保健处方药品计划有其自身的电子邮件系列信息（"老年医疗保健健康检查"），经济也是如此（"经济观察"）。其中一个典型的例子也许是"医疗保健健康检查"附有的一篇《华尔街时报》的文章，"一度不受欢迎的老年医疗保健处方药品计划经得起批评，但问题依然存在"[39]。

　　由快速应急行动组发送的 5 种防御性信息旨在纠正被官员视为不完整的一种形象，或者对他们认为不准确的说法进行抨击。[40] 其中包括发送最频繁、同时最重要的"澄清事实"和"还有话说"，以及影响深远的"虚构/事实"。只要官员认为某种说法不准确，就会发送"澄清事实"指出其错误。2006 年 5 月 10 日的信息以"澄清事实：哥伦比亚广播公司发表误导公众的老年医疗保健报道"为题，由政府官员对吉姆·艾克斯尔若德的一篇报道进行了深入剖析。针对他在哥伦比亚广播公司晚间新闻的话——"希望今秋至少落实一个有利于共和党继续执政的确凿证据，布什先生打算在已有 800 万人签名的基础上另外再增加 100 万老年人"——"澄清事实"首先指出，"哥伦比亚广播公司误导公众的新闻报道称只有 800 万老年人签字加入老年医疗保健处方药品计划"，继而驳斥了哥伦比亚公司的说法，并用简短的几段文字表明处

141 方药计划共覆盖 3700 万老年人，另外还可能有一部分人参加了该计划，但自己并不知情，卫生与公共服务部已经批准老年保健医疗处方药品计划覆盖 900 万人。虽然这些电子邮件信息强调事实准确，但报刊文章和白宫作出的

反应之间的区别常常是怎样理解和事实的相关性的问题。

这些简报有时会惹怒那些被挑出来作为剖析对象的记者。5 个月之后,那一期"澄清事实"依然在艾克斯尔若德心中挥之不去。《华盛顿邮报》的媒体评论员霍华德·库尔茨说:"哥伦比亚公司的吉姆·艾克斯尔若德回忆起斯诺曾经发表过一篇新闻稿,严厉抨击艾克斯尔若德就美国老年医疗改革的有效性撰写的一篇报道。他只是发出这篇报道,说我撒谎,后来又面带笑容地出现在投票站,与我握手并闲聊了半个小时。"[41]"澄清事实"的内容并非由托尼·斯诺一人决定,但艾克斯尔若德一直对其言辞之犀利耿耿于怀。

"澄清事实"选择某些新闻机构作为信息发布的对象,内容涉及它们就政府政策和计划实施情况所做的报道:伊拉克,老年医疗保健,经济,税收减免优惠,征兵,预防飓风,外交政策,干细胞政策,气候变化,国民警卫队,边界安全。在总共 4 天的时间里,"澄清事实"对出现在《华盛顿时报》、《纽约时报》、《今日美国》、哥伦比亚广播公司新闻节目和美联社的新闻稿作出回应。

由白宫发送的这些信息,会受到某些新闻机构的注意。[42]白宫采取的防御姿态对舆论宣传造成重大影响,这方面最好的例子,也许是为消除《华盛顿时报》编辑鲍勃·伍得沃德《否认状态》一书的负面报道而发布的"虚构/事实"电子邮件。它挑出伍得沃德围绕总统对伊拉克战争的理解和处理的指责的 5 个方面,"虚构"部分包括情报评估,子虚乌有的保罗·布雷默要求增兵伊拉克,康杜丽莎·赖斯对中情局有关基地组织警告的回应,被认为是出自约翰·阿比扎伊德将军之口的关于国防部长唐纳德·拉姆斯菲尔德信誉的评论,据称是白宫办公厅主任安德鲁·卡德和第一夫人劳拉·布什做出的旨在解除拉姆斯菲尔德职务的种种努力。[43]

有关信息以各种方式在不同场合屡被采用。《华盛顿时报》外加方框登出《否认状态》一书的节录,并同时刊载路透社的一篇报道,详述白宫文稿中提到的 5 项虚构。[44]这些虚构同样在早晨与晚间电视新闻节目中加以讨论,如全国广播公司的晚间新闻和今天节目等。

除了用作新闻报道的一部分,并且据以提出质疑以外,防御性信息还能产生另外一种影响。有些记者担心自己的报道会成为"澄清事实"的题材。据凯文·苏利文说,丹纳·佩里诺打电话给某些记者,告知其文稿中有一处明显与事实不符,对方有时会说:"你总不至于把它捅到'澄清事实'上吧,是吗?"[45]知道有些记者对自己被单独选作纠错的对象可能感到十分介意,白宫因而掌握了一种对付他们的杀手锏——记者是否将其视为白宫对付自己的绝招暂且不论。

　　有关发布此类信息的决定一般在早晨的通讯例会上做出,与会者由十一二位供职于通讯领域的人员组成,其中包括主持会议的托尼·斯诺,通讯主任凯文·苏利文,电视摄制主管斯考特·斯福尔扎,负责媒体事务的吉安尼·马莫,副新闻秘书丹纳·佩里诺,另两位副新闻秘书托尼·弗拉托或斯考特·斯坦泽尔,劳拉·布什的新闻秘书苏姗·威特森,国家安全委员会的戈登·约翰德罗,负责快速应急行动小组的罗勃·萨利特曼,负责电视事务的艾琳·威彻,以及负责政策及通讯事务的布莱恩·瑞斯迈尔。会上"我们讨论当天发生的消息;商议我们当天准备开展的活动,"苏利文说,"做出的决定中大部分与快速应急工作有关"。虽然快速应急小组希望对他们认为是误导公众和欠准确的消息作出反应,同时发布正面消息,但并不情愿发布过多的消息。"我们不愿像一只奇瓦瓦小狗似的在半夜乱叫一气,而对方始终在猖猖狂吠,"苏利文说,"你得选择合适的场合。"[46]

　　一旦做出发布一次或数次消息的决定,罗勃·萨利特曼和尼基·麦克阿瑟便着手设计具体内容。他们从 2004 年竞选阵营来到白宫,参与快速应急工作。他们整理的消息通常需要重新包装已经对外公布的材料,诸如一次新闻发布会上通报的情况,一次演讲,或要闻汇编。此类信息很快就能发布,而本身含有新材料或由若干信息节选部分拼缀而成的资料,则须经历一个较慢的发布过程。白宫内部的工作程序要求他们将加工完毕的资料依次传递给新闻办公室和通讯办公室的官员,人事秘书,以及一位政策制定者,如果此类信息涉及某个政策问题。"如果有人对资料进行了一定的编辑处理,那其他人都得仔细检查一遍,以确保他们原有的资料不会因此出现什么问题。因此,你处理的资料有许多部分需要随时调整,尤其是我们发布的各种经济资料。你得让经手的资料得到经济顾问委员会和国家经济委员会的认可。如果经济顾问委员会做出一处改动,你得去找国家经济委员会,弄清楚他们对此是否接受,如果他们做出另一处改动,你还得再去找经济顾问委员会",萨利特曼说。[47]

　　这些资料成功地使白宫信息纳入快速运行的新闻传播周期。无论是在进攻还是防御,快速应急行动小组已经引起新闻机构的关注,并且巧妙灵活地使符合白宫口径的各类事件及活动成为正在播报的消息。尽管他们的努力已经使公众通过各种渠道接触总统的言论和解释,但这些资料所起的作用毕竟有限。不能确保公众喜欢自己听到的这些内容,也不能保证会有人因而改变自己的见解。但至少白宫将总统的言论和思想传递给民众,这正是总统和他的下属求之不得的。

通讯主任的职责

无论总统和办公厅主任有什么个人倾向,宣传顾问有多少实权,白宫处于怎样的政治环境,通讯主任都得负责信息策划和发布,连任选战临近时还得同时负责竞选的协调工作。即便是其中的一种职责受到特别强调,其他职责也不容忽视。无论采用哪一种方式,上述三项任务均须完成。

信息管理的职责具有双重性:策划和协调某种信息,有时甚至需要代表总统发布该信息,确定并详细阐述在总统关心的问题上的立场。贯彻实施的职责属于那些致力于执行信息任务而非亲自制造信息的主任们。竞选协调职责首先需要制定连任竞选的宏观战略,并与参与竞选运动的官员共同协调战略。

确定和推销总统的信息

通讯主任应该能够全面控制信息搜集和发布的工作,并利用信息解释并维护总统的各项政策及行动。与此同时,他必须确定并执行持续一贯的标准和信息纪律。在致力于履行这一信息职责时,他几乎无暇旁顾。

尼克松的第一任通讯主任和副主任赫伯·克莱恩和肯·克劳森,最初在办公室里策划政府通讯工作的主题,后又将工作重点转向拥护总统。他们用不同的方式开展工作。克莱恩在"菲尔·多纳休"之类的电视节目中露面,讨论总统其人及其各项计划。他还个别会晤他在陪伴身为参议员和副总统的尼克松外出公务旅行时结识的记者。凭借自己数年担任《圣迭戈联盟》编辑的经历,克莱恩深得记者的信任,因而被他们视为一个信息来源。肯·克劳森则在私下与记者聚会时为总统的案子辩护。这种聚会被称为"克劳森主持下的鸡尾酒会",主要用于从最有力于总统的角度报道有关消息。[48]

政府利用通讯处散布不失信息的事实,在水门事件及随后的弹劾听证会上遭到揭露,致使该部门名声受辱。尼克松第一届总统任期内的两名通讯副主任查尔斯·考尔森和杰布·斯图尔特·马格鲁德均因在水门事件中扮演的不光彩角色被判处有期徒刑。结果直到里根入主白宫,每当需要自己为总统辩护之际,通讯处人员总是为求稳妥而采取并不合算的行动。在福特总统手下任职的几位通讯处主任,对于有必要避免利用自己的地位谋求总统的提携,有着特别清醒的认识。在卡特执政时期,人人都知道总统仅有一位新闻发言人——新闻秘书乔迪·鲍威尔,他独自一人在公开与私下、正式与非式场合阐述总统的观点。

　　作为旨在恢复总统权威和影响的行动的一部分，里根时期的白宫强化了对通讯工作的领导。通讯主任与办公厅主任或总统本人密切合作，以确定联邦政府希望向公众传递哪些信息，以及怎样传递信息。

145
　　里根手下任职时间最长的通讯主任汤姆·格雷斯考姆这样描述他在白宫的职责："我们有一套模式可供参考，那就是里根执政头两年形成的惯例。"当时通讯主任的职权范围包括演讲稿撰写，具体事务安排，包括任何对外部环境造成影响的事务。但是惯例逐渐变成了一项"分散于各个部门"的工作。等到他掌管该部门全局时，"我们把这项工作集中收归本部门，于是我身为主任的管辖范围……包括所有的演讲撰稿人，演讲计划安排，新闻办公室，白宫内部的对外联络团体，政治机构，所有这些方面全都拢到一起"。格雷斯考姆是与其他高层人员这样合作共事的："我们是这样分工的……参议员贝克是总统顾问，办公厅主任。（肯尼斯·）杜伯斯坦是办公厅副主任，每天都在操心，"他说，"我的工作是为明天要做的事情操心。凡是有可能受到影响的方方面面，全都纳入通讯主任的职责范围。"[49]

　　戴维·葛根是强调总统信息策划的第一位通讯主任。葛根起初担任尼克松的演讲稿撰写人，继而又出任福特政府的通讯主任。等他重返白宫效力里根政府时，人们对于水门事件，已不再像他在福特政府领导通讯班子时一样记忆犹新。在那样一个特殊时期，他全程指导下属将福特总统的主要执政理念，条分缕析地写入其连任竞选纲领。强调福特总统是一位在任的公众人物，葛根策划了意在渲染其政绩的宣传策略。

　　一贯与记者相处甚睦的葛根，在卡特当政时期供职于美国企业研究所，其间他创办了一份名为《公众舆论》的刊物。由于他熟谙新闻机构和专门报道白宫事务的记者的各种需求，因此处在一个致力于建立总统显赫声名和权威的政府里，他尤其感到得心应手。他能滔滔不绝地谈论总统的各项政策，但是规定并设计总统的某一形象同样属于他的工作范畴。他利用里根就任总统前的时间拟订一份百日计划，以指导未来几月的信息传播工作。迈克尔·迪弗对该计划大加赞赏，皆因它"为信息传播计划未来一年的实施打下了基础"[50]。

　　克林顿的几位通讯主任，主要包括乔治·斯蒂芬诺普罗斯、马克·吉尔安、唐·贝尔和安·刘易斯，同样强调信息管理的作用。此外，与葛根不同，
146
克林顿的5名顾问中有4名定期在电视上露面，解释总统的各项行动与政策。他们成为晨间新闻联播节目上的熟面孔。虽然斯蒂芬诺普罗斯在形象气质上明显优于他人，谈论总统事务时那从容镇定的神态更是无人能及，但

他们全都花费大量时间阐述总统的各种立场。洛丽塔·尤塞利是唯一没有在公开场合解释总统优先考虑的施政要务的通讯顾问。

乔治·W.布什的通讯班子起初主要在幕后活动,但逐渐增加了前台露面的次数,以便解释总统的思想。凯伦·休斯的言论像克林顿政府的她几位前任一样频频被媒体引述,但她现身荧屏的次数却不及他们。造成这一差别的部分原因,在于布什按照自己的主张制造新闻的理念,这就是说,但凡于己有利,即可出现在公开场合。布什总统上任之初不像克林顿总统那样喜欢张扬。他的高级幕僚包括通讯助手也都同样如此。在信息传播领域建立连贯一致、遵章守纪的作风,是通讯主任应尽的职责。应该切实遵循每次发布一则信息和信息须经精心策划的原则,而这通常需要总统严格自律。

每当克林顿总统的信息主管试图利用他的办公气氛对其加以约束时,总是受到各种刁难。公开场合接受访谈,有时也会令他脸面丢尽。1994年,他乐意回答一位年轻人在音乐电视上提出的他喜欢穿什么内裤的问题,表明他率性而为、不愿与下属合作的性格。直到列昂·帕尼塔成为他的办公厅主任、迈克·麦柯里成为他的新闻秘书后,克林顿政府的通讯事务才真正有章可循。

与克林顿截然不同的是,对于乔治·W.布什总统而言,遵守信息管理制度是他身为总统候选人、身为总统以及他的白宫工作班子的鲜明标志。他的通讯团队知道,他们为信息策划投入的时间将得到回报。除了在为数有限的部分问题上集中付出精力以外,他的通讯人员还得约束那些不愿按照圈内规矩办事的人,或者消除他们的影响。例如全国经济委员会主任拉里·林德赛和财务部长保罗·奥尼尔。他们全都发表了需要通讯团队为其消除影响的言论。比如,林德赛告诉《华尔街时报》记者,伊拉克战争的支出有可能超出2000亿,而政府的底线仅为500亿。奥尼尔财长上任伊始便对作为布什政府一项中心议题的税务减免是否明智表示质疑。

多数通讯主任都注意在阐述总统政策立场时避免让信息发布者成为众人瞩目的话题,而曾在罗纳德·里根手下担任通讯主任的帕特里克·布坎南,却是以一种完全与众不同的方式处理信息工作。此公的行事风格,是私下赞成对重大问题持保守观望态度,而不要解释总统的思想和有关政策。他定期在《华盛顿时报》和其他报纸的时评版上撰文,探讨的都是"热门"话题,诸如伊朗军售事件以及对在国会作证的反恐专家奥立佛·诺斯的支持。

当伊朗军售案在众议院的表决迫在眉睫之际,布坎南在《华盛顿时报》的时评版上发表了如下一段评论:"随着对伊朗的事件投票表决在即,民主党将显示它是否与罗纳德·里根及反对派保持一致，还是站在丹尼尔·奥尔特加①及共产主义分子一边。"[51]诸如此类的大量言论意在分化而不是联合罗纳德·里根第二届总统任期通讯班子的力量。这一次，布坎南的言论遭到国会中绝大多数民主党人的强烈反对。白宫记者卢·坎农报道了布坎南一文引发的轩然大波："一位白宫资深决策人士称该计划已部分得到实施，但是布坎南的言论激怒了一大批过去坚定支持对伊朗军火销售的民主党人，他们为布坎南隐隐透出的对自己爱国精神的质疑感到愤懑。"[52]

通讯顾问的工作，是与身居高位的资深人员一道敲定拟议中的总统各项重要议题，列出优先顺序，然后周详无遗地协调它们在公共领域的进展。称职的总统代言人阐述总统的见解主张，而不是他们自己的见解。这两种信息处理的方式导致不同的反应。葛根追求一致的政策阐释引起并强化里根政府方方面面的共鸣，而布坎南一意孤行的主张则在白宫埋下了分裂的种子。他的那些言辞犀利的专栏文章使部分白宫人员的日子更难过，因为他们的工作，就是将包括民主党在内、由信仰各异的多种政治力量组成的若干联盟组合在一起。葛根的做法使新闻报道总体上有利于总统和葛根本人，而布坎南的做法则是出于他自己的保守主义主张。

信息管理成功与否，最终取决于信息工作为促进公众对总统及其政策的理解发挥了多大作用。在大多数政府，这种评估是一种持续的过程，它依靠定性分析而不是定量分析指标。"你根据掌握的情况开展分析进而知道，今天《华盛顿时报》作出了有利于我们的报道，"卡尔说，"所以你能够在一定的基础上，声称'这是正面报道或负面报道'，根据我们对事态发展的预计，《达拉斯新闻早报》上的那篇文章写得不错，不过我们本来还可以做得更好些。"洛夫发现，通过了解国际新闻报道的动态，会使他们更难衡量信息管理工作是否成功，因为那些媒体更加固执己见。"我们对他们的宣传做出的反应，在他们那里会报道几分钟？在我看来这大概像艺术一样：你知道自己有没有达到既定的目标。你有没有尽量达到原先设定的目标？你能否做得更好些？"

在 2000 年竞选期间，有一个由德克萨斯大学有关人员组成的评估小组，在政治学教授达龙·肖的指导下工作："这是一个行之有效的措施。你至少能够在 9 月初、9 月中旬告诉他们形势不妙。所有的报道在 10 月份都会开始转向。你能够通过有关"本周形势有利"或"本周形势不利"的内容分析报告听到看见这方面的情况。[53]但在白宫，布什工作班子却缺少一种类似的量

---

① 尼加拉瓜桑地诺民族解放阵线领导，曾在 1985 至 1990 年任尼加拉瓜总统，2006 年 11 月，再次当选尼加拉瓜总统。——译者注。

化分析方法,对其信息传播工作进行评估。

布什总统外出旅行期间,白宫会收到媒体事务办公室的一份报告,介绍总统所到之地对他来访的反应。"媒体事务办公室将注意观察该州对总统来访作了多少报道,这些报道产生了怎样的影响,在当地电视台的报道有多少时间,"凯伦·休斯说,"我们将得到类似的报告。"[54]

战略实施者

选择某人担任通讯主任兼战略实施者,是为了实施他有可能参与推行但并未制定的战略。里根时代的几位通讯主任,包括弗兰克·厄尔索马索和迈克尔·麦克马纳斯都很注重实施由别人制定的通讯战略,尤其是由迈克尔·迪弗制定的战略。

直到戴维·葛根在福特任期的最后阶段重返白宫任职,那些在尼克松时期的通讯工作人员,工作时都独立于新闻办公室之外。作为水门事件的结果,通讯处因职能和人事划归新闻办公室致使其名声受损。尼克松统治下的白宫的极端行为已经扩展到通讯处工作人员所从事的非法活动,对这一切人们记忆犹新。福特政府中谁都不愿为了提升一支负有策划并推销总统信息使命的团队的地位,而跟公众过不去。直到福特总统行将卸任、戴维·葛根重回白宫,吉米·卡特因为人际交流能力极差、领导素质欠缺而饱受非议,在他被罗纳德·里根击败之后,才为巩固通讯主任的地位创造了条件。作为高级顾问和主管白宫事务的三驾马车中的一员,办公厅副主任迈克尔·迪弗负责维护总统的形象。他知道罗纳德·里根在什么场合的表现堪称一流,什么场合会表现欠佳。他利用那些有利于突出里根特长的活动塑造总统的形象,对于那些只能暴露其弱点的活动,他总是尽量回避。

作为一位分管通讯工作(尽管头衔是办公厅副主任)的政府高官,迪弗有权实施通讯战略,但他情愿委托自己的副手。在 1984 年竞选的最后几个月担任通讯主任的迈克尔·麦克马纳斯负责具体实施。迪弗是主管,麦克马纳斯是实施者。"说起里根执政初期的情况,至今我仍然认为迈克·迪弗是当时的通讯主任",后来在霍华德·贝克担任办公厅主任期间曾任通讯主任的汤姆·格雷斯考姆说。[55]

唐·贝尔在克林顿主政白宫期间是一位实施者。"你可以说,现在迪克·莫里斯是名副其实的通讯主任,可他不是",乔治·斯蒂芬诺普罗斯说。斯蒂芬诺普罗斯继续解释说,贝尔的影响力不及他的一些前任,因为"我们由于一向过于依赖外界的政治顾问,因此目前所处的形势与以往有所不同"。戴维·葛根在白宫期间情况也是如此。"葛根进来时,被任命为通讯

149

主任，但他不想要这个头衔，"斯蒂芬诺普罗斯回忆道，"所以马克（·吉尔安）有了这个头衔，他负责处理具体事务，戴维制定战略。"[56]

任何一位侧重于战略实施的通讯主任，个人形象到最后都会不可避免地打些折扣。然而他同样得拟订主要的活动计划，而计划的制定，也必须受到侧重于战略制定的通讯主任的监督。洛丽塔·尤塞利在克林顿政府的最后两年内担任侧重于战略实施的通讯主任，她的职责不是制定优先考虑的政策或确定时机，而是协调为执行政策所需的各种资源："大约一周到10天时间，在完全控制局面的情况下有时会超过两周，我的办公室召集一次会议，白宫几乎每个办公室都有一名代表参加，包括决策人员，行政管理和预算局，公共联络人员，国内政策委员会。"如果总统准备宣读他的处方药方案，势必有各种各样的问题需要回答，因此需要一番预演。这些问题包括："这项方案必须包括哪些主要内容？谁跟他在一起？在此时刻，该方案的主要框架已完全确定，但是它的最重要的实质内容是什么？总统的信息是什么？我们用什么策略将其传给国会山？我们用什么策略将它传给各选举组织？谁是我们在这方面的最好的'把关者'？我们怎样在那里得到这些'把关者'？媒体宣传方面，我们是否想要刊发新闻专稿？我们是否有意在两天之后采访有关人员？我们是否有意让人向特定的选区通报有关情况？所有问题都将逐一提出，并且按照思路为每一项活动或每一次新闻发布制定一份计划。谁是最大的反对者？我们怎样对付这股反对势力？那天我们发表什么文章？那篇文章谈论什么内容？谁将就此发布消息？大家在一次会议上想出所有这些关键问题。自此，每个单位开始各司其职。"[57]回答这些问题以便整合各种必要的资源，是通讯主任为贯彻白宫其他部门制定的政策所采取的最主要的行动。

当总统认为没有必要确定重点信息时，通讯主任花费时间回应别人的需要，包括设计工作班子的任务。戴维·德马雷斯特曾效力里根和老布什政府，并在老布什的大部分总统任期担任通讯主任。按照他的看法，里根的工作班子致力于设计未来的信息，而布什的做法却截然不同。"1988年大选的目的不是变革，而是继续维持现状，外加几个折中性目标。布什在竞选期间谈论如何试图抹去保守主义的一些锋芒，"德马雷斯特说，"我们这里通讯班子的运作体现了这个精神，他们的行事特点就是没有当天的报道主题。不要花费大量时间和精力把他们当天准备宣传报道的重点向媒体传达。"他还认为，媒体人员不喜欢里根那种每天一题的方式，但也不适应布什的这种模式。"他们对我们抱怨说，你们没有把今天的报道主题告诉我们。我们说：'在一个贸易问题和一个教育事件之间选择哪个更重要，这不是我们的工作。'"德马雷斯特说。布什的通讯班子往往这样告诉记者："你们得在心中确定什么是自己的报道主题,如果你们无法确定,那是因为两者都很重要,不能硬说谁重要谁次要。"结果,"我们一天内围绕不同议题推出总统的多项活动。我们认为这样做将在一定的意义上造成比较全面的效果,随着时间的推移,将逐渐有利于塑造总统作为世界领袖和一位富有同情心的领袖的正面形象,他对许多与民生息息相关的问题都有透彻的了解"。

这种"水果拼盘式"的通讯宣传方式,造成了民众无法将布什总统与特定政策联系在一起的结果。"只要你看看(1992 年)夏天民意调查的数据,就不难发现许多人不知道布什总统的竞选纲领到底是什么",德马雷斯特说。[58]随着秋季大选的来临,他们依然对此心中无数。布什对通讯宣传撒手不管的这种做法,将被未来的历届政府视为一味回避的一个极端例证。

竞选和保存遗产运动的管理者

通讯主任在总统任职末期的作用同样不可低估,因为他照例得介绍总统的为人和他为国家所做的工作。最后阶段仍在履行职责的通讯主任,是不可或缺的"把关者",他获得一个表现自己的重要机会。这个最后机会为他向后人解释总统政绩发挥了关键作用。他本身须承担极大的风险——无论总统是否得到继续连任的回报,他仍然需要考虑总统在未来历史上的形象。在第一届总统任期的最后阶段,通讯主任为总统竞选连任运动做好准备;总统第二届任期即将结束时,他又发起保留政治遗产的运动,以期向后人阐释总统的为政之道。

在福特当政时期被委以要职的戴维·葛根,是在运动中扮演主要角色的首位通讯主任。具体说来,他的工作是把总统的官方职责纳入总统竞选运动。他与福特竞选委员会主席詹姆斯·贝克和白宫办公厅主任理查德·切尼共同致力于推进策略。葛根负责选战中通讯宣传策略的实施。他们的基本理念,就是要向外界显示总统正在恪尽职守的形象。竞选期间,福特总统经常在玫瑰园会见一些团体,向他们显示自己掌握事实的程度,并且利用白宫和西翼为背景,向公众显示他完全能够胜任现职。他的民调支持率在竞选期间急剧上升——这一事实因为他在大选中输给卡特而经常被人忽视——表明他们的通讯宣传策略取得了很大的成功。

大肆宣传候选人治国理政的能力,是任何一次总统选举成功的关键,因此,使其成为竞选运动的一个组成部分,便是通讯主任义不容辞的职责。当然可以通过各种不同的途径来履行这种职责。

152

　　杰拉尔德·拉夫肖恩于 1978 年夏天卡特主政时进入白宫，一年之后卸任，他在白宫期间为卡特的竞选连任运动组建了一支通讯宣传团队。当他准备将卡特身为现任总统的形象与其作为竞选连任的候选人的表现结合在一起时，他将自己团队的据点迁至竞选大本营，从那里着手利用白宫的人力资源。他随后又搬出竞选总部，将总统治国理政和参与竞选时的形象融为一体。凯伦·休斯的工作路径与此相同，她 2002 年离开白宫，但随即又与 2004 年竞选班子的人员合作共事，起初在自己的指挥部，后又在全国其他地区。至于分别为福特和老布什效力的葛根与玛格丽特·塔特威勒，他们的工作路径正好相反。他们都是在白宫组织总统竞选活动。

　　福特、卡特和老布什的竞选连任均以失败而告终，因此，负责组织竞选工作的通讯主任的任期也就随之很快结束。但是总统无需为如此糟糕的选举结局承担个人责任，他们的通讯主任却常常会因立法和政策事务宣传不力而遭人诟病。

　　在总统第一任期的最后阶段，通讯主任聚精会神地致力于连任选战的顺利推进；而在总统第二任期行将结束之际，通讯主任的工作重点是确保总统未来的历史地位。由于只有罗纳德·里根和比尔·克林顿依靠通讯处获得竞选连任成功并且一直工作到第二届总统任期结束，因此只有他们才能对保留政治遗产的运动提供一定的启示。

　　克林顿总统始终参与白宫的重要决策，直到他在小布什宣誓就职的当天早晨走出总统办公室大门为止。他在任期即将结束之际，既没有腾出时间回顾自己 8 年以来的工作，也没有安排他人设计并保存他们的政治遗产，这一点令包括部分白宫人员在内的他的支持者们深感失望。克林顿在总统 153 任期的最后阶段，针对环境和为使自己开脱下达了各种行政命令，他的通讯班子需要努力应对随着这些命令纷至沓来的大量传言。

　　一场全面展开、日趋成熟、旨在确保总统未来历史地位的运动，需要总统在第二任期内有所不为，罗纳德·里根和德怀特·艾森豪威尔堪称这方面仅有的两个典范。尽管艾森豪威尔任内尚未设立通讯处，新闻秘书詹姆斯·哈格蒂拟订了一份最后阶段通讯宣传计划，类似于里根第二任期接近尾声之际实施的计划。他在艾森豪威尔总统任期将要进入第 8 年之际拟订了该计划。哈格蒂建议总统外出旅行做出和平姿态，以此度过他的最后一年任期。他将被冠以"一位和平人士"的美名周游世界。艾森豪威尔在任期最后一年共出访 11 国，行程总计达 22000 英里，从而加深了他身为总统希望留给世人的正面印象。[59]

　　在里根任职的最后一年，汤姆·格雷斯考姆继而玛丽·麦森领导的通讯队伍的工作重点,是确立总统的历史地位。从某种意义上说,这场保存政治遗产的运动起步太早。它已经成为里根第二总统任期的推动力。按照格雷斯考姆的观点,这正是里根政府陷入出人意料的政策困境的原因所在。伊朗门丑闻之所以发生,是因为第二任期内已经没有和他第一任期内同样的推动力。"谁都会说,第二任期主要是为了创造他的遗产,而遗产则包括对外政策",他说。但是"在我看来,美国总统是不能单靠外交政策治理国家的。你不会向选民亮出这一立场",如果"推动他前进的最重要的条件"不复存在,政府的工作就会陷入歧路。如果工作没有重点,"麻烦就会接踵而至"[60],里根任职末期,1986 年度税制改革法案和开始摇摇欲坠的苏联政权,使他们拥有一笔从第一、第二任期足资探讨其成就的一笔遗产。

格雷斯考姆继而麦森制定出一份集中宣传里根政绩的计划。他们逐一列举并详细解释里根任内取得的各项成就。他们营造出一种照例必有的总结过去的氛围。"针对里根任期的最后一年,我们有一份历时一年的长期计划,共涉及六个领域,其中的许多专题彼此互有关联",麦森回忆道。他们利用家庭价值观和教育等至关重要的议题,去组织细节确定听众。他们确定了五类主要拥护者作为我们的演说对象,并且精心谋划我们到底对谁发表讲话,讲话的时间和题目,如何强化有待表达的每一个观点,如何保证每天只有一个主题,具体是什么主题。"我们不会违反这份计划,我们不会允许媒体选择公众当天对总统应持何种看法。一切将由我们选择和决定。"[61]他们的策略受到广泛支持,没有遭到什么反对,因为当一位颇得人心的总统在位日子屈指可数时,不会有多少反对者愿意对他横加指责。

保护总统

有了强大的通讯宣传组织,白宫人员就能在负面新闻稍露端倪之际保护总统免受其害。"你得拼命跟坏消息顶着干,别让它像一股大浪一样将你吞没",里根的一位幕僚解释他们怎样仔细运作,努力将负面宣传的影响降低到最低程度。新闻办公室负责发布消息。长期计划行动小组,设法阻止那些可能令总统遭致批评的事态进一步发展。第二小组的一位成员回忆了他们怎样小心翼翼地应对有可能导致一项政府内部道德法案遭到否决的局面:"我们会见了白宫立法事务办公室人员,讨论正在出现的立法问题,否决在总统竞选期间是一个动态问题",这位成员谈起了 1984 年他们有可能采取的行动。[62]另一项棘手的议题,是里根对一项法案的否决,该法案规定准备停产的企业,需要提前三个月通知工人。[63]"这是一个尽可能减少媒体报道的实例,"这位助手说,"一个可靠的实例。"

一位在里根政府中参与制定并实施通讯计划的白宫官员提到了减少损害的三项基本策略:及时行动,据理力争,动用发言人。在企业关闭的案例中,该官员称把握时机意味着"在每个人的截稿线之后发表消息,使其成为第二天的新闻"。你一定要确保这是一个"读者数量不算太多"的日子,比如某个星期六。将坏消息与好消息同时登出。你会考虑"同时你还准备提供其他什么消息。只要你心中有数,就能配发一条合适的消息,以抵消负面新闻的不利影响"。然后你策划推出适宜的发言人就该问题做出辩解。"利用你最精干的人员做出最有力的辩解",这位助手建议道。但有时却是少说为妙。"当涉及该问题的某个方面时,绝对不能加以任何评论,"这位人士说,"如果没人站出来说话,没有人在访谈节目中露面,就难以推动事态进一步向前发展。"[64]

一个专门配备了高效率的危害防范行动组的通讯班子,其预测风险及保护总统免受负面报道影响的能力,远远超过那些没有配备该行动组的通讯团队,这一点毫不足怪。里根政府在危害防范方面尤擅胜场。相形之下,卡特政府的表现差强人意,因为在他担任总统的很长一段时间里,白宫竟然没有设立通讯办公室。

卡特总统经常亲自提出(然后为此直接遭受批评)议案,而里根政府在类似场合往往是由一些阁僚代总统受过。卡特政府的一位官员谈到他们没能像里根下属一样,为自己的总统抵挡来自外界的指责。"当我看到瓦特先生(詹姆斯·瓦特,里根的首任内务部长)被(众议院内务委员会主席)莫里斯·乌达尔横加指责时,我忽然想起卡特站在那里,听着别人将他宣布的一项项水利建设方案驳得体无完肤——他本来可以找人代行其职,"卡特的助手罗伯特·贝克尔说,"我们本来可以让塞西尔·安德鲁斯(内政部长)或其他哪个人做这件事。"[65]但是他们没有。于是无论是水利建设项目和退税额度的缩减,还是卡特政府所采取的其他任何不得人心的行动,都只能由总统一人独自担当罪名。

行　政

通讯班子总共约有 50 名工作人员,需要专人指示行动方向并协调各部门之间的关系。无论通讯主任的职责范围有多广,行政管理都是他的中心工作。最近十几年,指示方向和协调关系涉及到的或者是一个等级森严有序的庞大行政体系,就像在小布什政府中一样,或者是像克林顿政府那样由位高权重者集中在上层、由数名高官从事通讯工作。布什模式带有典型的共和党运作风格,职责界限分明,其中一人的领导地位毋庸置疑,其他人都被赋予相应的职责。

当人事组织机构日趋完善,以适应因总统在公众场合频频露面而不断增加的工作负担时,它对政府的责任也相应增加。本书前面描述的艾森豪威尔总统和克林顿总统之间在公开露面习惯方面的明显差异,也体现在差异同样明显的各自政府中的人员配置和工作负担上。在艾森豪威尔的两届任期中,新闻秘书詹姆斯·哈格蒂一身兼任数职。为总统辩护,与其他政府部门协调他的公共关系工作,建立本届政府的官方纪录,这些全都属于他的职责范围。当白宫的其他人员像讲稿撰写人一样致力于与宣传有关的事务时,他们的行动照理总是需要得到哈格蒂的批准。

拥有一名副新闻秘书、两名秘书、一名官方速记员以及两名负责文字印刷的职业雇员,哈格蒂便能处理艾森豪威尔总统的公共关系事务。此外他还会得到另一个部门的两位讲稿撰写人和电视顾问罗伯特·蒙哥马利的帮助。图1为哈格蒂任职期间白宫的通讯工作运行图。

40年后,对总统的宣传报道的任务极其繁重,需要一个庞大而高度集权的通讯机构。小布什总统任命他的一位最有影响力的竞选顾问凯伦·休斯为该机构的当家人,同时她还担任总统顾问这一令人瞩目的职务。除了那些负责对外提供白宫新闻简报以及各场新闻发布会和演说记录文本的10至20名职业雇员以外,她还监管一支为数50人的白宫通讯队伍。哈格蒂时期主管讲稿撰写和新闻事务的单纯职能部门,已经成为一个涉及面广的庞大机构,其构成需要一张组织机构图,用比较具体的语汇将最高层官员除外的所有人员的头衔与职责一一标注清楚。

这个机构等级分明:凯伦·休斯主持工作,其他人直接向她负责。此外,她还全面监控几个通讯办公单位的运作。由她领导的单位多于早先几届政府中通讯顾问负责的单位。但是这些单位是先前一直存在的,其任期不受政府任期的限制,无论谁当总统,无论他代表哪个政党。向她负责的几个单位包括讲稿撰写、媒体事务、通讯和新闻。

克林顿政府在这方面的一个可比之处,是通讯组织结构呈现另一种职能融合的特点,不是由一位通讯顾问掌管所有的通讯单位,而是由通讯领域的几个人共同向办公厅主任列昂·帕尼塔负责,帕尼塔自然同样负责其他许多方面的工作。

通讯口几个单位,分别由马克·吉尔安负责战略计划和研究,唐·贝尔负责讲稿撰写,乔治·斯蒂芬诺普罗斯负责政策和策略。新闻秘书也向办

156

165

公厅主任直接汇报。根据每个人的兴趣范围分配相应的行政工作。总之,克林顿的行政管理模式明显有别于现任的布什政府。

图1　德怀特·D.艾森豪威尔总统,白宫新闻办公室,1958年

来源:作者与下列人员的谈话:威廉·艾瓦尔德,副演说撰稿人,2003年5月24日;斯蒂芬·海斯,演说撰稿人,2003年4月21日;威廉·霍普金斯,行政办事员,2003年4月17日。

注:演说撰稿人和电视顾问向办公厅主任谢尔曼·亚当斯负责,并与新闻秘书詹姆斯·哈格蒂协调工作。

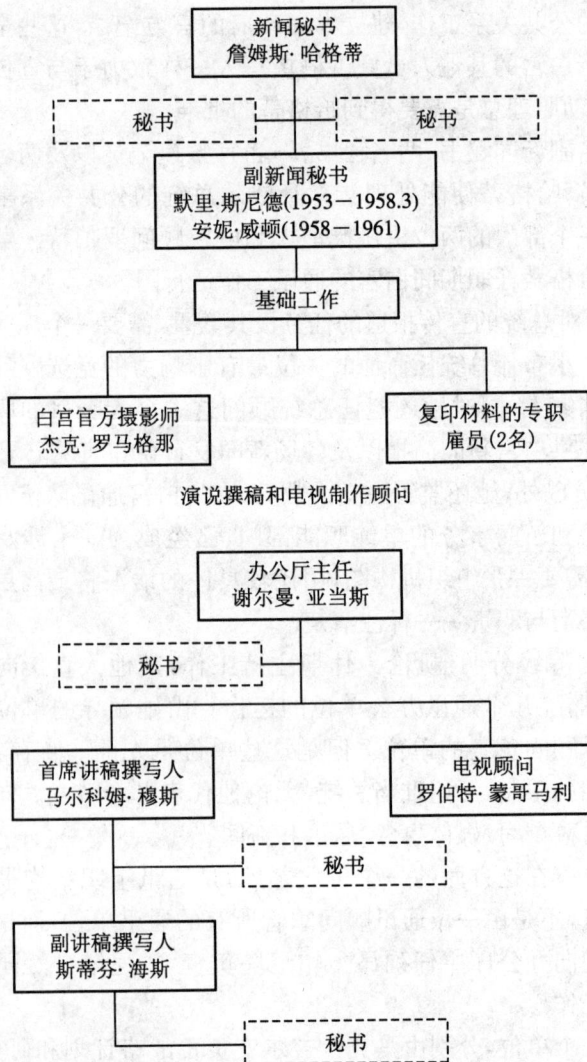

图 2　乔治·W. 布什总统，白宫顾问办公室，2002 年 7 月

来源：每日行政报告，《白宫电话簿》，140 期，2002 年 7 月 22 日。

注：总统与记者和新闻秘书见面会的速记工作现由一家私人公司"多样化报道"承担。原先由杰克·罗姆格娜一人承担的工作现在通常由 5 名速记员承担。

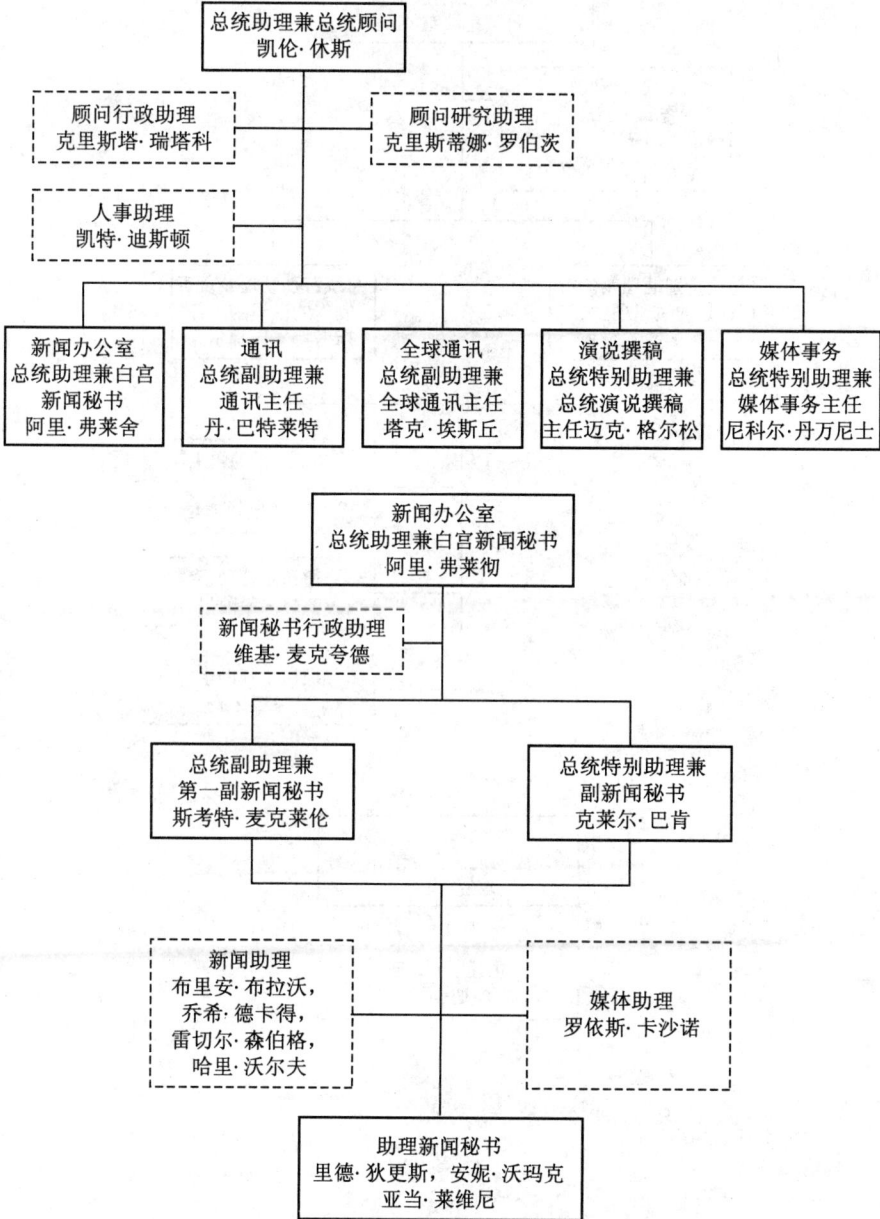

```
                    ┌──────────────────────┐
                    │ 总统助理兼总统顾问      │
                    │ 凯伦·休斯             │
                    └──────────────────────┘
     ┌──────────────────┐       ┌──────────────────┐
     │ 顾问行政助理       │       │ 顾问研究助理       │
     │ 克里斯塔·瑞塔科     │       │ 克里斯蒂娜·罗伯茨  │
     └──────────────────┘       └──────────────────┘
     ┌──────────────────┐
     │ 人事助理           │
     │ 凯特·迪斯顿         │
     └──────────────────┘
```

| 新闻办公室 总统助理兼白宫新闻秘书 阿里·弗莱舍 | 通讯 总统副助理兼通讯主任 丹·巴特莱特 | 全球通讯 总统副助理兼全球通讯主任 塔克·埃斯丘 | 演说撰稿 总统特别助理兼总统演说撰稿主任迈克·格尔松 | 媒体事务 总统特别助理兼媒体事务主任 尼科尔·丹万尼士 |

```
                ┌────────────────────────────┐
                │ 新闻办公室                   │
                │ 总统助理兼白宫新闻秘书        │
                │ 阿里·弗莱彻                 │
                └────────────────────────────┘
                ┌────────────────────────────┐
                │ 新闻秘书行政助理             │
                │ 维基·麦克夸德               │
                └────────────────────────────┘
```

| 总统副助理兼第一副新闻秘书 斯考特·麦克莱伦 | 总统特别助理兼副新闻秘书 克莱尔·巴肯 |

| 新闻助理 布里安·布拉沃，乔希·德卡得，雷切尔·森伯格，哈里·沃尔夫 | 媒体助理 罗依斯·卡沙诺 |

```
                ┌────────────────────────────┐
                │ 助理新闻秘书                 │
                │ 里德·狄更斯，安妮·沃玛克      │
                │ 亚当·莱维尼                 │
                └────────────────────────────┘
```

续图

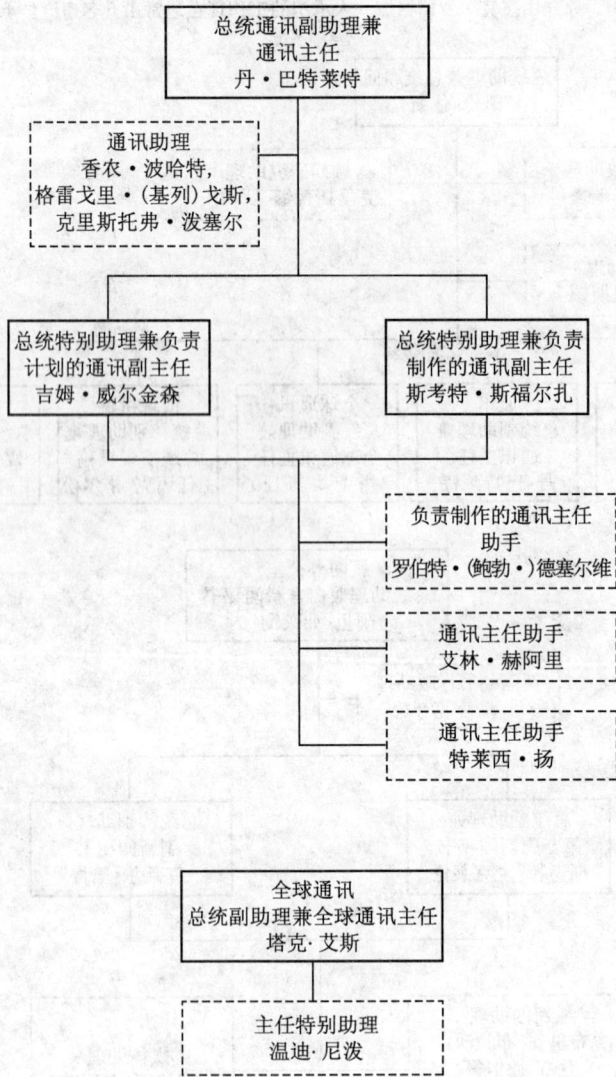

续图

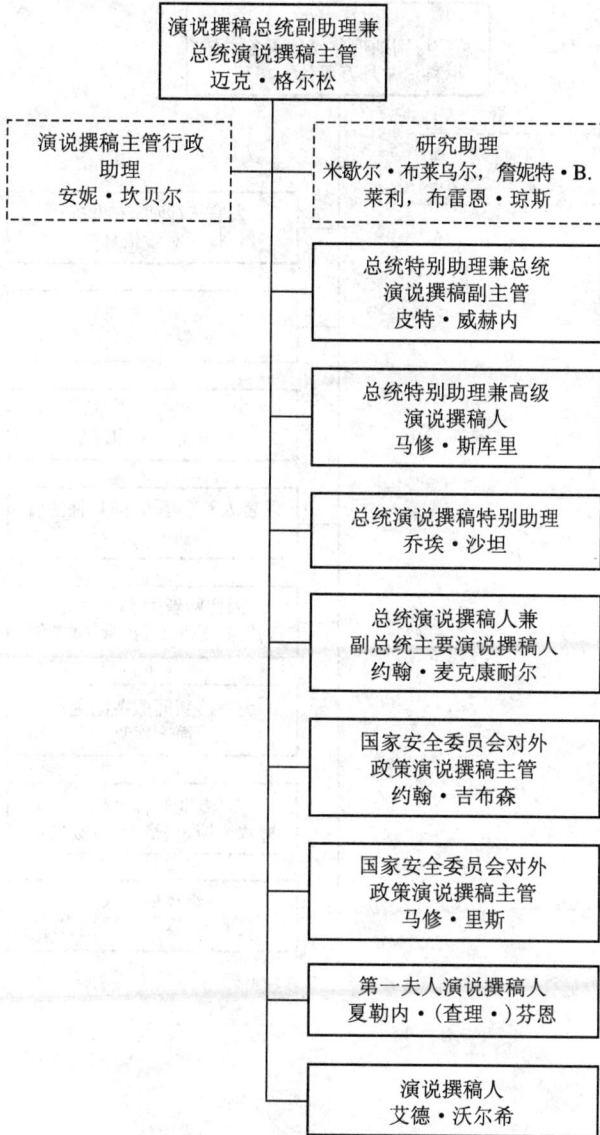

续图

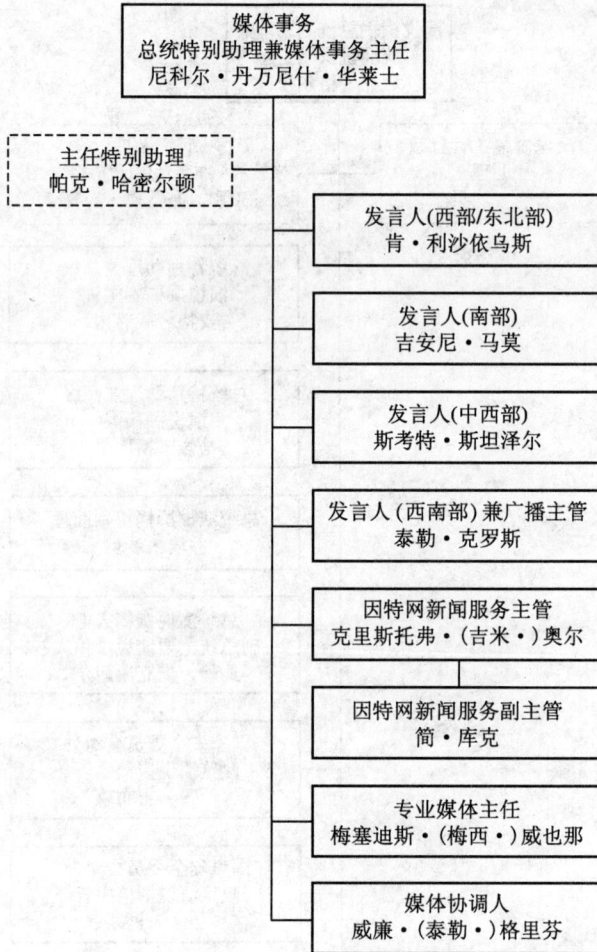

图3   威廉·克林顿总统,办公厅主任办公室下设的通讯
办公室,1994 年秋季

来源:白宫采访计划。

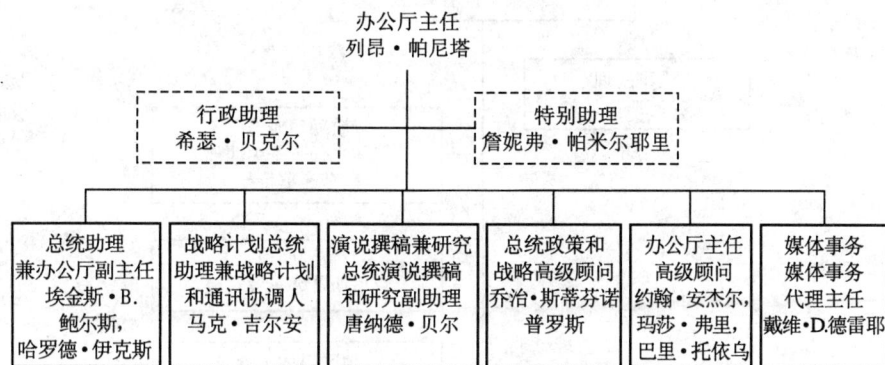

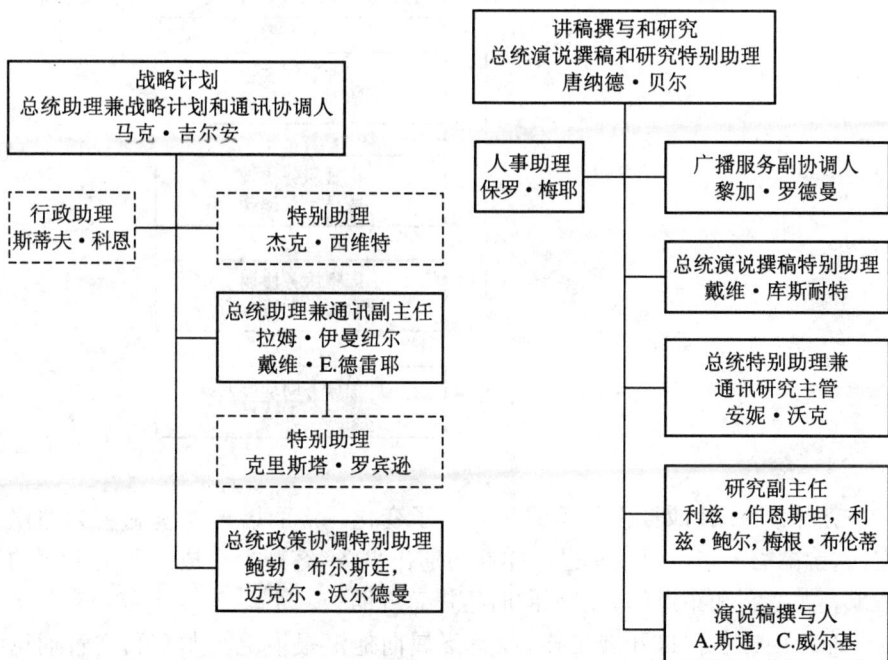

办公厅主任
列昂·帕尼塔

行政助理
希瑟·贝克尔

特别助理
詹妮弗·帕米尔耶里

总统助理
兼办公厅副主任
埃金斯·B.
鲍尔斯,
哈罗德·伊克斯

战略计划总统
助理兼战略计划
和通讯协调人
马克·吉尔安

演说撰稿兼研究
总统演说撰稿
和研究副助理
唐纳德·贝尔

总统政策和
战略高级顾问
乔治·斯蒂芬诺
普罗斯

办公厅主任
高级顾问
约翰·安杰尔,
玛莎·弗里,
巴里·托依乌

媒体事务
媒体事务
代理主任
戴维·D.德雷耶

战略计划
总统助理兼战略计划和通讯协调人
马克·吉尔安

行政助理
斯蒂夫·科恩

特别助理
杰克·西维特

总统助理兼通讯副主任
拉姆·伊曼纽尔
戴维·E.德雷耶

特别助理
克里斯塔·罗宾逊

总统政策协调特别助理
鲍勃·布尔斯廷,
迈克尔·沃尔德曼

讲稿撰写和研究
总统演说撰稿和研究特别助理
唐纳德·贝尔

人事助理
保罗·梅耶

广播服务副协调人
黎加·罗德曼

总统演说撰稿特别助理
戴维·库斯耐特

总统特别助理兼
通讯研究主管
安妮·沃克

研究副主任
利兹·伯恩斯坦,利
兹·鲍尔,梅根·布伦蒂

演说稿撰写人
A.斯通,C.威尔基

续图

```
                        ┌──────────────────────┐
                        │       媒体事务        │
                        │   媒体事务代理主任    │
                        │    戴维·德雷耶        │
                        └──────────────────────┘
                                   │
   ┌──────────────────┐           │
   │    人事助理       │───────────┤
   │  劳拉·斯奇瓦兹    │           │
   └──────────────────┘           │
                                   │    ┌──────────────────────┐
                                   ├────│  行政助理兼地区        │
                                   │    │  媒体主任——中西部     │
                                   │    │   莉莎·莫特曼          │
                                   │    └──────────────────────┘
                                   │    ┌──────────────────────┐
                                   ├────│      特别助理          │
                                   │    │  克里斯蒂娜·罗宾逊    │
                                   │    └──────────────────────┘
                                   │    ┌──────────────────────────┐
                                   ├────│      地区媒体主管          │
                                   │    │  乔希·希尔维曼 (西部)      │
                                   │    │  厄尔尼·吉卜尔 (西北部)    │
                                   │    │  杰沙姆恩·沙米恩托 (南部)  │
                                   │    └──────────────────────────┘
                                   │    ┌──────────────────────┐
                                   ├────│     专业新闻主管        │
                                   │    │   凯斯·鲍伊金           │
                                   │    └──────────────────────┘
                                   │    ┌──────────────────────┐
                                   ├────│     电视服务协调        │
                                   │    │   戴乌·安德森           │
                                   │    └──────────────────────┘
                                   │    ┌──────────────────────┐
                                   ├────│     广播服务协调        │
                                   │    │   理查德·斯特劳斯      │
                                   │    └──────────────────────┘
                                        ┌──────────────────────┐
                                        │    广播服务助理协调    │
                                        │    黎加·罗德曼         │
                                        └──────────────────────┘
```

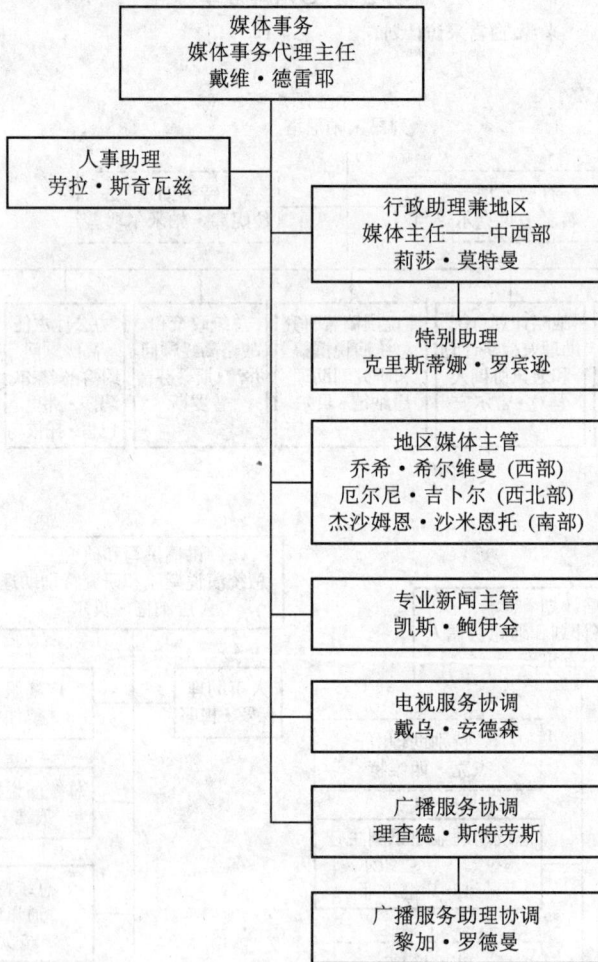

　　克林顿执政后期，这一模式又发生了变化。洛丽塔·尤塞利名为通讯主任，希德尼·布卢门撒尔也同样参与通讯事务，客观上造成了职责不明的后果。尤塞利和布卢门撒尔都同时担任总统助手。

　　布卢门撒尔独自开展工作，没有下属向他汇报情况。尤塞利主管通讯办公室的日常事务，讲稿撰写亦属于其职责范围，但不包括媒体事务及新闻办公室。

协调

通讯团队越善于协调白宫内外的各种人力资源,就越有可能实现其既定的所有目标。一名优秀的部门主管能够做到未雨绸缪,及早谋划各项事务,极大地提高工作效率。反之,如果直至最后一刻才开始谋划,效率云云便无从谈起。举办有关活动需要投入不少资金。"你对未来的工作越能做到深谋远虑,就越能减少成本,越能提高你对计划、人员,可能涉及的所有方面的预见性,"丹·巴特莱特说(他当时担任通讯主任一职),"尤其是协助我工作的人员。我们负责把握形势发展的总体趋势和诸如此类的事务。只要我们对事态发展做出周密的部署,就无需为达到目的或提供背景临时仓促制订计划。"归根结底,周密部署"从经济角度而言能节约计划实施的成本"。

图4 威廉·克林顿总统,白宫通讯处,1999年秋季
来源:白宫采访计划。

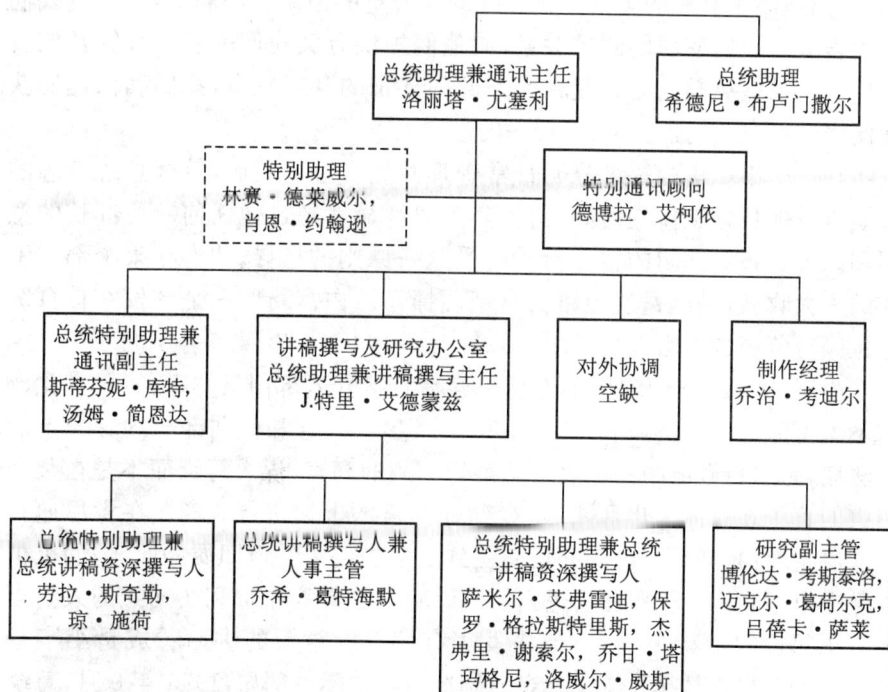

在"9·11事件"之后的一段时间里,白宫人员特别关注总统的公众形象,总统在荧屏上的表现受到广大民众的瞩目,同时也增加了各种风险。巴特莱特解释说:"我们比以往多花了不少时间,以确保他所处的环境看上去正常,这本身得增加不少开支。"他举例说明哪些方面会导致预算超支:"我们在亚特兰大对总统有关国土安全的一次讲话进行全球电视实况转播。会议大厅里有1万听众,单是整个会场的照明费用便达到75000美元之多。"

只有出色的管理和足够的时间才能保证工作人员学会理解并利用其他资源:"在选战进行期间,这些事情不足为虑,但如果受到国会掣肘,面临资金短缺,情况就不同了。"2002年,巴特莱特谈到为了更加有效地包装总统形象,他们需要做哪些工作:"谈到我们继续从事和需要从事的工作,直截了当地说,提高工作效率的一条正确途径,就是发现我们能够参加并发表自己观点的各项正在开展的活动——名目繁多的各种国家级协会,美国医学协会——参加一次活动,飞赴某次活动的现场,而不是自己试图制造某次活动,因为这需要更多的时间和资金投入。"[66]

白宫通讯班子致力于协调各有关部门的关系,利用大量资源策划总统的公众形象,因此它在各项活动中势必争取主动,引导记者按照一定的口径对其进行报道。在里根执政期间担任公共事务办公室主任的玛丽安·布莱基,一语道出了其中的奥妙:"我们这个办公室的最基本的职责,是协调我们的发言人与政府各部门间的关系,向他们提供有关我们的各项方针及成就的信息。从驻莫桑比克大使到商务部副部长的各级官员,我们确保他们获得同样的信息,并且全都按照统一的基调发言。"[67]

在一个组织机构等级分明日常管理井然有序的政府,符合总统意志的计划以及他日常工作的时间安排,其重要性显然超过他任何一位部长的意愿和兴趣。各级部门的宣传行动均受这一原则的指导。"你在某个部门工作的一大收获,是尽量避免跟白宫新闻撞车。白宫新闻总是刊发在首页",一位颇有资历的白宫人员说。[68]

由于部门划分不够明确,总统更容易直接介入部门具体事务,民主党政府不太可能控制或协调各位内阁部长。卫生、教育和福利部长约瑟夫·加利法诺,是卡特政府中一位典型的桀骜不驯的高官,谋求每天而不是在某个指定的日子在媒体上出风头,很少与他白宫的上司进行磋商。在肯尼迪和约翰逊主政白宫时期,内阁部长们受到更多的约束。但即便如此,他们也很少像在里根时期一样跟白宫进行协调。克林顿政府中加利法诺式的人物当属劳工部长罗伯特·赖希,他将发表有悖总统意旨的讲话看成是小事一桩——甚至当克林顿总统正在亲自制造新闻之际。例如,1995年8月,总统在夏威夷出席使用第一颗原子弹50周年的活动,劳工部长赖希发表了一篇悲观的讲话,质疑国民经济是否正在健康发展。[69]

突出计划部门的作用,能使总统和他的下属在各项活动中抢占先机。曾在卡特政府中担任副总统瓦尔特·蒙代尔办公室主任的理查德·莫伊,这样描述其中的问题："在白宫有这样的一种反作用力。各种各样的问题，不断涌现，从四面八方穿过窗户朝你汇拢来，这些问题全都亟待解决，根本没有时间和人力物力预测事态发展趋势，试图提前采取行动，制订必要的计划……我想你只有身处白宫，才能感受这些不断发生的变化。你会觉得每天墙壁和天花板都会轰然坍塌，压在你身上。好像今天、明天或下周总有什么任务必须完成。下周就是白宫的长期计划。"[70] 至少这是卡特主政白宫时期的真实写照。

协调：推销罗伯特·伯克最高法院任职提名方案

白宫通讯班子的一项最艰巨的任务，是协调中央政府各部门间和与外界支持者间的宣传工作。所有这些都是在总统计划遭到反对的情况下进行的。至于推销总统的一项方案有可能难到何种程度，里根政府在这方面提供了一个绝佳例证。在罗伯特·伯克被提名为联邦最高法院法官后，里根通讯机构不遗余力地支持该项提名，通过与新闻机构召开会议，为总统制订宣传计划，并且提供有利于被提名者任命获得通过的材料。当然，此事的成败与否也取决于许多互相交织在一起的其他因素。例如，伯克的许多政敌组织成统一联盟，与政府的强大政治势力相抗衡。他们灵活巧妙地应对政府支持伯克的种种努力，而白宫团队只是制定了一份计划并一直按照该计划行事。即使反对派主动出击的时间远远早于里根通讯团队的预料，白宫依然遵循原计划。这一案例同样表明，如果政治事件削弱总统的地位，某一位引人瞩目的被提名者变得难以驾驭，会产生什么样的后果。

这一案例具有深远的意义，因为许多华盛顿政界人士对通讯班子就此展开的宣传攻势至今记忆犹新——每当白宫做出颇有争议的提名，它就会成为屡屡被人提及的话题。伯克事件发生于 1987 年，但其影响在许多方面都不受时间限制。它充分表明，一旦某位总统在政治上受到伤害，而其下属对变化多端的环境迟迟不能作出反应，白宫的权力会受到极大的限制。上述两种情形在大多数政府中都会重现。在一般人看来，既然白宫掌握了丰富的政治资源，总统和他的工作班子定能成功地将其运用于一场宣传攻势，以达到他们的政策目标。殊不知如果宣传行动的目标与总统需要其支持的其他人不一致，那么一场声势浩大的宣传活动也会走上歧途。

白宫大规模的宣传造势活动，需要总统、他的高级幕僚和政府高层官员付出大量的精力，通常涉及总统议事日程上的重大事项。但是里根总统提名罗伯特·伯克出任美国联邦最高法院法官，同样需要高级幕僚、政府官员和白宫之外的同盟者协作共事。尽管有充足的资源可供利用,他们却无法占据优势。这场宣传攻势表明,总统和他的下属在辨别、协调和利用他们的丰富资源时,都会遇到哪些困难。它同时表明反对派会针对总统的议案制造扑朔迷离的复杂局面。

里根的高级助手们深知,总统对伯克的提名将难以获得通过,因此需要白宫内外各种政治势力的密切协调合作。但他们没有料到,这个带有鲜明主题的通讯工作,将难以应对反对者的各种策略。白宫人员低估了对伯克提名日益增长的抵制可能造成的影响,也没有意识到调整其通讯计划的重要性。

提名程序随着里根总统的公开宣布而正式启动。1987 年 7 月 1 日,他来到白宫会议室,宣布提名罗伯特·J.伯克担任联邦最高法院法官,以填补刘易斯·鲍威尔辞职后留下的空缺。为使伯克在参议院获得批准,总统的助手们依照一份根据他们以往经验拟订的计划展开行动。当里根任命桑德拉·戴·奥康纳和安东尼·斯卡利亚担任联邦最高法院法官以及提拔威廉·雷恩奎斯特担任最高法院首席法官时,在参议院委员会曾遭到质疑,但全都顺利得到参议院批准。奥康纳在参议院获得全票通过,斯卡利亚也是全票通过,雷恩奎斯特在共和党控制的参议院以 65 比 33 获得通过。

170　　伯克的反对者甚至在里根公开宣布任职决定以前便大造舆论,这让白宫人员意识到,伯克在联邦地方法院和联邦上诉法院趋于保守的工作纪录,致使他树敌甚多,其涉及面之广,以及结怨程度,均远远超过以前任何一位候选人。他们为罗伯特·伯克上任拟订的时间表与他们于 1986 年为威廉·雷恩霍斯特拟订的时间表相似:7 月初提名,9 月底进行听证和投票。

根据这份时间表,将该提名提交参议院批准的计划由三个基本要素构成。首先,它需要利用代理人而非里根总统在听证前阶段说服有关方面认可该项任命,并由代理人整理并提交候选人的有关材料。从参议院司法委员会开始举行听证直到一个月零几天之后的参议院议员投票,总统将更多地介入该项事务。第二,该计划预先考虑如何以他们设想的措辞推介这位候选人(根据他的资深法律界人士身份),并使反对者的各种攻击显得无足轻重。第三,它势必需要代理人在夏季华盛顿以外的政治势力范围内进行游说宣传,因为华盛顿新闻界直到 9 月份才会对该项提名产生兴趣。

总统一个有限的作用

1986 年 11 月伊朗门丑闻爆发之后,里根总统几乎完全退出了公众视线。1987 年 7 月,参众两院举行有关伊朗门事件的联合听证会,总统本人极不情愿地出现在任何一个有可能迫使他面对记者质疑的场合。奥立弗·诺斯和约翰·鲍因德克斯特 7 月间大部分时间在电视上的作证备受关注和争议。8 月中旬,总统发表公开讲话,为在伊朗门事件中违反法律向美国民众致歉。他的民意支持率此前已一反常态地大幅下跌到极低的水平,仅有 50％多一点的美国民众赞同他的所作所为。自顾不暇的里根自然无法对这位身陷困境的联邦最高法院法官候选人施以援手。

从 7 月 1 日宣布提名到 9 月 15 日伯克提名听证开始,里根总统只是偶尔谈及该项任命。他利用 7 月 4 日的广播讲话对伯克的任命发表一番评论。[71] 在 8 月 15 日就伊朗门事件向美国民众发表讲话时,他提到对伯克的任命是他工作日程中的一项未了事宜。8 月 28 日,他对洛杉矶的执法官员谈起自己的这项提名。他在这次执法会议上还就自己对伯克的提名回答了记者的几个问题。

进入 9 月份以来,里根总统增加了他在公开场合露面的次数,但在接下来的 3 个星期里,从听证会开始直到 10 月 6 日参议院司法委员会进行投票,他并没有为促使该项提名获得通过做出多少努力。他在 9 月 19 日的广播讲话中谈到这项提名,然后把所有的精力都留到委员会投票表决的前一周。他在 9 月 30 日的白宫记者招待会上就此发表评论,10 月 2 日和 10 月 6 日分别回答了记者的有关提问,而他利用 10 月 3 日的广播讲话专门谈论这项提名。

伯克的任命遭到司法委员会成员的投票否决之后,总统由于临时发生的事件身不由己,减少了他作为伯克支持者在公开场合的活动。司法委员会投票表决两天之后,51 位参议员宣称他们抵制伯克。总统对他的任命被视为基本无效。但是总统仍在 10 月 10 日和 10 月 14 日的广播讲话中谈论他的这项人事任命。10 月 17 日,南希·里根接受了乳癌手术,同一天股市急剧狂跌。

里根的作用被白宫官员所取代,他们带头向公众推销这项提名议案,并且得到了私营经济部门同盟者的支持。积极为候选人当选出力的人士包括白宫官员,特别是办公厅主任霍华德·贝克,政府各部门成员,以及著名的政治和社团领导人。他们通过电视和广播讲话、报纸上的述评,以及与新闻机构资深人物的私下会晤,表达自己的观点。他们跟参议员和利益集团中的同盟者频繁会面。

办公厅主任霍华德·贝克曾任参议院多数党领袖,他是白宫内部力挺伯克的领头人,他不遗余力地为伯克辩护,通过电视广播讲话,报刊记者的采访,与经过选择的某些社团代表的私下会晤,以及与司法委员会共和民主两党委员的电话交谈。[72] 从 7 月到 9 月中旬,贝克为伯克做了大量工作,包括向全国有色人种协进会和美国农场局等团体发表 9 次讲话,22 次电视谈话,包括在《会见新闻界》、《面向全国》、《今日节目》等节目中露面。此外,贝克接受了《时代》、《新闻周刊》、《美国新闻和世界报导》、《华尔街时报》和《华盛顿时报》的采访。贝克还会见了《华盛顿时报》、《纽约时报》、《洛杉矶时报》和《当代美国》的编辑部成员。

172　　在这一连串闪电战般的宣传攻势中,贝克始终与他在参议院长期合作的伙伴汤姆·格雷斯考姆一起共事,他当时担任通讯主任。在媒体联络和广播关系办公室以及公共事务办公室的协助下,通讯处制定了宣传计划并监督该计划的实施。格雷斯考姆的工作班子同样与很多部门合作,包括新闻办公室,白宫顾问办公室,政治事务办公室,公共联络办公室,内阁事务办公室,以及立法事务办公室。最终,白宫整个最高层的高级官员开始将时间花在伯克提名议案上。

通讯计划:重点,时机把握,办公厅主任

促使提名获得批准的计划的第二要点,是从白宫的角度,而不是用反对者的措辞推介这位候选人。白宫散发的材料全是简短的情况介绍,涉及伯克有关各种问题的观点。这些"支撑材料"包括"话题"和"专题摘要",被公共联络办公室主任汤姆·吉伯森称作"一页纸材料",诸如伯克对宪法第一修正案、公民权利和堕胎等的观点。他们的一页纸材料还涉及伯克的资历和司法理念。[73]第一辑情况通报由 15 页简明扼要的材料组成,并于 7 月底发出。[74]有关伯克对犯罪及公民权利观点的最新信息,分别于 9 月初和 9 月底问世。材料发送名单涉及很大的范围,包括"800 名政府发言人(各驻外大使,各委员会成员)以及大约 2500 名报刊评论员和专栏作者"[75]。媒体联络办公室将材料寄给名单上的人员,白宫其他负责对外联络的办公室——政治事务、公共联络、政府部门间事务——也同样如此。

该计划的第三要素,是时间安排和工作侧重点。里根宣布这项任职提名时,尚未出台相应的计划。办公室利用时间安排和工作重心,制定确保伯克任命获得批准的行动战略。办公室利用 7 月中旬到 9 月初的这段时间为任命批准听证奠定基础。这一阶段结束之后,白宫人员经过重新组合,为应对任命批准听证制定相应的战略。

时任媒体联络办公室主任的伊丽莎白·鲍德介绍最初的媒体战略时这样说:"由于全国的媒体在 9 月之前不会对伯克被提名一事表现出多少兴趣,173 因此 8 月份最好先在地方媒体上造造声势。兴许不用等到国家级媒体为我们作宣传,我们就能左右一部分人的看法。"[76]白宫人员恪守自己的计划,虽然他们起初作出的华盛顿媒体不会对这项任命有兴趣的评估并不准确。

媒体关系办公室分发的介绍观点的短文,一般都作为评论文章发表在全国各地的报纸上。这些文章的共同主题,是伯克法官是一位主流法律界人士。[77] 回顾当时的工作情形,鲍德称他们在力挺伯克的5周内,在若干名政府官员的签名下总共"安插"了20篇文章。[78] 例如他们在时任平等就业机会委员会主席克莱伦斯·托马斯的(签)署名下发表了数篇评论。[79] 此外还有广播谈话,平均每周15次,共持续5周。鲍德与通讯主任汤姆·格雷斯考姆共同挑选媒体市场,作为他们发起舆论攻势的目标。"我们选择了一些我们认为有机会打开局面的主要市场和地区",她说。美国南部是他们选择进行电视访谈、实施第三号战略的地区。他们的行动聚焦于5个州:亚拉巴马、路易斯安那、北卡罗来纳、伊利诺斯和亚利桑那。整个八月,他们在主要城市和媒体市场上每周进行电视访谈,同时在这些城市发行的各种报纸上刊登评论文章。他们跟当地的政府机关接触,安排他们与白宫人员进行卫星实况转播的电视访谈。

在这场力挺伯克的运动中他们并没有忘记印刷媒体。"我们总共有200份不同的名单",鲍德说。"少数族裔,评论作者,劳资问题专家,商业作家,黑人,妇女;涉及许多专门领域。"她继续说,"为了声援伯克,我们邮寄材料给执法部门,老年人,年轻人。"[80] 记录显示他们还曾利用非裔美籍人士广播和报刊新闻机构、工商企业、老年人和妇女的名单,发送"专题摘要"。

除了向有关的利益团体寄赠信息材料以外,他们还通过公共联络办公室请进这些团体。"我们通过公共联络办公室与各选民团体接触,共同探讨司法体系的重要性",马里恩·布莱基说,他后来出任公共事务办公室主任。[81]

批评者描述被提名者

174

就在这份由三方面组成的计划付诸实施之际,发生了一个意外的情况。罗伯特·伯克的对手们并没有像人们预料的那样在9月份停止对他的抨击,他们抛出的材料也不只是泛泛而论,而是对他作为法官的工作实绩和著作进行的详尽分析。

白宫在华盛顿以外的地区为伯克提名获得批准紧锣密鼓地加紧宣传,他的对手们却在源源不断地抛出各种批评文章。首先问世的是一份对伯克工作实绩的分析,依据两名哥伦比亚大学法律专业学生准备发表在《哥伦比亚法律评论》上的研究文章。他们在7月27日出炉的结论,矛头直指白宫将伯克包装成主流法律界人士的策略。"里根总统在司法界提名担任要职的人士,并不比以往几任共和党总统保守多少,但是罗伯特·H.伯克的投票表决规律表明,此人远比里根任命的一般人选保守。"这是发表于《纽约时报》

上的文章得出的结论。[82]

8月6日,拉尔夫·耐德的公民诉讼团体抛出一份旨在批评伯克工作实绩的研究报告。该报告的主题,是伯克与失势者为敌。

与白宫为数15页的推介材料相反,公民诉讼团体的材料多达149页,分析了1982年他担任美国哥伦比亚特区上诉法院法官后签署400个案件及案件审理决定所依据的144条理由。《纽约时报》上报道这份报告的文章包括政府对此作出的回应:"司法部的一位发言人称该报告充满了不实之词。'通过各种数字游戏,他们抛出一份根本不能如实反映他的实绩的纪录',发言人帕特里克·考顿说。"[83]但是白宫和伯克本人都避免介入这场争端。

反对的声势继续扩大。8月17日,美国工业组织劳工会议联盟颇有把握地提出一份长达32页的备忘录。该组织的顾问劳伦斯·戈尔德和华盛顿的一名律师瓦尔特·A.卡米亚特声称伯克没有资格坐在联邦最高法院的审判席上,因为他"对那些寻求法律保护以争取自己的政治和公民权利的劳动者、少数族裔和穷苦人,从未表示过丝毫的同情。真正引起他兴趣的,是那些商人、企业主和政府部门的案件"[84]。

更多的分析报告相继出炉。8月18日,全国妇女法律中心发布了一份报告,称被提名者的观点构成了对"平等原则的一个明显而现实的威胁"。这份报告认为伯克是"一个司法激进主义分子,他支持撤销最高法院的许多确立妇女主要权益的裁定,不失时机地提高他自己的地位"[85]。该报告最后得出的结论是:"伯克法官的观点反映了18、19世纪美国的社会现实,按照当时的法律,女人只能站在男人之后——不能跟他们平起平坐。"[86]

很快,美国公民自由协会在8月31日提出一份有关伯克法官公民自由纪录的47页报告。该报告断定,伯克法官"有关法院作用的理念与过去40年最高法院大多数(如果不是所有)法官迥然有异"。该报告又称:"我们认为,受到广泛认同、符合自由民主精神的司法思想,不可能为伯克法官所容,自由民主受到宪法的确认和保护。"[87]

9月3日,民主党控制的参议院司法委员会提出一份由几位顾问执笔的报告,该报告攻击的对象不仅是伯克,而且还包括白宫7月份发布的简报。"他们避而不谈的,正是伯克法官拥护并推进保守激进主义的明显例证,表明他并不是白宫意见书中所描述的司法约束和宽容的倡导者",顾问们说。他们进而声称如果伯克法院任职的提名获得通过,他"将竭力形成5票的多数优势,否定过去30年取得的大多数社会进步"[88]。

这些措辞激烈、内容翔实的报告全都在华盛顿和纽约公布,很快又为全国性媒体看中。由于白宫恪守其关注地方媒体的策略,对这些研究报告的批驳只能是敷衍了事。

白宫试图抵消对手造成的伤害

176

截至 9 月 8 日,白宫顾问 A. B. 库尔瓦豪斯看出,伯克的批评者已经认定他不能代表主流司法思想。就连白宫人员中的批评者也加入了攻击伯克的阵营。在 9 月初提交办公厅主任霍华德·贝克的备忘录中,库尔瓦豪斯抱怨说:"最新一斯《新闻周刊》令人沮丧地援引一位白宫高级助理的话,称伯克是一位'右翼狂热分子'——这一说法十分有害。"库尔瓦豪斯继续说:"白宫新闻简报汇编充斥了这些反对者的研究报告。不止一位记者告诉我,他们手头支持伯克的唯一材料,就是白宫的简报汇编;他们桌上堆满了反对者的研究。"这些批评性研究的重点尤其令他感到不安:"这些研究报告对伯克 4 年身为美国司法部副部长的实绩视而不见,却紧紧抓住伯克法官在各种文章、杂志和讲话以及他在司法部副部长和法官审判纪录以外其他场合发表的颇有争议的声明和言论。"[89] 几天以后,司法部公布了一份 213 页的报告,声称此前的一些研究报告使用了"武断而颇有蒙蔽性的方法,精心挑选利用了一些证据,表现出一种蓄意诋毁他人名誉的可悲的倾向"。司法部报告指出,这些研究报告"应当立即停止用于目前正在开展的宣传"。[90]

十月中旬投票表决前不久,正在为白宫促成此项提名获得通过的汤姆·克荣罗格斯,提到了伯克在黑人社区不受欢迎的公民权利纪录:"我们整个月都在堵这个漏洞。"伯克的提名最终经表决遭到否决,因为没有一个强有力的群体支持他,最后甚至要求参议员冒着自己政治前途的风险,投票确认对他的提名——为了一点点利益。"一位参议员为投票支持伯克而失去的利益,要远远多于投票反对他,"保守的共和党政治顾问拉尔夫·里德说,"从现在开始的 6 个月,他是另一位遭到否决的律师或法官。他身后没有一群拥护者。"[91]

虽说里根政府的通讯班子展开大量工作,力挺伯克法官的最高法院任职提名获得通过,但这一切从一开始就注定是徒劳的。部分原因是总统不愿意也不能够在宣传推荐被提名者方面发挥个人作用,不过通讯宣传计划也存在致命的缺陷。虽然白宫能够和地方媒体打交道,但是倚重地方媒体的战略不能代替它向国家主流媒体提供大量信息,尤其是《华盛顿邮报》和《纽约时报》这些富有经验、保持领头地位的媒体,白宫通讯班子在后来发现各大主流新闻机构都在报道有关伯克提名事件时未能调整其通讯计划。此外,利益集团的主张未被理会,因此他们的信息融入伯克提名的新闻报道。

177

通讯宣传仅仅是问题的一部分。被提名者本人曾发表过许多有案可稽、颇具争议的言论,而白宫从未考虑怎样抵消它们,最后准备采取行动也已为时过晚。白宫人员也没有指点被提名人怎样作出补救。汤姆·克荣罗格斯多年以后回顾这段经历时说，他真该对伯克说："好吧，住嘴听我说。我们准备这么办。你该这样回答这个问题。"可是，他说，伯克"吓得我们大家全都以为他这么棒，在听证会上准能出彩。他在听证会上没有出彩。最终使我们都跟着他倒霉"。

伯克本人指责他的政治斗争教练。"我确实没有为你们所说的政治角斗做好准备，但是我的所有助手全都没有作好准备，"他说，"你真的不能小瞧那场政治运动的效果。整页的广告，格雷戈里·派克做的那么多广播电视广告。可是我这一方全无反应。"[92]不管你怎么看，通讯宣传对结果能产生关键作用。

在通讯处设立以来的 36 年里，它已经成为制定、实施和协调通讯计划的一个重要部门。如今白宫的工作环境，远比首次设立该部门时复杂。今天，促使立法法案获得通过和司法部门任职人员提名获得批准的活动，照例都需要通讯人员的参与。即使付出了这些努力，也很难确保成功。白宫通讯班子能够做到的，是通过自己的协调努力，以总统的名义向民众发布一个重要议题，解释总统的观点。而他们无法做到的，是确保成功。

第5章

总统新闻秘书

新闻秘书是白宫官员负责形成并传播有关总统的所有声明、宣言、反应和解释的官方纪录。[1] 通讯主任对外讲话时经常不公开自己的身份姓名,新闻秘书不同,他的讲话必须记录在案,而且在一般人看来,他的声明代表了总统的观点和说法。

既然新闻秘书代表总统讲话,他的发言理当真实可信。要使新闻秘书成为一名能够取信于人的发言人,关键在于恪守一套不言而喻、心领神会的规则。曾任福特总统新闻秘书的荣·耐森,用寥寥数语道出了其中的奥妙。"我认为大多数新闻秘书,不论其背景如何,都能渐渐懂得,年复一年,一届又一届政府,同样的一套规则全都同样适用:说实话,别撒谎,别掩盖事实,亲自公布坏消息,尽早公布坏消息,对坏消息作出自己的解释,所有这些都得做到",他说。[2] 这些规则说起来容易,切实照办却是另一回事,正如耐森所说:"但很多时候,白宫的其他工作人员不想这么做;他们对此并不理解。"这项工作的难处,在于说服其他人员和总统提供准确的信息,并同意将其及时发布。

新闻秘书获取真情并及时向新闻界公布有可能难到何种程度,仅从小布什的第二任新闻秘书斯考特·麦克莱伦的一次经历中便可窥见一斑。有人向专栏作家罗伯特·诺瓦克透露内部消息,斯考特·麦克莱伦要求白宫高层官员提供这方面的真相,却未能得到回应,致使他失去新闻秘书一职。2003 年 7 月,前大使约瑟夫 C. 威尔逊在《纽约时代》上发表一篇署名文章,声称布什总统在其 2003 年《国情咨文》中所说的萨达姆·侯赛因从尼日尔谋求核反应燃料,依据的情报并不准确。[3] 他在中央情报局的指示下出访尼日尔,并根据此行所见所闻得出该结论。威尔逊的文章刊登之后不久,罗伯特·诺瓦克在《华盛顿邮报》上发表专栏文章,说威尔逊的尼日尔之行是根据他妻子的授意:"威尔逊从来没有供职于中央情报局,不过他的妻子瓦莱丽·普莱姆是负责刺探大规模杀伤性武器情报的中情局特工。两位政府高官告诉我,威尔逊夫人曾建议派他去尼日尔调查意大利的报告。"擅自披露一名地下特工的姓名本身触犯了刑律。于是,这一事件顿时掀起一场轩然大波,人们极欲了解到底是谁泄露了她的姓名与身份。[4]

记者们立即询问刚被任命为新闻秘书的麦克莱伦,泄露的始作俑者是否是政府官员,尤其是卡尔·洛夫。麦克莱伦对此加以否认。"你今天上午说,'总统知道'卡尔·洛夫没有卷入此事。他是怎么知道的?"麦克莱伦答道:"我已明确表示,这从一开始就是荒唐至极的猜测,我这样说,是在代表白宫的立场。"[5]2005年7月,真相终于大白:记者曾向麦克莱伦询问洛夫和副总统切尼办公室主任刘易斯·利比是否有可能泄露了普莱姆中情局特工身份,其实正是他们两人为罗伯特·诺瓦克的专栏文章报料,称瓦莱丽·普莱姆的真实身份是中情局特工。泄密者还有副国务卿理查德·阿米塔基。一旦高层获悉麦克莱伦在讲台上提供的信息并不属实,他必然会自食其果。一位新闻秘书必须诚实可信,如果他无法取信于人,总统迟早总会另择他人担任该职。

"这是美国目前最棘手的工作,因为总统需要我解释他的言论,而我说的话却没有人解释",里根的新闻秘书拉里·斯皮克斯这样说,他引用了资深白宫新闻记者海伦·托马斯的话。[6]新闻秘书独自在公开场合露面,作为某届政府的官方发言人,他照理应当将权威信息发布给不同类型的听众,包括普通民众,总统在华盛顿的特定的社会人士,以及世界各国政府。当人们要求总统就某事发表评论时,多数情况下都是新闻秘书为其代言。虽然人们能在官方场合看到总统作出正式表态,但新闻秘书负责代表总统向记者和他们所在的新闻机构发表谈话。有鉴于此,即便在他取悦并保护他老板的同时,他也应设法笼络白宫官员和新闻界。在当今时代,新闻秘书通过电视转播的新闻发布例会,已经成为家喻户晓的公众人物,当总统的民意支持率一路走低之时,新闻秘书特别容易招致非议。克林顿在执政初期民意支持率大幅降低,通讯主任乔治·斯蒂芬诺普罗斯因此被解除职务。而在布什时期,新闻秘书斯考特·麦克莱伦也因布什总统的民意支持率跌到35%并迟迟没有起色而被解职。

新闻秘书工作的环境

三种因素决定了白宫新闻办公室的组织机构、常规事务、领导该办公室的新闻秘书的工作职责以及他为满足服务对象的需要及时提供权威信息的能力。第一,新闻秘书只有一个上司,但有三个主要的服务对象,他们对他的期望常常跟对他办公室的期望相互矛盾。他必须回应并满足总统、白宫官员、新闻记者以及他们所属的新闻机构的各种需要。

第二,记者和白宫官员在履行各自的职责过程中需要相互配合。为了获得准确消息,在新闻报道中抢占先机,记者需要白宫提供帮助。同样,白宫官员也需要新闻机构的配合,以便将总统的信息传递给他们希望及时接触的听众。两者之间的合作基于一种彼此心照不宣的默契,同时这种合作由于他们近距离来往而得到加强。新闻办公室距椭圆形办公室仅 50 英尺。记者和电视摄制人员每天从黎明前到夜里 10 点都会集中在那里——如果碰上重大事件还会待得更长。生活在这个区域的人们对于如何相处自是心知肚明。

第三,新闻秘书的工作取决于新闻办公室长期形成的传统以及人们对它的期待。它是白宫持续时间最长的办公室。[7] 自 1929 年胡佛总统任命乔治·阿肯色负责新闻事务以来,历任总统都发现这是一个不可或缺的职位。新闻传播的速度已经大大提高,但人们对信息的需求仍然保持不变。记者们需要及时、准确以及符合他们职业需要的事实和观点。

变化最大的,莫过于新闻秘书一职符合白宫需要的职业经历。早先,他们往往是记者出身,之所以入选,是因为他们与新闻界关系熟悉。随着时间的推移,白宫又对他们在总统选战及作为政府部门公共事务专职代言人的工作,提出了更高的素质要求。

政府官员和记者之间的合作

新闻办公室工作环境的一个主导因素,也许是白宫官员和记者关系中互相合作的特性,这种特性有可能被他们的公开抱怨所掩盖,但是记者和官员确实是合作远远大于对抗。

新闻发布例会体现出新闻机构与白宫之间合作共生的关系。哪一方都离不开另一方:记者必须为自己的新闻报道搜集素材,而白宫又需要媒体对其各项方案进行宣传。记者也许会公开抱怨说他们在新闻发布会上得到的消息太少,但是他们提出希望得到答复的问题,而且已经找到合适的途径,确保白宫以这种或那种方式回答这些问题。

建立彼此信任的关系,是搞好合作的基础。记者必须相信白宫向他们提供的消息,然后再对此加以报道。曾在小布什主政白宫时担任副新闻秘书的罗曼·波帕丢克,这样描述他与记者之间发展的融洽关系。“我本着坦

诚相见的个人理念与他们交往"，波帕丢克说。他的目标是："在不泄露国家
机密或其他绝密事件的前提下，让记者尽量多地获得一些消息，因为在我看
来，这样能使记者制造更有利于我们的新闻，同时有利于在我和记者之间建
立起一种信任关系……以此为基础，将来我能获得记者更多的信任，如果我
需要他们删除什么新闻，也能据以实告。""因此，让记者尽可能多地接触消
息，一直是我奉行不渝的工作理念……这样开展工作也似乎比较符合情理，
因为，首先，你是在取信于人，是在建立一种相互信任的关系，这就为将来储
存了足够的资本。许多回我被迫对某一位记者说：'那个消息不要报道'，
'那则新闻不要见报'，'这一回你无论如何都得帮帮我'。他就会说：'好吧，
就按你的意思办。'"[8]

　　为了更好地促进这种合作，新闻秘书必须对新闻界的运行机制有一个
全面的理解。拉里·斯皮克斯回忆道："熟悉新闻界的工作方式，知道他们
有什么需要，何时有这些需要，一旦我们掌握的信息有望成为他们第一时间
制造的新闻，便及时向他们预订，我尽量使这些成为自己的份内事。"[9]

182　　　对于卡特时期以及16年之后克林顿时期的白宫而言，导致合作成功的
主要因素，是总统先前的经历及其在华盛顿政界的声誉。他与包括记者在
内的华盛顿政界人士以往的交情过去乃至如今同样极为重要，这其中有两
个原因。第一，如果记者了解他的为人和他的工作动机，将有利于提高他的
信誉。他们将很不情愿发表那些与总统众所周知的公众形象相矛盾的消
息。第二，对于那些不熟悉白宫行事规矩的外来者，记者也能给予一定的
帮助。

　　合作往往是一种双向互动的过程。对于白宫而言，记者有可能成为消
息的一种重要来源，从中可以窥见华盛顿某些稍露端倪的事件。拉里·斯
皮克斯认为很有必要"在记者（和白宫）之间建立一种双向互动的机制——
因为你能从新闻界获悉很多消息。他们打来电话告诉你，'我听说此事正在
发生'，你在获取白宫内部某个极有价值的消息；某个初露端倪你得为之做
好准备的事件"[10]。

　　联邦政府调查中央情报局特工瓦莱丽·普莱姆身份泄密一事，使新闻
记者与白宫官员信息共享的某些做法浮出水面。卡尔·洛夫声称，他从两
位记者那里获得这一情报，其中一位便是专栏作者罗伯特·诺瓦克。他随
即又将这一消息透露给《时代》的玛特·库柏。刘易斯·利比向大陪审团作
证，他通过全国广播公司办事处主任兼《会见新闻界》节目主持人蒂姆·鲁
塞尔特，获悉有关瓦莱丽·普莱姆的这一消息。鲁塞尔特对此矢口否认，尽
管他表明他确曾与利比晤谈。库柏作证说，他在与利比交谈时曾涉及约瑟

夫·威尔逊夫人的话题。[11]

　　除了合作之外,白宫和新闻机构之间的关系也时常处于紧张对峙状态。造成这种状态的部分原因,是总统或白宫不情愿对记者的询问作出回应。新闻秘书迈克·麦柯里认为,由于白宫未能对记者在 1996 年总统选战最后阶段就资金募集提出的问题作出答复,克林顿总统蒙受了巨大损失。"事后看来,我认为当时人们并没有意识到他们为克林顿连续执政设置了一个多大的障碍:他们不加掩饰地表明我们不准备理会媒体重点关注的事件,我说的一点不错;我们只打算推出正被我们列入议事日程的事件,并且试图让新闻线索按照符合我们意愿的方向发展",麦柯里后来说。他们的确把这些事件捂得严严实实,但是记者与白宫之间的关系趋于紧张,因为记者感兴趣的是竞选财源和资金募集方面的问题:"当时发生的情况是——你甚至可能通过某些记者对此作出不偏不倚的评价——他们断定甚至在 1997 年也能找出这些记者。他们一般会这样说:'克林顿在这次大选中侥幸获胜,回避了这些实质性问题,他在没有遭到多少阻力的情况下赢得连任,是因为多尔身为候选人实力太弱,我们将促使他回答这些他本该在 1996 年回答的问题。'我认为这正是白宫在 1997 年的新闻线索。"[12]

　　造成白宫和记者之间关系紧张的一个主要因素,是二者对于什么能成为新闻素材的看法存在明显分歧。大多数曾与记者直接打过交道的白宫官员,并不认为记者心怀偏见,带有明显的倾向性,但却照样指责他们,因为他们对冲突和人物的兴趣,超过了事件本身。"不同的思想倾向?我没有把白宫新闻界看成这一帮那一派,"卡特总统的新闻秘书乔迪·鲍威尔说,"在大多数情况下,没有任何迹象表明记者们正竭力阻止一些根深蒂固的观点出现在他们的报道中。这方面不存在紧张关系,因为没有兴趣。他们对报道的问题缺乏兴趣——这在多大程度上表明还缺乏别的什么东西?"[13]

　　记者们对重大问题缺乏兴趣,这本身说明新闻报道缺乏实质性内容,鲍威尔对此深感忧虑,而卡特总统也指责记者热衷于无聊政治。他在入主白宫的第三年这样告诫他在一次非正式会议上会见的一群记者:"我由衷地希望,你们这些把华盛顿发生的事件传遍世界的人们,全都认真审视我作为总统势必正视的问题,不要几乎总是热衷于一些人物,热衷于谁的感情受到伤害,热衷于某一位跟你们接触的政府雇员是否认为自己必须提供称职报告而有可能丢掉自己的饭碗。这是至关重要的事情。"[14]

信息发布的基本原则

　　虽然三方的利益常常发生冲突,但每一方都能切实遵循有关信息发布的一套共同规则。首要的规则是，白宫基本上有 4 类信息："供报道"、"不供报道"、"背景"和"深层背景"。官方发布的消息，如在新闻秘书午后新闻发布会上发布的消息，无论在何处发布，都是"可供报道"的消息。事实上，源自新闻办公室的消息大多在"可供报道"之列。即便如此，消息的发布有时也会受到一些限制。例如，倘若某位记者对总统进行独家专访，这次采访消息发布的时机取决于有关新闻机构，而不是白宫。

　　消息发布的时机常常是一个令人关注的问题。布什总统的周六广播讲话于周五录制完毕，发给记者时尚处于"封存"状态，这就是说，记者只有等到星期六电台播出讲话以后，方可加以报道。"封存"新闻稿无论对于记者还是白宫官员，都是一种有效的手段。每当总统发表国情咨文之类的重要讲话之际，记者们都会收到处于"封存"状态的讲话稿。他们通常提前几小时收到文字稿，以便仔细消化，这样能使他们在报道总统正在发表的讲话时做到心中有数。

　　另外两类消息是"背景"和"深层背景"。记者可以透露"背景"消息，但不能透露其来源。如果提供该消息的官员是办公厅主任，记者可能在新闻稿中称其为"一位白宫高层官员"。如果同样的消息由办公厅主任作为"深层背景"信息发布，信息出处有可能被列为不太具体的"据某官方渠道"。发布的消息越敏感，白宫官员越有可能拉大自己与它的距离。有时白宫官员会在隐匿自己身份的情况下接受采访；如果记者需要可供报道的某条信息，有关人员将会考虑他的请求。在记者采访白宫官员时，讨价还价并不鲜见。

　　"不供报道"的意思正好与"可供报道"相反。这意味着在场的记者必须在自己的报道中避免使用有关信息。如今人们很少引用那些被有意泄露的"不供报道"的信息——从这个意义上讲，无论白宫属于哪个政党，它的信息透明程度都远远超过 25 年前。今天，可供发表的信息日趋增多，就连总统在椭圆形办公室会见贵宾为配合摄影简单闲聊几句，也会向记者提供官方文字记录。以往那些不供报道仅向少数人开放的新闻发布会，比如总统外出旅行前的例会，如今在新闻发布室召开，而且至少划归"背景"一类。

　　即便如此，那些"不供报道"的信息很少真的仅限于此，因为由总统或高官向少数人提供的信息，通常会远远摆脱他们的控制，在很大范围内不胫而走。大多数记者会把"不供报道"的消息透露给自己所在的新闻机构，有时还与关系密切的同事分享。由于那些局外人并不受制于"不供报道"的规则，往往无需多久，这些消息便会迅速流传开来。

　　1999 年 3 月，克林顿总统在危地马拉旅行期间两度与记者共进晚餐时曾谈及第一夫人的敛财能力，此后不到三天，他的言论便出现在《纽约每日新闻》上。"克林顿总统相信,第一夫人能立刻有2000万美元入账,只要她以亲吻帮助一位纽约参议员竞选,但总统无论怎样都将支持她,"白宫记者肯·巴兹耐特这样写道,"至少在一次晚餐会上,总统还暗示说,他夫人对参议院一项招标所做出的决定,能迅速生效,快于她助手暗示的那样。"[15]巴兹耐特向《每日新闻》透露了这一消息,他当时并没有亲临现场,但克林顿的原话却是由当时在场的其他记者告诉他的。白宫虽然有可能对此表示不满,但巴兹耐特的行为本身并不违反"不供发表"的基本规则。

在与白宫官员一起探讨发布有关约瑟夫·威尔逊夫人、中央情报局特工瓦莱丽·普莱姆的信息时,其中涉及的基本准则特别微妙。卡尔·洛夫在和《时代》记者玛特·库柏谈话时,要求他对谈话内容全面保密。在向编辑发送的文稿中,库柏称他从洛夫那里得到的消息应被视为"双倍超级绝秘背景"材料。库柏事后在全国广播公司的节目中说,该信息类别是对影片《动物农庄》①中某一引语的仿拟,影片中约翰·贝鲁施的德尔塔农庄被列为'双倍秘密缓刑期'"[16]。

除了需要与某些类型的信息发布保持一定距离,深层背景和不供报道的会议还有其他价值,比如白宫人员有时需要记者了解某位白宫官员或总统本人的思想,但又不希望记者就任何特定的专题引用任何人的原话。这类会议很有价值,丹·巴特莱特说:"因为它们有助于记者理解(总统的)想法,理解他认为什么重要。有时,如果你在摄像机前或者按照可供报道的规则接受访谈,根据人之常情,你会更加出言谨慎,你会……对怎样答复稍稍多用些心思。你在公开场合回答问题,这跟你在私下交谈时回答问题稍有不同。"2004年,白宫通讯人员为五大电视广播公司安排了一次总统与记者的见面会。"这次会议并没有多少他们可以立即赶到前面草坪上作为重大新闻事件直接公布的实质性内容,"巴特莱特说,"但它向记者提供了许多重大问题的来龙去脉,准备它们什么时候突然再度出现,有关北朝鲜等方面的问题。他们从总统那里得到一些信息,能够启迪他们的思考,有助于丰富他们报道的内容。"[17]

由于这次会面仅限于总统和电视网记者之间进行,其他新闻机构的记者事后获悉内情对谈话内容加以报道时,并没有感到类似的束缚。《华盛顿时报》记者迈克·阿伦撰写了会议专稿,文中多次提及总统的观点,尤其是他有关总统选举的见解。[18]得知文章将于第二天见报,巴特莱特和斯考特·麦克莱伦共同约见阿伦和编辑,询问此文是否可以暂缓发表:"我和斯考特

186

---

① 系根据英国著名作家乔治·奥威尔(1903—1950)的同名小说改编的电影。——译者注。

向负责审稿的编辑提出交涉，称此举将妨碍我们未来继续举行这种会议，并将影响我们作出《华盛顿时报》是否能参加类似会议的决定。"[19] 文章如期见报。这种见面会对总统和记者都同样有利，但几乎总是公开透明的，在总统选举年更是如此。由于这篇专稿的发表，《华盛顿时报》实际上等于参加了会议。

谁担任新闻秘书

在从胡佛总统设立新闻秘书一职以来至今的 78 年里，13 届政府在整个总统任期均任命专人担任新闻秘书一职。其他任何一个高层官员职位都不可能这样从无空缺——甚至包括办公厅主任。

虽说他们并不全都具有新闻秘书的正式头衔——比如拉里·斯皮克斯被称为常务副新闻秘书——但全都履行相同的工作职责。他们有可能承担一些临时委派的任务，对这些任务也可能有自己独特的见解，但新闻办公室信息搜集整合、提供咨询和建立官方档案的基本工作特点始终保持不变。

这项工作极富挑战性，但各任新闻秘书供职时间之长，绝非白宫其他处室负责人可比。白宫高官任职时间一般为两年左右，大多数新闻秘书的实际在位时间都超过白宫高官一般两年左右的任职期限。1953 年以来，10 届政府有 5 任新闻秘书自始至终从未易人。詹姆斯·哈格蒂、皮埃尔·塞林格、荣·齐格勒、乔迪·鲍威尔和马林·费茨沃特在整个总统任期内均担任该职。事实上，肯尼迪总统遭暗杀之后，塞林格又在约翰逊任内作为新闻秘书继续留用数月。自 1987 年起担任里根新闻秘书的费茨沃特，在这个岗位上继续效力老布什，直至他总统任期结束。自克林顿入主白宫以来，除了杰克·西维特在他第二届任期最后 4 个月担任新闻秘书，迈克·麦柯里担任此职长达 3 年 9 个月以外，其余两位新闻秘书均任职两年左右时间。随着电视转播新闻发布会成为常态，新闻秘书抛头露面的场合日益增加，将来新闻秘书任职的规律可能会发生新的变化。在小布什执政的第 6 年，托尼·斯诺已经成为布什政府的第 3 位总统新闻秘书。

新闻秘书的职位一直持续至今，其基本职责始终保持不变。然而，被视为理想专业背景的各种经历，如表 9 所示，已经随着时间的推移发生了变化。出任新闻秘书的有 4 类专业人士，分别是负责报道总统事务的记者，助人竞选总统的选战专家，在联邦或州政府有从政经历的公共事务专家，以及白宫官员。

西奥多·乔斯林（胡佛），斯蒂芬·厄尔利（弗兰克林·罗斯福），查尔斯·罗斯和约瑟夫·肖特（杜鲁门）——白宫挑选他们出任新闻秘书，全都因为他们有曾经当过记者的背景，尽管其中有人早先曾在现任总统手下工作过。最后几位新闻记者出身的新闻秘书分别是皮埃尔·塞林格（肯尼迪）、杰拉尔德·特霍斯特和荣·耐森（福特）。

从杜鲁门政府的罗杰·图比开始，一些新闻秘书曾供职于政府事务部门或白宫。图比在担任新闻秘书乔埃·肖特的助理之前，曾经作为新闻助理供职于国务院。詹姆斯·哈格蒂曾任纽约州州长杜威的新闻秘书，并在杜威 1944 年和 1948 年竞选总统期间继续担任此职。其他两位新闻秘书早先曾担任州长发言人。后来被任命为约翰逊总统新闻秘书的乔治·克里斯蒂安，曾经是德克萨斯州长约翰·康纳利的发言人。进入白宫以后，克里斯蒂安先在国家安全委员会当一名助理，一年后出任白宫新闻秘书。乔迪·鲍威尔原先是吉米·卡特州长的发言人，后在华盛顿再次担任卡特总统的发言人。

不少新闻秘书在供职于白宫之前，都曾在国会从事新闻工作。皮埃尔·塞林格在肯尼迪竞选总统运动进入白热化阶段以后一度供职于肯尼迪的参议院办公室。乔治·瑞迪先是协助林登·约翰逊在参议院的工作，肯尼迪入主白宫之后他又替约翰逊副总统处理媒体事务。迈克·麦柯里曾为数位参议员工作，包括哈里逊·威廉姆斯、丹尼尔·莫伊尼汉。

有意思的是，首位新闻发言人乔治·阿肯色在来到白宫之前，曾任商务部长胡佛负责新闻兼安排约会的秘书。[20] 里根、克林顿以及布什父子这几位总统，也曾选择有联邦政府公共事务背景的人士作为自己的新闻秘书。马林·费茨沃特、迈克·麦柯里和阿里·弗莱舍来到白宫之前都曾是政府发言人。当麦柯里和弗莱舍卸任时，接替他们职务的都曾是他们的副手，克林顿新闻办公室的乔·洛克哈特和杰克·西维特，老布什新闻办公室的斯考特·麦克莱伦。

越来越多的新闻秘书有辅佐白宫新主人角逐总统宝座的资深背景。斯蒂夫·厄尔利曾在富兰克林·罗斯福 1920 年谋求总统候选人提名时短期为他工作，随后他又返回某家新闻机构的编辑室工作，直到 1933 年成为白宫官员。詹姆斯·哈格蒂曾经参与 1952 年总统竞选运动，后来加入白宫官员的行列。肯尼迪手下的皮埃尔·塞林格，卡特手下的乔迪·鲍威尔，克林顿手下的迪·迪·迈尔斯和乔·洛克哈特，小布什手下的阿里·弗莱舍和斯考特·麦克莱伦，也都有过类似的经历。

托尼·斯诺代表新闻秘书中一种全新的形象。他先前既没有公共事务背景，又不是竞选阵营的一名干将，而是在电视广播台播报评论，并兼任《底

表 9　历任总统的新闻秘书，1929—2006 年

总统	新闻秘书	任职年限	主要经历	次要经历
胡　佛	乔治·阿肯色	1929.5.4—1931.2.5	农业部新闻发布官，1928年胡佛竞选班子新闻主管	《明尼阿波利斯论坛报》记者
	西奥多·乔斯林	1931.3.16—1933.3.4		
罗斯福	斯蒂芬·厄尔利	1933.3.4—1945.3.24	美联社、合众社、派拉蒙新闻短片公司记者	为罗斯福1920年总统竞选从事宣传推进工作
	乔纳森·丹尼尔斯	1945.3.24—4.12	罗斯福总统的行政助理	美国民防局局长助理
杜鲁门	查尔斯·罗斯	1945.5.15—1950.12.5	《圣路易斯邮报》社论编辑	杜鲁门童年时代的好友
	约瑟夫·H.肖特	1950.12.18—1952.9.18	《巴尔的摩太阳报》驻华盛顿记者	
	罗杰·图比	1952.12.18—1953.1.20	副新闻秘书	内务部新闻官
艾森豪威尔	詹姆斯·哈格蒂	1953.1.20—1961.1.20	杜威州长的新闻秘书，1942—1959；1952年艾森豪威尔总统竞选期间的新闻秘书	《纽约时报》记者
肯尼迪/约翰逊	皮埃尔·塞林格	1961.1.20—1964.3.19	约翰·F.肯尼迪及其1960年竞选期间的新闻秘书	《旧金山纪事报》、《科利尔报》记者
约翰逊	乔治·里迪	1964.3.19—1965.7.8	约翰逊副总统助手，1961—1964；林登·约翰逊参议员助手，1951—1961	美联社记者
	比尔·莫耶斯	1965.7.8—1967.1.1	和平队主任助理和副主任	林登·约翰逊参议员人事助理
	乔治·克里斯蒂安	1967.2.1—1969.1.20	国家安全委员会人事助理	约翰·康纳利州长和德克萨斯州政治家普赖斯·丹尼尔的新闻秘书
尼克松	罗纳德·齐格勒	1969.1.20—1974.8.9	赫伯·克莱恩1968年总统竞选期间的助手	小瓦尔特·汤普森广告代理公司

续　表

总统	新闻秘书	任职年限	主要经历	次要经历
福特	杰拉尔德·特霍斯特	1974.8.9—9.8	《底特律自由新闻报》记者	为合众国际社报道白宫事务
	荣·耐森	1974.9.20—1977.1.20	全国广播公司记者,报道担任副总统和总统的杰拉尔德·福特	
卡特	乔迪·鲍威尔	1977.1.20—1981.1.20	卡特州长的新闻秘书,1971—1975;1980年总统竞选班子成员	
里根	詹姆斯·布莱迪	1981.1.20—3.30	参议员威廉·诺斯的助理	供职于尼克松和福特政府
	拉里·斯皮克斯	1981.3.30—1987.1.1	卡特执政时期任新闻秘书杰拉尔德·特霍斯特和荣·耐森的助理;水门事件期间任尼克松律师詹姆斯·圣克莱尔的助手	参议员詹姆斯·伊斯特兰德(民主党—密西西比州)的新闻秘书
里根/老布什	马林·费茨沃特	1987.2.2—1993.1.20	副新闻秘书,1983—1985;布什副总统的新闻秘书,1985—1987.2	阿巴拉契亚地区委员会新闻助理,交通部,环境保护局,财务部新闻助理
克林顿	迪·迪·迈尔斯	1993.1.20—1994.12.31	2000年克林顿总统竞选期间的新闻秘书	参加加利福尼亚的民主党的民主党竞选运动
	迈克·麦柯里	1995.1.5—1998.10.1	内务部发言人	参议员哈里森·威廉姆斯,丹尼尔·P.莫伊尼汉的新闻助理,供职于民主党全国委员会,罗伯特·凯里特·巴比特总统竞选班子成员

续　表

总　统	新闻秘书	任职年限	主要经历	次要经历
	乔·洛克哈特	1998.10.2—2000.9.9	副新闻秘书,1997—1998;民主党全国委员会1996年竞选运动发言人	全国广播公司记者
	杰克·西维特	2000.10.1—2001.1.20	洛克哈特属下的新闻秘书助理和副新闻秘书,吉恩·斯珀林属下的经济助理	
小布什	阿里·弗莱舍	2000.1.20—2003.7.14	2000年竞选期间的竞选新闻助理	比尔·阿切尔众议员(共和党—加利福尼亚)的新闻秘书
	斯考特·麦克莱伦	2003.7.15—2006.5.10	阿里·弗莱舍属下的第一副新闻秘书	1980年总统竞选班子成员
	托尼·斯诺	2006.5.10—至今	福克斯公司"福克斯周日新闻"节目主持人	老布什总统首席讲稿撰写人;《底特律新闻报》专栏作者

来源:杜鲁门总统在1945年4月17日召开的记者招待会上宣布,J.伦纳德·雷恩斯奇"将帮助我处理新闻与媒体事务",但并未任命他为新闻秘书。杜鲁门在4月20日的记者招待会上宣布雷恩斯奇将重新回到治亚斯身边工作;图比的档案中有记录称雷恩斯奇取了与新闻秘书职位相称的薪水,但没有提及他担任该职。卡洛尔·马丁,档案员,哈里·S.杜鲁门图书馆,电话交谈,2005年9月。詹姆斯·布来迪在一次里根遇袭事件中严重受伤后,在里根总统任期内始终保持新闻秘书的头衔。

特律新闻》的专栏作者。他并不认识总统本人,但曾任老布什总统的首席讲稿撰写人。斯诺带到新闻秘书岗位上的,是对新闻机构各种需求的透彻理解,以及他在电视直播的每日新闻发布例会上趋于完美的表现。由于斯诺在摄像机前显得轻松潇洒,加上他深知自己该如何控制新闻室的气氛,因此能使每日例会井然有序,增加声音和画面播出的实际效果。唯一保持不变的是记者们接受的总统信息总量。

托尼·斯诺以各种不同的方式满足白宫的各种需要。丹·巴特莱特在应询介绍白宫官员对他们的新闻秘书有何要求时,列举了斯诺的若干个人素质。"显然,他那历经多年播发电视直播节目而练就的交际能力。我和乔舒亚·博尔顿都意识到他对国际国内政策有着广泛的兴趣和深刻的理解",他说。这两个素质对于新闻秘书主持新闻发布会是不可或缺的。"我们的工作性质,决定了我们需要一个打开局面的人,而不是一个只经过 6 个月训练的人。"斯诺符合这一需要,因为他"曾在华盛顿工作,经常跟这些问题打交道,自然积累了深刻理解有关问题的本钱,这一点难能可贵"。他同样能够迅速打开局面,因为他很容易与人和谐相处。"了解他的人也知道,虽然他名声显赫,受人尊崇,……但他并没有虚荣心,他在白宫内部是一个很容易合作的伙伴。这些好评他确实当之无愧。"除了知识广博以外,他在华盛顿政界也有良好的信誉,因为他"深受听众的尊重"。总之,"这样的人既为公众及媒体所熟悉和信赖,又能及时有效地发布信息,确实是我们不可多得的人才"[21]。

斯诺人缘极好,在 2006 年国会选举期间收到很多在资金筹集活动中发表演讲的邀请。他出席了大约 20 次活动,其中 18 次是资金筹集会(不过有两次他仅对志愿者发表了讲话),他刚刚登上讲台,便声称自己准备将资金筹集会视为"绝对的声援",而不是参与。他说他无意谈论民主党,但却很想"为布什作一番解释"[22]。他将资金筹集会视为一名新闻秘书涉足的"新领域",但这并非他本人的选择:白宫高层官员要求他参与资金筹集活动。斯诺并不是在资金筹集会上露面的第一位新闻秘书。迈克·麦柯里曾在 1996 年数次为朋友竞选公职造势鼓劲,但他并没有利用办公时间。[23]按照巴特莱特的观点,筹集资金的职责是一个信号,表明新闻秘书的工作方式已经发生了变化。"我认为这更加体现出新闻秘书工作性质逐渐演变的轨迹",他说。它已经从"新闻秘书办公室私下碰头接触,发展到新闻发布会的电视实况转播。我认为它符合时代发展的要求"[24]。

新闻秘书作为家喻户晓的公众人物,观点却被暗中控制,因此常常面临难以应付的局面。处在新闻秘书的岗位上,无论谁都得把自己的见解搁置

一旁，仅仅代表总统的观点。要做到这一点有可能难到什么地步，我们只要
看一下托尼·斯诺如何在讲台上讨论布什总统有关联邦政府资助干细胞研
究的看法，便可略知一二。斯诺尚未供职于白宫时，就曾在他主持的广播访
谈节目中对干细胞研究问题加以探讨。[25]当参议员考虑对干细胞研究立法
时，斯诺在一次电视直播的新闻发布会上告诉记者："总统坚信，出于研究目
的，联邦政府资助被许多人视为谋杀的研究项目是不恰当的。他和许多人
持同一观点。……答案很简单，他认为谋害生命是错误的。"[26]

到了下个星期日，办公厅主任乔舒亚·博尔顿做客全国广播公司新闻
访谈节目《会见新闻界》。蒂姆·鲁塞尔特针对斯诺依据总统现在认为干细
胞研究等于谋杀的假设做出的合理的评论，向博尔顿提出了一连串尖刻的
问题，包括："如果总统确信它涉及人的生命，他怎么可能允许私下的干细胞
研究继续进行 …… 如果，那确实无异于谋杀？"博尔顿答道："这一问题
很……难有定论。我的意思是说，总统意识到还有几百万美国人并没有意
识到它和人的生命有关，此项研究有望拯救人的生命，有很好的前景，他们
希望此项研究继续进行。"[27]

乔舒亚·博尔顿显然不情愿将斯诺在新闻发布会上表达的观点加到总
统头上。在博尔顿接受采访的第二天，斯诺在新闻发布会上就自己使博尔
顿陷于难堪的处境表达歉意："我当时的表态，超越了通报情况的职责范围，
因此使乔舒亚·博尔顿在接受采访时碰到一点麻烦。我为此深感不安。我
认为这也是事出有因。总统曾经说，他认为这是在摧残人的生命。"[28]斯诺接
着又说起这次失误给他的教训。"这简直是狠狠的一记耳光，"他说，"我确
实越过了底线。你一定得准确把握事实，每天我在走上讲台前都这样告诫
自己，尽管我接触官方政策和言论已有多年，我不是总统。我只是总统的代
言人。"[29]

斯诺在表述总统对干细胞研究问题所持的原则立场时遇到了麻烦，部
分原因是在乔舒亚·博尔顿和丹·巴特莱特身上，因为他们想要出现那种
人们认为斯诺讲话时并没有照稿宣读的情况。2006 年，记者们普遍质疑白
宫提供的信息的准确性，他们认定此时他们极须推出一位新的新闻秘书。
新闻秘书是最引人注目的白宫官员，向记者提供的信息的数量和质量都与
此人密切相关。时任办公厅主任的乔舒亚·博尔顿说起他们启用托尼·斯
诺的初衷："我们已经给外界造成了封闭守旧、一切照本宣科的印象……上
任之初我就想，我能做出的一项改革，就是改变那种印象，暂且不论它可能
极不准确。最显著的变化就是重新任命一位新闻秘书，让托尼这样的人担
当此任，他显然不是一个只知闷头读稿的人。他能理解各项政策，加上自己

独特的个人魅力和清晰有力的表达,谁也不能为他事先撰稿。他这一切完全都是自然的流露。所以,当初我提醒他:'顺其自然'。现在,我还要补充一句,'保持分寸'——在一定的范围内可以作些发挥,要悉心研究有关政策,你会得到很好的配合。无论何时你想吃透某项政策,这儿都有人帮助你。务必吃透政策,以免成为一名不受约束的自由发言人。不过,此外,要让托尼·斯诺切实成为托尼·斯诺本人。因为我觉得这样既有利于总统,也有利于白宫,而且我觉得在很大程度上确实如此。"[30]博尔顿早在老布什任内与斯诺共事时便深知其人。

最近几位新闻秘书的专业背景表明,当代总统确信,熟谙政府事务,具有一定的政治见解,是新闻秘书必备的基本素质。他们需要这一职务本身所具有的背景,以便理解总统的各项目标和政策,但他们同样需要与全程报道竞选的记者建立良好的关系,因为一旦当选总统就职,这些记者将对他进行跟踪报道。他们日益需要并娴熟地利用政党经验,以便卓有成效地参与讲台上的政治较量。

1953 年之前记者招待会的内容全都记录在案时,新闻秘书不会卷入某种政治冲突,像他们如今在电视实况转播的新闻发布会上一样。在早些时候,新闻秘书可以收回某个陈述有误的观点,或将其从记录中删除。如今在新闻秘书主持的新闻发布会上,不会再出现任何不供报道或仅供参考的言论。新闻秘书应该具备处理公共事务的经验。他们必须有广博的专业知识,包括懂得如何通过政府官员获得各种信息,判断他们精心斟酌的词语听起来是否清晰响亮。处在电视实况转播的环境下,话说错了再重新改口是颇为不易的。

24 小时新闻日

麦柯里和费茨沃特往往要在晚上 8 点钟过后很久才结束一天的工作。弗莱舍和麦克莱伦下班的时间稍早一些。最后一次办公会议结束之后,每个人给有关人员逐一回电话,20 世纪 90 年代中期以后担任该职的弗莱舍和麦克莱伦还要发电子邮件。他们各人每天的区别,主要体现在 24 小时新闻周期对他们各自影响的程度上。

到 20 世纪 80 年代,媒体已经开始一天 24 小时播送新闻,新闻秘书必须建立一套与之相适应的机制。这套新机制应优先考虑的,是新闻报道量。新闻秘书受命应对每天 24 小时每周 7 天持续报道的形势。"跟你打交道的是一位 24 小时全天候在岗的白宫办公人员",迈克·麦柯里说。正是在里根执政末期或是布什执政早期,"整天指导有线电视网和电讯社的新闻报道,实际上已经变得相当重要，因为人们观看的是每天持续 24 小时的新闻节目"，他说。[31]

马林·费茨沃特介绍了他们如何开展一天 24 小时轮班工作，并特别提到其中的难处。新闻办公室的所有副职和助手均参与轮班："人人都是值勤官，整个通宵基本上没有合眼的时刻，因为此项工作实在是责任重大。"费茨沃特说，"在五点钟召开的会议上，我们对有关问题议论一番。如果通宵值勤的是一位资历较浅的新手，我就说：'要是你今晚接到法兰克福兵营的水兵遇袭身亡之类的报告，赶紧给我打电话，不要自作主张。'"

当天夜里，费茨沃特有可能接到形势分析室的电话，向他报告事件的重要进展："如果我半夜时分接到电话，称伊拉克有一架飞机被击落，我会赶紧与我的值勤官联系，跟他一起想出他对外透露此事的口径。"然后记者们会与值勤官联系。"不过他们还知道他们将获悉正式的说法，知道通过与这位值勤官交谈，事态的真实性将得到证实，并且知道我在幕后操纵。他们知道如果此事确实关系重大，我不可能让他们安安稳稳地度过一个夜晚。我会部署有关行动。"[32]

克林顿政府沿袭了这种轮班值勤保障全天候报道的机制。他们轮班值勤的模式与布什政府的颇为相似。"首先，你不可能睡得很踏实，你得随时立即醒过来，"1993 年到 1995 年间曾任副新闻秘书的唐·亚历山大这样说，"如果你不知道答案，那就说你不知道答案——不过你能得到正确的答案。这对我而言像是一条最重要的规则。这的确是一条最重要的规则，因为情况瞬息万变。另一条规则就是你得明白这样一个事实：不论你说什么，都是在代表白宫，都会对世界各地的各种事物产生难以估量的影响。"[33]本届政府也采用了同样的值勤制度。斯考特·麦克莱伦说到他们如何在上任之初建立值勤官轮班值勤的制度："我们的人员每天都要轮换。因此，让值勤官知道该给谁打电话，并且掌握所有的电话号码，这一点显得十分重要。"[34]

197　　24 小时新闻周期从根本上改变了总统的通讯宣传机制。在这种从不间断、永远向前推进的机制中，已经没有新闻可言。"总统宣布的任何消息都不能算是新闻，"麦柯里说，"他总是'像我们期待的那样今天宣布什么消息'，因为让媒体报道某个消息的唯一途径就是在头天晚上将其发布出去，这样人们第二天早上醒来就会说：'今天总统将要做这件事，那件事。'他当天的日程已经为人所知，因为总统一项声明的保存期相当短暂，你永远不可能在超过一个新闻周期的时间里压住它不对外发布。"[35]

马林·费茨沃特说到克林顿政府开始运作以来这种情形如何逐渐发生变化："克林顿政府通讯人员经验之丰富，接触面之广，远非里根和老布什的通讯班子所能及。它影响了 24 小时新闻周期，"费茨沃特说，"它需要各方面的合作和当天活动的整体安排。"费茨沃特指出，在有线电视形成气候之前，广播电视网的晚间新闻节目确实非同寻常，当时每晚有 2000 万人观看联播新闻节目。但在克林顿执政的后半期，随着有线电视网数量的增加，情况发生了变化。"在莱温斯基丑闻期间，据我们了解，观看克里斯·马修斯或杰拉尔多·里维拉主持的节目的人数 20 万就已足够，因为这些观众全都是新闻迷，会将流言传得沸沸扬扬。"真正要紧的不是有多少人在观看节目，而是什么人在观看节目。费茨沃特说，在 1999 年案件进入弹劾程序期间，"每天节目播完之后，各种各样的人出现在微软全广网、美国广播公司、有线新闻和福克斯的电视脱口秀中，谈论他们所观看的节目。"而在费茨沃特效力里根和老布什政府期间，却没有类似的新闻体系可资利用。克林顿政府审时度势，及时做出必需的调整。"白宫已经使它自己成为那个体系的一部分"，费茨沃特说。[36]

　　迈科里的副手巴里·托依乌解释克林顿的新闻班子 1996 年如何应对突然出现在白宫的五大广播电视网。新闻传播速度大幅度提升的最终结果，是重新调整白宫的新闻周期。"现在可以轻而易举地往我们的新闻报道里增添一些新的内容，"托依乌说，"因为现在有线新闻电视网和其他电视网络成天处于工作状态，一旦这里有什么事情发生，都会迅速播出。"时刻处于工作状态的有线新闻电视网整天都在向白宫提供各种机会。"如果你想介入一个正在发生的事件，可以安排人做客有线新闻电视网或是接受某一位记者的采访。"

　　借助无处不在的电视摄像机的先进技术，白宫可以在白天集中发布某一个信息。例如，白宫可以利用有线新闻频道和财经新闻频道播放经济新闻。有线新闻频道在白天具有绝佳的收视效果，因为"他们会让鲍伯·鲁宾、吉恩·斯珀林或者拉里·舒默斯——诸如此类的人物——现身专题节目，因为观众们想了解这些人每天都得说些什么。因此，通过这些渠道向特定观众发布特定信息不失为明智之举"，托依乌指出。周末和夜间，政府发言人还有其他一些机会。[37]

新闻秘书不断变化的工作职责

　　最近几年，新闻秘书除了履行本身的职责以外，还增加了一项推销工作。迈克·麦柯里对这一发展趋势的态度相当矛盾："眼下办公室里又添了一项说服劝导的职能，正因如此，我的心情变得越发矛盾。难道参与推销政治纲领也成了这个部门本职工作的一部分吗？……我想这样一来，你会不知不觉地编造事实,不知不觉地陷入争论,与人打交道时也会不知不觉地受某种观点的驱使。我想这样下去会比较麻烦。"

按照麦柯里的观点,这一有增无减的势头提出了严肃的问题,促使人们思考新闻办公室职责与通讯团队作用之间的区别。"我看这不见得是该办公室的法定职能。我甚至考虑过走极端,将政治职能从该办公室彻底剥离出来。我们确实在很大程度上改变了新闻秘书办公室的性质和新闻秘书的职能,但如果你手下是一位职业政府雇员,或者说倘若你多少觉得这是一个公共信息办公室,我们在这里不搞政治,你得去民主党全国委员会,或者你得投身总统的政治团队以便得到政治评论,那结果就不是我感兴趣的工作。"

麦柯里继而建议新闻秘书的职位怎样有可能一分为二,由一人履行推销的职能,另一人提供真实可靠的信息。"这很有意思。克林顿有一个机会——他们本来可以也这样试一下,只要他们有一个斯蒂芬诺普罗斯式的人物担任政策/通讯主任,再有一位新闻秘书助理。新闻秘书可以处理信息发布和政府的一些具体工作,提供所有为正确报道硬新闻①所需的信息。然后你可以邀请另一位政府官员介绍整个活动的背景和目的,以及它在多大程度上与整个计划相吻合。如果我下达改变工作方法的指令,那是因为我认为我将特别强调发布确凿无误的信息的重要性。人们非常渴望得到这类信息。"[38]

在吉米·卡特和老布什任内,所有的新闻秘书都因提供麦柯里心目中真实可靠的信息而获得高分。当时没有通讯处,无法试图说服新闻秘书鲍威尔减少或重新引导信息的流动。布什任内设有通讯办公室,但总统和办公厅主任对它并不重视。费茨沃特说:"我和朱迪都曾作为出色的新闻秘书而颇受赏识,但其中的一个原因是我们这个通讯班子的表现实在差强人意,充其量只是单纯的新闻发布者。我们仅仅是到时候露一下面,按照既定的方式宣布一下消息而已。"[39]

这样的机制也许很适合新闻秘书,并且是分属不同党派的两届政府共同持有的最基本的立场,但一个不争的事实却是,这两位总统在连选连战中均遭败绩。如果一味束缚新闻秘书的手脚,使他的作用仅限于发布消息,显然需要为此付出沉重的代价。同样,利用每天电视直播的新闻发布会作为推销、劝导和拥护的一个渠道,可以获得的政治利益显然十分可观。

---

① 硬新闻:指政治、外交等方面的严肃新闻,以别于一般日常新闻,特写报道等。——译者注。

新闻秘书的职责

新闻秘书需要履行的三项基本职责按其特点可以划分为信息渠道、三方代表和新闻办公室总管。尽管以前有些新闻秘书曾参与通讯宣传方面的策划,如今几乎没有哪一位新闻秘书除了与一些负责策划安排的办公室进行必要的协调以外,还有时间参与其他事务。

新闻秘书作为信息渠道的角色需要他定期在正式或非正式场合向记者提供总统的信息。除了每天两次有记者参加的新闻发布会以外,他还有许多次与记者的电话交流。记者们还会随时来到他的办公室,与他一起探讨某个特定的事件。新闻秘书还得花不少时间向一些白宫人员解释总统的公共关系政策。他还得协调白宫工作人员与记者之间的关系。作为三方共同的代表,无论面对哪两方时,他都得代表另一方。

200

在许多总统主政白宫期间,新闻办公室都设置于两幢办公楼之间,约有30 名工作人员,作为这个办公室的头儿,新闻秘书必须投入时间和精力用于办公室日常事务的管理。随着 24 小时新闻日的推行,新闻秘书又被要求整天随时准备答复有关问题,作为实施已久的每日例会的补充。晚间和周末则由其副手回应记者的提问。凡有总统发表演讲的活动均由通讯办公室作出安排,至于组织总统的记者招待会,监控记者与总统简短的问答交流会,则属于新闻秘书的职责范畴。

信息渠道

新闻秘书工作的成功与否,取决于他向总统、白宫官员及记者提供的信息的质量。然而这三方都从自身利益的角度评估新闻秘书的素质。总统想要新闻秘书为他本人及其纲领积聚足够的支持。白宫官员也对他抱有同样的期待,但又指望他能为政府出头露面,抵挡各种批评和指责。记者希望新闻秘书提供他们工作所需的精确的信息。

满足记者的需求还是照顾白宫的关切

无论来自哪个新闻机构,记者们往往都会寻求相似类型的消息。自1968 年起报道总统选战、自 1981 年起报道白宫消息的比尔·帕兰特,坚持认为过去和现在一直如此。"我认为迄今为止我们致力于搜集的信息的类型并没有发生多少变化,"他说,"你在白宫采访时,一方面寻找新闻,一方面又会留意总统将以什么预定的形象出现,按照预定计划做什么说什么。"

在搜集信息的过程中,记者们继续以类似的方式向总统和新闻秘书提问。帕兰特还说："你在新闻发布会上试图从新闻秘书嘴里掏出更多的新闻，或者在有机会见到总统时通过提问逼他透露更多的消息，然后你又与白宫人员交谈，就正在发生的事态得到他们的看法，并且据此扩展成更有价值的报道。"记者需要整天不停地发布消息，这是源源不断地产出新闻的当今
201　时代发生的一个巨大变化。"我们今天的工作方式与我1981年采访白宫之初基本相同，"帕兰特回忆道，"只不过人们现在更关心消息的发布。无论是通过广播，或者通过早晨的新闻广播，或者是把消息发回新闻社，经过编辑加工再发布出去。"[40]

　　记者们评判新闻秘书，往往是根据他们提供的信息的质量，以及他们是否容易接近。有些新闻秘书符合记者的标准，有些则差强人意。美联社派驻白宫的资深记者泰里·亨特描绘出一幅可能会为许多记者所赞同的美好形象。"容易接近，诚实，豁达，坦率，言论值得引用，"他说，"我们经常需要预先了解总统准备采取什么行动，因为我们一天要采写两个周期的新闻，我们总是努力留足提前量。提供有关总统准备做什么、正在考虑什么的信息，你就是做好了自己的本职工作。"

　　尽管许多记者很喜欢迪·迪·迈尔斯的为人，但她很少接近克林顿政府中的重要决策者，致使其对记者的作用十分有限。"显然她很难接近大人物，她不能搞到那种身为圈内人可以随时掌握的内部消息"，亨特1996年说。相反，"麦柯里却是一位知情人。首先，他的社会地位已很稳固。他在华盛顿政界内外已苦心经营了二十来年。他知道哪些招数管用，哪些招数不灵。"这种知识为一位新闻秘书在圈内建立了良好的信誉。"照我看他就是这里决策过程的一部分。"马林·费茨沃特也"有这种优势"，亨特说。接近决策层，"在你举行新闻发布会时由于了解总统的想法，你就具有一种明显的优势"[41]。

　　由于关注的重点不同，总统和他的下属对什么才能造就一位出色的新闻秘书自然看法各异。白宫官员认为他们有权确定发布哪些信息，而不是满足由记者提上日程的那些信息。最善于设计并维持一份积极的日程的政府，正是那些能够依照自己的决定发布信息的政府。海伦·托马斯谈到里根主政白宫时期他们怎样发布信息。"每天他们确定当日的一则消息并且研究该如何发布这则消息，"她说，"他们并不认为人们有绝对的知情权，但认为人们有权在特定的时刻了解一些情况。"这一点与里根之前的几届政府
202　的做法没有什么区别，海伦指出，她从1961年报道约翰·肯尼迪开始报道总统的事务。"不过每一届政府都试图操纵新闻，有的做的比其他成功。"她在1985年这样评价里根政府："他们干得最出色。很少出纰漏。他们在大多数

情况下都能稳操胜券。他们取得成功的要诀是为之付出精力。他们精心谋划每一天,他们严格按照自己拟订的方案行事。每天一则新闻,就是这样。"[42]

尽管托马斯的这番基本评论颇能反映1985年和今天的实情,如今白宫官员需要每天策划不止一个新闻,才能满足大多数新闻机构的需要,因为它们新闻稿的截止期限总会发生变化。托马斯所说的里根政府通讯中心优先关注的重点——上电视——同样也是克林顿和小布什政府孜孜以求的目标。正如泰里·亨特所说:"什么才能使我上电视?他们对电视的极端重视,也可通过新闻秘书怎样为获取播放时间处心积虑这一点看出。他们精心构建各种事件、背景和形象,以形成动人的电视画面,使电视制作人觉得很难拒不将其在电视上播放。"在老布什掌权时期,"如果早晨6点哥伦比亚公司的莱斯利·斯塔尔想见马林·费茨沃特……办公室的门会一下子为她打开,因为不管什么新闻费茨沃特都准备面对,针对她即将播报的无论什么消息,他都会发表自己的观点或批评意见。如果一名电讯记者或报社记者站在门外,她(斯塔尔)抢在他们前面走进去"[43]。

为了发挥信息渠道的作用,新闻秘书必须设法使他的白宫同事或以个人名义或通过其他直接途径向新闻机构提供信息。他鼓励白宫人员向记者通报情况。他和他的副手安排特定的白宫官员私下里接受个别记者的访谈,这些记者正在采写的新闻报道,与该官员从事的专业工作有关。副新闻秘书斯考特·麦克莱伦在即将升任新闻秘书前,谈到怎样安排记者和白宫官员就老年保健医疗改革之类的话题在一起交流:"一段时间里我做得越来越多的一件事情,是促使新闻记者就老年保健医疗问题私下采访多格·巴杰,因为他是白宫内部这一问题的主要决策者。"[44]但是新闻秘书能向记者推出的最重要的人物却是总统本人。

为了促进这种交流,并且安排自己的同事参与这种交流,新闻秘书和他的副手经常在一起评估他们准备向总统及其阁僚提供的信息。报纸是他们的一个很重要的信息来源。"对我们来说,任何一张报纸上都有消息,对这个办公室的任何人来说都是如此,"在克林顿最后两年总统任期的大多数时间里担任新闻秘书的乔·洛克哈特说,"我敢肯定,假如他们在迈克(·麦柯里,时任新闻秘书)早晨读过报纸、读过报上每一条消息之后问他什么,就会发现有一条消息不为他所知。因为这是一个很大的地方,一个盘根错节的很大的地方,有人也许想告诉你什么,可你没听进去,或者他们自行其事,出于错误的动机做了什么事情。"

读报是新闻办公室估计晚间电视新闻会播报什么消息的一个途径。

"了解电视的一个途径就是《纽约时报》"，洛克哈特说。曾任电视新闻网制片人的洛克哈特，十分熟悉电视新闻的节奏："美国的每一位电视制片人早晨醒来后都会读《纽约时报》。他们会矢口否认这一点，但是我在许多不同的时候、以许多不同的方式看清了这一点。他们早在《纽约时报》登出几天前就已掌握了某条消息"，但一直隐而不发。[45] 这条消息只有登上《纽约时报》才能变得合法，才能在电视上播出。

监控官方文件的流通

新闻吹风会和新闻发布会是公布一届政府多数官方声明的重要场合。
但在整个工作日，新闻秘书必须代表政府发布官方声明，提供有关新议题的背景资料，提供总统公开活动和事务安排的日程表，散发官方情况通报会的文字记录。

此外，在大多数日子，新闻办公室发布大约 15 份简报，涉及总统做出的职务提名和任命，白宫拟订的外出旅行和公共活动的背景消息，总统在椭圆形办公室和其他地方发表的讲话的文字稿。比如，若是总统拟在东屋举行一次旨在介绍某项政策的活动，就会有附录材料确定参与人员、说明他们的兴趣并且解释这项受到好评的政策。

在总统出访或某国元首来访之前，可能会有一位或数位白宫官员走进新闻发布室，为记者带来仅供参考或可供发表的消息。在随即召开的通报会上的发言，总是根据录音整理成文并当场分发给记者。新闻办公室行动迅速，表明它对短暂的新闻周期反应敏捷。自从肯尼迪当政以来，白宫凡举行有总统参加的公众活动，均安排一家私人打字社到场，以便全文记录总统发言的内容。白宫通讯社则负责操纵录音设备。

近在克林顿执政时期，新闻发布室后面走廊上的文件篓里随时可取的新闻办公室情况简报，是为数众多的白宫记者的一个主要消息来源。从小布什主政白宫起，电子邮件受到青睐，用以向记者发布信息和政府内部互通信息。在小布什时期的一个寻常日子里，记者通过电子通讯手段收到一批总统的人事任命通告，新闻发布会的发言记录稿，联合报告，消息汇编，日程表，以及有关活动的新闻发布会材料，例如对于一场国宴，你可以看到菜谱、瓷器的描述，以及花卉摆放的细节；联合报告中也会出现对参与者的描述，作为对某位记者亲眼目睹的情景的补充。

前来白宫参加一次总统露面的公众活动的利益集团领袖、受到邀请的名流和国会议员，经常在与总统会面之后接受记者访谈。通常他们出现在西翼入口外标出的"地界"内，记者通过一溜麦克风向他们选中的被采访者提问，内容涉及他们与总统的会面。该"地界"的设置者是记者而不是白宫，

204

尽管新闻秘书在自己的办公室里装有接听设备,可以听到那里在说什么。新闻办公室通过增音系统提高"地界"的声音传输效果,但对受访者在"地界"发表的评论不再制作文字材料。

提供准确的信息

无论是在新闻吹风会还是新闻发布会上,或是与记者个别接触之时,提供准确的信息都是新闻秘书面临的头号难题。他必须创造性地找到一些途径,以便获取所需的实情。而且他得学会如何甄别信息的真伪。马林·费茨沃特自接任里根的新闻秘书以后,便始终将这一点视为自己心目中的头等大事:"我很想询问某人你如何报道政府事务。如果你发现情报有误,你怎样利用国务院和中情局把它查出来?"因此新闻秘书应该一再反问自己:"什么是检验各种信息的最佳途径?"这个问题涉及到我这个部门至关重要的工作,事关情报的可靠性。我设计出一种我认为十分先进,不过至少有些复杂且独出心裁的机制,将我的下属安插到政府各部门,以检验这些信息是否准确。获取确凿无误的信息是一个困难的过程,费茨沃特说:"持续控制信息的流通是一个时刻需要付出艰辛努力的长期过程。"

从外交政策和国防领域获取信息时确会遇到困难,但还不同于从国内事务领域获取信息的情况。费茨沃特说:"另一个现象就是,那些国内事务部门急于成为白宫的一部分,因为他们难得有把脑袋伸进门里的时候,每次你向他们索取什么,他们通常巴不得一下子全都掏给你。国务院、国防部、中情局,都是政府的骄子、宠儿,他们都想保护自己的情报。可你如果联系内务部,他们会迫不及待地满足你的要求。"

对于费茨沃特而言,了解有关专题,意味着直接与部门专家打交道,而不是与公共情报官员周旋。"我认为因为自己是某个行业的技术官员,我会经常问谁是这方面的专家,并且经常为某个专题向他们求教,"他回忆道,"公共事务助理秘书是政策专家,深谙部长心里的想法,以及那一类问题。但是我经常需要的信息,却是一些棘手的问题,诸如,'好吧,我们出台了一个新的教育提案,告诉我美国有多少儿童能得到佩尔助学金,每年出现多少新学校,有多少资金用于校舍建设',诸如此类的问题。"

另一个挑战是时间压力。"各部局永远无法理解白宫的一个问题是——这又得谈到差别——时间因素。在白宫,几乎你需要的所有信息,都是当天的,也许就在两三小时之内。政府各部都有像这样快得吓人的时间反应机制,因为他们全都建立了事务快速了结的程序,"他说,"对付这个的最快捷的方式,就是找到某人直接提出具体问题。他们会说:'让我给你一份这方面的材料。''不,别给我这个。就告诉我一个问题:建了多少学校?'"

费茨沃特需要的是具体事实："我只需要3个或5个事实就能达到目的；我不需要了解全部情况。这永远是最难办到的。因此你得沿着这根人事链条由上往下寻觅，一直找到知道这些答案的人员。当然颇具讽刺意味的是，你需要的专业信息越多，你就越得往下寻找最基层的人员。"[46]

在一场危机发生时，新闻秘书可能将手下人员分散到有关部门挖掘信息，或者从某部门找出合适人选将他请进白宫。斯皮克斯讲述了美国在格林纳达采取行动以后新闻办公室忽然无法掌握准确信息时里根政府如何应对这一局面。"我们从格林纳达获悉，当危机发生时——卡扎菲，或挑战者号——那样的情况一旦发生我们就将我们办公室的某个人派遣到国防部或国家航空和航天局"，他回忆道。国防部或航空航天局会将他们办公室的某人派到白宫。他们一大早到达白宫，待一整天。"这样做对我们的好处是，首先，从这个部门来的人专业知识十分丰富，对细节也很了解，其次，一旦我们遇到问题无法回答，他们知道该找国防部或航空航天局或其他什么部门的哪个人。能够立刻进行这种人员交流并且有这些专门人才可以利用，确实令我们受益非浅。"

在有些危机发生期间，由某些政府部门派来的官员在新闻办公室待上数天，专门回答问题。"挑战者号"爆炸以后，航空和航天局派来的人在那里待了差不多一星期。斯皮克斯还说，利比亚朝美国军舰开火，挑起一场事端后，国防部派到新闻办公室的一名专家能够回答记者们在新闻发布会上提出的问题。"他们问军舰火力达到多少，"斯皮克斯回忆道，"于是那人坐在那儿，手上拿着一本介绍所有外国军舰的专业书籍，把它递给我，我能够告诉他们军舰上有多少门炮，有多少火力装备，多少人员，军舰的长度、宽度，各种细节。能了解这么多专业知识对我很有帮助。"有时，比如在里根执政时期一名俄国水手跳上新奥尔良的海轮，事件本身涉及几个部门。每个部门都派出代表随时准备应对质询，其中许多都是精通司法的专业人士。[47]

需要用心挖掘准确信息的最困难的局面，往往发生在爆出一桩丑闻之时。费茨沃特说，处在这样的情形下，新闻秘书很少遇到有谁主动相助。"多少回你碰到一则陡然揭出的丑闻，可是没有人甚至愿意对它发表任何看法，这真令我百思不得其解"，他回忆道。莫妮卡·莱温斯基性丑闻爆光以后，白宫官员声称此事不便在会上讨论。"这在外界看来也许不可思议，可我深知其中奥妙。丑闻越有杀伤力，越是三缄其口。""丑闻惹的麻烦越大，他们越愿意让我独自处理。碰到那种恶名远扬的麻烦事，你永远不可能指望办公厅主任屈尊找到你说，'此事应该这样处理'，或者'这儿倒是有个妙招可以将它摆平'。他们会像躲开毒药似的唯恐避之不及。"[48]

所有的新闻秘书都得在任内的某个节骨眼上跟丑闻打交道。他们主要考虑的一点是应该获取多少信息,在新闻发布会上该披露多少。迈克·麦柯里在处理莱温斯基丑闻曝光时抢先一步及早让律师接手,将它逐出新闻发布室,这样他在新闻发布会上就可以谈及其他话题。之所以采取这种策略的一个重要原因是,从容谈论一桩突发性丑闻的各个细节而不致情绪失控,实在需要承担风险。那段日子是很难挨的,正如麦柯里所说:"我是一个地地道道的现实主义者。我像许多人那样尽快采取行动,直到事态逐渐得到控制为止。"就在丑闻的真相逐渐浮出水面时,麦柯里想到他的前任马林·费茨沃特的警告。麦柯里说:"我看见他(费茨沃特)旁征博引谈论我的表现,说你挨过头几天那不算什么。再有一步踏入泥潭,可就要你的好看,可就成问题了,你开始在泥潭里越陷越深。对此我深有同感。"无论在台上发表什么讲话,他总是谨慎措辞,唯恐出错。"我不想以坚定的卫士自居出现在这个岗位上。我从来没有这样。我说错了,你可以指正,但我从来没有为保卫比尔·克林顿大造声势。"[49]这桩丑闻持续到麦柯里余下的任期,但他的立场一直没有改变。

获取总统的信息

记者需要了解有关总统的消息,他们通过一位每天与总统见面的新闻秘书获取这类消息。2000 年 10 月 2 日,新闻秘书杰克·西维特举行他的第一场新闻吹风会。海伦·托马斯问起他与总统会面的安排,他们是否天天见面,他回答说他们见面次数与迈克·麦柯里和乔·洛克哈特任职时相同。是不是天天见面? 最后西维特表示,他将天天会见总统。[50]

按照记者的看法,每天会见总统,对于获取有关信息至关重要,这些信息反映出总统而不是新闻秘书正在思考什么。马林·费茨沃特理解这一点。在跟小布什谈起他已经成为总统的新闻秘书时,他特地说明他履行现职需要什么条件。"我告诉总统,我希望与他建立一种我与里根总统相同的关系,那就是出席每一次会议。当然公开出入于椭圆形办公室,"他说,"我说的'每一次会议',是指的每次国家安全委员会会议,高层秘密会议,每次会议。"他记得布什当时的答复是:"好的。"费茨沃特说,总统遵守了他们两人之间的这份约定:"我争取参加每次会议。无论什么会,我都要参加。这很有帮助,因为这的确是了解正在发生什么、揣摸总统在想什么、可能做出怎样的反应的唯一途径。"[51]

阿里·弗莱舍每天与总统会面,通常是在新闻吹风会之前或之后。"取决于我在召开吹风会前或之后发生了什么新闻事件,我去见总统,告诉他我对当天局势的走向有什么看法。"弗莱舍获准参加大多数由总统召集的会议，但举行人事会议或情报发布会时他却无权到场旁听。弗莱舍说布什总统在选举日当天跟他谈过这项工作："首先他跟我谈到我能跟他接触的次数，他后来一直照此办理。次数很多。他强调说，他知道这工作像是走钢丝，得处处小心行事，我得为他服务，还得为白宫人员、为新闻界服务。提及他无权接触的信息，弗莱舍说："有些问题不是所有的人都可以了解的。他所说的这种情况当然完全适用于人事……和情报事宜。"[52]

斯考特·麦克莱伦来到白宫之后不久，每天早晨定期与总统会面。"有时根据某天的需要，我会径直走进椭圆形办公室，试图'截住'总统，这种情况时有发生，"麦克莱伦说，"用两三个问题向他试探，我了解的问题，有可能在会上提出需要我回答的问题，我需要了解他对这些问题的看法。"[53]托尼·斯诺说，每次跟布什总统交谈后，都能从总统那里得到自己将在新闻发布会上谈及的有关专题和议案的"基调、政策和背景"。[54]

迈克·麦柯里有时私下有时与其他工作人员一起面见克林顿总统。他在会面时做的一项工作，是一起讨论某些问题可以怎样回答，麦柯里的手下人员还会就此提出一些建议。"大多数工作日，我们无一例外地总有机会跟他交谈，我能感到他打算怎样回答某些问题，"麦柯里回忆道，"我们常常说，你没有理由受这个摆布，如果你不想接受某个问题，你完全可以回避它。"不过，多数情况下，克林顿在公开活动中干脆自己接过记者的问题。"我在白宫的大多数日子大多数时候，他利用某次活动中一个便于摄影的机会，回答当天新闻中一个重大问题，这问题我们已经预演过了。因此回答提问的场面就会在我的新闻发布会上拍摄下来……到总统身边了解他的想法常常很有帮助。"

在总统已经发表过讲话的情况下，新闻秘书的作用是充实他的答复："这样你让总统定下回答或新闻报道的基调，等到举行新闻发布会之际，我再围绕它补充一些背景新闻。偶而还会发生这样的情况：我们已经就他怎样回答某一问题演练了一番，但在摄像时机到来时，却没提出这个问题。"不过预先设计回答很少会是枉费气力："因此如果媒体向我提问，我会按照克林顿答复这一提问的思路做出回答。这种情况多次发生。这得归功于亲耳聆听他透彻地谈论某个问题。"[55]

三方的代表

新闻秘书的工作若想取得成效，就得获得三股势力的信任：总统、新闻界和白宫人员。错综复杂的各种关系对各方都是利益攸关，所有置身其中的势力都会彼此互相提防。初来乍到刚开始在白宫工作的人几乎都没有什么跟新闻机构打交道的经验,于是新闻秘书常常得为记者提供方便。同时,新闻秘书还得负责确定什么样的信息适合白宫官员发布。未经授权的接触可能导致情报的泄露。总统通常会因未经授权擅自在媒体上发表的消息感到焦躁不安。此时他们做出的反应常常是命令新闻秘书追根寻源,查到泄密的源头。

不过,与新闻界拉关系是新闻秘书工作的一个重要组成部分。迈克·麦柯里接任新闻秘书时将其视为自己工作的重中之重。"我 1995 年初来乍到时对这里的状况作了一番评估,认为两者之间存在着一种极为有害的关系,他们有一种'你们这帮人不喜欢我们'的情绪,因此我得影响造成这种关系的心理或者说造成这种关系的个人因素",他回忆道。他特别强调"有问必答、更加尊重新闻记者整个群体"的工作原则。[56]

弗莱舍工作方法中出现的一个变化由新闻秘书斯考特·麦克莱伦带到自己的工作中,这就是下午临近下班时返回新闻区会见记者。每两三个星期一次,下午 4 点 30 分左右,他途经美联社新闻点返回新闻区,跟任何一位愿意加入谈话的记者交谈。他先问"情况怎么样",一般不用多久,一群记者就会向他提问或者谈论一个酝酿之中的议题。在那里谈结束之后,他会走进地下室的新闻区,顺着过道来到福克斯新闻点和有线电视网新闻点,打探记者们的真实想法。如果刚刚召开过一个或一连串气氛紧张的新闻发布会,麦克莱伦很有可能回来跟记者做进一步的交流。2003 年他毫不含糊地宣称卡尔·洛夫没有参与泄露有关约瑟夫·威尔逊夫人的情报,记者们言辞犀利地对此提出质疑后,他在 7 月中旬就是这么做的。在连续三天忍受这些尖锐问题的轰炸,包括领教几个质疑他诚信度的问题之后,麦克莱伦照例在新闻区逐一访问各大媒体的新闻站。

争取让记者喜欢总统或者他的新闻代表,其作用本身有限。麦柯里提到 1996 年美国总统大选中克林顿的主要竞争对手参议员鲍伯·多尔与记者的关系:"记者团同他一起旅行,逐渐开始了解他,确实对他产生了很大好感,他们从来没有承认自己在任何情况下为克林顿做过这些。但是这没有为他带来一点好处。"

为了与记者建立良好的关系,最终起作用的还是他们向记者透露的消息和提供的新闻。"我认为归根结底是看你能否向他们提供有价值的消息",麦柯里说。"在这里难得有那样的日子,你向他们提供一条很好的新闻,那种能够造成一些轰动效应,你很想披露给他们的新闻线索,你在一天结束之际观看电视网新闻时,获得令人高兴的丰收。"另一方面,"如果它们不能在电视上播放,或登上报纸头版,他们就会发脾气"。

　　在跟那些十分看重白宫新闻报道的精英新闻机构打交道时，新闻秘书有时会建立一些特殊形式的关系。迈克·麦柯里和《华盛顿时报》的安·德弗罗伊之间就是这样一种关系。麦柯里至今记得当初来到白宫时德弗罗伊对他说的话："你得明白一件事，这里只有两三个我可以依靠的'核心'人物，也就是说，这里蒙骗杜撰如此盛行，我需要了解到底发生了什么情况。""她指望乔治（·斯蒂芬诺普罗斯）发挥这种作用，我来这里以后，她开始倚重我。我们会直截了当地告诉她发生了什么情况，无意在什么事情上对她隐瞒真相或编造谎言。我们将告诉她：'情况是这样的；我们就此会说些什么。'"

　　建立这样一种关系的一个重要原因，是对来自《华盛顿时报》的许多信息需求区分轻重缓急。作为最近距离报道白宫各种活动的报纸，《时报》的信息需求量超过其他任何一家媒体。麦柯里说："一天我在跟（《华盛顿时报》执行主编）雷·多尼交谈时对他说：'你得知道《时报》对我们而言也是新起点。《时报》是一个非常复杂的地方……他们带着他们正在捕捉的一二十条不同的新闻线索来找你。"德弗罗伊是一个能为麦柯里区分轻重缓急的重要人物："德弗罗伊总是能让你觉得哪些新闻对他们重要，哪些会被报纸重点报道，哪些会一般报道。"不过，虽然他们私交甚好，还是会出现从他手上放出一些没有价值的新闻的情况！"你总是知道自己的立场……这再好不过地诠释了何以敌对关系也会包含些许友善。我会将他作为一个朋友依靠，但我不会把这作为公共关系中一个增加的砝码。就算我卡得再紧一些，也无法阻挡她写一篇新闻稿，她的文章总是第一个见报。"[57]

　　马林·费茨沃特与德弗罗伊之间保持着一种相似的关系："你知道她不是只有一个两个新闻来源，而是所有的来源。这部分是由于她为《华盛顿时报》工作，而《时报》拥有大部分消息来源。但她搜集信息真有一股不依不饶的狠劲。这使她十分自信。"作为一名新闻记者，她窥探里根、老布什和克林顿政府内情的本领无人可及。正因如此，新闻秘书对她总是有问必答："她十分善于阻止对方拒绝答复自己的提问。她的采访手段非常高明。她往往接连向你提出五六个问题，就在你以为她再也没什么可问时，冷不防又有新的问题朝你袭来。我曾对里根和布什总统说：'除了向她提供信息，你别无选择。你只要拿起听筒跟她搭上话，就会不由自主地向她提供她所需要的信息。她自有一套钻孔打眼的本领。'"

　　同时，如果哪位新闻秘书告诉她消息还不够确切，她也愿意暂缓发布。费茨沃特回忆说："她这人还特别爱讲规则。只要你能使她相信某个消息需要进一步核实，她愿意暂缓发布。你知道她会弄清这则消息的原委。如果你要求她进一步核实，她自然会照办。"[58]建立这样一种关系无论对白宫还是对记者都有好处。新闻秘书不会因为一则新闻遭到来路不明的指责,而《华盛顿时报》也能为自己的新闻报道获得可靠的素材。

保护总统和白宫官员

新闻办公室和记者之间持续的这种日常关系越好,就越能在白宫遇到麻烦时发挥积极作用。曾在老布什政府的国家安全委员会处理新闻事务的罗曼·波帕丢克解释了其中的奥妙。一旦建立了一种专业关系,一名记者可能持一篇报道找一位新闻办公室官员核实某些主题或细节。新闻官员不可能告诉他这篇报道该增加什么内容,但却可以说:"'你或许可以对第二段再做些加工',或者说'那一段你还可以补充些细节。'"我们有时的确就是这样说的,波帕丢克说。"'你大概可以加一点内容',有时我不介意说这样的话,'这儿有几点你忘了',或者'那样你的报道会更加充实',或者表达一些否定的意见,'这里的确发挥过头了,让我跟你说清楚。'这两种方法都很管用。"[59]

新闻秘书必须维系他与记者的合作关系,以便替总统和白宫官员保驾护航。他们期待新闻秘书在对记者即将惹出的麻烦有所耳闻时即刻发出警报。安·德弗罗伊总是毫无顾虑地让新闻秘书了解她在采写什么新闻报道,以便白宫及时作出反应。她不愿意暗中偷袭那些她与之合作的新闻秘书。"我总是告诉他们我在干什么。我不赞成那种'我要让你好看'的报道方式,早晨你拿起一张报纸,读到什么感到十分震惊,"她说,"我认为这事关公平。如果一位新闻秘书坐在白宫里面的什么地方,突然看见《纽约时报》和《华盛顿邮报》上登出一则她闻所未闻的特大白宫新闻,不禁大吃一惊,这时他就真的遇上麻烦了。"

一位新闻秘书会因自己在白宫新闻团队中丧失信誉而深感沮丧。"每个人都瞅着他说,'嗨,你这个新闻秘书是怎么当的? 他们没给你打电话,他们认为自己能干出这样的事,连电话都不用给你打?'"德弗罗伊解释说。合作型的工作关系无论对记者还是新闻秘书都是至关紧要的,因为双方都要想方设法挖掘信息。"新闻秘书的一个作用不仅是提供信息,而且是获得信息,"她说,"他们深入媒体内部,以便找出记者采访报道的真实动机。优秀的新闻秘书正是这么做的:'你心里是怎么想的?''你做出这一报道的动机是什么?'"[60]

有时,新闻秘书以白宫内部人士的身份,试图澄清遭到某位白宫官员否认的一则消息。阿里·弗莱舍在担任小布什的新闻秘书期间,《华盛顿邮报》曾载文论述国家安全顾问康杜丽莎·赖斯在法庭审理高等教育赞助性计划一案期间代表政府扮演的角色,弗莱舍也参与了政府对此文作出回应

213

的有关工作。这篇发表于 2003 年 1 月的文章指出:"国家安全顾问康杜丽莎·赖斯在白宫举行的一场内部辩论中发挥了罕见的中心作用,并且帮助说服布什总统公开谴责密歇根大学有种族倾向的人事录用政策,几位政府官员昨天声称。"

文章披露了据说是她在辩论时的发言内容:"赖斯,这位美国有史以来第一位女性国家安全顾问,告诉布什她致力于增加斯坦福大学非裔美籍教职工数量,但她坚决反对种族配额,一位政府高级官员称……按照几位官员的说法,赖斯是总统背后几个发挥关键性作用的人物之一,促使他于星期三宣布,他将敦促最高法院推翻密歇根大学的这项旨在实施赞助性计划的方案。"[61]

赖斯看到该文后心中颇为不悦,便与弗莱舍讨论了此事。那天早晨,他打电话给美国都市广播网派驻白宫的记者爱普雷尔·瑞安,与她联系上时,她正带着自己一岁的女儿在医生的办公室就诊。弗莱舍告诉她,《华盛顿邮报》那篇报道失实,赖斯有意通过她的一次采访以正视听。瑞安随即电话采访了赖斯,并且播送了采访内容。很快,瑞安的报道被美联社采用,次日又在《华盛顿邮报》上登出了这篇刚刚加以充实的报道。"在昨天接受美国都市电台网时,赖斯说她赞成赞助性行动,'只要它不会导致种族配额,只要人们积极采取这种行动,以便全面地看待某个人。'"《华盛顿邮报》这样写道。"'很难在讨论生活经历或某人的经历时拒不承认种族是其中的应有之意',她说。赖斯告诉广播网,她一直'支持那种不以种族配额为必要条件、无意将种族当作唯一要素的赞助性计划。'"[62]

瑞安并不是弗莱舍这样与之交谈的仅有一名记者。美联社登出另一篇报道,提到赖斯如何为这篇文章大动肝火,并且归纳了她与布什总统就此展开的讨论的要点。报道指出,顾问们告诉记者,赖斯被登在《华盛顿邮报》上的原先那篇报道"刺痛"了。"赖斯与布什一起讨论了这篇文章,总统敦促她公开自己的不同意见,有关白宫官员称。赖斯的话立刻引起人们对她和布什之间存在尖锐分歧的猜疑。赖斯接连打了不少电话给几位记者,努力驳斥这样的传言。"[63]

很快,弗莱舍把这件事闹得沸沸扬扬,引起了《华盛顿邮报》检查员迈克·杰特勒的注意,他撰文指出该报刊登的那篇报道的漏洞。"作者用一种引人注意的幕后眼光,看待白宫和全国一位最受赏识的人士在一个敏感问题上所发挥的不同作用。但这篇由白宫记者迈克·艾伦和法律事务记者查尔斯·莱恩合写的报道却没有表明是否有人询问赖斯或其助手,她那由政府官员描绘的形象是否准确。文中甚至没有一行提到报社曾打算与她接触，如果确曾跟她接触的话。"[64]

　　一位新闻秘书的工作成效部分源自他与总统的关系。总统应该耐心倾听新闻秘书的意见，接受他的忠告。杜鲁门时期的一则故事足可证明新闻秘书能够怎样殚精竭虑地为总统服务。新闻秘书查尔斯·罗斯去世后，她才越发凸显其对杜鲁门总统的价值。1950 年 12 月 6 日早晨，杜鲁门致信《华盛顿邮报》音乐评论员保罗·休姆。头天晚上总统女儿玛格丽特·杜鲁门在宪法大厅的一场音乐会上登台演出。休姆在晨报撰文说："杜鲁门小姐堪称美国的一位非凡杰出人物。她身材娇小，品味不俗，嗓音甜美。在舞台上尤其妩媚动人。"然后笔锋一转："可惜杜鲁门小姐唱得不够好。不少时候音调缺乏变化——昨晚比起近年来我们听到她的演唱更是如此。"[65] 杜鲁门的回答十分尖刻："刚刚拜读了你对玛格丽特音乐会的狗屁评论。但愿有朝一日与你相遇。到时你得安装一只假鼻子，需要大量牛排好补补你那被打青的眼睛，也许还要有一副拐杖。"[66]

　　杜鲁门经常给新闻机构写信，罗斯生前常常尽可能私自扣下这些信，以免登出去会令总统脸面丢尽。他写给休姆的信发表后收到 10000 封其他读者的来信，这本身证明罗斯去世对他是一个多么巨大的损失。大多数总统迟早都需要一个忠于职守的查尔斯·罗斯。

管理新闻办公室

　　新闻办公室的中心工作一直是获取和发布信息。作为办公室主管，新闻秘书负责建立一套工作机制，以便获取他需要向记者和民众提供的信息。过去 40 年间，新闻秘书的行政职责要求他每天主持大约 4 次工作人员会议，并且代表新闻办公室出席白宫的一些会议。

　　新闻秘书的每一天，都是在围绕新闻吹风会和新闻发布会上的新闻需求运转，这是压倒一切的中心工作。虽然不同的新闻秘书采用不同的信息收集方式，但他们全都在为发布信息做准备。这种准备必然要求新闻秘书面见总统本人。

每天的例行事务

　　以下是迈克·麦柯里对一个典型工作日的描述，它颇能体现马林·费茨沃特、阿里·弗莱舍和斯考特·麦克莱伦等新闻秘书所描述的每天的常规事务。他们共同的经历再现了克林顿和布什时期新闻秘书典型一天的工作情景。

　　早晨 7 时 30 分白宫办公厅主任办公室会议。新闻秘书每天的第一次例

216　会,通常将新闻秘书、办公厅主任和副主任、通讯主任以及国内政策主管召集在一起,如果当日新闻涉及外交政策,还得加上国家安全顾问。参与某些重大事务活动的有关官员到会研究当天计划。迈克·麦柯里记得列昂·帕尼塔常把这种他让某些人参加而把某些人排除在外的会议叫作管理会议,因为他认为白宫的一些资深管理者必须到场,这种做法能够巧妙地把一些自以为论资历足能跻身高层人员行列的人挡在门外。因此,7 点 30 分的会是一次真正务实的会议。"[67]

　　麦柯里这样描述 7 点 30 分会议:"第一次会议是一次开诚布公的评估,明确我们当天准备做什么,怎样完成当天的任务,这事如何落实,那事如何推进。"不过,办公厅主任安德鲁·卡德在高层人员会议之前召开的一次小型会议,新闻秘书是不参加的。

　　高层人员会议:早晨 8 时。随后召开的高层人员会议"是那些以这种或那种方式埋头苦干的人们一个扩大了的活动场所。"前后两次会议的目的不同,前者是决策会,后者是信息会。

　　根据麦柯里的解释,在高层人员会议上,"列昂或受其指派的某位人士向整个工作班子正式下达前进命令,有时他发号施令的依据就是在 7 点 30 分会议上刚刚做出的决定。他会走进来指指点点地说:'这就是我们今天要做的工作,具体做法是这样的,现在给每个人分配任务。'"办公厅主任的这番开场白之后,他们"依次发言,每个人都可以报告自己打算处理什么样的问题。因此应该确保其他人了解你当天的工作所要达到的目的,然后确保所有人理解当天行动的主要目标"。

　　马林·费茨沃特曾在里根和老布什执政时期出席高层人员会议,他解释自己怎样在与会人员当中发挥了独特的作用。每天早晨他来到办公室时,他已写好"一张便条,记下我认为我们必须应对的几则新闻报道。我在高层会议上所起的作用总是一成不变:'马林,我们今天得处理什么问题?'此时桌边每个人都已看到我写的东西。'这些就是我们要处理的问题。如217　果哪位对这其中的哪个问题有什么补充,对我有什么建议,请尽快提出,因为我得考虑怎样回答这些问题'"[68]。让所有与会者知道某一天他认为应该应对哪些事件,他们就有机会发表自己的看法,同时也会感到有一种压力促使自己想出应对之策。如果他们没有发表个人看法,那在新闻发布会上如果听他说了什么他们觉得不妥的话,也没有理由抱怨。

　　通讯会议:8 时 30 分。约翰·波德斯塔担任克林顿的副办公厅主任以后,他安排在头两次工作会议之后举行一次通讯专题会议。麦柯里具体谈到通讯会议的参与者和目的。"通讯会议确实成为公共关系、公共事务和国会事务人员与司法人员互相交流的一种途径,"他说,"那确实是 1998 年的情况。这之前波德斯塔第一次召开这种会议时,他安排每个负有通讯职责、发挥通讯作用的人与会。我们全都聚在一起商讨:'今天要发布什么信息,怎样发布这一信息,由谁来发布信息。'通常会议开得很好,散会时,我们对谁将完成什么任务全都心中有数。"

　　新闻办公室人员会议:上午 9 时。"我回来召集手下人员开会,让他们知道他们今天得做什么工作,我也可能通报他们需要了解的其他事情。通过这种方式提高他们的工作效率。"此时新闻秘书已经做好新闻吹风会的准备,吹风会大约 15 到 20 分钟时间,由几十名电视、广播和电讯社记者出席。

　　吹风会:上午 9 时 30 分。白宫和各路记者之间当天第一轮信息交流是非正式的,适合双方的需要。一群约有 30 人的记者,聚集在新闻秘书办公桌周围,与他进行短暂的交谈。新闻秘书利用这个场合向记者通报总统当天的日程,同时交代有关报道总统活动的技术细节,并且让他们获悉白宫当天希望着重强调的信息。记者试探白宫对夜间发生的事件和已经出现在晨报和早晨广播中的报道持何态度。麦柯里安排一名工作人员记录,以便吹风会后做出具体的人员部署和分工。吹风会的情况将在本书第 6 章详细介绍。

　　吹风会之后的会议:上午 9 时 45 分。吹风会之后,新闻秘书开始安排工作人员搜集各种信息,为当天的新闻发布会做准备。这些拥有副手或助手头衔的六七个人都被分配了信息任务。吹风会使他们知道那些记者脑瓜里装了些什么问题,因而明确了行动方向。"这是我们每天用心拼凑寻觅信息的一段时间,你到处搜集我所需要的信息,或者阅读我需要阅读研究的资料,并且真正吃透某一个议题的精神。其中一个重要的环节是非常仔细地阅读新闻汇编,认真梳理各种不同的新闻报道。90%有关某项专题的信息是来自媒体,而不是来自白宫内部。我常常走进地下室,在安全室和形势室阅读情报。我一般会与克林顿交谈。我去见帕尼塔,然后见鲍尔斯,和别人一起检查一遍新闻发布会上的发言内容,有时和乔治(·斯蒂芬诺普罗斯),然后再和拉赫姆(·伊曼纽尔)或其他人一起,对他们说:"'这些就是今天的主要问题。'如果做这事时需要克林顿在场,我们会去总统办公室见他。"

218

　　早晨与总统会晤：上午 10 点到 11 点。麦柯里有时但并非总是和总统单独会面。麦柯里回忆说，如果克林顿得在罗斯福室签署一份宣言，那就会有一次摄影的机会。我们把刚才那些人召集在一起，帕尼塔、伊克斯、鲍尔斯和麦柯里，斯蒂芬诺普罗斯，有时是拉赫姆，有时是唐·贝尔，有时是其他人。一旦这些人到齐，就开始讨论"摄影场面"可能派上用场的脚本。麦柯里根据刚刚记者在吹风会上对他的提问，预测总统有可能被问到哪些问题："这问题他们有可能问你。克林顿通常的反应是：'我该说什么？'他想听听其他人会怎样建议他回答记者的问题，其实他一般知道自己该怎样作答。他常常说：'我想这样回答……'有时，如果一个问题他已接受了我们设想的答案，他会口头陈述一遍，然后说：'我再修改一下。'"

　　在为回答提问预先准备的过程中，他俩在一起讨论他回答问题时应该利用多少细节："如果他想在谈到某个话题时引用一段圣经，而我们觉得这样做为时尚早，我们希望他把这段话留到后来再用，或者我们不愿主要由他发布某条信息，我们就会告诉他怎样在必要时尽量做出简短的回答。"如果他们针对某个问题精心准备的回答没被总统采用，那也将成为麦柯里在他新闻发布会上使用的材料。

　　准备小组还讨论他们希望总统表现的姿势和音调。"有时问题的关键在于音质。如果会上建议我就某一问题出去跟共和党人或金里奇稍稍沟通一下，我一定坚持得到总统的特别授权。他在跟金里奇的所有对话中都能做到巧妙应对，他总是嘱咐我们在与共和党人进行正面交锋时尽量把握分寸，谨慎行事，有时还从各个不同角度就此开展演练。"

　　电话会议：上午 11 时。电话会议把国务院、国防部、参谋长联席会议、中央情报局和美国驻联合国外交使团的公共信息官员联系在一起。乔·洛克哈特接替迈克·麦柯里任新闻秘书后，他要求国务院在电话会议上第一个发言，因为"他们通报的消息范围很广。可以说是遍及世界"。[69]电话会议可能持续 1 小时。在老布什主政时期，这种会议简单得多，一般仅有 15 分钟，仅限于国务院、国防部和中央情报局参加。[70]

　　电话会议结束后，接着召开一次办公人员会议，由副新闻秘书和助理新闻秘书汇报他们发现的记者动态。洛克哈特继续说："这些一般能够很好地提示我们记者将会提出什么样的问题。不管巴里（·托依乌）、艾米（·维斯）、吉姆（·肯尼迪）、戴维（·利维）和 P. J.（克罗雷）了解到什么情况，那都是将在新闻发布会上提出的问题。"这些都是一天当中随时答复记者问题的副手。

在老布什主政时期的白宫,通讯班子指定副新闻秘书在电话会议上与某些部局的副新闻秘书通话。斯考特·麦克莱伦解释他和克莱尔·巴肯如何履行副手的职责。"我和克莱尔跟内阁部局的新闻秘书在电话会议上通话(克莱尔 10 点 15 分,斯考特 10 点 30 分),通话的内容是每天重点围绕搜集情报,确保每个人了解当天正在发生什么,当天可能出现什么问题,"他说,"或者是在搜集信息方面我们需要他们协助的事情。我跟司法部、卫生和公共服务部接触,跟环境保护局谈环境问题,跟内政部接触,跟住房和城市发展部谈住房问题。此外还有劳工部、退伍军人事务局。总共大概有八九人。"[71]经过这番接触之后,他们又在新闻秘书阿里·弗莱舍召开下午的新闻发布会之前向他汇报工作。

220

新闻发布会:午后 1 时。新闻秘书一天当中最重要的活动是新闻发布例会。小布什时期的新闻发布会时间约为 30 分钟,克林顿时期为 30 到 60 分钟,总统在白宫期间大部分工作日均正常召开。总统外出旅行时,新闻发布例会纳入其旅行日程。这种极端重要的信息分享活动的形式和动态将在下章介绍。

下午电话和约会:下午 3 时至 6 时。新闻秘书下午的大部分时间用来在电话上跟记者、新闻媒体交谈,进行一对一的访谈。周四下午他一般与《时代》、《新闻周刊》和《美国新闻和世界报道》这几家主要的新闻周刊的记者依次举行会谈。近几十年每一届政府都遵循这种惯例。记者获得的信息,为他们截至周六必须报道的头版消息提供了背景与色彩。

以下是马林·费茨沃特描述的一个典型的下午:"如果我跟总统在一起开会,我得不断回来看是否有人准备和我联系。总是有人来来去去。午餐后 1 时至 5 时之间通常人来人往,源源不断。其中有些可能是记者,他们的最新报道需要几条新的引语,或者他们正在采写的报道需要一两个问题。每周一次你得会见一些前来打探最新消息的新闻杂志记者。每天大约在 4 时 30 分或 5 时,每个电视网打来电话,单单为了得到一则最新消息:'有没有正在发生的消息?''有没有什么需要我担心的消息?''有没有什么需要我向本报编辑部通报的情况?''我们今晚将就此发布消息。''我们的观点是这样的。'他们一般会把他们正在做的事情告诉你。"[72]

一天的结束:下午 6 点开始。一天结束时,新闻秘书一般都跟新闻办公室的工作人员在一起。其他几位新闻秘书也和费茨沃特一样。[73]"这是一次闭门会议，没有外面的客人和其他办公室人员参加。我们所有人员回家前召开这样的会议已经形成了制度，会上我们听每个人发牢骚、倒苦水。我们让他们统统发泄出来，我们解决我们的问题。我在会议开始时总是这样劝告他们，'你们瞧。我知道你们白天在这里肯定受了不少气，尤其是在新闻办公室'"，费茨沃特回忆道。[74] 他还跟年轻的工作人员开开玩笑，他们得对付纳奥米·诺佛之类的难缠角色，记者团里的这个古怪女人有时竟然靠挥舞伞或是钱夹来获得她想要的东西。[75] "不单是这个，还有情绪失控的记者朝你发脾气。所有的事情都不对劲。等到一天结束时，你开始仇恨媒体，你开始仇恨你自己，你开始为他们对你做的出格事仇恨邻桌的同事。你开始认为总统愚蠢，你开始说我是傻瓜，随便什么都可以。但是我们最终还是控制了自己的情绪，渐渐平息下来，准备迎接第二天的工作。"[76]

总统和他的白宫幕僚对一位精明干练的新闻秘书寄予无限希望。总统通讯宣传工作的成效，取决于新闻秘书是否能搜集准确的信息并向记者及时发布，是否能对记者向白宫提出的问题及时做出回应。尽管新闻秘书没有时间制定长期战略，但在搜集和发布真实信息方面所发挥的作用却是无可替代的。为了体现自身的价值，他得充分协调总统、白宫官员和记者这三方之间的关系。在任何一方对其他两方的意图产生怀疑的情况下，新闻秘书都能设法维系他们之间的良好关系。

一度时期新闻秘书的主要工作是提供信息和建立政府的官方档案，而今，作为通讯班子的一员，他致力于充分利用广泛的资源，以便有效宣传总统和总统的政治纲领。在如今新闻发布例会由电视转播的条件下，政府能够利用新闻秘书的讲台，与世界各国政府和美国国内的批评者和盟友迅速取得联系。

第 6 章

新闻吹风会和新闻发布例会

新闻秘书斯考特·麦克莱伦沿袭了他前任的惯例,在总统身处白宫的大多数工作日按时参加两个公开的新闻发布会。这两次会议只不过是众多新闻来源中的一个,而且也不是记者参与信息交流的唯一时机,但对与会双方而言却依然极为重要。在克林顿执政中期,美联社资深记者特里·亨特估计他掌握的信息中有 40％来自这两次会议。[1]与会双方都从中获益匪浅。不过随着新闻周期的加快,它们的重要性也在降低。可是对特里·亨特而言,它们依然重要。2006 年 8 月,亨特称 40％的数据"还是比较高的,因为用电话联系白宫官员多有不便,我们更加依赖这两次会议"[2]。

两次例会中的首次会议,是 15 分钟的早晨新闻发布会,俗称"吹风会",以往至少有两届政府都是约在 9 点 30 分于新闻秘书办公室召开。2001 年 9 月 11 日后不久,新闻秘书阿里·弗莱舍将吹风会会场迁至新闻室,至今一直未变。由电视转播的被称作"新闻发布会"或"新闻发布例会"的正式会议,则在午后约 12 点 30 分于詹姆斯·S. 布莱迪新闻发布室召开,一般持续约半个小时。1999 年,克林顿总统将此室命名为布雷迪室,以纪念 1981 年在一次暗杀阴谋中不幸负伤的里根总统的新闻秘书。整个新闻区虽经 2006 和 2007 两年的整修,如今詹姆斯·S. 布莱迪新闻发布室的占地面积仍和以往一样大。

除了日常吹风会和电视转播的新闻发布会以外,还有提供背景信息的专题新闻发布会这类会议可以在新闻发布室或一位官员的办公室召开。过去四届政府任期内举行的吹风会和新闻发布会的次数基本相同,尽管形式有所区别,但是最近两届政府召开专题新闻发布会的次数和基本原则已发生了变化。

虽说这些新闻发布会与 60 年前那些类似的会议已不可同日而语,但是大多数总统自新闻秘书一职设立以来一直遵循由新闻秘书每天两次主持新闻发布会的惯例。尼克松、福特和卡特政府每天仅召开一次新闻发布会。阿里·弗莱舍于 2001 年 1 月 20 日成为小布什的新闻秘书时，他继承了过去 100 年间逐渐发展形成的一整套惯例、期待和默契。他面对的记者基本上还是 1 月 19 日在场的那帮人，当时杰克·西维特为克林顿主持他的最后一场吹风会和新闻发布会。新闻秘书们很快发现，每届政府内和数届政府之间的各种规则和做法以及采访白宫事务的记者，往往保持相对连贯和稳定。

吹风会：新闻序曲

在谈到吹风会互惠互利的本质特征时，乔·洛克哈特称它代表了"我们双方的一个起点"。接着他特别强调白宫从中获得的利益："我们有机会抛出当天的议程，确保每个人知道（正在发生什么情况）。它等于是最后一个机会，用来激发每个人对当天的无论什么事件产生兴趣，然后按照我们的意愿为正在出炉或头天夜里已经出炉的报道定下框框，对报纸上的说法作出反应，或者是贬低一篇报道，或者是力挺一篇报道。"[3]

马克·诺勒自福特执政以来一直为哥伦比亚广播公司直播或转播节目采访白宫，他谈到这种会议对媒体的作用："你能获悉官方对当天即将发生的一些事情的反应。你能大概了解白宫当日的议程，预先知道总统将做些什么。对于这些有时能够制造新闻的材料，一般我会记下来备查。"[4]

白宫新闻日正在变化的节奏

吹风会的历史相对较短。谁也不能完全确定该词何时开始用以指代在白宫新闻秘书办公室召开的早晨例会，但它却是克林顿时期被白宫官员和记者频频使用的一个字眼。"gaggle"一词源自一群鹅嘎嘎乱叫的嘈声。会场上一群记者簇拥在新闻秘书的办公桌周围，跟他打探消息，向他提出尖锐的问题，此词用在这里倒也贴切。

里根政府很晚才开始实施非正式新闻会议制度，其时马林·费茨沃特取消了原先由拉里·斯皮克斯召开的规模较大的清晨新闻例会，代之以一种不太正式的会议，由他透露总统当天活动的有关细节。起初这种会议是为了向电讯、广播、电视等媒体提供一些单纯的事实。它缓慢但确切无疑地转变为一种新型的会议，供白宫发布当天的信息并且应对头天夜间发生的事件和产生的报道。这样做的部分原因，是为了满足有线电视网和报纸在线版的新闻需求。这种倾向在克林顿执政末期开始出现。费茨沃特早在1999 年指出："吹风会对他们（克林顿主政时的白宫）很重要，因为有线电视网早上就在运转了。而我初到白宫时，你到下午 6 点才看得上电视，因此早晨是广播的一统天下，总统的议程是向广播公司提供的。"[5] 随着有线电视新闻节目的激增和 20 世纪 90 年代中期互联网催生持续更新的在线版报刊，吹风会已成为今天各种形式的媒体的重要信息资源。

从胡佛到约翰逊，历届联邦政府都是每天两次在新闻秘书办公室召开新闻发布会。白宫没有专供各利益方聚在一起参加新闻发布会的室内场地。每天两次的新闻发布会，是为了满足晨报、晚报和电讯社的需求。尼克松政府认为两次新闻发布会纯属多余。鉴于当时许多家晚报正逐渐退出市场，白宫便设法使自己的新闻工作适应晨报和晚间新闻广播的节奏。福特手下的杰拉尔德·特霍斯特和荣·耐森，以及卡特手下的乔迪·鲍威尔，均沿袭了这一先例。里根时期的拉里·斯皮克斯增加了一次早晨新闻例会，但是马林·费茨沃特却认为新闻量毕竟有限，因此没有必要每天召开两次新闻发布会。

在相继担任里根总统和布什总统的新闻秘书期间，费茨沃特逐渐将吹风会演变为新闻发布例会，但主要利用它向电讯社记者通报总统当天的议程。当时这种会议甚至不及现在正规，虽然它多少是在精心策划的基础上发展而成的。詹姆斯·布莱迪以往是在自己的办公室向电讯社记者提供总统当天的议程。"斯皮克斯早晨 9 时召开新闻会议，不论何人来者不拒，直到他的办公室座无虚席为止，"费茨沃特说，"后来由于来的人太多，办公室无法容纳，他将会场迁至新闻发布室。"

会场搬到较为正式的场地之后，斯皮克斯一般每天召开两次新闻发布会。"当时他确实没多少话可讲，因此常常陷入与媒体记者的争论和冲突"，费茨沃特说。因此费茨沃特刚刚接替他的工作，便取消了 9 点的新闻发布会，代之以在自己办公室举行的一次小型非正式会议。但他仍能吸引许多记者，因为"你在 9 点钟透露一些内部消息，所以每个人都想参加这种会议"。为了尽量"减少与会者"，他曾尝试将会场搬到隔壁走廊上。"开完高层会议之后，我走进会场，跟他们说一会儿话，接着发布总统当天的议程，最后逃进自己的办公室。"

根据他自己主持吹风会的经历，他坚持认为："经验表明，唯一归你所有且能被你控制的正是你自己。"他说："你不能说，'我只回答 3 个问题'，或者'这个我仅向电讯社提供。'"结果，他选择了"仅仅提供总统议程余皆三缄其口"的策略。但他坦言，当今人们对信息贪得无厌的追求，加上如此之多的

225

新闻机构和形形色色的媒体，若采用他以往的策略断难奏效。"我在今天的环境下如若对它加以限制是不会成功的，因为早晨有这么多新闻节目。"[6]

在迈克·麦柯里的新闻秘书任期内，吹风会作为每日新闻例会的地位得到了牢固确立。它在两方面有别于新闻发布会。首先，会上答复的问题不像在新闻发布会上应付的那样复杂。其次，对问题的回答一般也不够正式和成熟。

然而，吹风会和新闻发布会一样，发挥了将白宫各部门的信息汇聚于一处的重要的综合作用。鉴于新闻秘书必须熟悉总统的所有活动、计划、政策姿态以及白宫内部其他有可能正在发生的事件，白宫各部门都有义务在新闻秘书进行会前准备时向他提供最新信息。作为回报，新闻秘书分发情况汇总以便白宫每个办公室知道其他办公室在思考什么。由此可以看出，吹风会和新闻发布会的事前准备同样也是提炼、综合及传播白宫各处的所有信息的一个过程。

226　　首先，这项工作成功的关键，是新闻秘书有一支全方位的行动队伍在必要时与他共同把关。根据乔·洛克哈特的说法，"如果遇到一个他们关心的议题，有关人员都会得到通知，他们必须向新闻秘书介绍基本情况，否则他就得临时应急，从而给政策人员带来麻烦……注定使双方蒙受损失。他们主动采取行动，并非出于自愿，而是形势所逼。你当然不愿随便掷骰子、碰运气，让其他人收拾局面"。

即使到了这一步，有情况需要汇报的白宫人员深知，吹风会的重要性不及新闻发布会。"关于吹风会，有一条大家公认的规则，如果你只是想经过我身边时——如果詹宁斯（国内政策事务副主管）仅仅想在经过我时跟我说，'这些是你该说的话'，对我来说就够了"，洛克哈特说。新闻秘书然后可以作些记录，"如果事态变得复杂而具体，那我干脆把它留到一点钟再说"。然而，帮助新闻秘书为新闻发布例会做好准备，却是一项更加严肃的任务："为了新闻发布例会，你得写满一页纸。"[7]

阿里·弗莱舍成为小布什的新闻秘书之后，他也在自己的办公室召开15分钟的晨会。直到"9·11"以后，才将会址转移到新闻室，从而使吹风会更显得正式，更容易受到控制。像马林·费茨沃特一样，他发现当所有人聚集在办公室时，自己很难避免回答更多的问题。弗莱舍抱怨道："你这里有10个人说，'再来一分钟'，他们全都希望延长5到10分钟，我没法让人离开办公室。吹风会照理应该只有15分钟，但它已经等于第二场新闻发布会。它是一次正式会议。"[8]

从迈克·麦柯里效力克林顿到布什执政早期直至"9·11"，早晨新闻会议的程序一直比较简单。将近 9 点 15 分,记者们聚集在新闻秘书办公室的两扇门外。有些人站在这里通往大约 15 英尺以外的椭圆形办公室的走廊上,其他人则守候在狭窄的内走廊上、新闻秘书助手的办公桌旁。等到一位助手打开两扇门放人入场时,门外约有 30 名记者。

虽然今天吹风会的会场已改在新闻发布室,但会议的基本规则与以往极其相似。会议开始时,记者们将自己的录音机置于新闻秘书前面的讲台上。不允许摄像、拍照,使用录音机只能是出于准确引用新闻秘书原话的目的——而不是为了在电台播出他的声音。唯一准许使用的摄像机吊在新闻发布室的天花板上,它拍摄白宫内部,包括西翼、艾森豪威尔行政办公楼召开的会议。这一设施是在克林顿执政初期启用的。新闻署负责这一内部体系的运作,即报道在这个房间里召开的新闻发布例会和所有专题会议。该部门还将晚间电视新闻分段剪辑录制,供第二天内部播放,通常是在正午时分。

吹风会的问答环节持续 15 分钟,一般包括十几名记者的提问。虽然白宫制作了会议的文字记录,但它仅供联邦政府内部参考,而不在记者中间散发。"如果吹风会的文字记录开始广为散发,那么每天从这里出去的人就被剥夺了特权",弗莱舍在 2001 年初曾这样解释。不向缺席会议的记者提供会议文字记录,白宫其实是用这种方法鼓励人们与会。"我认为吹风会是白宫新闻队伍在这个办公室举行的重要活动,在我看来它对媒体对白宫都有利。"[9] 与会记者人数多时对白宫最为有益,因为新闻秘书可以趁机了解记者们的观点以及他们认为当天会讨论哪些议题。

克林顿时期的吹风会时间稍长一些,允许新闻秘书回答约 40 个问题,而记者的提问远远超过这个数字。在 4 场十分典型的吹风会上,麦柯里回答记者提问 26 到 46 次。[10] 在 1996 年的一次吹风会上,记者的提问涉及白宫安全办公室非法搜集联邦调查局有关共和党人的档案,在联合国的领导问题,以及保拉·琼斯案一项可能的了结方案,应对记者的提问需要的时间大大超过以往。[11] 在那次会议上,麦柯里对记者做出大约 75 次回答,有时是详细的解答,有时只说他将在新闻发布会上提及这个问题。麦柯里的许多吹风会延续了近 25 分钟,而不是工作日程上预定的 15 分钟。

相反,2005 年 7 月斯考特·麦克莱伦连续三天应对有关卡尔·洛夫作为情报工作领导人的提问,他每次会上平均回答 23 个问题,没有一次会议开满 15 分钟。[12] 麦克莱伦召开的会议的规模不及麦柯里,会议召开的时间也较早。2005 年 7 月的 3 次会议中的第 2 次始于早晨 8 时 39 分。早会一般吸引的记者较少,有时仅有 15 人。

遇有突发性新闻时，一场会议可能会提出多达 30 个问题，提问者也是相对固定的一些记者。总结布什时期吹风会的一些基本特征可以看出，每次平均有 10 名记者提问，会议时间几乎总是不长不短正好 15 分钟。但是与会的记者人数可能有所变化，取决于会议的召开早到什么程度以及当天的议题有多热门。

出席吹风会的记者大多来自截稿期相对机动的媒体，其中有电讯社——尤其是美联社和路透社，以及广播电视公司，包括有线新闻电视网、福克斯新闻及三大电视网。无论吹风会召开的时间有多早，这些新闻机构的代表总是准时到场。报纸杂志记者难得在吹风会上现身，有时到会，也主要是为了领略一番会场上的气氛，而不是为某一篇报道获取颇有分量的新闻素材。吹风会上提供的消息一般涉及短期议程和眼下包括时间在内的资源的整合。它不是宣布重大政策的场所，正式声明往往在下午 2 时 30 分的新闻发布会上宣读，除非出现一则重大新闻经过一夜事态迅速发展，需要即刻做出反应。

为记者指明方向

"吹风会是每天形势发展的主要风向标"，马克·费尔森塔尔回忆道，他曾为美国国家事务出版公司报道白宫新闻。"它是一天的行动路线图。会上产生两三条新闻线索，让我整整一天或者追循或者密切注视。"[13]

有了这张"一天的行动路线图"，记者们便能合理分配时间，选择并利用一定的资源，以期完成当天的新闻报道任务。"一个更实际的用途，是指导每天的行动，这样你就知道自己想要达到什么目标，需要什么条件，"肯·巴兹耐特说，他当时为合众国际社报道白宫事务。

吹风会以一种重要的方式代表了前一天新闻日的终结。对于电讯社而言，吹风会召开时正是新闻周期行将结束之际。"在新闻周期之内召开吹风会，"肯·巴兹耐特说，"这个周期比较复杂微妙，因为你得赶上那些都市报纸正在排版印刷的报道，尤其是《纽约时报》《华盛顿时报》，以及其他那些能逮多少就逮多少新闻的报纸，包括《洛杉矶时报》《波士顿环球报》和《华尔街日报》"[14]。吹风会允许电讯记者获取联邦政府对早晨出现在报纸电视上的报道的反应。之后，新闻办公室人员开始着手准备下午正式的新闻发布会。

白宫注意准确看待吹风会怎样有利于报道总统消息的记者，并且竭力据此为他们提供服务。"我认为他们利用吹风会了解我们在某一天重点宣传什么消息，进而预测针对他们所认为的无论什么主要新闻，我们将设立怎样的头道防线"，洛克哈特说。[15]

教育新闻官员

除了推出当天的主要信息之外,新闻办公室还利用每天清晨的新闻发布会观察新闻团的动态,了解记者们在想些什么。他们在揣摸记者心理的同时,也在估计当天新闻发布会上将出现什么情况。他们知道有些记者惯于在吹风会上构思他们将在新闻发布会上提出的问题。

这一预警机制实有必要,因为新闻发布会由电视转播,倘有失误,势必造成难以估量的后果。一位专就某一政策领域提问的记者回忆说,她初来白宫,便在新闻发布会上提出她的政策问题,不料却有一位新闻办公室副主任告诉她这儿的规矩:先在吹风会上提出你的这些问题,只有这样才能在新闻发布会上提问。[16]

能够预计某人将在新闻发布会或记者招待会上提出什么问题,这一点对于负责这些会议的官员来说自有非同寻常的意义。新闻秘书阿里·弗莱舍将吹风会视为三个预警体系中的第二个,这三个体系帮助他为自己一天的工作做好准备。"我发现有三个预警系统能帮助你掌握当天媒体的动态,了解当天有什么新闻。第一是各类晨报,第二是吹风会,第三是设身处地地像记者一样思考问题,估计你将被问及什么问题,因为这正是记者所考虑的。我认为每一位新闻秘书都应像装有雷达天线似的捕捉到记者的心思,这样就能知道当天有哪些新闻线索。"[17]总之,吹风会能使白宫和记者互相打探对方的动态。

吹风会的一个非常重要的作用,在于它能释放信号,提醒新闻秘书迅速应对某些问题。新闻秘书在吹风会上经常做出不完整、试探性的回答,结果又意识到需要做出更加完整的回答。在 2005 年濒墨西哥湾地区发生飓风和洪涝灾害之后,国会随即召开联邦紧急事务管理局前局长迈克尔·布朗的听证会。会后第二天,针对涉及布什任内联邦紧急事务管理局内部结构的问题,麦克莱伦做出了十分简略的回答。麦克莱伦在前后两次会上对基本相同的问题的回答口径却有所区别。在早晨的吹风会上,哥伦比亚广播公司的彼得·麦尔询问麦克莱伦:

> 问:这么说,联邦紧急事务管理局在过去三年间的职能已经被削弱了?
> 麦克莱伦先生:你知道,"9·11 事件"之后国会和总统作出了设立国土安全部的决定。作为该决定的一部分,他们合并了大约22 个职能机构归属于该部,这样我们就能集中现有的资源,确保我

230

们做好准备——充分做好准备以应对恐怖分子袭击并应对各种灾难事件。我们支持切尔托夫部长的领导和工作,这就是我对此的看法。

问:你们这里有一个人,总统让他负责紧急事务管理局,此人声称过去三年在现政府的监督下,该部门,这个重要部门的职能,照他的话说,"弱化了"。

麦克莱伦先生:他的话——他的评论你是昨天听来的。

问:没错,可我现在问你——

麦克莱伦先生:可我也在表达我们的观点。

问:可我认为你并没有回答我的问题,斯考特。我的意思是——

麦克莱伦先生:不过,我认为你得谈谈整体情况,我刚才就是这么做的。[18]

在三小时之后的新闻发布会上,围绕布朗关于联邦紧急事务管理局职能在现政府任上被"削弱"的证词,彼得·麦尔再次提出同样的问题,麦克莱伦对此的答复与上次形成了鲜明的对照。基于新闻吹风会上提出的有关联邦紧急事务管理局的几个问题,麦克莱伦根据他本人及手下人员利用两次会议的间歇汇集的相关信息,为新闻发布会设计出近乎完美的回答。

231

问:谢谢。接过你刚才所说的吸取教训的话,你也屡屡提到你们想要纠正以前的失误。当布朗先生声称联邦紧急事务管理局的职能在过去三年间被现政府削弱时,他在多大程度上推进了那个纠正已有失误和吸取以往教训的目标?

麦克莱伦先生:这个,听证会仍在进行之中,这也是国会采取的行动的一部分,他们正在逐渐开始履行自己的职责,包括认真审视这些问题,帮助我们了解事实真相,帮助我们利用这些被吸取的教训,因此可以说昨天仅仅是——确实启动了这个程序。因此我们期待听到别人会说什么,期待了解所有的事实真相。

问:但是他所说的那个情况,斯考特,关于紧急事务管理局职能弱化的情况是否属实?

麦克莱伦先生:让我用事实和记录说话。切尔托夫部长分明谈到我们一直都在采取什么措施以强化我们的准备工作和应急机制。

在本届政府任期内,联邦紧急事务管理局的核心预算从 2001 年的 6.93 亿美元增长到 2005 年的 10 亿美元。这主要用于核心方案的实施,不包括赈灾基金。年与年之间预算会有所不同,取决于灾害发生的等级。但仅仅从 2004 到 2006 财政年,整个预算的涨幅就已达到 13%。因此我认为很有必要认真看看纪录,看看我们采取了哪些措施。

联邦紧急事务管理局的全职在编人员大约增长了 23%,从 2001 财政年的 1907 人增长到今天的 2350 人。

现在再回到这个话题,每一年的预算因灾害等级、灾害发生的不同等级而有所不同,但在评估联邦紧急事务管理局时单看这一点是不够的,你还得从其整体防范机制上对它加以考察。快速应急行动队基金已经从 2001 年的约 46.4 亿美元迅速增加到 2005 财政年的 400 亿美元。本届政府任内已有近 150 亿美元下拨州和地方快速应急行动队。另外你还得看看自"9·11 事件"以来联邦政府在公共医疗体系的巨大资金投入。

切尔托夫部长昨天详细介绍了有关这些问题的情况。他谈到他目前为整合和强化我们的应急防范工作正在调整就绪的新机构和准备实施的新战略。我建议你读一下那篇讲话。他谈到他们如何致力于全面提升预防、保护民众免受并快速应对恐怖袭击或其他突发性灾难的能力。他已经拟订了一份具体实施的方案。他的真实意图是将国土安全部现有的应急防范职能剥离出来,纳入单一的应急协调委员会。

目前,实际职能得到强化的联邦紧急事务管理局仍将继续直接对部长负责。它承担着快速应急、抢险避灾这一重大历史使命,其实力必将进一步得到强化,以便出色地履行其配合州和地方政府官员开展工作的职责。[19]

除了使新闻发言人有机会针对记者心里的问题构思巧妙完整的答案外,新闻吹风会同时向白宫提供了一个"试销"其新议案的平台。"它让我们知道媒体对什么感兴趣,这很有用,非常有用,而且你一般能在吹风会结束之际说,'哎呀,今天不管我们在推销什么,他们也无意购买',"洛克哈特说,"大多数时候我们在新闻吹风会过后不会做出什么改变,但偶而也会意识到我们得在用词上强硬一些,或者再让重点稍稍突出一些,或者宣传范围再扩大一些,再涉及更多的事情。"[20]

　　每当总统及其手下人员想要高调推出某项议案时，新闻预备会便成为启动信息发布程序的一个场所。在 1996 年夏天召开的一次典型的吹风会上，新闻秘书麦柯里介绍了总统将向美国护理协会发表的讲话内容，从而预告并明确了当天的新闻线索。"我们将采取迄今为止最重大的步骤，改革现行的福利制度。通过在今天发布有关指令，我们将大大强化我们的福利体系向那些身为人父理应履行相应义务的人征收税款的能力"，麦柯里说。为了便于记者全面掌握有关内容，他们正在赶印一批宣传材料，一旦完成便向与会者分发："我们有不少材料分发给你们。我在总统今天早晨发表讲话前就把材料发到诸位手中，以便各位全面了解情况，因为它很重要。"[21]

　　新闻吹风会召开之前，新闻办公室的高层人员共同研究一些新问题，引起这些问题的是出现在昨天夜里电讯、广播、电视和今天早晨报纸上的各类新闻报道。如果有什么报道需要加以抵制，也将由新闻秘书在新闻吹风会上对付。新闻吹风会有电讯、广播和电视记者参加，因而为白宫将一则信息汇入新闻主流提供了极大的便利。所有这些记者都有能力必要时在现场即刻播发消息。

　　1996 年 7 月 18 日，美国环球航空公司一架客机在长岛海峡坠毁，麦柯里于当天清晨迅速让人们知道事件的大致情况，总统如何被告知这一消息，他当时作何反应，以及总统为发现坠机原因正在采取什么措施。新闻吹风会刚开始，麦柯里对各要点进行概述。等他刚刚完成对事实的简短陈述，一些记者不等下一个问答环节便离场编辑自己的新闻稿。大约 10 分钟过后吹风会结束时，新闻办公室里那台始终调到有线新闻电视网频道的电视机，出现了沃尔夫·勃利泽的形象，只见他在白宫北草坪上扼要介绍刚才麦柯里的发言要点。

　　麦柯里本人学会了利用新闻吹风会去做那些兴许过于无情、过于冒险、不便在新闻发布会上完成的事情。例如，如果他存心想教训一下某家报纸或杂志，他有可能在吹风会上释放一个强烈信息，但它不会令人联想到总统的声音、面容，或者就连在外在形式上也与总统的新闻秘书毫不相干。

　　当数位白宫官员在由独立检察官肯尼斯·斯塔尔召集的大陪审团前做的证词遭到泄露，并开始在媒体中间传播时，麦柯里成为发表白宫批评意见的关键人物。1998 年 2 月 6 日，是克林顿总统与英国首相托尼·布莱尔举行联合记者招待会的日子，麦柯里利用当天的晨会对肆意泄露证词内容的媒体发表了措辞强硬的批评。"这是连续第二天出现未经授权擅自泄露听证会证词的情况，"他说，"两天，两套证词……目前事态已经发展到危险的地步。"[22]记者们很快对此心领神会，知道这是一个强烈信号，明确无误地表达了白宫对证词泄露一事的极大不满。几名记者不等新闻预备会结束,便匆匆离会编发自己的新闻报道。

即便是在利用吹风会发表批评意见,新闻秘书还是能够与记者开些善意的玩笑,以提醒对方他们作为局内人具有共同的利益。即使是在布什掌权时期,新闻吹风会仍然保持了它的非正式色彩,致力于增强彼此之间的友好情谊,而不是导致双方的敌对状态。

有的吹风会没有实况录像且会上透露的消息仅限于记者和白宫官员掌握,这时新闻秘书能够比较自由地谈论那些他们在电视转播的新闻发布会上只能避而不谈的问题。1994 年 3 月 14 日,克林顿总统准备赴佛罗里达与格雷戈·诺尔曼一起打高尔夫球,麦柯里当天与记者之间的一番随意交谈有助于人们理解他与总统的关系。有记者问他是否将陪同总统去佛罗里达,麦柯里做出否定的回答。他难道不想跟总统一起打高尔夫球吗? 不想,他答道。"难道你不想成为总统的朋友?"另一名记者问道。"不想,我在白宫从事自己的工作。"麦柯里巧妙地提醒记者他与总统是什么关系,但是这种不失幽默的机智妙答如果在电视上播出,却有可能给他招惹麻烦。[23]

商谈报道的基本规则

如果新闻吹风会在新闻秘书办公室召开,或者会址设在新闻秘书办公室的同时没有简报在白宫内部散发,类似情况下的晨会一般是非正式的。记者们走进新闻秘书办公室与他交谈觉得非常轻松自如,而他们在老布什时期与新闻秘书相会于新闻室那种有材料在白宫内部散发的正式会议上时,轻松自如根本无从谈起。在 1996 年 9 月 4 日的新闻吹风会上,麦柯里告诉记者,总统不会对高中"总统奖学金获得者说任何有新闻价值的话"。他将谈论访问学人奖学金项目。"没有多少新闻价值,但是你们当中一些(对地方新闻感兴趣的)人,你们这些人会希望得到一份名单,可以知道获奖者都是谁,来自何地。"有些话题可以在参与吹风会的记者同行当中讨论,但在新闻发布会上却无此可能。莫妮卡·莱温斯基丑闻刚刚曝光,一些新闻机构便开始向自己的记者施压,要求他们以咄咄逼人的姿态刨根问底,务必搞到有关这桩丑闻的猛料,但是白宫记者觉得自己不便向总统打探他的性生活。1998 年 1 月 21 日《华盛顿邮报》毫不掩饰地披露总统丑闻的内幕消息之后,白宫记者便开始考虑,在英国首相会晤克林顿总统两人举行联合记者招待会之际,他们应按照什么思路围绕性丑闻向总统提问。想到提出莱温斯基的问题会显得多么小家子气,加上对整个话题颇觉尴尬,白宫记者协会主席、路透社记者劳伦斯·麦克奎利安询问麦柯里,是否有可能召开一次供

234

记者就莱温斯基案向总统提问的专题新闻会，这一方案有可能使记者们在布莱尔会晤克林顿时专注于国际重大问题。[24]麦柯里的答复是他无法做出这种安排。他进而提醒记者们曾在总统出访拉美之际试图通过与总统举行简短问答会的方法，讨论颇有争议的资金募集问题。果然不出麦柯里所料，记者们在专供探讨外交政策的联合记者招待会上提出了有关莱温斯基的话题。

白宫与记者双方为确立莱温斯基案报道的基本规则而进行的这些磋商，是为那些长期处于某种专业关系中的合作者之间达成一项非正式协议而付出的努力。这种努力于双方都有裨益，尽管他们仍无法避免对总统私生活的那种令人厌烦、贯穿于 1998 年大部分时间的公开议论。

在新闻吹风会上，记者有时想看出当天向他们提供信息的基本规则有可能发生什么变化。如果他们想与新闻官员商谈采访某一新闻事件的基本规则，一般是在私下或新闻吹风会上进行，而不是在新闻发布会上。

更加符合常规的做法是，记者询问新闻秘书能否调整白宫新闻发布计划，以满足他们自身的需要，另外能否向他们透露某一新闻事件大概有多少新闻价值。有一次麦柯里告诉记者，一位国务院发言人将向他们通报一次轰炸袭击行动的情况。"到时会允许摄像吗？"一位记者问道。"我们会让你们知道的。我正在协调此事。我在依靠他们，依靠他们"，麦柯里答道。[25]

午后新闻发布会：信息加政治

新闻秘书的新闻发布会有几个基本特点。它是有利于白宫和媒体双方的另一场信息共享会议。白宫推出它希望宣传的信息，同时对记者有关总统的意图、行动和政策的问题作出回应。会上新闻秘书被问及的问题和提出问题的记者，都能帮助他了解新闻机构对这些令其感兴趣的主题有什么看法，记者们对民意做出了怎样的评估。

主持会议的新闻秘书面临的挑战，是在 30 到 40 分钟内实现几个不同的目标。这些目标一般包括宣布刚刚出台的政策，回应别人的行为和指责，满足记者们获取信息的意愿，以及评论突发性新闻事件。迈克·麦柯里这样谈论对新闻秘书信息发布的要求能发生多大幅度的变化。"会议形式和工作本身的困难在于，你得在不同的时刻戴不同的帽子。有时，你得神情庄重地宣布美国的一项政策，尤其是在事关外交政策、需要一本正经地宣读以及应该以政府代言人的口气郑重宣告时，"他说，"有时，你会表现出一定的政治倾向，跟其他阵营相抗衡。有时你在记者面前刚刚得到原始信息，以便他们履行新闻报道的重要职责。"[26]

　　最近几任新闻秘书一直得设法避开新闻发布会上感到的那种短暂新闻周期带来的影响,尽管他们这样做的次数不及在新闻吹风会上多。新闻吹风会仍然是当天第一个信息共享的机会,如同早些时候一样。新闻秘书很少在吹风会前发布信息。但是如今大量信息由电子邮件传播,不少白宫官员,包括新闻秘书频频在早间新闻节目中露面,代表白宫对某一问题或某一事件作出回应。所有这些都发生于新闻发布会之前。

　　快速运行的 24 小时新闻周期需要白宫源源不断地发布信息,而不是像近些年一样一天两次发布信息,午后新闻发布会的内容也因此有了变化。新闻发布会不再像曾经一度那样是新闻的源泉。20 世纪的大多数时期,新闻秘书的新闻发布会一直是新闻报道的主要来源。那样的日子已经一去不复返了。"大多数时候我们不宣布任何消息。新闻发布会已经发生了变化,"乔·洛克哈特说,"它和过去截然不同,如今是 24 小时新闻服务。过去你在新闻发布会上制造新闻,通报什么事情,宣布政策。"那时有会间休息,好让记者编发热门消息,然后返回座位直到会议结束。"现在我们不那样做了。今天新闻层出不穷,什么也拦不住。新闻发布会更多是一个……人们知道你们的政策是什么,现在有机会对其深入探究一番,人们知道你们要宣布什么,因为他们已经在有线新闻电视网上见识过了。"[27]结果,新闻发布会已经从催生政策的场所转变为对其作出反应的平台,记者们围绕已被披露或公布的政策提问。

　　此外,新闻发布会减少了用于制造新闻的时间,自然有更多的时间用于批评。它已经成为政府政策受到指责的场所,成为新闻秘书被迫就有关人士对总统议题作出反应的行为发表评论的场所。当发布会的议程转向批评时,白宫官员和记者之间的讨论很快变成互不相让的舌战。

根深蒂固的紧张关系和化解矛盾的对策

237

　　50 年前,利奥·罗斯坦在他那部关于华盛顿记者的专著里提到联邦政府官员和记者之间根深蒂固的紧张关系。"报社记者在新闻业传统价值观的指导下,感兴趣的恰恰是那种政府官员最不情愿披露的新闻,"他写道,"总之,记者招待会本身已沦为擅长打探消息的记者和惯于骑墙观望的官员之间的一场较量。"[28]这种比喻同样适用于今天的新闻发布会,会上记者仍在"打探消息",官员依然"骑墙观望"。

　　新闻秘书主持的新闻发布会是经过精心策划的公务活动,会上记者提出的问题很少出乎他的意料,会议进程一般很少超出他预先拟订的方案,他几乎从来不会未经心里酝酿轻率地做出某个答复。同时，向记者通报情况又是一项棘手的任务，这样做有时惹得他们提高嗓门表达不满，有时干脆指责白宫蓄意隐瞒那些在他们看来对于完成其工作不可或缺的消息。新闻秘书越熟悉白宫内部的策略，越了解总统对新闻发布会上有可能出现的一些问题作何考虑，就越有可能在讲台上圆满地完成当天的任务。除此之外，能够围绕错综复杂的政府政策侃侃而谈，在极需摆脱一些问题困扰时至少可以利用一个便于自己发挥的主要政策领域，这些都对他不无裨益。阿里·弗莱舍能够口若悬河地谈论税收和预算问题，而迈克·麦柯里的拿手好戏，则是利用外交政策使会场上围绕丑闻展开的热烈议论骤然降温。

　　每当新闻秘书早先信誓旦旦的保证遭到质疑时，新闻室的气氛便达到最炽热的程度。比如，新闻秘书斯考特·麦克莱伦一开始曾声称卡尔·洛夫没有在披露中央情报局探员瓦莱丽·普莱姆身份一事中起任何作用，且看他是如何替自己辩解的。2003 年 9 月 16 日，麦克莱伦称这些指控"极其荒唐"。[29] 在 2003 年 10 月 10 日的新闻发布会上，记者就此对他进行了详细质询。[30] 他们试图从各个不同角度逼迫新闻秘书在洛夫的问题上阐明真相：

　　　　问：斯考特，本周早些时候，你告诉我们说，无论卡尔·洛夫、艾略特·艾布拉姆斯还是刘易斯·利比，在这起案子中都没有泄露任何机密情报。不知你是否能够更加确切地告诉我们，他们当中可有谁曾向记者透露瓦莱丽·普莱姆为中情局工作？

　　　　麦克莱伦先生：这些人员——我跟这些人员交谈过，正如我指出的那样，这些人员曾向我保证，他们没有参与此事。这就是事实真相。

　　　　问：照此说来，他们谁也没有告诉哪个记者瓦莱丽·普莱姆是中情局的工作人员？

　　　　麦克莱伦先生：他们向我保证说他们与此无关。

　　　　问：我的跟踪报道能否以此为准？

　　　　问：他们与什么无关？

　　　　麦克莱伦先生：泄露绝密情报。

　　　　问：你做出这番表态，是出于自愿，还是有人授意——

　　　　麦克莱伦先生：我自己跟这些人谈的。

　　时隔一年零十个月之后，此事又在新闻发布室被人提起。《时代周刊》

记者马修·库柏透露,他已经在大陪审团前作证说卡尔·洛夫是向他提供绝密情报的人之一。在 2005 年 7 月 11 日的新闻发布会上,白宫记者与麦克莱伦展开了面对面的较量。全国广播公司派驻白宫的记者戴维·格雷戈里咄咄逼人地质问麦克莱伦:

> 麦克莱伦先生:你不妨回忆一下,我那样说,是为了间接帮助调查人员推进一项我们不愿予以置评的调查工作。这也是我在事发不久之后说的话。
>
> 问:斯考特,我得说,不错,我得说这太不可思议了。你居然有这种念头,发表了那么详细的评论之后,你站在我们面前告诉人们自己观察事态的发展,因为你已决定对其不置一词。你在现场留下了公开记录。你在讲台上说的话还算不算数?
>
> 麦克莱伦先生:戴维,我像你一样,对先前说的话记忆犹新,我也乐意在适当的时候谈论此事。所谓适当的时候,就是等调查——
>
> 问:你为什么要考虑什么时候适当什么时候不适当?
>
> 麦克莱伦先生:如果你容我把话说完——
>
> 问:不,你不会把话说完——你本来什么也没说。你站在讲台上说卡尔·洛夫与此无关。而我们现在发现他提到了约瑟夫·威尔逊的妻子。如此说来,难道你不应该向美国民众做出更全面的解释吗?他到底与此有关还是无关?因为,跟你告诉美国民众的话正好相反,他提到,的确提到约瑟夫·威尔逊的妻子,不是吗?
>
> 麦克莱伦先生:将来哪一天再谈这件事吧,现在谈为时尚早。
>
> 问:你认为人们会接受这个,你今天讲的话吗?
>
> 麦克莱伦先生:再说一遍,我已回答了这个问题。[31]

239

也许戴维·格雷戈里已经让麦克莱伦领教了最严厉的质问口气,不过《华盛顿邮报》的丹纳·米尔班克质疑这位新闻秘书信誉的口吻更是直截了当,毫不含糊:

> 问:斯考特,我想我们今天的问话让你难以招架,部分原因是,现在很清楚,21 个月之前,你在这个讲台上说了一些我们今天知道显然站不住脚的话。鉴于你今天创下了不诚信的纪录,你是否担心这会降低你在讲台上说的其他事情的可信度?

麦克莱伦先生：还是这句话，我将在适当的时候谈论此事。丹纳，你们大家——你和会场上的所有人，或者说大多数人，我得说，对我相当了解，知道我的为人。我对我和你们之间的关系很有信心。不过我乐于在适当的时候谈论此事，那就是一旦调查结束之时。我不愿意根据报道或任何类似的材料发表对此事的评论。[32]

在两个星期的大多数日子里，麦克莱伦一天两次主持的都是这种令其难堪之极的新闻发布会。直到布什总统 2005 年 7 月 19 日提名约翰·罗伯兹填补联邦最高法院的一项职务空缺，每天两次的新闻发布会的中心内容才开始发生变化。

双方的冲突发展到如此地步，固然不可避免，但也确实令人生厌。毕竟白宫举行新闻发布会的初衷，是向记者提供有利于总统及其政策的有关信息。而记者和新闻机构却屡屡探寻隐藏很深的真相，披露内幕消息。双方各自的目标截然相反，说明他们的关系表面上看起来客客气气，但实质上总是处于紧张状态。

240 美联社派驻白宫的高级记者特里·亨特，也是白宫新闻发布会的一位前排资深观察员，他着重指出，就颇受争议的重大问题向记者通报情况，这工作是何等不易。"每天在那儿悬空走钢丝而不失足的人，真是了不起，"他说，"从这儿登台，站在三四十个人面前，他们专找你的碴，这工作真不好干……你得到某个消息，愿意向他们发布，却总是被他们断章取义，唯恐找不到其中的漏洞。"

亨特指出："这项工作并非人人都能胜任。这里我见过一些成事不足败事有余的人。有几位副新闻秘书在新闻秘书未到场时临时上台顶替。你瞧见他们站在台上双手颤抖，脸上汗水直流。在我看来，凡是登台出色完成工作的人全都堪称奇才。"[33]

也许新闻秘书面临的最大挑战，是把握一场新闻发布会的基调和方向。马林·费茨沃特每次来到会场，都已做好了化解潜在危机的充分准备。他的对策是，确定五个重大议题，每个议题他都了解其中五个方面的情况。每次召集手下人员开预备会，结束时他都要把自己将面临的每个重要问题仔细梳理一遍。他回忆道："每次这种会议结束，总有五个重要问题。我总是觉得，只要我能设法让记者团成员人人脑瓜里装进这五个问题，只要我掌握有关每个问题的五方面的情况，我就能智胜他们一筹。每次开新闻发布会，我自始至终都能具备这种优势。最糟糕的情况莫过于走出会场时，你没能让他们对任何一个问题产生兴趣，或者你根本没有准备。"他向每个手下人员布置一个不同的问题。他期待的结果"不外乎是半张纸的背景材料,以便我进一步加深我对这个问题的认识,另有半张纸告诉我说什么"[34]。

在碰到热门问题或新闻秘书需要帮助的时候,会有工作人员做他的后盾。国家安全委员会新闻助理詹姆斯·费蒂戈讲述他怎样在麦柯里主持新闻发布会之际为他暗暗传递消息。他说如果有一个工作人员暗中注视会议动态觉察出麦柯里需要帮助或出现失误,他们就会给他提供正确的信息。"这样传递消息很有意思,因为这样他能够在会议结束前的最后一刻回答问题,如果你不慎出错,他们也会及时送去更正。也许他用词有误,或者'描述有误',因此他能够当场纠正。这样你就不会造成报道有误的结果,或者惹出麻烦。"[35]尽快纠错能够提升新闻发布会组织者的信心。

规则和礼仪

一度时期,新闻秘书主持的所有新闻发布会都在他办公室里召开。那时在游泳池上方没有新闻发布室,没有新闻区。[36]在尼克松入主白宫之前,记者们都被安置在西翼,该区域现为国家安全顾问办公室所在地。

随着报道白宫事务的记者人数的不断增加,有必要改善他们的工作设施。1969 年,白宫在紧邻西翼游泳池上方铺设地板,设立了新闻发布室,该室后面还为电讯、电视和广播记者设置了采访点,并为报刊记者分配了放置办公桌的场地。当有线电视进入白宫以后,每个有线电视网都在地下室分到一个固定场地,并且安装了隔音无线采访站。

1981 年里根执政之初,新闻发布室里陈旧的绿皮沙发和凌乱放置的椅子被撤掉,换上了剧院专用的高级座椅,8 排座椅,每排 6 张共 48 张。从室内安排的座次可以看出白宫信息传播的重点。电视和电讯优先。顺着新闻秘书从位置较高的讲台上往前看的视线,第一排座位从右到左预留给下列主流新闻机构:全国广播公司,美联社,哥伦比亚广播公司,海伦·托马斯,美国广播公司和路透社。

海伦·托马斯从 1961 年到 2000 年一直为合众国际社报道白宫事务。其间她有时暂离白宫为《赫斯特报》工作;出于对这位资深记者的尊重,她的座椅上原先嵌着的"合众国际社"铜牌改成了"海伦·托马斯"。位居电讯社和电视网后面的是主流报纸和有线电视网。第二排座位从新闻秘书右侧开始排列如下:《华尔街时报》,福克斯新闻、《洛杉矶时报》、《华盛顿邮报》、《纽约时报》。

有时会场上会增加三四排临时受到白宫邀请的记者,但是新闻秘书每次寻找提问者,他的目光都不会投向最后两排座位,电讯社记者想要看清每一次是谁在举手示意,他的视线也不会转向会场后方。不过他很清楚,在他示意新闻秘书结束会议之前,所有定期与会的记者该提的问题都已经提了。路透社的斯蒂夫·霍伦德每次出席新闻发布会都要在临近结束之际及时提醒新闻秘书。由一位记者按照惯例提醒主持人结束会议,这种做法本身与新闻发布会的目的有关。发布会顾名思义理当向记者发布消息,所以是否已经从会上获得了足够的消息,应当由他们说了算。(新闻秘书其实也在等待这个信号。一天,由托尼·斯诺主持的新闻发布会开了一个多小时,因为唯一在场的电讯社记者不知道这个规则:"按照惯例,你让一位资深电讯记者说'谢谢你'作为会议的结束。你总是希望他们能在你对付那个[刁钻古怪的问题]之前说出'谢谢你'。有时他们这样做了,有时却没有。有一回为了结束一场持续了 75 分钟的新闻发布会,我不得不采取超常手段,因为一位资历较浅的路透社记者不知道说'谢谢你'。"[37]只要现实条件许可,斯诺总是遵守这一规则。)

经授权合法占有前两排固定座席的记者,每次开会几乎从不缺席,而被安排坐在其余几排的记者,与会的积极性却没那么高。没有固定座位的记者常常占据任何一个空着的座位。根据会议礼仪,只要它的合法主人最终现身会场,擅自占座者就得主动让座。

在新闻发布室头两排就座的记者,在会议进程中往往处于重要地位。表 10 显示 2005 年一些新闻发布会上新闻秘书用以分别回答前两排记者和后六排记者问题的时间。

表 10　新闻秘书在新闻发布例会上回答记者提问所占时间的百分比,2005 年.

2005 年	整个问答时间所占的比重%	被允许提问的记者所占的比重%
第 1 排	32.0	29.7
第 1、第 2 排	61.7	57.2
第 3—8 排	38.3	42.8

来源:作者笔记。表中各百分数系 19 次新闻发布会的平均数。

出席例行新闻发布会的记者,有的是受命定期报道白宫事务,有的仅仅是当天临时听会。那些受命报道白宫的专职记者有"硬皮"通行证。记者在按照其所属的新闻局要求提供他们每天例行报道白宫的证明后即可获得蓝皮通行证。新闻办公室上报这些记者的名字以后,特工处对他们逐一进行背景调查。从里根时期到小布什掌权的头几个月,持有硬皮通行证的人数一直比较稳定,在长达 20 年的时间里,始终维持在 1700 人上下。"9·11 事件"之后,硬皮通行证的发放对象仅限于定期报道白宫的专职记者。如果某位记者申请延长硬皮通行证的有效期,需由新闻办公室和特工处核对其进入白宫的次数,以确定该记者是否有必要持有此证。目前约有 800 名记者持有硬皮通行证。没有硬皮通行证的记者,必须由他们所属的新闻局电话预约某天的采访。

无论是政府官员还是新闻记者,新闻发布室的所有人完全清楚,会议正在进行全程电视录像。这不仅影响人们使用的语言,而且影响他们的行为举止及传递信息的方式。

由于简报几乎与会议同步散发,新闻发布会的重要性也随之日益增加。但如今在大多数工作日,实际与会的记者人数却有所减少。既然会议通过电视转播实况,他们干脆在自己的办公室里看电视,无需耐心等待经常大大迟于规定时间的新闻发布会开场。他们也能够通过新闻办公室获取会议简报。不过,记者如果选择通过其他途径观看会议实况或阅读材料,自然会失去当面提问的机会,也无法利用在随新闻发言人走向走廊或办公室时记者常常可以与其交谈的有利条件。

记者的提问方式同样也能影响当时的气氛。很难做到恰到好处。一次,一名来自一家主流媒体、首次参加新闻发布会的记者,向新闻秘书麦柯里提了两个问题,在场的一位善抢独家新闻的大牌记者认为它们太没有分量,赶紧将那名记者拉到一旁,提醒他说新闻发布会正由电视实况转播,并且说他的问题令他们看上去就像"马屁精"。[38]

于己有利的策略和角度

许多记者认为,一场电视转播的新闻发布会,要求他们郑重其事地打出本单位的旗号。"新闻发布会的另一个作用,是公开推出你的新闻机构,"一名记者说,"在某种程度上,记者们觉得他们很有必要在会场上露面,显示他们的新闻单位对于自己提出的问题是多么重视。通过现身会场和提出问题,我已成为一股不容小觑的力量。"[39]

占据分配给本单位的座位,也是"在场"的应有之意。一位记者回忆说,有一次他告诉妻子,他如何将一名孕妇从他的座位上赶走时,妻子对此惊讶不已。[40]维护本部门地位这一原则,远比社交礼节重要。

座位的安排关乎一个新闻单位的声誉,记者每天正常临会对于维护该单位的地位,自有非同寻常的意义。无论记者还是白宫官员都不会将座位安排视为儿戏。白宫记者协会在处理涉及记者代表权问题时面临的一个最大困难,就是建议调整记者席位。记者不会轻易同意记者协会将自己的席位调到后排。

　　一些记者利用电视转播的新闻发布会为自己偏爱的话题争取广播时间。另外总是有一些记者来到新闻发布室，提出一些与其所属的新闻单位特殊地位相称的公开话题。随着新闻发布例会经电视实况转播，这种做法呈上升趋势。莫妮卡·莱温斯基丑闻曝光之初，意识到各有线电视网和一些传统的电视联播公司将对新闻发布会进行电视转播，记者们纷纷来到新闻发布室，他们准备的议程，远远超出了当日重点新闻的范畴。1998 年 1 月 21 日，专门报道古巴问题的记者米格尔·桑多瓦尔与迈克·麦柯里展开了一场交锋。桑多瓦尔不在收入新闻媒体通讯录的 34396 名国家和地区级记者之列，因此不可能成为公众瞩目的中心，除非他能巧妙地登上旁人的舞台抛头露面。[41]

　　　　问：迈克，关于另一种发展，2 月 15 日将是"缅因号"战舰在古巴哈瓦那港口被击沉 100 周年——昨天教皇在哈瓦那称物资禁运阻碍了古巴人口的增长，主要是妇女和非州人后裔，他们于 1779 年，共 1100 名古巴人，来到这里，奉命——

　　　　麦柯里先生：什么问题？别再往下说了，请提出你的问题……

　　　　问：哈瓦那妇女卖掉自己的珠宝首饰，向乔治·华盛顿捐赠了 130 万美元，他们建造——

245

　　　　麦柯里先生：请提出问题。

　　　　问：——是一个机会，考虑在 1988 年意识到——美国是否——

　　　　麦柯里先生：好了，依我看，眼前就是一个现成的例子，说明这些场面为什么不应该由电视直播。（笑声）[42]

　　有些记者有一套纯粹出于利己动机的做法。电视记者有时提出问题，是为了向晚间新闻节目中自己的新闻报道提供若干宜于播放的电视画面。比如，戴维·格雷戈里在与斯考特·麦克莱伦就卡尔·洛夫问题展开了一番唇枪舌剑的激烈较量之后，他白天的工作情景也就顺理成章地搬上全国广播公司当天的晚间新闻。类似的冲突一般最终都将出现在微软全广网的新闻节目和晚间新闻节目中。这样一来，白宫记者现身其中的有趣的电视画面，便在不同的地方派上用场。

　　主流报纸的记者敦促新闻秘书公开发表官方的观点，当众解释政府的政策。电讯社记者往往热衷于了解白宫对刚刚骤然发生的新闻事件作何反应。电台记者正在制作的报道需要音响资料，因此他们利用新闻发布会搞到与自己专题报道有关的新闻秘书讲话的录音片断。

对于大多数记者而言,字斟句酌地提出问题,无非就是精心设计一个问题,使其能够从对方那里"掏出"自己正在寻觅的信息。广播电台记者马克·诺勒谈到他在这方面颇有代表性的做法有些什么特点:"在我看来,只要你提出一个巧妙的问题,或者说是一个虽有几分幽默但并不失之肤浅的问题,就能得到比较理想的答复。我们的任务不是令他们厌烦,而是挖掘消息。"[43]

被指定在新闻发布室头两排就座的记者,无论是去新闻秘书办公室与其会面,还是通过电话联系,都能毫不费力地获得他对某一问题的答复。他们能接触其他高层官员,还能得到对方的回访。有鉴于此,他们经常利用新闻发布例会打探那些与他们正在报道的新闻并无关联的问题。

外国报社记者的提问,通常涉及美国与其所在国政府的交往。《印度环球报》和《今日亚洲报》派驻白宫的记者拉戈胡比亚·戈亚尔,每次几乎必然询及美国政府对巴基斯坦的态度,其次便是有关印度的问题。这当中的例外是《金融时报》,该报专门报道与总统有关的事务,将其作为自己的独家新闻。

当然,也有一些美国记者的兴趣局限于某些专题或是他们平时报道的侧重点。罗素·莫克希伯主持一个涉及公司腐败题材的时事通讯专栏题为"直击公司腐败",他在新闻发布例会上露面,便说明他专题新闻报道的兴趣已经被激发起来。巴尔的摩 WCBM 一档广播访谈节目的主持人金斯奥尔翁·里斯出席新闻发布会较有规律,但他可能提出什么问题却难以预料。金斯奥尔翁现身会场的主要目的,就是搞到新闻秘书谈及传统守旧起因时的讲话录音,这些话题常常涉及性的一个方面,诸如同性恋,但与当日新闻主题无关。他在旧新闻发布室里往往过度沉溺于自己的话题,一旦自己的提问得到答复,他便手脚并用爬到讲台边,拔下放置于台边的录音设备的插头,而此时距他仅有几尺远的斯考特·麦克莱伦仍在回答别人的提问。

坐在中间几排的记者往往围绕特定的政策领域提问。道·琼斯的亚历克斯·凯托和效力一家名为 CCH 的金融信息机构的保拉·克鲁克项克,顺理成章地对有关贸易、税收、货币和预算的问题感兴趣。美国都市广播网记者爱普雷尔·瑞安,紧紧跟踪报道总统有关种族的政策议题。

常规发布消息

无论在多大程度上会被某些记者用来完成自己感兴趣的新闻报道任务,新闻发布会在代表总统发布官方消息时已经履行了其主要职责。新闻秘书依惯例宣布总统当天日程中的主要活动,即将来访的客人及其出行计划。鲜有争议的是，这些"日常内务"事宜能使记者及其所在的新闻机构对即将发生的事件的报道加以统筹谋划。阿里·弗莱舍在新闻发布例会开始时，都要扼要介绍当天的日程安排和各项预定活动，他的继任者也同样如此。

有时，新闻发布会始于一项政策的发布。马林·费茨沃特常常以宣读一项声明作为会议的开端，尽管这意味着他们得进行大量的联系沟通工作。"我总是争取就什么问题发表一项声明，因为我需要利用它制造我能向他们提供的新闻，虽然它并不是真正的新闻。我总是争取在会议刚开始时宣读一项简短的声明，有时它不过是国务院下发的工作指导。我把它照搬过来，略加改动，便成为可以应付当天晨报上话题的资料"，他回忆道。利用国务院下发的工作指导有一个特别的好处："我不需要将它提交任何人审批，因为它是国务院的官方政策。我知道它符合总统的意图。我以发言人的身份宣读这项声明，从而允许每个人据此完成有关报道，称总统今天重申了他对塞浦路斯问题的忧虑。"通过毫不犹豫地向记者发布些许消息，这种策略十分高明，能为单调乏味的新闻发布会平添一点生气。"它为新闻发布会开了个好头。它不是新闻，但却颇有分量，是真实存在的。它对总统很有利。"[44]

每天早些时候发布大量消息，还是将消息留待总统露面时发布，乔·洛克哈特经常选择在新闻发布会开始时并不正式宣布消息的做法。不过，"我有时还是争取在会议开始时公布消息，因为会议刚开始时人们的注意力比较集中。在大多数工作日，我们不正式公布消息"。结果，"这完全符合新闻发布室里每个人的意愿"。[45]重大议题开始转给与会记者，先从坐在前排的那帮重量级人物开始。

政治较量

大多数记者视报道白宫新闻为一场政治较量。这其中的部分原因，是他们没有根本的专业领域。再者，鉴于如今大多数新议案都是通过其他渠道出台，新闻发布会往往出于后续宣传的目的。一项新的议案一经《华盛顿邮报》、《纽约时报》、《华尔街时报》和《今日美国》的宣传，国会议员、各利益集团领袖以及有关政府部门的官员便纷纷对此作出反应。记者们能利用新闻发布会向新闻秘书询问他对这些反应有何回应。

新闻秘书有可能为记者进一步解释某项新政策，或者分析政府的观点与那些直言不讳的国会议员相比有何不同，但他不会主动表明这些观点。一般的做法是等待记者就某项政策提问之后再提供新的材料。如果会议材料上涉及的情况尚未发生，那得等到第二天予以披露。

许多新闻秘书在自己的岗位上屡经政治历练。麦柯里这位在总统选战中和执政时期身经百战的政坛宿将,必要时很喜欢与记者周旋。亲眼目睹了麦柯里在 1996 年总统连任选战运动中的出色表现之后,美国广播公司老资格的白宫记者布里特·休谟得出结论,称他"有意按照自己的方式主持新闻发布会,因为他是一位咄咄逼人、不留情面的政坛发言人"。

休谟将麦柯里在新闻发布室讲台上的风格与其先前作为国务院发言人时的行事方式加以比较。那时你觉得"当他在(那里)发言时,他是国务卿的代言人,不错,但在更大的意义上说,又是国家制度、国务院和美国政府的代言人。但在这里你没有这种感觉。他是总统和克林顿治下的白宫的代理人,而不是美国总统的代理人"。休谟会向麦柯里挑战,因为"有的时候政府高层发生的事情实在太多,你觉得有必要向他发起挑战"。[46] 有一次,麦柯里坦言"自己的嘴动得比脑子快",他确信倘若布雷特·休谟当时也在新闻发布室,一定会对他发起挑战。[47]

如今新闻发布会上不同势力之间剑拔弩张的紧张政治气氛,体现了华盛顿每位当选官员身上根深蒂固的党派倾向。尽管白宫的新闻发布例会或许曾如休谟所说持"某种中立立场,某种官方立场",但它已经成为不同政治势力之间展开无休止的政治斗争的场所。

有关丑闻的较量

某个丑闻突遭曝光之后,新闻发布室随即成为抵挡诘难质疑的前沿阵地,无论总统是民主党还是共和党。加上这些会议均由电视转播,围绕丑闻的交锋大有愈演愈烈之势。当莱温斯基丑闻闹得沸沸扬扬时,电视记者在新闻发布会上抢尽了风头。那些在前排占有固定席位的记者很难不受瞩目。哥伦比亚公司、全国广播公司、美国广播公司、有线新闻电视网和福克斯公司的记者,会场上的绝大部分问题都是他们提的。

1998 年 7 月 28 日是莱温斯基丑闻事件发生重要转机的日子,因为白宫在新闻发布会上当众披露,莫妮卡·莱温斯基的律师已经与肯尼斯·斯塔尔达成一项豁免交易。在当天的总共 92 个问题中,有三分之二是电视网记者提的。美国广播公司的山姆·唐纳德森与哥伦比亚广播公司的斯考特·佩里分别提了 16 个和 17 个问题。在其余的问题中,由广播记者提出的约占三分之一,由报刊杂志记者提出的占 22.7%。

随着莱温斯基丑闻事件的进一步披露,电视记者利用新闻发布会向公众展示他们自己及其所属的新闻机构身为监督者的形象。"那个讲台本身面积有限,但各大电视网都在上面布置了担任实拍的摄像人员。电视网记者纷纷提出尖锐而又实际的问题，图的就是得到发言人的答复"，当时扮演总统卫士角色的迈克·麦柯里说。有关录像可以正常用于他们制作的丑闻报道中的画面。

随着时间的推移，麦柯里开始竭力避免自己成为处心积虑准备材料对付克林顿的那帮电视网记者的工具。"我有一个聊以自娱的小小消遣，那就是在我得知斯考特·佩里摆出虚张声势、极尽挖苦之能事的姿态提出令人头疼的问题时，我能否想出一个使自己保持镇定的方法，"麦柯里回忆道，"我就说：'呆会儿再回到这个话题上来，斯考特。先说那点……'故意打断他的思路，这样他们要用这种方法为难我就不可能不扰乱前后顺序。"[48]直到其他记者提问以后，麦柯里才开始答复佩里的问题。利用这个方法，麦柯里拒不向佩里提供他期待的连续镜头，而画面显示的却是佩里提出一个尖锐的问题，继而由麦柯里直接予以答复。麦柯里逐渐习惯于向其他记者提供这种同样经过拖延的答复。除了中断电视画面和广播声音之外，这一技巧还为麦柯里赢得了思考的时间。

联系和协调圈内人

总统和他的工作班子利用新闻发布例会让政府官员知道他们最优先考虑的事项是什么，在多大程度上符合官方政策。无论哪一届政府有关部委机构的官员都观看电视转播的新闻发布会，并通过新闻秘书和记者了解重要信息。这是他们了解白宫有何意图的最直接的方式。

麦柯里任内开始采取的一种做法，继续被他的继任者乔·洛克哈特沿用。"我们将所有指导性材料汇集成册，送给白宫办公楼里每一个有关人员，以便他们了解我们就新闻发布会上有可能出现的任何问题将说些什么"，洛克哈特说。[49]结果，新闻发布例会召开前汇集的所有材料有助于白宫官员知道会上将以他们的名义说些什么，哪些议题正在浮出水面，白宫正在持什么立场。

副新闻秘书玛丽·艾伦·葛林回忆说，20 到 50 页数不等的会议记录，"对我们所有人都很有帮助，（因为它形成了）我们的书面记录。它倒不一定对迈克特别有用，而是对办公楼里的其他人，因为他的新闻发布会结束后，我们从中整理出参考材料，复印以后再按需分发，供那些可能公开发表讲话的人参考……如果你是列昂·帕尼塔，你会在国会山侃侃而谈……将对白宫内外团体发表谈话的公共联络人员有了那份材料，全部了解"白宫在想些什么。[50]

因此，新闻发布会发挥的联合协调作用，远远超出它为政府在公关战中克敌制胜所做的工作。新闻发布会简报体现出新闻秘书为总统、记者及白宫全体人员提供服务的方式。

专题新闻发布会和专题信息

近几十年历届政府的白宫官员定期来到新闻发布室或位于艾森豪威尔行政办公楼的 450 室(西翼行政西区对面一个有 250 个座椅形似剧院的新闻发布室),发布各种专题消息。他们向记者通报的消息涉及财政预算、经济报告、近期总统出行、新出台的政策主张,以及丑闻事件。此外,小布什时期的白宫官员开始采用在电话会议上向记者通报消息的做法,记者们输入预先设定的密码以后,排队等候自己提问的机会。

就特定专题发布消息之所以重要是由于两个原因。首先,这种会议围绕那些对政府而言意义非同寻常的专题发布消息。例如,总统出国访问期间,国家安全顾问常常向记者通报总统此访的主要目的。其次,专题新闻发布会还填补了新闻发布例会留下的空白,尤其是在经济政策议题成为公众关注的焦点时。

例如,1998 年 1 月 22 日,即莫妮卡·莱温斯基与总统有染的新闻在《华盛顿邮报》上和美国广播公司新闻中披露的第二天,麦柯里在 44 分钟的新闻发布会上耗费了大部分时间应对与此有关的问题。在记者提出的总共 121 个问题中,仅有 17 个与其他事务有关,其中 8 个涉及亚西尔·阿拉法特到访及其与总统的会晤。

然而,只须了解当天召开的其他新闻发布会的大致情况,就可以清楚地看出一切正按照白宫的政策轨迹运行。国务卿马德琳·奥尔布赖特下午来到新闻发布室,简要介绍了总统与阿拉法特的会晤。这次会议延续了 15 分钟,记者向奥尔布赖特国务卿提了 18 个问题,没有一个与莱温斯基事件有关。[51]白宫当天发布的新闻公告提到有关厄瓜多尔与秘鲁边境冲突的一项协议,总统对巴尔干冲突中一名战争罪犯遭拘押一事的反应,以及总统就阿尔巴尼亚移民的相关政策向参众两院议长提交的一份报告。

一般来说,每当总统提出一项政策主张,签署一项法案,准备出访或准备迎接某一位国家元首来访时,熟悉事情进展的官员将向担任采访任务的记者提供背景材料。每当有关官员召开专题新闻发布会并向记者散发材料时,来自他们的信息往往对新闻吹风会和新闻发布例会的内容产生影响。例如,由于提前作好了准备,材料上也有具体的细节,因此记者无需询问新闻秘书某项活动有哪些人参与,他们的名字怎样拼写,怎样称呼,有什么职

251

业背景。这些信息已经通过电子邮件和新闻简报发送给记者，同时有关材料还放进了新闻发布室和记者工作间之间的文件篓里。

白宫召开新闻发布会或总统发表讲话时，每次会议的文字记录，无论多么简短，通常在1小时内由电子邮件发送并置于那些文件篓里。除了这些文字记录以外，新闻办公室按常规向记者提供总统今后数周和数日的工作日程、预定的活动、有待宣布的人事任命、被提名者的背景资料，以及总统向参众两院议长提交的咨文和发送的信函。

凡是列入白宫电子邮件记者名录的人员，还能收到消息源记者小组撰写的报告，执笔者是该小组的一名代表，他在仅允许少量记者随同总统及其手下人员出行的情况下报道总统的活动。每月初，记者们收到定期报道白宫的报社和广播电台的轮班采访计划。2007年4月的轮班计划列入31家报刊、五大电视网、9家广播电台以及2名杂志摄影师。[52]当某个活动需要消息源小组共同参与时，例如总统在椭圆形办公室发表简短声明，当天代表那些媒体机构的记者便可进入活动现场。然后由一位代表报社的记者为列入白宫记者名录的所有其他记者撰写一份报告。该报告提供了关于会议出席者身份、他们的穿着打扮以及记者在场时发生的情况等细节。另外还有一份会议记录送达这些记者，因此消息源记者小组的报告只是活动情况的概述。

在一个普通工作日，新闻办公室大概用电子邮件发布15份简报，同时在文件篓里放置总共约40页的材料。所有这些都是对白宫想要特别强调的消息的进一步补充，包括主要议案的影响以及如何实施某项方案的有关细节。它们的目标，是向记者提供足够的信息，以便他们理解有关议题的实质以及总统的议案将如何适应形势的需要。

为了及时应对源源不断的新闻，克林顿政府的新闻人员利用另外的方式发布消息，包括利用在新闻发布室召开的有政策专家出席的专题会议。布什政府也同样召开这类会议，但地点却不在新闻发布室。布什的工作班子沿袭了他们在2000年总统选战中采取的做法，经常召开电话会议，向记者通报一些希望引起他们注意的情况。记者通过电子邮件收到电话会议将在某时召开的通知，并收到如何登记注册的指令。进入登记程序后，他们自报姓名及其所属的新闻机构，表示想要提出一个问题。这一切都在电话会议召开前完成。这种电话会议经常用作对总统讲话的一个补充。例如，2006年4月25日早晨，继布什总统发表关于能源问题的一次谈话之后，新闻办公室就总统的政策主张发布了一页名为"布什总统应对汽油涨价的计划"的情况简介。15分钟之后，国家经济委员会主席阿尔·胡巴德召开了电话会议，向记者解释该计划。

　　上述做法对政府的有利之处是，这样的新闻发布会召集与会人员无需多少时间，而且可在当天任何时候召开，甚至曾在晚间召开。如果白宫人员得推出一项他们有意淡化、但尚需解释的议案，他们能够在电视网夜间新闻节目之后加以实施。

第 7 章
总统记者招待会

　　总统记者招待会和一问一答式短会是总统在不照稿宣读的场合与人沟通交流的最佳例证。总统及其工作班子极力操控他露面时的公开形式。他们不喜欢出乎意料的情况发生。但同时总统又必须显示自己能够回答有关其各项政策和各种动机的尖锐问题。由于总统并不回答其他政府部门的官员提出的问题,因此在任何官方场合都不会有人对总统进行公开质疑。按照惯例,在其他场合担当此任的是代表公众利益的记者。总统及其手下人员在各种不同的形势下如何应对记者质询,往往显示出白宫适应不断变化的形势和规律的能力。

　　总统有可能拿问答式短会开开玩笑,但显然他们并不期待记者招待会。每年感恩节前夕,美国总统按惯例在玫瑰园主持一个聚会,其间他准予赦免一只火鸡。2002 年在举行这一仪式之前,布什总统对那只显然焦虑不已的火鸡开了个玩笑。"他看上去有点紧张,不是吗?"他问在场的孩子、家长和老师,"他兴许以为他即将参加一场记者招待会。"[1]

　　1953 年,艾森豪威尔总统用更加直白的口吻表达了相同的观点:"我每周爬上这座十字架让你们往上面钉钉子。"[2] 作为当选总统,艾森豪威尔开始考虑如何躲避记者招待会。艾森豪威尔像自己的前任与后任一样相信大多数记者在提问过程中是粗鲁和欠教养的。《华盛顿邮报》编辑詹姆斯·罗素·威金斯担心总统记者招待会有可能被削减次数或干脆取消,遂代表美国报社编辑协会拜访这位当选总统。总统表达了自己对记者行为举止的担心。"艾森豪威尔对我说,他认为记者在杜鲁门记者招待会上的表现是令人不快的,常常对杜鲁门总统粗鲁无礼,对总统的权威缺乏尊重。他说他们质询总统的口气,就好像他是一个犯罪嫌疑人,或是案件审理时出庭的一名证人",威金斯 1998 年回忆道。威金斯向艾森豪威尔总统竭力宣扬记者招待会的好处,特别强调其中两点:帮助民众理解政府的政策;确保总统的消息登上报纸头版。随着政府职能部门的增加,人们越发难以理解政府的各项行动。记者招待会是一种教育工具,威金斯向总统提出自己的看法。记者招待会能确保总统的消息登上大报的头版。[3]

艾森豪威尔总统和后来的历届总统都曾为记者对待自己的无礼态度发过牢骚,但仍一如既往地举行记者招待会。2006 年 11 月 8 日,布什总统在东屋举行了一场记者招待会,此时距伍德罗·威尔逊总统 1913 年举行有史以来第一场正式的记者招待会已有 93 年,其间通讯技术的发展突飞猛进,我国政治体系中总统直属机构的规模和重要性日趋显现,政府的活动范围、影响范围及公开形象也发生了极大的变化。

但在时间跨度如此之大的伍德罗和艾森豪威尔两届总统任期之间,有些情况并未发生变化。两位总统均须在记者招待会上就广泛的话题回答记者提问,与会记者都享有同等的入场权利——所有持证记者均可出席,而不仅仅是由总统临时挑选的记者。威尔逊和艾森豪威尔两届总统任期之间的 14 位总统也同样召开记者招待会,会见记者并回答他们的提问。

在总统和记者必须各司其职的环境下,类似公开交流场所的存在方式已经发生了很大变化,而总统记者招待会仍然持久不衰,这是一个不争的事实。记者招待会的上述两个基本特点,广泛的话题和大量记者与会,迄今保持不变。同时,许多新情况也对记者招待会召开的方式、频率和与会者遵守的规则产生了影响。总统记者招待会外在形式上正在发生的变化,说明民主政体的本质特征何以能与世长存,尽管它的某些具体特点逐渐有所变化。

255

总统为何召开记者招待会

既然总统有其他方式与公众交流,既然他们并不特别喜欢记者招待会,那为什么还要坚持召开呢? 首先,他们这样做,是因为记者招待会已经被视为民主政府基础的一部分。当选总统理应通过回答那些局外人提出的尖锐问题解释政府的有关政策,以此公开显示自己如何对民众尽职尽责。但是总统还开始看出,只要他们在这个颇具挑战性的场合有上佳表现,就能赢得公众对自己及其政策的广泛支持。记者招待会向总统提供了在权威人士和普通民众中间赢得朋友和盟友的机会。

民主传统

2004 年布什总统在玫瑰园主持会议欢迎阿富汗总统哈米·卡尔扎伊来

访。两位总统简短致辞后，布什总统欢迎应邀前来的记者提问。"我们将按照民主社会的传统回答一些问题"，布什总统说。[4] 为了进一步解释他如何坚信民主政府与一个专爱探究求索的新闻界之间的牢固联系，同一年晚些时候他在椭圆形办公室会见伊拉克过渡政府总统加齐·亚瓦尔时再度重申了这一点。两位领导人就此次会晤分别发表了声明之后，布什对现场聚集的记者说："我们将按照民主的精神回答一些问题。"[5]

其实白宫和记者们都知道，总统本人需要在大庭广众之下回答别人的问题，提问者不仅包括那些并非是其雇员的人士，而且还有那些被认为颇有见地、提问时态度强硬的专业人士。有人问白宫高级通讯顾问丹·巴特莱特为何总统及其阁僚决定在伊拉克战争前举行一场记者招待会，他对此的答复是："在围绕伊拉克战争展开的辩论中，有一刻公众需要亲眼目睹总统就我们目前采取的行动及其原因接受质疑。这是新闻宣传目标的一个组成部分。是的，这位总统已经接受并回答了关于我们目前所采取的行动的尖锐问题。"[6] 白宫人员筹划了一场专题记者招待会，其中的部分原因是，他们知道这将被视为一个颇具挑战性的场合。

256　　　总统及其手下人员都将新闻界视为公共监督的一种合法工具，但对它在我们的社会里究竟应扮演什么角色尚未形成一致看法。自1943年以来一直报道白宫事务的海伦·托马斯是白宫记者团中公认的泰斗级人物，当谈及记者在美国政体中所处的地位时颇能代表普遍流行的观点："在我看来，没有记者团这样一股非常活跃的力量，你们就不可能维护民主政体，也不可能召开记者招待会。我们这里是当今社会唯一可以定期质询总统的论坛。没有这种质询，他能够单靠颁布命令治理国家，像国王一样不受约束。"[7]

《今日美国》的记者苏姗·佩基从记者充当公众代言人的角度解释记者招待会的重要性："我们不实行那种总统得像首相一样遭受嘲讽戏弄的议会制，在这种政体中，总统得被迫接受反对党的质询。我们与议会制最相似之处，便是召开新闻招待会，与会记者代表公众的立场。"

与此相反，白宫官员往往断然否认新闻记者应被视为公众的代表的观点。白宫办公厅主任安德鲁·卡德对一名记者发表评论说："他们（记者）并不代表民众，就像其他人也不代表民众一样。在我们这样一个民主国家，真正代表民众的是参与总统竞选的人。我认为你们并不能发挥监督和平衡的作用。"[8] 这大相径庭的两种观点势必——而且的确——就白宫照理应向记者提供什么类型的信息产生出迥然不同的看法。然而，双方都很清楚他们得从记者招待会中获得多少收益。

操控新闻和激励支持者

记者招待会很好地发挥了宣传总统的作用,因为它能使公众通过一个引人注目的活动而不是一次干巴巴的讲话观察总统的表现。"记者招待会的价值在于,它能在一段时间内帮你控制新闻,"里根时期的白宫办公厅主任詹姆斯·贝克说,"它使总统处于中心位置,它为你如何发布信息提供了一个适用范围很广的参照,并且使你有机会从一个很好的角度展示总统的姿态。"按照贝克的观点,记者招待会对于总统而言并不像其手下人预计的那样难以控制。"一般来说,任何一位成功当选总统的人都能得心应手地掌控一场记者招待会,"贝克说,"那纯粹是根据经验。否则,他不可能入主白宫,他不可能胜任总统。"[9]

总统同样能利用记者招待会助其治国理政。此种情况下的理想听众是白宫内外负有义务的总统的支持者,而不是大多数民众。1996 年 12 月 16日,克林顿总统召开一场记者招待会,具体描述了他对自己第二届总统任期的展望。过了一年多一点时间,迈克·麦柯里回忆起某位身居要职的官员说的话:"我们得在一年结束之际召开一场大规模的记者招待会,以激发人们的斗志,使他们对未来前景、对新的一年满怀信心,在一月份制定出积极的行动战略,进而推出总统的工作议程。这一招挺有作用,这好像是很久以前的事了。这一招特别灵。"[10]如同克林顿 1996 年 12 月的记者招待会一样,一场记者招待会影响所及,绝不仅限于克林顿支持者结成的同盟军。戴维·葛根发表评论说,一场成功的记者招待会"激发所有行动人员的士气"[11]。国会议员和政府部门的官员能够直接获知总统优先考虑的重点,同时也能知道自己的工作重点在哪些方面与总统的工作议程相吻合,这样他们就能作为一个团队共同向前推进。

记者招待会能够成为一个及时向人们通报总统直属机构工作最新进展的渠道。一场单独召开的记者招待会,不是集中介绍某次活动取得的成果,而是可以用作一个很好的机会,巩固总统自认为的他迄今所取得的政绩,使他未来的工作思路更加深入人心。斯考特·麦克莱伦把记者招待会说成是一个对白宫有利的场合,总统在此"总结很多我们已经取得的成绩……我们已经作出了一些骄人的业绩,可是并没有引起广泛注意,人们并不知道我们做了些什么",因此总统到会"着力宣扬其中的一些"。[12]

布什总统有时在仲夏时节举行一场记者招待会,以便讨论他在立法领域取得的成就,而后退居自己的庄园度假。此时国会已处于夏季休会期,任由总统单方面宣扬他们联合取得的政绩。他于 2003 年 7 月 30 日在玫瑰园召开性质相同的记者招待会，其间他着重强调了自己的政绩。他在 2002 年国会选举和 2004 年总统竞选之后分别召开了若干场更大范围的类似会议。

完善决策程序

白宫人员将记者招待会发挥的作用，看成是由总统往下到部再到部门的一种逐级施压、逼其投入行动的机制。白宫高官大多利用为总统记者招待会作准备之机检查已有的政策。约翰·波德斯塔解释说，记者招待会有办法"逼迫白宫人员认真审视某个促使我们就其作出回答的决策程序，而不是一味回避"。由此看来，准备一场记者招待会，本身可谓"一次较有价值的政治历练"。[13]

麦柯里谈到这一机制在克林顿主政时期如何产生作用。总统的工作班子将拟议的问题送交政府部门有关人员供其审阅，征求部门的意见并将结果向总统汇报："你往往会冒出某个缺乏新意、平淡无奇的想法，对总统来说不够理想。因此你说'这就是答复'时，常常会听到他说：'嗯，这可不行。我们得做出一个决定。快给某某某打个电话，问问他，我们为什么没有就此采取行动。'"寻找答案的过程促使人们采取行动。"有时它会造成政策的调整或对政策做出更加清晰的解释。因此，它能有效地促使政府、政府官员和白宫加紧处理已被搁置一段时间的重大问题。"[14]

记者受到高度重视

由于总统的手下人员非常关心他与新闻界的关系，因此特别留意记者们迟迟不见总统单独召开记者招待会时是否流露出焦急不安的情绪。记者催促总统及早单独召开记者招待会，因为他们习惯于听到总统亲自做出未经手下人员事先修饰的答复。他们认为这样的会议无可替代。在国会辩论表决弹劾调查克林顿总统的决议案期间，他在联合记者招待会或问答式短会上一般最多回答 3 个问题，而且他尽量避免这样的短会。记者们为此在非正式的早晨新闻吹风会或新闻发布例会上纷纷向乔·洛克哈特抱怨。

1999 年 3 月初，合众国际社电台的唐·福尔索姆询问乔·洛克哈特，总统是否能在 4 月 30 日召开一次记者招待会，洛克哈特为此颇觉意外，说他安排总统工作日程不可能有那么多的提前量，便问他对招待会如此感兴趣是何原因。福尔索姆说 4 月 30 日正好距克林顿总统上一次举行记者招待会一周年——催促总统召开记者招待会的并非仅有福尔索姆一人。总统遂在 3 月 19 日召开了一次记者招待会。

在总统的工作班底中,新闻秘书最乐于通过施加自己的影响促成总统记者招待会的召开。斯考特·麦克莱伦有时力主召开记者招待会,因为他深知记者正为此向自己施压。只要"召开会议的时机一到,你就应该召集会议",麦克莱伦说,"我的意思是,记者对它极为期待"。[15]但是另一方面,总统助理玛丽·玛塔林却对这一观点持怀疑态度。"你不是为召开记者招待会而开记者招待会,你不是为了发表讲话而发表讲话,"她说,"这种事不能光图形式。"[16]

总统记者招待会的模式

自威尔逊以来各任总统的记者招待会,已经成为总统旨在建立公共关系的一种虽非一贯成功但已渐呈常态的活动形式。[17]总统一旦开创了这个先例之后,各新闻机构希望记者招待会的形式长期持续下去,无论谁出任总统,无论他说些什么,做些什么。

身为战时领袖的威尔逊特别值得记者关注。他后来的沃伦·哈尔丁和卡尔文·柯立芒这两位总统任内虽然没有经历类似的危机,但是新闻记者仍然要求他们召开记者招待会,因为公众和媒体机构开始将总统职权视为重要的信息来源。[18]柯立芒总统任期结束之际,记者招待会已经形成了制度。胡佛总统不像柯立芒表面那样喜欢记者招待会,但仍照样会见记者,只是胡佛召开的记者招待会大多时间短暂,他与记者之间鲜有互动交流。

将记者招待会转变为总统任内必不可缺的一项活动的任务,历史性地落在富兰克林·罗斯福身上。在罗斯福和杜鲁门时期,记者招待会的召开,继续遵守自威尔逊政府首开招待会先河以来一直恪守的那种不供发表的规则。哈尔丁和胡佛时期那种要求记者预先提交问题的规定也告废止。这种规则变化改变了记者招待会的动态,能使记者招待会成为总统不仅谈论记者关心的话题也能谈论他本人议程的场所。

罗斯福政府极易催生政策,总统喜欢与记者交谈,因为他认为新闻机构能帮助他向公众通报他们正在做些什么。他解释财政预算的做法,为我们提供了一个他如何利用记者招待会的范例。罗斯福总统在即将向国会发表预算咨文之际,专门会见记者并向他们通报其主要内容。他告诉记者他认为这份咨文当中哪些地方重要。他的第一场预算专题记者招待会于1934年1月5日召开。会议刚开始,他向记者建议会后形成的新闻稿应着力强调哪些方面。"就这份咨文而论,我想如果我为各位撰写新闻报道,我得说这是有史以来所提交的最为坦诚的一份预算咨文。换句话说,我没有拐弯抹角,或是试图掩饰什么"，他说。他的预算主任不在华盛顿，因此他亲自向记者作了约 1 小时的内容介绍。他还将 1936 年 1 月 4 日召开的一次类似的会议比作"课堂"，将他本人比作"教授"，这是他在记者招待会上偶而使用的一个比喻。[19]

罗斯福的记者招待会广受欢迎，与会者除了白宫记者以外，还包括政府官员、外地报刊编辑以及到访的外国政要。杜鲁门的记者招待会虽然没有罗斯福的那种磁石般的吸引力，但一直是记者们获取信息的重要来源。各位总统召开记者招待会的次数虽然时有变化，但从伍德罗·维尔逊到哈里·杜鲁门，各位总统的不供发表的记者招待会，成为白宫记者的一个主要信息渠道。

总统及其幕僚认为记者招待会有用，还在于它能在一定程度上维持对总统言论的控制。如果总统不希望自己的某些言论公之于众，也能及时收回某个不够明智的表述，或者将其改换成合乎自己心意的说法。这方面一个绝佳的例证，是杜鲁门总统在 1950 年 3 月 30 日召开的记者招待会上对约瑟夫·麦克阿瑟的描述："我认为克里姆林宫拥有的最大资本是麦克阿瑟参议员。"一位记者让他知道这话引起了多少争议："兄弟，莫非它会登上明天报纸头条！"杜鲁门忙不迭地改口说："克里姆林宫拥有的最大资本，是国会内部一党破坏代表两党利益的美国外交政策的企图。"利用这样一句语气和缓的引语，他能够理直气壮地出而反而，却不致伤害自己。但如果记者招待会的内容可供媒体公布，那就无法收回有害的言论。表 11 显示总统记者招待会一贯不变的重要性[20]，但在杜鲁门政府之后会议召开的频率出现急剧下降。

表 11　总统记者招待会，1913—2007

总　统	总　计	在任月数	每月平均召开的记者会次数	每年平均召开的记者会次数
威尔逊 1913.3.4—1921.3.4	159	96	1.7	19.9
哈尔丁 1921.3.4—1923.8.2	没有记录	29		
柯立芒 1923.8.3—1929.3.4	521	67	7.8	93.9
胡佛 1929.3.4—1933.3.4	268	48	5.6	67.0
罗斯福 1933.3.4—1945.4.12	1021	145.5	7.0	84.1

总　统	总　计	在任 月数	每月平均召开的 记者会次数	每年平均召开 的记者会次数
杜鲁门 1945.4.12—1953.1.20	324	94.5	3.4	41.1
艾森豪威尔 1953.1.20—1961.1.20	193	96	2.0	24.1
肯尼迪 1961.1.20—1963.11.22	65	34	1.9	22.9
约翰逊 1963.11.22—1969.1.20	135	62	2.2	26.1
尼克松 1969.1.20—1974.8.9	39	66	0.6	7.1
福特 1974.8.9—1977.1.20	40	30	1.3	16.0
卡特 1977.1.20—1981.1.20	59	48	1.2	14.8
里根 1981.1.20—1989.1.20	46	96	0.5	5.8
老布什 1989.1.20—1993.1.20	143	48	3.0	35.8
克林顿 1993.1.20—2001.1.20	193	96	2.0	24.1
小布什 2001.1.20—2007.1.20	151	72	2.1	25.2

　　资料来源:除非另外注明,总统记者招待会的信息来自《美国总统公开档案》。胡佛、杜鲁门、艾森豪威尔、肯尼迪、约翰逊、尼克松、卡特、里根、乔治·H. W. 布什和克林顿总统均有系列档案。乔治·H. W. 布什于 1991 年 8 月 16 日在缅因州肯尼斯港召开的一次记者招待会未载入公开档案。有关文字记录收入布什图书馆档案。乔治·H. W. 布什总统的资料来自由国家档案馆出版的"总统文件每周汇编"。卡尔文·柯立芝总统记者招待会的文字记录收藏于马萨诸塞州北安普顿的福布斯图书馆。伍德罗·威尔逊在其第二届任期仅举行过 2 次记者招待会,这一数字可能导致人们产生他在第一任期内极其频繁地召开记者招待会的错误印象:平均每月 3.3 次,每年 39 次。记者招待会的数字在有些方面不同于早先的表格。威尔逊的数据包括"记者招待会大全,1913—1919 年"第 50 卷,编辑:罗伯特·C. 希尔德布兰德(普林斯顿,新泽西:普林斯顿大学出版社,1985)作为"伍德罗·威尔逊档案"的一部分,同时包括另两次记者招待会。

　　1914 年 1 月 26 日、6 月 22 日和 7 月 13 日的记者会未载入希尔德布兰德卷,1913 年 11 月 13 日的短会载入查尔斯·斯万姆卷。罗斯福的数据不同于 998 的标准数字,该数字由当时的速记员记载。最后一次记者招待会编号定为 998。这一数字包括 1934 年的两次记者招待会——138 次和 139 次——实际并未召开,三次记者招待会速记员均告假,但其实仅召开了一次。这一错误过了一段时间后才被发现,遂决定会议编号仍维持原样。我已补充了由记录员分别标注为"A"或"B"的 22 次记者招待会。由我补充的记者招待会如下:1933 年,我补充了 14A、14B 和 49A。头两次为总统与英国首相拉姆齐·麦克唐纳在总统办公室召开的联合记者招待会。虽然这两次会议不像后来那样出现通常的提问与回答的环节,但却是第一次在总统主持下记者与一位外国领导人交谈,由此确立了总统与外国领导人联合召开记者招待会这样一种长期延续的模式，形式上有别于总统单独召开的记者招待会。这种会议时间较短，通常会发表一项外国领导人的声明。列入 1933 年统计数据的包括 9 月 6 日(49A)的一次晤会，它有可能是在早先一次会议结束之后不久召开的。1934 年，除了并没有召开的 138 和 139 次会议以外，我们可以补充 129A 和 161A，这两次会议与通常的记者招待会并无实质性区别。其他可以归入记者招待会范畴的包括 193B、530A 和 703A。从 1941 年开始，744、858、903 和 956 次会与商务编辑的见面会，跟那些与美国报纸编辑协会(879)和黑人报纸出版人协会(933)的见面会一样，同被列为记者招待会例。我已经列入罗斯福总统任期最初几年分别被标注为"A"或"B"的记者招待会。包括 98A、193A、275A、360A、448A、449A、452A、452B、540A、557A、614A、636A 和 652A。此外还有新闻秘书斯蒂夫·厄尔利在体弱多病的罗斯福总统授意下代替他召开的记者招待会。后来证明这一做法是一种尝试，并未被其他总统效仿。另外还有 356A 与一位加拿大政府官员联合召开、399A 在加拿大应该国记者要求召开的记者招待会。由乔纳森·丹尼尔斯作序的《富兰克林·D·罗斯福总统记者招待会全集》(纽约：达·卡波出版社，1972 年)；杜鲁门的记者招待会在其编号中有一系列会议与罗斯福总统的极为相似。虽然几次会议的记录文本并未收入"美国总统公共档案"，这些编号依然保留。有鉴于此，杜鲁门总统任内累积的总数包括所有被称为记者招待会的会议，包括 11、36、61、103 次（美国报纸编辑协会），13（广播新闻分析员协会），36（甘尼特报纸编辑和发行人），42、81（全国商报编辑大会），51（黑人报纸出版人联合会），52（《标准铁路劳动组织月刊》编辑），73（麦克格劳-希尔出版公司编辑和经理）。在他总统任职后期，他与下列团体的见面会作为记者招待会列入"公共档案"，包括 121、177 次全国商报编辑大会，179 美国报纸编辑协会，124 全国专栏作家大会，202 广播分析员联合会。总数中还包括（尽管会议文本不存）109 在加拿大与加拿大首相麦肯齐·金联合召开的记者招待会，82 他在会上纠正了先前发表的声明但未回答问题。这次会议与 114 相似，因为他同样没有回答记者提问，仅仅为记者在其母亲逝世时对他表示哀悼而他们致谢。"公共档案"同时收录了 114 的编号及会议文本。1953 年 12 月 16 日的记者招待会首次允许直接引用整个记者招待会的讲话。1955 年 1 月 19 日举行的记者招待会，首次被电视转播，尽管没有直播；1963 年 8 月 30 日，肯尼迪总统在马萨诸塞州港首次召开"特别记者招待会"，我把它列入注有编号的 64 次记者招待会。尼克松总统分别于 1970 年 3 月 21 日和 7 月 20 日召开了两次名为"事先未安排的新闻招待会"的会议，被我列入 37 次有编号的记者招待会。1974 年 10 月 21 日，福特总统在亚利桑那州图巴克召开了"美国总统与墨西哥总统埃切维里亚联合召开的新闻招待会"，被我列入 39 次有编号的记者招待会。乔治·H. W. 布什于 1991 年 8 月 16 日在缅因州召开的一次记者招待会，未列入"公共档案"。会议记录存入布什图书馆的档案。

　　艾森豪威尔时期的记者招待会经历了极大的变化。1953 年 12 月 16 日以后，记者招待会的内容可供媒体公布。1955 年 1 月 19 日起，会议还由电视录像在晚间新闻节目中播出。这些进展使一种低成本的练习变为一种高风险的表演。有鉴于此，总统和他的工作班子开始寻找既能减少自身伤害又能直接影响公共舆论的途径。

263　　　如果记者招待会的内容可供媒体发表，总统及手下人员一般会对记者招待会作出一些调整进而确定总统能够回答记者提问的备用场所，比应对极有可能出现的犯错及令人尴尬的局面。

　　在改变记者招待会外在形式这一方面，总统及其通讯宣传团队制定了三项策略以减少活动本身潜在的负面影响。他们减少了传统的记者招待会的次数和规律性。他们改变记者招待会的环境以体现总统即将发表的讲话的重要性。这包括设计某些环境以烘托会议气氛，为某些"低调"会议的场地设计作出一些淡化处理。他们还可以将记者招待会从总统独自面对记者调整为总统与记者共同出现的场合。通过邀请外国领导人登上白宫讲坛与总统共同回答记者提问,他们逐渐将记者招待会改造为一种外交工具。

　　除了对记者招待会的形式作出调整以外,总统及其幕僚制定了宣传策略,为他们应对记者提问提供若干备用方案。他们设计出问答式短会,作为正常回答记者提问的一种渠道,并且增加了接受本国及外国记者单独和集体采访的次数。所有这些改变并非同时做出。

会议频率、环境和形式的变化

　　只要记者招待会的内容不供公开发表,总统就不会像后来那样担心自己在对稍露端倪的事件发表评论时,尤其是在危机突发之机遇到什么麻烦。总统及其幕僚掌控信息的发布。倘若他们不想让总统刚才发表的言论离开会场,它就不可能离开会场。记者们自觉遵守信息发布的若干规则。

　　如果记者招待会的内容允许公开发表,总统需就正在发生的世界危机和滞留在议会的总统的政策议案回应记者的提问。早先时候,总统能够随心所欲地议论被其牢牢控制的各项策略和各种人士,但是记者招待会的内容不止一次地可供公开发表。总统对召开记者招待会的时机变得敏感起来。有时他们竭力回避某一议题,有时又利用记者招待会这一场合直接挑起某一议题的讨论。在新闻传播速度极快的当今社会,很难找到一个召开记者招待会的"有利时机",因为总会有不愿被总统谈及的某个危机或事件正在发生。

　　几任总统大幅度削减记者招待会的次数。艾森豪威尔每月举行两次记者招待会,而不是像他的前任杜鲁门那样每周举行一次。杜鲁门平均每年召开 41.1 次记者招待会,而艾森豪威尔每年平均召开 24.1 次。尼克松和里根时期难得召开记者招待会,平均每年分别仅有 7.1 次和 5.8 次。老布什、比尔·克林顿和小布什总统召开记者招待会的次数多于尼克松和里根总统,但其中大多数是与外国领导人联合召开,而非本人单独召开的会议。老布什总统、克林顿总统、小布什总统每年平均召开记者招待会的次数分别为 35.8、24.1 和 25.2。

　　虽然与前任相比,艾森豪威尔总统召开记者招待会的次数有所减少,但会期安排较有规律。艾森豪威尔在其 8 年总统任期内召开记者招待会的月份合计占月份总量的 85.4%,而里根召开会议的月份合计仅占总量的 46.9%。里根总统较少召开记者招待会的一个原因,是他为按照符合自己意愿的方式召开的记者招待会付出了大量心血。他没有在艾森豪威尔行政大楼召开低调的早晨或下午例会,而是将 67.4% 的记者招待会放在东室作为晚间重要活动举行。这些会议经三大电视网现场直播,吸引了大量观众。里根的绝佳表现与东室精致典雅的陈设相得益彰。就算他的回答有时含糊不清易于出错又有何妨——观众乐于欣赏总统晚上在东室讲话时的优雅姿态。

后任总统们对这种铺陈华丽、过于正经的记者招待会大多不愿问津，除非处于广大民众期盼总统为他们指点迷津的全国性的重要时刻。小布什总统举行过 4 次这样的记者招待会，全都与公众期待他议论的战争话题有关。类似的记者招待会在老布什的 4 年总统任期内召开过 2 次，在克林顿的 8 年任期内有过 4 次。

随着可供发表的记者招待会的出现，总统采取的一个对策，是尽量减少自己直面记者提问的次数。以往那种由总统独自面对记者回答他们提问的记者招待会，如今渐渐让位于联合记者招待会。这种会议刚刚开始推行时，一般由总统和重要的国内事务顾问尤其是预算顾问共同应对记者提问。罗斯福、杜鲁门和约翰逊总统定期召开这种会议。现如今由总统与外国元首联合召开记者招待会的做法已很普遍。总统在单独召开的记者招待会上得回答约 15 名记者的提问，而在联合记者招待会上，他和外国贵宾只需各自应对 2 至 3 名记者。

如表 12 所示，老布什之前的十几任总统偶尔召开联合记者招待会，且一般不与外国领导人联合召开。杜鲁门总统喜欢与预算顾问、偶尔是一位到访的外国领导人联合召开记者招待会。例如，1946 年他让其他人士与他共同出席了 7 次记者招待会。[21] 艾森豪威尔和肯尼迪总统没有采取这种方式。但它在林登·约翰逊任内又得到恢复。在他总共 135 次记者招待会中，有 16 次他让有关官员在自己身边回答一部分问题。预算主任查尔斯·舒尔兹专门应对预算方面的细节问题。国防部长罗伯特·麦克纳马拉回答与越战有关的问题。[22] 约翰逊总统还与州政府官员包括州长共同召开记者招待会。

尼克松·卡特和里根不再邀请其他官员出席自己的记者招待会。他们有时邀请外国领导人共同出席问答式短会，而不是记者招待会。福特总统仅有一回与一外国领导人共同面对记者，从而维持了当时的趋势。1974 年 10 月 21 日，他与墨西哥总统路易斯·埃切维里亚在亚利桑那共同会见记者。会见形式接近于今天的联合记者招待会，由记者就任何话题向两位领导人提问，整个过程短于单独召开的记者招待会。

自老布什入主白宫起至今，各任总统与外国领导人共同召开记者招待会，已经成为外国元首造访白宫或是总统出国访问的一个重要内容。在如今一位总统召开的所有记者招待会中，联合记者招待会占一半以上。仅以近三位总统为例，在老布什、克林顿和小布什各自所有的记者招待会中，他们召开的联合记者招待会分别占 41.3％、67.9％和 76.8％。

表 12　每位总统的记者招待会：联合和单独召开的记者招待会（1913—2007 年）

总　统	总计	单独	联合	联合记者会所占比重%	记者招待会召开的月数%	单独记者招待会召开的月数%
威尔逊 1913.3.4—1917.3.4	157	157	0	0	62.5	62.5
威尔逊 1917.3.4—1921.3.4	2	2	0	0	4.2	4.2
哈尔丁 1921.3.4—1923.8.2	没有 记录					
柯立芒 1923.8.3—1925.3.4	130	130	0	0	100.0	100.0
柯立芒 1925.3.4—1929.3.4	391	391	0	0	100.0	100.0
胡佛 1929.3.4—1933.3.4	268	267	1	0.4	95.8	95.8
罗斯福 1933.3.4—1937.1.20	344	332	11	3.2	97.8	97.8
罗斯福 1937.1.20—1941.1.20	389	377	10	2.6	100.0	100.0
罗斯福 1941.1.20—1945.1.20	279	267	12	4.3	100.0	100.0
罗斯福 1945.1.20—1945.4.12	8	8	0	0	100.0	100.0
杜鲁门 1945.4.12—1949.1.20	165	157	8	4.8	97.8	97.8
杜鲁门 1949.1.20—1953.1.20	159	154	5	3.1	97.9	97.9
艾森豪威尔 1953.1.20—1957.1.20	99	98	1	1.0	83.3	83.3
艾森豪威尔 1957.1.20—1961.1.20	94	94	0	0	87.5	87.5
肯尼迪 1961.1.20—1963.11.22	65	65	0	0	97.1	97.1
约翰逊 1963.11.22—1965.1.20	36	35	1	2.8	100.0	100.0
约翰逊 1965.1.20—1969.1.20	99	83	15	15.3	89.6	85.4
尼克松 1969.1.20—1973.1.20	30	30	0	0	56.3	56.3

续　表

总　　统	总计	单独	联合	联合记者会 所占比重%	记者招待会 召开的月数%	单独记者招待会 召开的月数%
尼克松 1973.1.20—1974.8.9	9	9	0	0	36.8	36.8
福特 1974.8.9—1977.1.20	40	39	1	2.5	72.4	72.4
卡特 1977.1.20—1981.1.20	59	59	0	0	75.0	75.0
里根 1981.1.20—1985.1.20	27	27	0	0	54.2	54.2
里根 1985.1.20—1989.1.20	19	19	0	0	39.6	39.6
老布什 1989.1.20—1993.1.20	143	84	59	41.3	89.6	85.4
克林顿 1993.1.20—1997.1.20	133	44	89	66.9	93.8	66.7
克林顿 1997.1.20—2001.1.20	60	18	42	70.0	75.0	37.5
小布什 2001.1.20—2005.1.20	89	17	17	80.9	79.2	33.3
小布什 2005.1.20—2007.1.20	62	18	44	71.0	91.7	66.7

资料来源:在罗斯福和约翰逊总统任内,有些记者招待会没有文字记录,因此两位总统举行的记者会总数,应略高于记载的单独和联合记者招待会总数。富兰克林·罗斯福总统总共有3次记者招待会没有文字记录:一次是在他第一任期内1933年8月7日召开的41次记者会,另两次是他第二任期内1938年7月和8月召开的473和474次。约翰逊总统1965年8月19日召开的48次记者会的文字记录已经遗失。老布什总统1991年8月16日在缅因州肯纳邦克波特召开的记者招待会没有载入"公共档案"。这份文字记录收入布什图书馆的档案。

　　这种记者招待会顺应了记者、外国领导人和总统本人的需要。在老布什总统使联合记者招待会常态化之前,常有一些记者采访到访的外国领导人或他们的代表。每位领导人或其代表就会晤情况答复记者提问。这种采访因其未经电视转播不会引起公众关注;这种情况发生在有线电视普遍流行之前。

　　通过召开联合记者招待会,白宫既能把握记者向总统提问的范围,又能在某位外国领导人向记者通报他与总统会晤的情况时对其答复记者提问的口径设置一定的限度。正如马林·费茨沃特所说:"双方站在一起时更加小心谨慎;它最大限度地减少了彼此的分歧。"[23]联合记者招待会有几个优势:双方领导人能够指望它正常召开,各方对会议的描述不致产生分歧,记者能有机会就会晤本身及其他话题采访总统本人,而不是某位没有透露姓名的高级官员。

在跟另一人平均分摊会议时间的情况下,把握会议基调显得较为容易,加上两位领导人在会议开始时要分别宣读几分钟的声明,因此总统能够集中精力应对几个问题,因为他十分清楚,记者不会抓住某个话题对他一再纠缠不休。克林顿总统在其第二届总统任内丑闻缠身时,能够正常避免回答一次记者招待会上提出的所有问题。例如,1999 年 2 月在一次与加纳总统杰里·罗林斯联合召开的记者招待会上,克林顿总统仅仅回答了 3 个问题,提问的全是电讯记者,分别来自美联社、合众国际社和路透社。无论联合记者招待会是在美国或是国外召开,两位领导人之间总是平分秋色。

由于记者是按照其所属的国家分开就座,因此双方领导人轮流指定提问者。这就减少了总统回答白宫记者团提问的次数。指定电讯记者提问时,克林顿总统断定对方将向他提出的决不仅仅是与丑闻有关的问题。即便没有 2 个至少有 1 个电讯记者会向他询问政策方面的问题,尤其是外交政策。电讯记者很少像其他有些记者尤其是电视网记者那样锋芒毕露。

总统及其幕僚很清楚记者们对有关限制心存不满。在与罗林斯共同召开的记者招待会上,一位加纳记者抱怨说美国记者不提有关非洲的问题。克林顿总统对此作出回应:"这全得怨我,都怪我平时在其他场合没让他们提够问题,因此我是在逼迫他们接二连三地向我提问。"[24]

会见记者的其他场合

自从电视成为总统通讯宣传的主要工具,从而使记者招待会可供公开转播以来,总统们一直倾向于少召开那种让他们独自站在台上答复记者提问并由电视转播半小时左右的记者招待会。于是一问一答式短会应运而生。这种会议与联合记者招待会的相似之处,是记者提问不多,而不同之处,在于每次仅有少量记者应邀与会,而且事先也没有召集其他听众到场。即便总统在一场联合记者招待会上仅指定三人提问,白宫记者团全体人员也会如数出席。

在有些一问一答式短会上,总统在刚开始会见参众两院领袖、内阁成员或某位来访的国家元首时,往往回答应邀来到椭圆形办公室(或某个类似的场所)的一群记者一到五六个问题。记者的提问一般涉及一两个重大问题,已经有人事先将其主要特点向总统作了交待。美联社和路透社的电讯记者通常应邀向总统提问,他们感兴趣的往往是时下的热点话题。

表 13　一问一答式短会(1989—2007 年)

总　统	总　计	在任月份数	每月平均数
老布什 1989.1.20—1993.1.20	331	48	6.9
克林顿 1993.1.20—2001.1.20	1042	96	10.9
小布什 2001.1.20—2007.1.20	430	72	6.0

　　资料来源:"与记者的交谈",《总统文件每周汇编》。

270　　　　一问一答式短会是总统与新闻界关系中一个新近出现的产物。当总统原先定期单独召开记者招待会的时候,几乎没有必要召开这样的会议。记者们知道自己有机会围绕广泛的话题向总统提问,尽管每月仅有两三次机会。经过录音录像的一问一答式短会始自尼克松执政时期,其时记者招待会已很少召开。记者们希望自己的问题得到回答,而白宫又不愿意在记者招待会上答复他们的问题。短时间会晤一批记者并回答其提问,正可稍稍满足他们要求召开记者招待会的强烈愿望。随着有线电视的发展,一问一答式短会召开的次数也有所增加——有线电视网成为传播这种会议内容的一个有效途径。

　　这种总统会晤一批记者、场地面积十分有限的短暂会议比较容易筹划。2007 年,这种会上几大主流电讯社都有代表(美联社、路透社、布鲁姆伯格),另有一名记者代表几大电视网(美国广播公司、哥伦比亚广播公司、全国广播公司、有线新闻电视网和福克斯公司),有两名记者分别代表主流报刊和电台。鉴于总统一般回答不超过两三个来自知名记者的问题,因此很容易预测他们提问的侧重点。例如,2005 年 8 月 23 日,布什总统在爱达荷州唐纳利的塔玛拉克度假村度假时回答了记者提出的 4 个问题。布什站在一处林间隙地里,旁边是爱达荷州长(后任内务部长)德克·肯普索恩,布什发表了一项声明,回答记者提问达 12 分钟。由于当时有反战人士辛迪·席汉在布什克劳福德牧场外面宿营,预测第一个问题自然并非难事。美联社记者
271　提出一个有关席汉的问题,接着路透社记者提出关于以色列人撤出加沙定居点的问题。一名彭博电视记者和一名福克斯记者分别就逊尼派教徒和妇女在处于发展进程中的伊拉克政体中所起的作用提问。所有这些问题都是时下流行的热门话题,因此不难预测。

　　除了记者招待会和一问一答式短会以外,总统开始接受某个记者单独采访,同时接受经过特别挑选的一组记者的集体采访。直到最近,记者们仍

对这种从新闻界广大人员和群体中严加筛选的做法颇有微词,理由是它对其他人不公平。但它毕竟是在总统授意下做出的一种尝试,已经成为一种标准的做法。

有关总统接受媒体访谈的完整统计难以获得,因为这种采访被视为新闻机构而非白宫的珍贵资料。白宫确实制作了文字资料,但仅向那些参与采访的记者提供,而不向整个白宫记者团提供,除非得到参与采访的媒体机构的同意。

表 14 为白宫内部的统计数据,显示出布什总统 6 年内接受媒体采访的总体情况。这些数字共分为 3 种类型的采访,包括个别记者和同一媒体机构内一组记者的采访,分别为报刊、电视和圆桌。报刊记者的采访,包括美国和国外报刊杂志。电视记者的采访,包括五大电视网和国外电视。总统一般每次接受一家电视新闻机构的采访,不过来自该机构的数名记者可能同时参加。所谓"圆桌",即一组记者的集体采访,他们代表某一州、某一地区或全国。例如,布什总统 2005 年夏天外出度假之前,接受了来自德克萨斯州报刊出版业 5 名记者的集体采访。

表 14　记者对布什总统的采访(2001.1.20—2007.1.20)

年份	总计	报刊	电视	圆桌
2001	49	21	18	10
2002	34	11	19	4
2003	45	7	26	12
2004	69	34	31	4
2005 至 1 月 20 日	12	5	6	1
第一任期	209	78	100	31
2005.1.20—2005.12.30	33	9	18	6
2006—2007.1.20	63	22	34	7
2001—2007.1.20	305	109	154	44

资料来源:白宫内部数据统计。

总统在出国访问之前也会接受记者的集体采访。2005 年 7 月,布什总统在赴英格兰出席 8 国峰会并对丹麦作短暂访问之前,接受了丹麦广播公司、英国独立电视公司和英国《泰晤士报》的采访,以及欧洲几国数名记者的集体采访。这些采访作为对总统国内视察或出国访问的先期介绍,在他到达目的地之前进行。

正如表中各项总计所示，记者与总统半数以上的访谈都通过电视进行，可见电视已成为用于采访总统的占主导地位的媒介。在这方面与其他方面一样，图像已经变得比言辞更加重要。

克林顿总统也采取了类似的做法，只是在报刊和电视采访之外，他还接受了大量的广播采访。他在第一任期内接受了记者共约189次采访，其中报刊记者的采访为数不多。[25]

记者招待会的节奏

1998年4月30日下午2点钟，克林顿总统大踏步走过铺在十字走廊上的红地毯进入东室，登上讲台，面对约175名记者和25名白宫人员。台上台下双方都抱有很高的期待。这将是自一月份莫妮卡·莱温斯基事件曝光以来总统第一次单独召开的记者招待会。如果他想成功应对记者的提问，他就得显示自己正在专心致志地履行总统的职责，并且在被问及他与那位白宫实习生的行为时其答复也应令人信服。

室内每个人都知道他这回将面临难堪的局面，其实他和手下人员早已预料他此番定然无法避免记者的诘难。同时，他的工作班子知道任何由总统单独召开的记者招待会都需要他事先做大量的准备工作。他们得竭力阻止总统可能的愤怒情绪的突然迸发。如果他想确保自己与记者此次近距离接触获得成功，那就必须围绕他个人及政策议题做好准备工作。

虽然这次记者招待会的中心话题非同寻常，但历时50分钟的会议仍然体现出大多数由总统单独召开的记者招待会的节奏，包括会议前期准备所做的工作，尤其显示出报道白宫事务的各新闻机构的权势等级，所提问题的各种类型，总统驾驭室内气氛的方式，以及他与所有高层人员为这种会议所做的长时间的准备。

即使总统在丑闻缠身的情况下单独召开记者招待会，他还是有若干明显的有利因素。他挑选谁提问，可以听凭自己的意愿，挑选时可以根据自己的喜好程度。他的助手们事先将他们认为有可能提到的问题列在一张单子上，高层人员还会事先拟出参考答案，并与总统在预备会上共同讨论。

尽管有这些有利条件，总统在走向那个讲台时，毕竟是独自一人。其他任何人都不能代他回答问题。

为总统做好准备

总统在公开场合会见记者并回答他们提问时，白宫人员应当设法不让他突然遭遇任何出人意料的情况。凡有可能在会上提出的问题,新闻秘书几乎都能料到,而且还据此在预备会上提醒总统作好准备。麦柯里解释说,"记者招待会结束后,我就进入主持预备会议的角色,根据每个问题可能提出的概率,为总统逐一准备答案。难得哪回我们不提出 21 或 22 个问题,我们大概会漏掉一两个,但大多不出我们所料。一般情况下,甚至那些我们没有特意准备的问题,他也回答得挺好。"[26]

　　麦柯里有 4 种方法预测记者可能向总统提出的问题。首先是他根据最近的新闻吹风会和新闻发布会上记者们提出的问题列出的一张单子。这两次会上提出的问题是一个明确的信号,表示记者们逮着机会将围绕哪些话题向总统提问。平时大约有 35 名记者正常来白宫参加新闻吹风会和新闻发布会。那些有幸能在记者招待会上提问的记者大多集中于此。在当天向克林顿提问的 29 名记者中,仅有 4 人没有正常出席新闻发布会并在会上提问。在东室召开的记者招待会的记者区内大概有 150 名记者,但当总统从中挑选提问者时,他依据的却是一张人数有限的已知记者的名单。

　　新闻秘书有时还知道,某某记者只要一抓住机会,将提出什么样的问题。在克林顿召开记者招待会当天的新闻吹风晨会上,麦柯里对聚集一堂的记者们开玩笑说,无论谁把计划在记者招待会上提的问题事先交给他,都有机会提问。"有人愿意接招",麦柯里说。[27]吹风会结束之时,人们看见一名记者塞给麦柯里一张纸条。[28]当天晚些时候,总统果然点到她。麦柯里表示,说实话,像这样事先给他问题的并不仅有她一人。"总有那么三四个人会对你说:'我可不愿这么不顾体面,玩你们这种游戏,可我对这个真的挺感兴趣,只要他们的提问是围绕其他话题,而他又希望谈论某某话题,而且要说的内容也很有趣,我就会准备挑起那个话题。'"这是记者的说法。"这可以预料。一些人当天承担的任务,与当天的新闻并无关联。不过这很有用。克林顿并不总是对此作出回应。我跟他说:'如果你讲到某一点,想谈起那个话题,某某某可能会提出与此有关的问题。'他有时点那个人提问,有时却不会。"[29]

　　有些人也许会对记者如此作派感到惊讶,其实这种传统在早先记者招待会按照计划正常召开时就已形成。新闻秘书詹姆斯·哈格蒂在自己的日记中多次提到,记者表示他们将在定于次日召开的记者招待会上向总统提出哪些问题。在艾森豪威尔和肯尼迪时期电讯记者事先告知白宫自己将提出什么问题。[30]这种做法在尼克松时期逐渐受到冷落,但并未完全消失。

　　总统的工作人员也同样注意那些极有可能被总统点到的记者热衷于哪些新闻话题,这样有助于他们思考总统可能按照什么思路回答一个传统问题。约翰·波德斯塔说："我们用心揣度记者们按常理会提出一批什么样的传统问题，并且考虑如何利用它们作为谈论不同话题的一个过渡。"[31]

275   在大多数总统任职期间，为他单独召开的记者招待会作准备，往往是一个耗时费力的过程。在东室召开一次由电视转播的记者招待会需要承担的风险，远远高于一次午后例会。如果记者招待会时隔很久才召开，它的身价自然会大幅度提高。

对克林顿而言，记者招待会之前的准备工作，大致相当于会议举行当天的一阵口头操练。麦柯里说："我们总是在会议召开当天做准备。有时我们尝试着在头天晚上稍做一点准备，但折腾一阵之后总是不了了之，第二天再把同样的问题复习一遍，所以这等于是浪费时间。"工作人员交给克林顿一份新闻发布会文稿，但这并不是准备工作的一个重要环节。麦柯里回忆说："有时有证据表明他事先看了文稿，但有时又有充足的证据表明他压根没看。他特别善于瞅着一张纸说，'请讲'，然后你在他继续读的同时开始跟他说话。他能边读边听你说。等他过后放下文稿时，他对怎样答复这一问题已经胸有成竹。"

工作班子和总统一起参加记者招待会的预备会时，重点围绕政策议题以及记者可能向他提出的个人问题。这种由麦柯里牵头、若干部门负责人参与的预备会，气氛紧张严肃。"我们往往坐在内阁室里挖空心思反复研究足有 5 小时"，他说。虽然麦柯里愿意让他的同事们参与其他新闻会议的筹备，但记者招待会的准备却是另一回事："我最当心的事，就是不让其他任何人添乱。我坐在总统正对面，戈尔坐在他身边，然后是帕尼塔，另一边是鲍尔斯，由我主持会议。鲍尔斯接替帕尼塔出任办公厅主任后，便坐在总统身边，就像他的前任以往一样。

会上展开的练习，是将政策领域里的敏感话题用问题的形式梳理一遍。"我往往邀请外交政策人士到会。（国家安全顾问桑迪·）伯杰主讲外交政策问题。伯杰一直坚持自己到会讲他熟悉的话题。他办事过于刻板，因此喜欢事先做好准备。在这一点上，我很赞成他。我们往往邀请外交政策人员和其他团队的人员到会，向他通报国内问题、社会问题、丑闻事件以及政治问题。我们等于讨论了所有领域的一些问题。"[32]

办公厅主任哈洛德·伊克斯说起他们与克林顿总统一起讨论话题时
276 速度能有多快。"你先听他讲然后说这里有一点细微差别，"伊克斯回忆道，"首先，你是在对付一个悟性极快的精明角色。他听我们说，然后作出回答，其他人很快插嘴说，'你何不试着这样说，你何不试着那样说'。他耐心倾听我们的意见，有时他在脑子里重新构思一个答案，但我们并不要求他重新回答,有时(他会)要求我们再提相同的问题,好让他重新回答一遍。"[33]

为克林顿总统回答有关莱温斯基丑闻事件的问题而进行的演练,包括两个步骤。首先,大家聚集在一起,向克林顿提出最尖锐、最无情的问题,为的是让他在面对批评者有意令他难堪的局面时尽量平息怒气。乔·洛克哈特介绍他在担任新闻秘书期间如何帮助他压抑愤怒:"总统跟常人一样也有脾气。我们在有些预备会上动脑筋想窍门,为的是让他把怒气朝我身上发泄,而不是在摄像机镜头面前发泄。所以我设了局故意引他上当。我会问他一个锋芒毕露、即使连记者也不至于提出的问题。许多次他回答问题的方式,等于说他不愿与记者合作。"[34]

4 月 30 日的记者招待会刚刚开过不久,副新闻秘书洛克哈特谈到白宫人员对那些丑闻问题作何感想。"大多数这些问题,从旅游办公室到莫妮卡·莱温斯基,全都是胡扯。它们与本届政府的工作如何开展、这个国家如何治理全都毫不相干。它们与本国民众普遍关心的问题没有一点关系,但却是有些人耍的一种鬼把戏。我们应确保自己不受骗上当。他们的对策,是拐弯抹角地回答问题,使其不产生任何新闻效应:我们对付这类问题的诀窍,是作出一个于己有利的回答,这种回答只能使对方觉得:'嗯,它怎样才能为我所用,这种回答没有什么价值。'我们不可能说:……'这是我们的防卫策略,我们就是不会把防卫策略告诉你,因为我们认为它应该属于机密。'我们已经作出判断,这种方式在新闻会议上不会显得一本正经。"[35]

虽然预备会预定 5 小时,但并不是每次时间都会用足。时间长短主要取决于演练是否完成和他的精力。"看他有时的状态,你只能使他的耐心几乎达到极限,"麦柯里回忆道,"我总是将时机把握得恰到好处,因为我常常在工作已基本完成之际佯称我们尚有一小时的工作量。这时他就说:'你们这是在存心消耗我的精力;等到我从这走出去时,准会累垮了。'我就趁机说:'好吧,让我们休息一会儿,你可以去用餐,或者干你想干的事情。'他一般合去用午餐,有时忙里偷闲打个盹、再冲个澡,然后准备继续干。我觉得他这些方面都把握的挺好。"[36]预备会刚刚结束,克林顿总统随即走出办公室,步入东室,准备发表声明并且作出经过深思熟虑的回答。

提问者和他们的问题

克林顿站在讲台上时,他俯身注视着的声明文稿往往附有一份白宫新闻办公室人员拟出的一份名单,提示他将面对哪些记者,每位记者各代表哪家媒体。不过克林顿本人会临时决定点哪几位发言。在记者招待会举行的过程中,有人能够看见克林顿在点到谁提问时随手在名单上打个勾。

麦柯里提供的名单,遵循了白宫赏识较有声望的新闻媒体的传统。被列入候选对象的,主要是那些主流新闻机构,一些电讯社和电视网榜上有名。根据惯例,克林顿首先点到一家电讯社,合众国际社,第二个问题则留待美联社提出,第三是路透社。

领教了记者的第一个问题之后,克林顿总统对接踵而来的大概会是什么已经心里有数。在发表了关于"美国经济复兴"和北约扩张的讲话之后,他将目光转向合众国际社记者海伦·托马斯这位白宫记者团中的泰斗级人物。"请你提第一个问题",他说。"你大概并不情愿这样",她笑着说。"我从没这么想",他回应道。托马斯随即提出的问题,涉及总统有关莱温斯基事件的前几次的矢口否认。当她紧追不放、问他是否觉得独立检察官已经"出来抓你"时,克林顿对此回答说:"我由衷地认为,有识之士会极为谨慎地对后一个问题得出他们自己的结论。"会上他自始至终将目标对准他的批评者,而对他与莱温斯基的关系,则提供一些不着边际的信息。[37]托马斯提出丑闻问题之后,轮到两位电讯记者提问,美联社的特里·亨特与路透社的斯蒂夫·霍伦德相继就政策话题提问,分别涉及股市收益和与伊拉克武器发展计划有关的制裁。

特里·亨特介绍了自己在记者招待会上提问的方式:"你从事这项工作时应该明白,你在会场上不是为了炫耀自己或使总统难堪,而是试图了解他在自己尚未阐述的一些问题上有什么看法。坦率地说,让他制造新闻。"[38]亨特很可能认为,倘若他效仿托马斯抓住莱温斯基事件继续纠缠克林顿,就不会像他现在这样走运,因为他亲耳听到克林顿对股市上涨问题作出的回答。

虽说克林顿在单独召开的记者招待会上点到电讯记者以后,接下来常常会点到五大电视网的记者,就像布什总统一样,但在这次却一反常态。电视是传播莱温斯基内幕消息的重要媒介,而且电视网记者不太可能提出别的什么问题。有鉴于此,克林顿并没有连续点电视记者的名,而是将他们分而治之。电讯记者之后,克林顿总统先后点了两名电视记者,分别是美国广播公司的萨姆·唐纳德逊和有线新闻电视网的沃尔夫·勃利泽,然后再实施脱身之策。这两位记者提的问题都与莱温斯基事件有关。现在该轮到政策问题登场了。他接着点了两名据他估计不大可能提出丑闻问题的记者,结果如他所愿。其中的特鲁得·费尔德曼,以往几乎无一例外地提出中东问题,她这次的提问,主要涉及俄罗斯处理中东问题的战略方针。

图 5　总统记者招待会，白宫东屋，1998 年 4 月 30 日

安莎社 艾莱简 罗·罗建里戈	哪问新闻 考王达来	德国电视 劳思												西雅图邮周报 迈克·弗兰克森
	亚莎伯电视 卡西亚来	航空周报 保罗·麦克	国会日报 凯西·森弗斯	访问·重新 阿服美 支伦·拉布勒	论坛报 亚历·珊格	阿博伯民主 党人报 梅里·莱蒙斯	斯帕里普主 霍伯格 安·麦克费托	基督教科学 箴言报 斯托奇普·麦	布龙伯格新闻 台 撒蒂·斯特拉 塞		媒体中心	WTOP电台 代表·麦克 顾斯尔	全国广播公 司·考普特 麦纳普	市场新闻服 务 凯文·卡纳 特利
		WTTG 简·史南斯	PNA 马克·费尔 森布尔	ARD	纽约时报 戴维德·林	福莎斯2 朱福尔·库 尔沈	CNW2 琳·英赚娜	特福德·斯 尔沈曼			全国广播公 司2 戴维·布鲁 姆	圣路易斯邮 报 CNBC	
		沙纳达新闻 罗杰·麦克 科兰顿	考克斯新闻 蝇白·迪思 斯	达纳斯晨 新蝇报 蝇伯·尔斯 曼	波斯顿环球 时报 布里安·麦 克格罗里	芝加哥太阳 时报报	巴尔的摩太 阳报斯· 卡汝	华盛顿邮报 华伦·斯特 罗贝尔		爱尔兰回声 报 约翰·加理 蒂	哥伦比亚广 播中心·布 尔·帕兰安	AP电台马 克·斯啊利 克	全国广播公 司·威克 鲁格斯顿
			华盛顿邮报 3 珊瑞·麦克 格里	休斯顿时报 报 南希·罗西 斯	法新社	今日美国 米尼·豪尔	有线新闻网 视网维伯宁 华化·文尔 里	哥伦比亚广 播公司马 拉·诺勒		有线新闻网 杰维·贝 尔·诺勒	美国都市广 播爱普雷尔 克·瑞安	事务局里 克·邓汉	
				新闻周刊	洛杉矶时报刊	今日美国 萨姆·哈里 斯	美联社 卡伦·哈里 斯	华尔街时报 杰克·布 兰坦甘		全国广播公 司波斯·西 摩	芝加哥论坛 司波波·梅 斯特马·托 马	新闻日比亚 斯·道格拉斯	CCH 保 拉·克鲁伊 克
			纽约时代 珊顿斯·贝 里	哥伦比亚广 播公司1 斯特特·佩 里	纽约时代 1 乔顿·温斯 顿	美国广播公 司1 萨姆·唐纳 森	全国广播公 司1 纽曼·哈里 斯	路透社所所 马·物利德 夫·物和德		有线新闻网 1沃尔斯伯 威·	美国新闻周 视网世界报道希 夫·沃尔希	鳞特特别 尔·道格拉斯	

座位图

　　然后再点电视记者,重新面对另一轮丑闻问题,这一次从全国广播公司的克莱尔·希普曼开始。到这时,总统的怒气已经开始在胸中翻腾。听到希普曼提出白宫许多官员须支付法律费用的问题时,他猛烈抨击独立检察官肯尼斯·斯塔尔。"我们这里有不少人被拖进此事,根据现行法规永远不可能报销法律方面的开支——而你们却有——这么一位独立检察官,他的预算不仅不受限制,而且可以永远使用——10年、20年、30年、40年、50年,今天花4000万,明天支出1亿——"[39]意识到现在该利用政策问题替自己解围,克林顿当即指定《美国新闻与世界报道》的肯尼斯·沃尔希,他提出的问题,涉及就限制青少年吸食香烟的一项法案达成的一项折中方案。

　　克林顿总统每次仅挑选每个新闻机构中的一名记者提问,唯有哥伦比亚广播公司例外。在挑选电视网和主流报纸的记者时,他一贯的做法是认准那个被安排在"一号"席位的记者。如果一家新闻机构有资格派出两名记者,那记者的席位也由该机构确定为"一号"或"二号"。顾名思义,一号席位离前台很近,而二号席位则相距较远。总统很少点坐在指定的二号席位上的记者。记者斯考特·佩里被其所在的哥伦比亚广播公司指定坐在新闻办公室为该公司保留的前排座位上。佩里在新闻秘书的新闻发布例会上对总统大肆攻击,为了故意冷落他,克林顿总统这次点了坐在后面的比尔·帕兰特和哥伦比亚公司的广播记者马克·诺勒。

　　直到后来克林顿才点到佩里,可他还是抓住总统一直避而不答的与女实习生的关系问题。"可是,尊敬的总统,时至今日,你对她被调离之后还曾几十次出入于白宫没有作出任何解释;对特工人员特别注意她在西翼的行为举止没有作出任何解释,你对你的秘书和好友何以特别卖力地替她寻找一份工作未作任何解释。总统先生,你现在能否帮助我们更好地认识你跟这个女人之间看起来特别不同一般的关系,从而兑现你向美国人民作出的提供更多(信息)而不是较少、尽快而不是很迟的承诺?"到了这个份上,克林顿总统知道他快要熬出头了。他毫不费力地压下怒气,告诉佩里:"我再也没有别的话可说。有人向我提出建议——我认为它在任何情况下都不失为很好的建议——但是我在这个问题上没有任何话好说。"

　　在记者招待会余下的时间里,克林顿总统把提问机会给予国内精英媒体和国外新闻,从而牢牢控制了会场上的形势。他预计大多数美国主流新闻机构定然授意自己的记者提出丑闻问题。就像对待佩里那样,他把《华盛顿邮报》、《纽约时报》压到会议临近结束时。他估计得很对,这两家媒体的记者会提出丑闻问题。在对两家报社的三名记者和福克斯一名记者的问题作出回答之后,会议即将收场。最后提问的几名记者所代表的媒体,全都对国内重大问题和与某些国家有关的外交政策感兴趣。他点了两名非洲裔美籍记者,他们的提问涉及他的种族政策议题和针具交换项目。接着是一名匈牙利记者和两名拉丁美洲记者,他们提的问题,都与他们各自报道的国家有关。

在记者提出的所有问题中,政治和政策两个方面几乎完全对等。在总统点到的 29 名记者中,15 人提的是政治问题,14 人提的是政策问题。政治问题几乎全都牵涉到莫妮卡·莱温斯基,而政策问题中,9 个与国内政策有关,5 个与外交政策有关。

虽然克林顿也许喜欢回答政策问题,但新闻媒体关注的却是他对莱温斯基问题的答复。他们抓住丑闻本身及丑闻对他的领导地位和本届政府的影响大做文章。与此同时,《华盛顿邮报》、《纽约时报》、《今日美国》等国家级大报,还登载了记者招待会上总统讲话的节选,包括他的开场白和他对各类政策问题的答复。此外,他就经济问题发表的言论被数篇经济专稿引用,他有关外交和国内问题的发言要点分别见诸数篇涉及北约、中东和正在受到国会议员考虑的限烟立法的文章。

281

记者们在记者招待会上提到克林顿的个人问题时,本来很可能让他下不了台,但他却能巧妙化解,方法是向自己的听众介绍政府最近的工作进展情况,以及他本人就本届政府目前面临的重大问题正在采取哪些措施。麦柯里认为,此举非常有效。"总统深知定期会晤记者是他在任期内的一项职责,他必须履行,"麦柯里对《今日美国》的苏珊·佩基说,"幸亏不是所有问题都针对丑闻。如果是那样,我就得提前宣布散会,不过我认为会议进展得很顺利。"[40]

在艾森豪威尔担任总统期间,记者招待会是总统宣传活动中的一个重头戏,约占他发表讲话的所有公开活动的 40%。克林顿时期记者招待会占总统公开活动总量的不足三分之一,但若将一问一答式短会计算在内,那么克林顿与记者的会晤次数占其所有公开活动的比例则与艾森豪威尔时期的40%持平。

在可供选择的几种会晤记者的方式中,总统对被许多记者看好的单独召开的记者招待会,已经不像以前那样感兴趣。过去 25 年间,记者们向总统提出有限问题的机会呈上升趋势。今天,一位总统平均每周数次回答记者一个乃至更多的问题。电讯、广播和电视记者乐意得到这些机会:在可供报道的前提下让总统面对摄像镜头回答正在发生的活动和事件的有关问题。但他们丧失的是传统的记者招待会,其间记者能够在半个小时或更多的时

间里探究总统对各种有关话题的想法。公众从自身角度看到的是总统相当
频繁地回答记者们的问题。

曾先后担任里根和小布什总统新闻秘书的马林·费茨沃特，对克林顿
总统1999年3月19日在东室单独召开的一次由电视转播的记者招待会进
行了深入思考。"总统的那次记者招待会促使我认真思考的是会议的宗旨
发生了怎样的变化，"他说，"那场记者招待会是为记者团举行的。它就像是
总统和室内其他人之间的一桩私事。"记者团不断催逼白宫召开由总统单独
回答记者提问的记者招待会，而不是总统与另一国首脑共同出席的记者招
待会。克林顿上一次单独会见记者的这种招待会是1998年4月30日举行
的，距今已将近一年。"谁也不会想到他已有这么长时间未召开记者招待
会，"费茨沃特说，"他们看到他每天晚上出现在人们面前。"

今天，总统们对于如何与公众交流沟通可以有多种选择，记者招待会仅
仅是他们众多宣传方式中的一种。费茨沃特说，"记者招待会正在逐渐让位
于"总统通过发表讲话、会见记者、与民众交流等其他可供选择的方式。[41]克
林顿总统和今天的小布什总统找到了与选民包括华盛顿政界内部人士交流
联系的其他途径。

同时，总统单独召开的记者招待会不可能就此消失。许多记者对它情
有独钟，利用它探究总统的想法。在这种会上总统极易受到伤害。他没有
一定之规可以参考，也不能依赖助手提供现成的答案。他必须能够拥护他
的政策——拥护他本人。

第 8 章

控制信息

　　有几位总统已经解决了本书作者一开始提出的难题:要求总统和他的工作班底想出切实有效的方法,以便通过独立的新闻媒体定期接触民众并促使他们支持其各项议题和目标。虽然新闻界不是政府的直属部门,但是总统和白宫通讯宣传人员经过通盘考虑确定了一些途径,以便利用新闻媒体向广大民众和他们心目中特定的若干团体传递总统信息。不过,建立一个高效的通讯宣传体制并非易事,一旦建立务使其成功运作也同样难以实现。克林顿和布什总统在这方面的实践表明,创建一个高效体制需要得力的人才、合理的资源和正确的策略,以便拥护总统、解释他的政策、为其行动和政策辩解,并且协调政府内外的宣传活动。

　　第二次世界大战结束至今,共有 11 位自始至终完整履行第一任期职责的总统参加连任选战。艾森豪威尔、尼克松、里根、克林顿和小布什这几位总统代表不同的政治观点和党派,但他们都有一个共同点:他们在第一任期的某个关键时刻致力于发展完善高效的通讯宣传机制。每位总统及其幕僚全都知道,帮助他人准确理解他优先考虑的重要工作是什么以及他准备如何将其落到实处,这本身有多重要。总统们在第二任期全都遇到了重大挑战,检验这一机制的实力。

　　在其余 7 位完整履行第一任期职责的总统中,有两位谋求连任但没有成功。共和党的老布什和民主党的吉米·卡特都有一个共同的弱点:对作为他们总统全局工作一个重要组成部分的通讯宣传机制,表现出少得可怜的一点兴趣。两人都没有建立能将总统的政策主张和向华盛顿政界及民众自我推销的方略融为一体的通讯宣传机构。即便是那几位在连任选战中胜出的总统,他们和他们的工作班底很难赢得民众和华盛顿政界人士对自己某些政策主张的支持。虽说有大量的人力和组织资源为己所用,总统很难使华盛顿内外的选民们对他作出积极回应。

我们可以从四方面探讨白宫通讯宣传领域，以此作为本书的总结。首先是一套行之有效的总统通讯宣传机制的几个基本要素。至少有五个因素对于总统通讯宣传团队顺利实现自己的目标是必不可缺的。其次是一套成功运作的通讯宣传体系使总统实际获得的利益。第三，白宫的通讯宣传队伍为总统承担的工作本身受到诸多限制。第四，通过探讨总统通讯宣传机制，我们能够理解总统制度的实质。

行之有效的总统通讯宣传机制的基本因素

为了建立一套能够代表总统行使拥护、解释、辩解和协调职能的通讯宣传机制，大约有四个要素与如何在上述四方面有效地开展工作有关。这四个要素包括某届政府准备推销什么，总统本人对通讯宣传工作的认识，通讯宣传机制中的组织结构。所有这些对于总统及其通讯班子正常履行其职能是必不可缺的。综合这些因素，需要中央控制，需要一个能够满足记者日益增长的各种需求的基础机构，并且需要一支理解记者行事惯例的通讯宣传队伍。

得到公众支持的政策

小布什在其总统任期第一年签署了涉及两项重大政策议题的法案。在2000年总统竞选运动中，布什谈到了六七项他认为行政立法方面应重点予以考虑的议题。在他入主白宫的第一年，他获得了国会对其以学生测试和基于绩效评估学校为主要特色的"不让一个孩子落后"教育改革法案的支持。他那项旨在取消地产税以及减少人们多项收入税收的税务改革方案也获得了通过。竞选期间他讨论了教育和税收改革，并且就这两项改革如何获得国会通过谈了自己的某些看法。这两项方案在总统大选前后均得到选民的支持。

不切实际的空想是很难找到市场的。健全的通讯宣传机制必须建立在有力的政策和有效的实绩基础之上。无论总统的通讯宣传队伍有多么出色，只要一项政策或政策的实施者软弱或缺位，这支队伍就很难表现出强有力的形象。

以卡特里娜飓风为例，联邦政府的防灾计划和组织资源不足以应对飓风造成的巨大危害。布什政府对卡特里娜飓风作出的反应显然过于迟缓，这表明联邦政府负责防灾部署的职能部门显然不能迅速应对突发性灾害，

正如媒体到处宣扬的那样。当时的环境与此亦有很大关系。自 2001 年"9·
11 事件"以来国土安全方面的费用已有几十亿之巨,而联邦政府在一场国内
灾害面前表现的如此软弱无能,只能令华盛顿政界人士和广大民众普遍感
到惊讶而沮丧。当时无法瞒天过海,把政府抵御飓风灾害的行动描述为卓
有成效的。通过媒体的广泛报道,许多人看出不是那回事。

　　情况类似的还有 2005 年布什政府在推行社会保障制度改革时遇到很大
阻力。总统、各位内阁部长和有关部门负责人从 3 月到 5 月到处奔波,共同
参与一场隆重开展的"60 天 60 市"活动,旨在推介总统的两个理念:社会保
障制度正处于岌岌可危的状态;个人退休账户将有利于广大民众。这一宣
传运动的基础,是联邦政府继总统在 2005 年国情咨文报告中阐述其方案后
采取的若干行动。总统对这一话题谈论越多,公众越持反对态度。2 月初,
由有线新闻电视网和《今日美国》联合组织的盖洛普民意调查发现,对于布
什总统社会保障制度的整体改革思路,受调查者中支持者占 44%,反对者占
50%,不确定者占 6%。到 6 月底,支持率跌至 29%,反对率升至 62%,不确
定率占 9%。

　　白宫人员在华盛顿和其他地区讨论社会保障弊端和个人退休账户问题
历时 5 个月之后,总统账户方案的公众支持率有所降低。接受美国广播公司
新闻节目和《华盛顿邮报》共同组织的民意调查的人员,对个人退休账户的
担心在总统结束外出宣传之后较之宣传刚开始时有所增长。对于这样一项
他们可将自己的部分保险金用于股市投资的方案,3 月中旬支持者占 56%,
反对者占 41%,不确定者占 3%。而到 6 月初,支持率跌至 48%,反对率升
至 49%,不确定率降至 2%。[1] 公众干脆不买个人退休账户。

286

擅长通讯宣传的总统

　　通讯宣传工作能够体现总统的个人风格。白宫的通讯宣传班子不是总
统的补充,而是他的代言人。如果总统精于通讯宣传,那会在他工作班底的
组织结构中有所反映;如果他对此漠不关心,也将在其下属的工作中得到
体现。

　　演艺界几十年的人生历练,为里根奠定了坚实的基础,使他就任总统后
能够卓有成效地履行沟通交流的职责。詹姆斯·贝克回忆道:"我们这位总
统喜欢与人交流沟通。这是他的工具。他做得太好了。伙计,谁能说他不
好。这样我们开展工作就容易一些。"[2] 老布什总统在自我表现方面没有多
少经验,对公共关系持自相矛盾的态度,在为其政纲宣传造势时资源投入严
重不足。他曾经吩咐新闻秘书马林·费茨沃特像管理新闻办公室一样管理

他的通讯宣传团队。布什的办公厅主任约翰·苏努努对通讯宣传工作同样不感兴趣。处在这样的环境下，白宫其他人员很难制定并实施公共关系议案。

当总统准备引进美国与几个拉美国家的合资项目"振兴拉美事业"时，苏努努坚持要求事先封锁消息。他的这条禁令扩大到白宫记者团中一些记者与有关国家记者的先期准备工作。此事到了迫在眉睫的地步才在一次高层人员会议上提出来，费茨沃特当场问道："这事我们今天怎能干得了？为什么之前没有任何铺垫？我们难道没有通知有关国家我们准备邀请几位大使出席今天的会议？我们应该动员他们支持该方案，发表支持该方案的声明并接受媒体采访。国会情况如何？国会的一些委员会肯定赞成这个方案，个别委员会主席愿意配合我们的行动。"

苏努努仍然固执己见。他告诉自己的下属："是的，我不允许谁走漏这个消息。我现在告诉你们：我们准备在 10 点钟发布消息。"[3] 办公厅主任自行其是，没有为这项方案作出任何铺垫，结果，媒体上出现一些毫无特色可言的报道。《纽约时报》次日公布了有关政策。"媒体对该议案的报道语焉不详，使人难以估量它对南半球贸易、工业发展或债务削减等方面潜在的影响。"[4]

高端控制

无论总统是民主党或是共和党，成功运作的通讯宣传体系都是在高端得到控制，由白宫办公厅主任或另一位高级官员统筹考虑总统职权的各个要素，包括他各项议题的现状，他的政治实力和弱点，以及他的目标。集中控制通讯工作的方式有几种，只有一种需要协调高层通讯工作。一般说来，起主要协调作用的官员是办公厅主任，由他一人独自控制信息搜集、政策制定和具体实施的所有基本方式。没有其他哪一位白宫官员能够操控通讯宣传工作所需的全部要素。

白宫办公厅主任在统筹通讯宣传工作时遵循三种模式。第一种模式，办公厅主任亲自或通过副手协调白宫的通讯宣传工作但同时直接与记者打交道。在詹姆斯·贝克担任里根的办公厅主任期间，他一方面充分利用在通讯宣传方面经验丰富的副手，同时也亲自督办许多工作。他回想起曾任卡特总统的办公厅主任的理查德·切尼对自己说过的话："务必花许多时间与媒体打交道，告诉他们你有什么难处，你为什么做这些事情。跟他们交谈。但永远在旁人难以觉察的状况下做这些。"[5] 曾先后负责管理里根通讯团队的迈克尔·迪弗和戴维·葛根，直接向贝克汇报工作。克林顿时期的白宫办公厅主任列昂·帕尼塔按照贝克的模式工作。他也通过自己的副手协调白宫的通讯宣传事务,同时经常私下里与记者谈话。

集中控制通讯宣传工作的第二种模式,是办公厅主任通过副手开展工作,但很少花时间与记者交流情况。曾在克林顿时期担任白宫办公厅主任的埃斯金·鲍尔斯,由其副手负责与新闻界的联系,但他本人总是避免在媒体上公开发表言论和向记者通报情况。鲍尔斯委托办公厅副主任约翰·波德斯塔主管通讯宣传事务。波德斯塔接替他担任办公厅主任以后,他不但履行协调通讯宣传工作的职责,而且还在周日新闻节目和其他节目中扮演政府代言人的角色。

统筹通讯宣传工作的第三种模式,是由一位被任命的通讯顾问监控信息协调。布什总统委托凯伦·休斯负责他所有的宣传活动时,选择的就是这种模式。在安德鲁·卡德余下的白宫办公厅主任任期内,丹·巴特莱特负责各通讯宣传部门的工作。在乔舒亚·博尔顿任办公厅主任期间,巴特莱特的职责维持不变。

如果白宫设有通讯顾问一职,办公厅主任一般不会妨碍他发挥自己的作用。安德鲁·卡德偶而在周日新闻节目中露面,有时在传统的周四新闻通报会上向《时代》、《新闻周刊》和《美国新闻和世界报道》的记者发布消息,但他一般不解释政策,除非他本人参与决策,他曾参与有关重大交通问题的决策。这一模式与艾森豪威尔时期的新闻秘书詹姆斯·哈格蒂的极为相似。除了本职工作以外,他还履行了类似于今天的通讯顾问的职责。当时的办公厅主任谢尔曼·亚当斯把主持新闻发布会和制定通讯宣传计划这两项工作都交给哈格蒂。

除了这些统筹通讯宣传工作的模式以外,还有一种办公厅主任和通讯顾问都不具体负责的备用方案。卡特任内和布什部分任期内,白宫不设通讯主任一职,而是由新闻秘书临时履行通讯宣传的职责。

不过这两届政府的事实表明,指定某位官员专门负责通讯宣传的模式是无可替代的。新闻秘书将过多的时间用于常规工作,就无法有效地提前制定计划。如果没有人监管通讯宣传的计划与实施,这两方面的工作势必忙乱无绪或者干脆落空。

可以依靠的宣传机构

历届政府统筹其通讯宣传工作的方式虽各有不同,但随着时间的推移,宣传组织机构逐渐趋向一致。克林顿总统建立了办公厅主任领导下的集权式通讯宣传机构,小布什总统集权式通讯宣传机构的领导人则是通讯

289　主任。然而这两套机构都包含了白宫的一些常设部门。在历届政府中,新闻办公室处理日常新闻事务,通讯处履行计划职能,媒体事务办公室与地区、州和当地这几级的新闻机构合作共事,下设两个办公室分别主管摄影和演说撰稿事务。卡特总统在其任内的一段时间未设通讯处,但其他所有职能照常履行。老布什总统虽设有通讯处,但其工作却不如上两届政府那样积极。

　　历届政府之间谁向谁汇报可能不尽相同,但什么事该归什么部门管却维持不变。白宫宣传部门的每一个单位,都有一群委托人需要它为自己服务。如果新一届政府的白宫工作班子企图撤销通讯宣传部门的任何一个办公室,必然会有人精心组织一场要求保留该办公室的运动。

熟悉新闻媒体常规的通讯人员

　　新闻编辑分配哪些报道任务,新闻记者采写哪些新闻是完全可以预见的。他们关注的是冲突、灾难、政策失误、个人的重大变化、政治命运的逆转。"新闻"一词本身含有"新颖"之意。

　　话虽如此,白宫一支精干的通讯队伍能够将新闻媒体纳入官方渠道并维持其重点。里根统治下的白宫将突出政府工作重点作为其宣传工作的首要目标。1981年里根刚刚入主白宫之时,公众普遍认为经济问题是新一届政府的当务之急。里根总统发表的大多数讲话全都针对这一议题,然后又相继出台了一系列具体举措,如税减方案,从而使媒体将报道重点集中在他的经济计划上。自那以来的历届政府,尤其是小布什政府,全都借鉴了这种每次重点关注一个议题的战略方针。虽说计划常常赶不上变化,但根据事先制定的战略计划采取行动,确实是有效引导媒体的最佳途径。

　　聘用熟悉新闻媒体行规的人员,是预测记者们有可能做什么、什么时候做的必要组织保证。知晓新闻媒体的行规,已经显得越来越重要,大有取代
290　在竞选中显示出的忠诚与经验之势,作为从事总统的宣传工作的先决条件。克林顿政府开局颇为艰难,因为它的通讯团队不熟悉媒体行规。新闻秘书迪·迪·迈尔斯和通讯主任乔治·斯蒂芬诺普罗斯两人分担在公开和私下场合向媒体介绍情况的工作。按照惯例总统只能有一名正式发言人,因此这一体系注定行不通。幸好克林顿总统后来认识到由他任命的那些通晓媒体常规的通讯官员,才是与新闻界打交道的最适当人选。在他的第二轮人选中包括华盛顿知识最渊博的两位新闻界资深人士戴维·葛根和迈克·麦柯里后,他的通讯宣传工作随之出现很大的起色。

务实高效的通讯班子可使总统多方面受益

从有效组织到有效获得和分配各种资源，一支技艺娴熟的宣传队伍的优势是多方面的。无论个人还是机构都可从中受益，这些利益包括实际产生的和没有产生的两种。

有机会按照自己的意愿接近公众

比起其他任何一名内阁成员、政府官员和外国领导人，美国总统都更容易引人瞩目，尽管如此，他仍得争取得到公众更多的关注。国会议员和利益集团的领袖试图从自己的角度解释总统的行为作派和各种观念。总统的那些最老道的批评者知道怎样将他们本人和自己的观念不露痕迹地悄悄融入有关他的新闻报道中。

布什总统初入白宫之时已有一份待议诸事宜的清单和一份如何实施的具体计划，因此他明确表示在他确定自己的形象和议程之前，不让他的批评者有机会解释他的行事风格和政策。他的批评者们后来确实开始占了一点上风，但仅仅为此他们花了几个月时间，而且"9·11"之后，他们的努力很快就不起多少作用了。

艾森豪威尔主政时期，争取和保持公众关注的工作远非今天这样困难。各利益集团更加倾向于影响国会和行政部门的内部机制，而不是在出版物上诘难总统。利益集团常常觉得若是没有媒体宣传他们的工作会更有成效。今天，各利益集团将大量资金用于宣传。布什总统外出为其作为社会保险改革计划一部分的个人退休账户议案宣传造势时，他面临着由美国退休人员协会和快快行动组织制作的铺天盖地的广告，快快行动组织受到超级富翁乔治·索罗斯的资助。

总统上任之时通讯班子已部署到位开始运转，因此能迅速利用宣传时机本身具有的优势。一项竞选纲领并不等同于施政纲领。总统正式接管权力之后，他立刻成为万众瞩目的中心，但他不能将其用作传递其执政方略的一个机会，除非一个训练有素的宣传班子已经正式到位。布什总统从任期一开始，便已做好准备以便讨论他的工作日程。

在布什总统任期的头两个月，他和他的工作班子每周聚焦于一个重大议题，新闻媒体也效仿他们的做法。通过重点突出重大议题的方式，他们吸引了其他所有人的注意力。第一周的专题是教育，然后依次为增加军费开支，创建一个基于诚信的组织网络以便推行政府工作计划，削减税收。第一

291

周,布什总统在白宫东室阐述他的"不让一个孩子落后"的议题。对于他的其他重大议题,他在白宫和全国其他地区发表讲话。通过及早谋划讲话的专题和地点,他充分利用了赋予每一位新总统的宣传机会,降低了失误的风险。

布什总统在任期间比当代其他任何一位总统更能把重点集中在他们想探讨的重大问题上。跟其他几届政府政策部门支配白宫事务报道的情况不同,布什政府的议题很少发生偏移。"他们的重点始终集中在他们试图向美国人民传递的政策的本质上,较少讨论幕后的效果、结构或过程,"麦柯里说。[6]

少犯错误

早在布什投身竞选运动、距他当选总统之后的过渡期尚有很长一段时间之际,卡尔·洛夫便开始研究前几任当选总统的过渡期,并且留意该避免哪些失误,怎样为高效务实的总统任期奠定基础。洛夫知道他的研究对象曾将通讯宣传视为其政治和理政方式的一个重要组成部分。"我们仔细研究了 7 届(总统的过渡期),尤其是(约翰·F.)肯尼迪以来的几任总统,"他回忆道,"我们重点观察了最初的 180 天,试图从最初 180 天发生的事情中,从那些能使他们继续推进、迎来一个成功的时期的事情中总结出若干经验。我们还考察了往届政府的机构设置,不过我们的起点是(布什)总统设在德克萨斯的办公室,然后是竞选运动中始终将政策、政治和宣传紧密结合在一起的通讯方略。"[7]

布什认为如果总统在公众关注度极高时过早动用宣传手段,有可能会为此付出沉重的代价。洛夫的研究证实了这一看法。在第一次记者招待会的开场白中,克林顿总统大谈特谈军队里的同性恋问题,之后他和他的工作班子很难将会议重点转移到他们希望强调的其他议题上来。[8] 只要一届政府制定出详细的宣传计划,它的"总代言人"就不太可能偏离正轨,误入歧途。

预报发生的政治和通讯问题

新闻发布会上或是记者与官员的谈话中常常会冒出各种难题。有时,记者的问题本身就是一种提醒。记者之所以提出一些问题,是因为媒体认为某一专题事关重大——布什总统在国情咨文报告中声称,伊拉克已经找到用以制造核武器的重铀。记者们对此一再穷追不舍地提问,便跟上述情况极为相似。有些记者在新闻秘书的新闻吹风会和新闻发布会上提出总统的说法是否准确的问题,而没有等到白宫对此作出足够的回应。在整个过渡期,白宫眼睁睁地瞧着媒体对这个问题做出越来越多的负面宣传。

克林顿总统招致媒体大量负面报道的一个原因,是他在白宫与那些为其1996年连任竞选活动提供捐款的人进行了一系列会晤。倘若通讯人员追根溯源,最终确定那些记者围绕这一问题究竟打探出什么消息,一个丑闻有可能被消灭在萌芽状态。"如果我身上多几分寻根究底的精神,稍稍强调一下为记者获取信息的重要性,我对内幕消息的挖掘就可能更深入一些,最终找到比尔·克林顿与他的捐款者之间的所有会面,包括那些一开始与白宫并无干系的人的会面",迈克·麦柯里说。如果麦柯里针对总统日程表上的可疑事件或者当事人的真实身份提出问题,"如果我提出那些问题,极有可能阻止一场危机的发生,这场危机在我看来是极具杀伤力的一桩丑闻,它对克林顿执政产生了不利的影响。⋯⋯这就是令克林顿1996年谋求连任获胜蒙受阴影的竞选献金问题"[9]。

记者们还能以另一种有效方式与白宫分享信息。《华盛顿邮报》资深记者安·德弗洛伊回忆了克林顿工作班子在总统执政伊始犯下的错误。她认为只要他们与深知白宫工作机制的人沟通一下,这样的失误是不难避免的。德弗洛伊以1993年解雇白宫旅游办公室工作人员为例,准确地解释了老资格的记者如何能对刚刚履新的工作人员产生作用。"只要他们之间建立了一种工作关系,记者能够提醒他们:如果他们这样做,就会深深地陷入困境而不能自拔。"解雇工作多年的白宫人员"实属愚蠢,因为这些人本来有可能声称我们这么做意在省钱,我们其实是在省钱,我们准备把这些人调到其他地方。相反,白宫内部的人员指责他们全是窃贼,不仅他们公开那么做,而且白宫的人还呼吁《华盛顿邮报》以及其他地方我认识的人直接指责他们是罪犯,是在偷窃"[10]。暗中操作之后,克林顿总统还得在未来几年处理这一问题引起的后遗症。而这本来是可以避免的。

其他增补性资源

通过协调一些部局之间的通讯宣传战略,白宫能够比较容易地整合某些特定的宣传活动的可用资源。部长们能够在对于本届政府极为重要的议题上充当总统的代理人。其他部门也有自己的资源用于某些活动。

当布什总统准备签署农场法案时,农业部长向他提供了一次早晨6点30分通过农场电台向农民发表讲话的机会。丹·巴特莱特说:"农业部在那里利用自己的资源。他们接通白宫新闻署,设立了一个中转站,这样全国各地的所有农场电台都能打进电话,相互连通。于是我们利用他们的通讯资源实施我们的计划。"广播开始以后,农业部能够计算有多少家电台参与现场交流："我们有专用设备测算全国电台的用户数字，我们可以通过农业部得知有多少家电台转播节目。据测算当天早晨大约有 50 万家庭、50 万农户家庭收听了这一节目。"

总统竞选运动中往往使用造价不菲的最新式通讯技术，但白宫的日常工作却不能如此。如果总统和他的工作班子希望实施他们的演说计划，并向国内特定的群体传递信息，他们就得想方设法创造性地节约开支："提前制定演讲计划有助于为规模较大的活动节约资源。另一方面，特别是'9·11'之后，总统不断发表讲话，那么多人在注视着他，那么多人收看重大活动的电视实况转播，致使我们花费大量时间确保我们为他安排的场合看上去壮观气派，这样做需要耗费大量资金。"2001 年 10 月他在亚特兰大发表关于国土安全的演说时，现场转播的对象是世界各地的听众。"总共有 1 万名听众，整个大厅灯火通明，单是照明一项开支便达到 75000 千美元之多。你在总统竞选运动中从来不想经费开支这种事情，但……在财政预算受到国会控制的情况下，却不得不加以考虑。"[11]

总统通讯班子的局限性

白宫通讯班子在总统致力于制定、阐述和实现自己的政策、政治目标时向他提供人员和资源。我们已经见识了某届政府在思考通讯宣传议题并付诸实施时投入的大量时间和资源。但是一支通讯队伍能够为总统做的工作受到诸多限制，其中一种限制与总统本人、他的工作班子、他的政策和公众有关。有些总统对其通讯宣传队伍采取高层控制的措施，有些总统则对其放任自流。一个通讯班子有着怎样的组织结构，取决于总统的意向选择，包括他如何统筹安排手下人员。这个班子的运作方式，取决于总统及其幕僚解释政府各项政策及目标的意愿和能力，同时还取决于公众倾听总统讲话的兴趣。

295 　总统的个人风格

一届政府的工作侧重点能够部分反映一位总统的个人风格。总统的个人风格在很大程度上是一种力量，它通常有助于总统在选战中战胜对手。然而，总统的个人风格又有可能对政府的运作造成一定的限制。小布什总统以其偏重长期计划的执政风格而著称。尽管他确定和坚持目标及计划的能力已经化作一股个人乃至集体的力量，但也给他带来不少麻烦。一旦他制定了计划，他和自己的工作班子很难转入另一个行动方向。

布什总统应对卡特里娜飓风过于迟缓,部分原因是他当时正在德克萨斯州的克劳福德度一次计划已久的假期。他的通讯和行政班子人员也在同几周度假。有记者向总统问起辛迪·席汉,这位反战抗议者 2005 年 8 月就在布什的克劳福德庄园附近宿营,他答道:"我认为对我来说,充分体谅那些有话要说的人是很重要的。"席汉的儿子是一名在伊拉克阵亡的美国士兵,她希望总统跟她一起谈谈伊拉克战争。"但是我想,继续我的生活、保持一种均衡的生活对我而言同样重要。我认为人们普遍希望总统能够果断地做出正确决定,能够保持身体健康。我的部分生命力来自户外运动。因此我很留意周围发生的事情。另一方面,我也很重视自己能够活下去,并将做到这一点。"[12]他在坚持执行他那精心制定的计划——两周后卡特里娜来袭时依然如此。

随着飓风势头增强,政府官员向有可能遭袭的地区的居民发布警报。8月 27 日星期六,布什在他的克劳福德庄园宣布路易斯安那州进入警急状态,同时授权联邦紧急事态管理局提供紧急救援。8 月 28 日星期日,即卡特里娜袭来的前一天,他往关于伊拉克宪法的大段讲话中加了几句涉及紧急状态的评论。按照计划,下周一他在亚利桑那和加利福尼亚各有一场关于老年保健医疗的讲话,下周二在圣迭戈有一场关于反恐战争的讲话。这三场事先计划的讲话全都与应对飓风的专题讲话合并。

飓风区的地面形势十分严峻。飓风刚刚掠过新奥尔良,海岸堤坝纷纷垮塌,洪水泛滥成灾。密西西比州和亚拉巴马州濒临墨西哥湾的许多城镇同样遭到重创。但是总统对原先的度假计划仍然未作任何调整。直到他星期三飞回华盛顿途中,他才粗略看了一眼灾区——从他专机上离地面 1700英尺的高度俯瞰灾区。此时新奥尔良已被洪水吞噬,人们被困在自家屋顶上不得脱身,成为被疏散人员暂时栖息地的超级圆顶运动场和会议中心的卫生和治安状况十分糟糕,除了海岸警卫队外,联邦政府有关部门几乎没有介入救援行动。

由于总统不在华盛顿,国土安全部(联邦紧急事态管理局是它的一个下属单位)部长迈克尔·切尔托夫负责代表联邦政府对这次飓风的影响采取应急行动。在华盛顿召开的一次记者会上,他声称自己对联邦政府"作出的反应感到十分欣慰。但他此时尚未视察灾区,因此他的话给人造成的印象是,就连留在华盛顿的政府官员也是遥不可及,指望不上。所有这些画面在电视上播放,观众人数急剧增加,他们此时能够不受约束地尽情观看电视,因为他们跟总统一样也在度夏假。布什总统个人风格中的两点缺陷,使他和手下人员很难改变人们认为他脱离现实、对民众漠不关心的看法:众所周知,他不喜欢了解新闻,众所周知,他不愿意解雇甚至批评为他工作的官员。

　　布什总统经常刻意把自己描述为一个既不读书又不看电视的人,其实圈内人士,包括布什夫人都注意到,除了依靠包括她在内的别人获取消息之外,他其实既读报纸又看电视,以便充实自己。飓风为害的头几天他人在外地,仅仅看了一点零星片断的电视报道。等到《新闻周刊》上登出一篇文章,称通讯顾问丹·巴特莱特在总统首次赶赴濒临墨西哥湾地区视察灾情时将一张制作的电视新闻报道光盘拿给他看,一位脱离现实的总统的形象已经在人们心目中根深蒂固了。[13]

　　到下半周时,民主和共和两党的官员们对联邦政府官员和政府部门预防和处置卡特里娜飓风灾害的方式纷纷提出批评。但是布什认为当众批评下属不利于提升队伍士气。“很多人正在努力工作,帮助受灾人员,我想感谢他们为此付出的努力。”刚刚表示了赞扬,他话锋一转又说:“这种后果是不可接受的。”[14]可他并未详细说明为什么这种后果不可接受,这到底是谁的过错。对联邦政府的救援努力持批评态度的人士把矛头对准联邦紧急事态管理局。当天晚些时候,布什站在联邦紧急事态管理局局长迈克尔·布朗身旁对他说:“布朗尼①,你们的工作做得很好。”[15]人们普遍认为这一情景充分证明,总统不了解美国历史上一场毁灭性的自然灾害的实情。

　　通讯宣传工作很难顺利进行,因为它本身既要应对常见的短期突发性事件,又得全面负责长期的政策宣传活动。每一方面都对总统的生活方式和执政风格提出不同的要求。

很难改变已经确立的总统形象和名声

　　每一任总统通常都有一个背景。总统入主白宫时,其领导风格和个人风格都有为人所知的一面。名声和形象一经确立便很难改变。有时,总统的通讯班子能够在一定程度上改变某种负面形象,但在多数情况下此种努力难以奏效。老布什总统的经历表明,一种形象一经确立是多么难以改变。人们虽然认为布什在众多富裕的政界和财界领袖中显得气派高贵,但也把他看作是一个不愿接触普通民众的人。布什的工作班子很难对侧重这一点的新闻报道加以反击。一个例子足能证明这一点。

　　1992年2月连任竞选之初老布什在外地进行竞选旅行期间,应邀参观了全国食品杂货协会大会的一个展览。安德鲁·罗森塔尔在《纽约时报》上撰文描写布什与杂货店扫描器的一次意外接触:“正当布什总统在外地进行

―――――――

①　布朗的昵称。——译者注。

谋求连任的竞选旅行时,他似乎无法摆脱一个极大的麻烦:这位职业政治家,在过了 11 年华盛顿高官养尊处优的生活之后,很难向选民展现自己贴近中产阶级生活的普通人物形象。比如说,今天他终于脱离了置身其中达几十年之久的华盛顿堂皇气派的行政办公楼,在一座超市里露面。然后他抓起一瓶牛奶、一只灯泡和一包糖果,对着一只电子扫描器晃了晃。他瞅着收银机屏幕上出现的商品名称和价格,脸上重又闪现出一丝困惑的神情。'这是结账吗?'布什先生问道。'我只是随意看看这里的展品',他后来告诉杂货商们。'这种技术令我深感惊奇。'"[16]

虽然白宫班子后来声称这种令总统深感惊奇的扫描器不是常用的那种[17],但他们无法扭转总统首次见识家庭主妇天天接触的用品的印象。当天作为一种回应,新闻秘书马林·费茨沃特"告诉记者布什以前曾经见到这种(老式的)处于工作状态的科技用品。至少有一回。在缅因州的肯纳邦克波特。"[18]费茨沃特解释说:"我这样说,是在表示总统以前不可能见过那种使用新技术的扫描器,因为安迅公司告诉我们这种扫描器正处于试测阶段,尚未在市场上销售。接着,媒体又问总统以前是否见过结账处的电子扫描器,言下之意是他从未去过一家食品杂货店,我回答说他曾去过的一家杂货店,那里的扫描器是老式的。"[19]

建立一种形象不需要多长时间。第二第三天的报刊文章出现了这样的标题:"布什总统结账台前遭遇难题";"瑞普·凡·布什①难解当今信息,科技用品不知如何使用。"[20]

在宣传总统观点的同时难以倾听别人的意见

通讯工作具体实施过程中可能产生的一个副作用,是在推介总统观点的同时难以倾听别人的看法。重点围绕某项议题开展工作,需要总统及其下属准确理解并阐释自己的任务,重复执行任务,为实现目标坚持到底。他们希望讨论自己的议题,不想花时间对别人尤其是批评者的议题作出回应。在此过程中,这些人对别人作出的解释或者值得列入他们议程的事项可能一概听不进去。

里根和小布什政府都建立了效率极高的通讯队伍。同样,这两个政府都很难使通讯队伍改变行动方向。里根政府制定的促使罗伯特·伯克最高法院任职提名获得通过的宣传计划,关键之处是向地方新闻媒体提供简短

---

① 瑞普·凡·布什,系对美国作家华盛顿·欧文笔下一个落后于时代的人物瑞普·凡·温克尔这一姓名的仿拟,借以嘲讽布什实际知识欠缺,落后于时代。——译者注

的新闻材料和广播谈话。这一策略的前提，是主流国家级媒体对在夏季报道这项职务提名没有什么兴趣。甚至当后来发现《纽约时报》和《华盛顿邮报》其实很有兴趣报道伯克被提名一事时，里根的通讯班子依然坚持原先的计划。华盛顿和纽约的报刊上登出了不少含有分析伯克颇受争议的长期司法履历的新闻报道，但都没有遭到反驳。反对者成功地解释了争论和被提名者的本质。应当承认，向公众乃至参议院推介被提名者确有很大难度。

　　小布什政府用了几个月时间，才将公司职责列为亟待解决的紧迫要务之一。尽管这一问题在布什 2004 年竞选演说中屡被提及，但当初它在 2001 年初次浮出水面时，时隔很久总统及其下属才将其视为一个突出的问题。2001 年 12 月安然公司倒闭后，随着世界通信公司、环球电讯公司和奎斯特国际通讯公司的相继倒闭电讯领域内的公司欺诈问题被正式提出后，总统过了几个月才开始强调问题的重要性。直到 2002 年 7 月 9 日他才就此发表长篇讲话。在接下来的几个月里，他于 8 月 13 日在德克萨斯的瓦柯镇召开会议，专门讨论作为几项主要经济议题之一的公司职责。

乐意向容易相处的对象提供信息

　　总统的通讯班子很少会在很大范围内向新闻媒体提供信息。他们大多重点关注那些他们熟悉并且认为对华盛顿政界和公众产生广泛影响的记者和新闻机构。

　　通讯人员向那些容易相处的对象提供信息。这本身促使他们与自己熟悉的记者与机构接触，减少与那些可能不为他们所知、因而不受他们信任的记者与机构的接触。白宫人员往往从不信任新闻媒体的角度开展工作。一位资深官员解释为什么白宫人员对他们与记者交谈往往心怀忧虑。这位官员说，有时对方在访谈中挤出某一话题的方式，颇能体现他是如何以一种不公平的手段了解受访者的观点："考虑到常常发生的情况——这需要长期从事这行——你培养自己的信息接收对象。我知道新闻界中哪些人够朋友，值得信赖，向他们提供更有价值的信息。他们能得到更好的消息，更加有趣的消息。"[21]

　　事实上，白宫的信息传播范围越广，速度越快，内容越准确，他们就能得到越好的宣传效果。

　　布什统治下的白宫获知相反观点到底有多困难，可以通过他们的盟友在伊战爆发前夕与其交流的方式略知一二。曾经主持佛罗里达州小布什选票重新计算的詹姆斯·A. 贝克三世，和对外情报局的布兰特·斯考克罗夫特，作为政府的共和党支持者，分别在《纽约时报》和《华尔街时报》上撰文表

达他们对伊拉克形势的担忧。他们不相信自己能以传统的方式接触总统,
因此采取了这种公开化的策略。

不情愿承认失误

大多数政府不喜欢承认错误。训练有素的工作班子能够帮助某届政府
少犯错误,但是错误一旦发生,往往很难处理。任凭错误泛滥而不加以纠
正,往往需要为此付出沉重的代价,因为在有关问题得到解决之前,它们将
一直存在于人们的记忆里。不过大多数政府吃了许多苦头才吸取这一教
训,而且后来一再吸取同样的教训。

正如我们前面提到的一样,荣·耐森说在白宫,"同样的规定每年、每届
政府永远适用:说实话,不撒谎,不隐瞒,发布负面新闻,尽快发布负面新闻,
对此做出自己的解释,所有的负面新闻全都做出解释"。但他同时发现,很
难让别人遵守这些规定,尤其是在出现失误的情况下:"多少次其他办公人
员不想这么做;他们无法理解。他们是政治战略制定者;他们的目标稍有不
同。有时你得在白宫内部跟他们较量一番,有时总统自己不情愿这么做。"[22]

通讯与总统职权

研究白宫通讯机制对我们理解总统的为政之道颇有助益。通讯宣传是
总统和他的工作班子的主要活动,因此它可以使我们更多地了解总统各直
属机构以及手下人员的工作特点。通讯工作的趋势能够反映总统治国理政
的总体规律。

白宫官员体现总统的为人

无论是哪届政府,白宫人员的组织结构都能体现总统的为人。当然,如
果说一个工作班子体现总统的个人优势,那么它也同样反映总统的弱点。
这个工作班子无法弥补他的先天不足。善于跟别人打交道的总统将大量时
间与精力用于宣传——他的手下人员也同样如此。这方面能力欠缺的总统
选择投入少量的人力资源以弥补其自身的缺陷。

凭借在好莱坞形象塑造的经历,里根总统确保自己拥有一支高效精干
的宣传队伍,以便将他总统任期内的重要信息和行动传递给美国民众和政
府内外他愿意接触的各有关团体。里根委托与自己和南希关系密切的迈克
尔·迪弗负责与他荧屏形象和个人形象塑造有关的所有事宜与活动。在里
根创建的白宫人员组织体系中,通讯班子不仅对高层官员而且在整个体系

中都发挥了重要的作用。

詹姆斯·贝克解释了为什么说白宫人员体现而不是补充总统的个人风格。"我认为白宫人员将永远体现总统的各种长处和缺陷，因为一切皆由他派生而来。"因此，白宫人员对总统表现出的各种兴趣努力做出回应。如果他无意关注某个组织领域或某项政策，他们也同样不会予以关注。

贝克说，除了通讯领域以外，白宫人员在其他领域也体现了总统的执政风格："我认为在外交政策领域是这样。我认为在国内政策领域是这样。我认为整体上都是如此。"在老布什主政期间，"担任国务卿一职真是一种妙不可言的经历……因为领导我们的总统理解外交政策，喜欢外交政策，为之投入了大量时间、资源和精力。他精于此道。受他的影响，我们也精于此道。我认为在各个方面都是这样，无论是通讯，或是竞选运动，还是国内政策。"[23]

另一方面，老布什总统并不喜欢通讯工作，他建立的一套组织体制，反映出他对总统的宣传工作不感兴趣。最受他器重的通讯官员是他的新闻秘书马林·费茨沃特，而不是他的通讯主任。

白宫人员常常不愿承担风险

在小布什的第一届总统任期内，通讯人员不愿让总统或政府中的其他哪位高官由于在通讯宣传方面发生失误，使总统面临声誉受损的危险。首先，他们竭力不让他和他的代理人处于易受伤害的境地。"我认为总统班子成员或政府官员生怕出错"，巴特莱特说。"如果你在总统公开参加连任竞选前犯下一个错误，由此造成的后果不同于你在总统永远不再谋求连任时出错。人们担心这种错误会以一种有违政府官员原先意图的方式被他人利用。处在竞选环境中，有些事情可能会被人断章取义或误解，或者被用来对付你，而且正如有些人担心的那样，这种对付你的方式，有可能被用来对总统造成政治上的伤害。显然，谁都不愿被置于那种危险的处境。"[24]布什班子面临的这种形势发生于2004年2月的选季。

由经济顾问委员会起草的年度报告曾一度是某一周活动的中心，突出强调经济的运行是何等顺利——但并非没有造成不利影响。该报告提到一些美国公司向其他国家采购工作的敏感问题。经济顾问委员会主席杰拉尔德·曼基乌告诉记者，"对外采购是从事国际贸易的一种新途径。"他解释说，"如今可进行贸易的东西比过去多，这是一件好事。"曼基乌立即成为民主党和中西部共和党的众矢之的。来自伊利诺伊州的共和党众议员唐纳德·玛祖洛要求他辞职："我知道总统不可能相信此人说过这种话。他应当立即走开，回到他在哈佛校园墙上爬满常春藤的办公室。"[25]其他一些政府官员出来替曼基乌帮腔,使这个问题成为新闻界关注的焦点。[26]

共和党和民主党的通讯宣传手段几乎如出一辙

从艾森豪威尔到卡特,历任总统领导白宫的方式表现出不同党派之间的差异。从艾森豪威尔到尼克松再到里根的共和党都以相似的方式组织实施白宫的通讯宣传工作,整个组织结构安排合理,由资深总统助理领导并从整体上监控其行政运作。除了艾森豪威尔政府是由哈格蒂将计划与例行新闻事务集于一身之外,尼克松和里根政府中的主要通讯人物是通讯主任,由他负责策划。在第二次世界大战之后的各届共和党政府中,只有老布什总统刻意回避了长期计划的通讯机制,推行了由新闻秘书马林·费茨沃特控制的短期新闻策略。

二战之后的各届民主党政府选择了另一种模式。肯尼迪、约翰逊和卡特(后期除外)政府不是由办公厅主任组织并管理白宫班子的运作。他们的人员结构相对松散,往往同一个高级职务设置几位关键人物。对于这几任总统而言,新闻秘书都是通讯领域的最重要的官员。

克林顿总统确定了归办公厅主任列昂·帕尼塔领导的中央高度集权的人员组织机构,从而摆脱了这种模式。新闻秘书仍然是主要的通讯官员,但办公厅主任是核心人物,其次是通讯主任。他们认为长期计划固然极为重要,不过适应各种事件和形势的能力也同样不可或缺。

未来的历届民主党和共和党政府将极可能采用一种置于高度重视通讯宣传的办公厅主任监管之下的强有力的人员组织体系。如果他们从前任那里吸取了成功的经验,他们将致力于建立一个强调计划和纪律、重视针对特定听众的宣传以及适应正在变化的环境的体系。

总统及其下属将政治和政策难题视为通讯难题

刚刚赢得 2004 年连任选战的小布什总统,在第二届任期的头一年接连遭到各种激烈的指责,他对卡特里娜飓风的防御,他的社会保障一揽子改革方案,他的移民改革计划,他对哈里特·梅尔斯最高法院任职的提名未获通过,政府支持的迪拜一家公司在美国几大港口经营集装箱营运的交易,这一切都令他饱受非议。更有甚者,整个一年他始终面临各方对其伊拉克政策日益激烈的批评。国会参众两院由共和党控制,并没有换来对其政策的支持,反倒促使他对白宫的通讯班子做出一些调整。

一届政府处在政治和政策重重困难造成的压力之下,常常做出的一种反应,是认为他们的所有困难都与通讯宣传有关。总统有可能调整通讯人员包括撤换办公厅主任。迫于伊朗门丑闻的巨大政治压力，里根总统任命前参议员霍华德·贝克为白宫办公厅主任，汤姆·格雷斯考姆为通讯主任。针对自己的民意支持率大半年时间一直在 30％左右徘徊的情况，小布什总统任命乔舒亚·博尔顿为办公厅主任，托尼·斯诺为新闻秘书。

304

其实，真正困扰总统的并非通讯宣传方面的困难，而是政治和政策难题。总统通讯班子对自己工作成效的预期总是远远超出实际。尽管如此，一支高效的通讯队伍还是能在很大程度上为总统分忧解愁。

总统善于利用通讯时机

历任总统及其幕僚在重要的通讯宣传领域对正在变化的环境表现出很强的适应性。乔治·B.科特柳在担任麦金莱总统助理秘书后担任罗斯福总统秘书期间，已经认识到新兴的技术尤其是摄影术的重要性。他努力使两位总统的形象借助这一新的媒介得到很好的展示，并且确保总统外出旅行的随行人员包括摄影师。20 世纪的总统们相继适应了广播、电视和互联网。他们将技术变革视为一种机遇，而不是一种负担。

艾森豪威尔总统将电视这一新兴媒介的使用作为实施其宣传计划的一个重要组成部分。他和自己的顾问们将电视视为直接影响民众的一种手段。自他以来的历任总统都能充分利用技术进步以实现相同的目标：通过记者及新闻机构最小程度的编辑和解释向民众传递信息。

在艾森豪威尔时期，白宫主要通过每月两次的记者招待会定期向公众发布信息。尽管记者会采用了磁带延迟①的录音方法，电台转播时还是全面再现了总统回答记者提问的实际情形。在肯尼迪总统看来，由电视网现场实况转播记者招待会，是他为向民众解释自己的思想和行动而开展的宣传工作的一个主要特色。对于尼克松和里根总统而言，当时三大电视网已经占据了新闻传播的主导地位，最能体现他们工作特点的是晚间在东室召开的记者招待会。大量观众停止了常规活动，观看电视转播的记者招待会。

今天，以尽量透明的方式向民众发布信息仍然需要通过电视，但是总统可以选择有线新闻电视网、地方电视台和互联网相结合的途径。不论有什么样的先进技术可供使用，总统选择的方法，都能最大程度地增加自己与公众接触的时机。

---

① 磁带延迟，一种录音方法，指为删去不用材料，用磁带录音时在录音与重放录音或声音传输之间安排一段间隔。——译者注。

尽管快速新闻周期使总统难以抢在新闻发生之前用自己的语言解释自己的立场,但克林顿与小布什还是设法做到了。他们谈论他们试图加以探讨的话题,而且观众能够理解他们表达的意思。人们也许并不喜欢两位总统说的话,但确有机会多次听到他们发表讲话。

为了更有效地加强领导,总统应该能够就重大问题和活动与民众开展交流。虽然总统在一定时期能够独自制定并实施他的通讯计划,但如今总统再也无法做到这一点。今天,高效务实的总统通讯工作,需要总统整合一支能够实施其宣传任务的专业队伍。他需要身后有一个强有力的组织,既能设计各种信息,又能以一种为他希望接触的群体喜闻乐见的形式向他们发布这些信息。

总统用以联系民众的技术已经发展成许多不同的形式。即便如此,总统仍将继续依靠新闻机构。新闻机构是总统用以日常向民众发布关于他本人和政府的新闻的一种工具。总统对新闻机构与新闻机构对总统同样重要。总统在他们的读者或观众的新闻观念中占据核心地位。正是这种双方互相需要的关系成为当代总统政治中的一个重要特点。正是这种关系成为连接总统与其支持者的一条纽带,总统为了他本人及实现自己的纲领,不断地向他们提供信息,激发他们的信心和活力。

注　释

Introduction

1. Press conferences, Calvin Coolidge Papers, Forbes Library, Northampton, Massachusetts.

2. George W. Bush, "Remarks to the Chamber of Commerce in Portland," March 23, 2001, Portland, Maine, *Weekly Compilation of Presidential Documents*. Available at www.gpo.gov/nara/nara003.html.

3. Jonathan Weisman and Bradley Graham, "Dubai Firm to Sell U.S. Port Operations," *Washington Post*, March 10, 2006, p. A1.

4. Michael McAuliff, "Chuck's Port-Deal Terror, Urges Prez to Nix 'Risky' Sale to Arab Biz," *New York Daily News*, February 14, 2006.

5. Sheryl Gay Stolberg, "How a Business Deal Became a Big Liability for Republicans in Congress," *New York Times*, February 26, 2006, p. 14.

6. Dan Bartlett, interview with the author, Washington, D.C., October 27, 2006.

7. "Interview with Reporters Aboard Air Force One" and "Remarks on Arrival from Golden, Colorado," February 21, 2006.

8. Dan Bartlett, interview with the author, Washington, D.C., October 27, 2006.

9. Paul Blaustein, "Dubai Firm Cleared to Buy Military Supplies," *Washington Post*, April 29, 2006, p. A6.

10. Michael Baruch Grossman and Martha Joynt Kumar, *Portraying the President: The White House and the News Media* (Baltimore: Johns Hopkins University Press, 1981).

11. Richard E. Neustadt, *Presidential Power: The Politics of Leadership* (New York: Wiley, 1960).

12. Richard Neustadt, "A Preachment from Retirement," in *Presidential Power: Forging the Presidency for the Twenty-First Century*, ed. Robert Y. Shapiro, Lawrence Jacobs, and Martha Joynt Kumar (New York: Columbia University Press, 2000), 465–66.

13. While the number of studies of the White House written from the viewpoint of staff regarding the choices they make and the reasons behind them is small, there are studies from other perspectives that were important for my work. There is a growing literature about White House operations written by political scientists interested in the dynamics of staff operations. Particularly important for me was the

groundwork established in Karen Hult and Charles Walcott's *Governing the White House: From Hoover through LBJ* (Lawrence: University Press of Kansas, 1995) and *Empowering the White House: Governance under Nixon, Ford, and Carter* (Lawrence: University Press of Kansas, 2004), John Burke's *The Institutional Presidency,* 2d ed. (Baltimore: Johns Hopkins University Press, 1992), and Bradley Patterson's *The White House Staff: Inside the West Wing and Beyond* (Washington, D.C.: Brookings Press, 2000).

Presidential decision-making studies are important because they provide a view of how chief executives and their staffs operate. In contemporary presidency studies, Roger Porter, who served as senior economic and domestic policy adviser in the George H. W. Bush administration and worked in the Reagan and Ford White Houses as well, went from academic life into presidential advising on economic policy and then returned to Harvard University, where he teaches the presidency course there. His *Presidential Decision Making: The Economic Policy Board* (New York: Cambridge University Press, 1982), based on his White House years in the Ford administration, adds to our knowledge with its view from inside the White House in an important area of presidential activity. So too does John Burke and Fred Greenstein's *How Presidents Test Reality: Decisions on Vietnam, 1954 and 1965* (New York: Russell Sage Foundation, 1991) tell us about presidential decision-making, in this case on Vietnam-related issues.

14. A separate literature focuses on the general relationship between the government and the media and on presidential leadership, which includes the chief executive's relationship with news organizations. In the area of government and the news media, a key work is Tim Cook's *Governing with the News: The News Media as a Political Institution* (Chicago: University of Chicago Press, 1998). While we often think of the relationship between government and the press as hostile, he showed another side of the partnership by emphasizing the ways in which news organizations and government officials benefited from the relationship in spite of the tensions.

In his *Presidential Leadership of Public Opinion* (Bloomington: Indiana University, 1965), Elmer Cornwell was one of the first political scientists to identify and write about the importance of presidential communications. He discussed how presidents used available resources to further their programs and how the chief unit at that time, the Press Office, was organized and operated. His work provided a good measure of how far White House communications organization had come since its nascent days in the Eisenhower administration. Among the important books on presidential leadership, those by George Edwards, including *At the Margins: Presidential Leadership of Congress* (New Haven: Yale University Press, 1989) and *On Deaf Ears: The Limits of the Bully Pulpit* (New Haven: Yale University Press, 2003), explain how difficult it is for presidents to change public opinion.

Samuel Kernell and Jeffrey Tulis have made important contributions to the study of presidential leadership in their classic works *Going Public: New Strategies of Presidential Leadership* (Washington, D.C.: Congressional Quarterly Press, 1986) and *The Rhetorical Presidency* (Princeton: Princeton University Press, 1987), respectively. Kernell discussed presidential strategies designed to create public support for a chief executive's initiatives, and Tulis traced the development of presidential rhetoric over the history of the presidency.

The difficulties presidents have in directing and activating public opinion is matched by their problems in establishing and controlling their own agenda. Shanto Iyengar wrote about the news media's role in determining what gets regarded as news. While the White House would like to determine what stories news organizations emphasize, the president and his staff have to work with the rhythms and routines of news organizations in order to exploit the process to their benefit. See Shanto Iyengar and Donald R. Kinder, *News That Matters: Television and American Opinion* (Chicago: University of Chicago Press, 1987); Shanto Iyengar, *Is Anyone Responsible? How Television Frames Political Issues* (Chicago: University of Chicago Press, 1991); Stephen Ansolabehere, Roy Behr, and Shanto Iyengar, *The Media Game: American Politics in the Television Age* (New York: Macmillan, 1993). Donald L. Shaw and Maxwell E. McCombs, eds., *The Emergence of American Political Issues: The Agenda-Setting Function of the Press* (St. Paul, Minn.: West, 1977) is also relevant.

Presidents and their staffs have responded to the agenda-setting routines of news organizations by creating organizational units that use their knowledge of the media to advance the president's case. Two important works that explain how White House organizations respond to news media routines are John Anthony Maltese's *Spin Control: The White House Office of Communications and the Management of Presidential News* (Chapel Hill: University of North Carolina Press, 1992) and the book I wrote with Michael Grossman, *Portraying the President: The White House and the News Media* (Baltimore: Johns Hopkins University Press, 1981). Maltese's book focuses on the early years of the Office of Communications, with emphasis on the formative Nixon and Reagan years; it is the focus on this relatively new body, also covered in this book, that makes it so valuable.

15. Developments in the way White House officials plan their communications can be tracked in the memoirs of those who have worked there. Each provides information on the rhythms of their White House years, making them useful in following the organization of White House units. For this study, the books by presidential press secretaries Marlin Fitzwater, Ron Nessen, Jody Powell, and Ari Fleischer provided valuable insights into the respective media operations headed by each author. See Ari Fleischer, *Taking Heat: The President, the Press, and My Years in the White House* (New York: William Morrow, 2005); Marlin Fitzwater, *Call the Briefing: Bush and Reagan, Sam and Helen: A Decade with the Presidents and the Press* (New York: Times Books, 1995); Jody Powell, *The Other Side of the Story* (New York: William Morrow, 1984); and Ron Nessen, *It Sure Looks Different from the Other Side* (New York: Simon and Schuster, 1978).

Two presidential communications advisers have also detailed what they have learned: Michael Deaver wrote about his years in the White House during Reagan's first term, and David Gergen expressed his views on presidential leadership based on his tenure in the Nixon, Ford, Reagan, and Clinton White Houses. See Michael K. Deaver, *Behind the Scenes: In Which the Author Talks about Ronald and Nancy Reagan* (New York: William Morrow, 1987), and David R. Gergen, *Eyewitness to Power: The Essence of Leadership, Nixon to Clinton* (New York: Simon and Schuster, 2000). In order to pull together information from all of the presidencies in which these press secretaries and communications directors served, I also interviewed each to isolate commonalities across administrations but also factors that differentiated them.

16. Stephen Ponder, *Managing the Press: Origins of the Media Presidency, 1897–1933* (New York: St. Martin's Press, 1999); Melvin Laracey, *Presidents and the People: The Partisan Story of Going Public* (College Station: Texas A&M University Press, 2002); Martha Joynt Kumar, "The White House Beat at the Century Mark," *The Harvard International Journal of Press/Politics 2* (Summer 1997): 10–30, and "The White House Beat at the Century Mark: Reporters Establish Position to Cover the 'Elective Kingship,'" paper presented at the American Political Science Association convention, San Francisco, California, August 29–September 1, 1996.

17. Archivist John Ransom, discussing with the author information in the diary of President Hayes, Rutherford B. Hayes Presidential Center, November 30, 2006.

18. Kumar, "The White House Beat," 14.

19. Library of Congress, Manuscript Division, George Bruce Cortelyou Papers.

20. Cornwell, *Presidential Leadership of Public Opinion*, 48–57.

21. See Presidential Press Conferences in chapter 7, table 11.

22. Craig Allen, *Eisenhower and the Mass Media* (Chapel Hill: University of North Carolina, 1993).

Chapter 1. Creating an Effective Communication Operation

1. Mike McCurry, interview with the author, April 19, 2006. I conducted many of the interviews cited in this book for my Towson University course "The President, the Press, and Democratic Society," filmed at the Washington Center of the University of California. All of the interviews conducted in this program are available in audio format at www.ucdc.edu/aboutus/whstreaming.cfm.

2. Mike McCurry, interview with the author, "The President, the Press, and Democratic Society," University of California, Washington Center, March 7, 2005.

3. Dan Bartlett, interview with the author, "The President, the Press, and Democratic Society," University of California, Washington Center, March 8, 2004.

4. Mike McCurry, interview with the author, "The President, the Press, and Democratic Society," University of California, Washington Center, April 19, 2006.

5. Dan Bartlett, interview with the author, "The President, the Press, and Democratic Society," University of California, Washington Center, March 8, 2004.

6. These numbers are based on compilations made from the May 2005 edition of the internal White House Phone Book. Bureau of National Affairs, "Daily Report for Executives: White House Phone Directory," no. 116, June 17, 2005.

7. The operations in Karl Rove's orbit in his role as senior advisor are: Office of Strategic Initiatives, Intergovernmental Affairs, Political Affairs, Public Liaison, and Policy and Strategic Planning.

8. The offices that are included in the secondary communications and press offices are: Chief of Staff, Oval Office Operations, Advance, Cabinet Liaison, Scheduling, and Staff Secretary. In addition, both the Office of the Vice President and the Office of the First Lady have staff to perform support operations for communications, including scheduling, advance, and correspondence. Additional people work in Presidential Correspondence, the Travel Office, the White House Communications Agency, and there are also speech transcribers and military baggage handlers, who move television equipment on presidential trips.

9. Mike McCurry, interview with the author, "The President, the Press, and Democratic Society," University of California, Washington Center, March 1, 2004.

10. Frank Ahrens, "Hard News: Daily Newspapers Face Unprecedented Competition . . . Including from Their Own Online Offspring," *Washington Post*, February 20, 2005, p. F1.

11. For a discussion of the environment within which presidents operate, see Martin G. Wattenberg, "The Changing Presidential Media Environment," *Presidential Studies Quarterly* 34, no. 3 (September 2004): 557–72.

12. George C. Edwards III, *On Deaf Ears: The Limits of the Bully Pulpit* (New Haven: Yale University Press, 2003), 241.

13. Lisa Caruso, "What's in a Number," *National Journal*, March 25, 2006, 18–19.

14. Karl Rove, interview with the author, Washington, D.C., May 8, 2002.

15. Edwards, *On Deaf Ears*, 193.

16. Edwards, *On Deaf Ears*, 194.

17. Mike McCurry, interview with the author, Washington, D.C., April 7, 1999.

18. Karen Hughes, interview with the author, Washington, D.C., June 13, 2002.

19. Dan Bartlett, interview with the author, Washington, D.C., May 22, 2002.

20. Joe Lockhart, interview with the author, Washington, D.C., June 29, 1998.

21. Mary Matalin, interview with the author, Washington, D.C., October 3, 2002.

22. Karen Hughes, interview with the author, Washington, D.C., June 13, 2002.

23. Dan Bartlett, interview with the author, March 8, 2004. "The President, the Press, and Democratic Society," University of California, Washington Center.

24. For press perspective on the embeds program, see Terence Smith, "The Real-Time War: Hard Lessons," and other articles on the program in *Columbia Journalism Review*, May/June 2003.

25. Mike McCurry, interview with the author, "The President, the Press, and Democratic Society," University of California, Washington Center, March 1, 2004.

26. President George W. Bush, Interview with Al Arabiya, May 5, 2004; President George W. Bush, Interview with Al-Ahram, May 6, 2004. Both interviews can be found on the website of The American Presidency Project, Public Papers of the Presidents of the United States at www.presidency.ucsb.edu/ws.

27. President George W. Bush, interview with foreign journalists, July 10, 2006. Interview can be found on the website of the American Presidency Project, *Public Papers of the Presidents of the United States*. Available at www.presidency.ucsb.edu/ws.

28. E-mail sent to White House correspondents from the Democratic National Committee Communications Director Shripal Shah, March 28, 2006.

29. "Talking Points: Not Playing with a New Deck of Cards," Center for American Progress, March 28, 2006. A half hour later, a more extensive e-mail entitled "Progress Report: Meet the New Chief" provided biographical information and specifics about the administration's budget deficits.

30. Stephen Labaton, "Politics: The Fund-Raisers: Indonesian Magnate and Clinton Talked Policy, White House Says," *New York Times*, November 5, 1996.

31. Mike McCurry, interview with the author, Washington, D.C., April 7, 1999.

32. Ari Fleischer, interview with the author, Washington, D.C., July 11, 2002.

33. Terry Moran, conversation with the author, May 2005.

34. "White House News Summary," December 3, 2003, produced for the Office of the White House Press Secretary by the Bulletin News Network. The issue was 175 pages long, which is consistent with the length of other issues of the summary.

35. Lawrence R. Jacobs and Robert Y. Shapiro, *Politicians Don't Pander* (Chicago: University of Chicago Press, 2000).

36. Lawrence R. Jacobs and Melanie Burns, "The Second Face of the Public Presidency: Presidential Polling and the Shift from Policy to Personality Polling," *Presidential Studies Quarterly* 34, no. 3 (September 2004): 537.

37. Mary Matalin, interview with the author, Washington, D.C., October 3, 2002.

38. Ari Fleischer, interview with the author, Washington, D.C., July 11, 2002.

39. See www.strengtheningsocialsecurity.gov/60stops/.

40. Andrew Card, interview with the author, Washington, D.C., November 30, 2001.

41. Dan Bartlett, interview with the author, Washington, D.C., May 22, 2002.

Chapter 2. The Communications Operation of President Bill Clinton

1. For an analysis of the Clinton transition, see John Burke, *Presidential Transitions: From Politics to Practice* (Boulder, Colo.: Lynne Rienner, 2000), chs. 7, 8. It is the authoritative book on presidential transitions from Presidents Carter through Clinton.

2. David Gergen, interview with the author, Washington, D.C., September 27, 1995.

3. For a description of his days in the Clinton White House, see Gergen, *Eyewitness to Power*, 251–342.

4. Mark Knoller, interview with the author, Washington, D.C., June 6, 1996.

5. *Washington Post*, April 27, 1993, p. 1.

6. "Clinton Administration Accomplishments and Actions: First 100 Days," April 1993. Distributed by the Office of Media Liaison through its White House computer network. "The First 100 Days, Administration of President Bill Clinton, January 20 – April 30," dys100.txt, January 20–April 30, 1993.

7. Ann Devroy, "President Discounts Panetta's Doubts," *Washington Post*, April 28, 1993, p. 1.

8. "Remarks in the 'CBS This Morning' Town Meeting," May 27, 1993, http://www.presidency.ucsb.edu/ws/index/php for all presidential speeches.

9. "Remarks by the President in Question and Answer Session during 1993 Newspaper Association of America Annual Convention," Boston, Massachusetts, April 26, 1993.

10. Gergen, *Eyewitness to Power*, 265.

11. Sidney Blumenthal, "Dave," *New Yorker*, June 28, 1993, 36–41.

12. Burt Solomon, "A One-Man Band," *National Journal*, April 24, 1993, 970.

13. Background interviews.

14. Bill Clinton, *My Life* (New York: Alfred A. Knopf, 2004), 467.

15. John Podesta, interview with the author, Washington, D.C., July 12, 2001.

16. "Remarks by the President to Weather Forecasters," Office of the Press Secretary, White House, October 1, 1997.

17. Interviews with White House officials who served when Clinton gave the global warming speech indicated it was typical of the president himself to insert the lines about presidential responsibility in creating public awareness. Terry Edmonds, interview with the author, Washington, D.C., January 5, 2001.

18. Mike McCurry, interview with the author, Towson University course, "White House Communications Operations," Washington, D.C., March 1, 2004.

19. Mike McCurry, press briefing, Office of the Press Secretary, Dakar, Senegal, April 1, 1998.

20. For the development of the meetings, see Dick Morris, *Behind the Oval Office: Winning the Presidency in the Nineties* (New York: Random House, 1997), 26, 186–87.

21. Mike McCurry, interview with the author, Washington, D.C., April 7, 1999.

22. Rahm Emanuel, interview with the author, Chicago, Illinois, April 13, 2001. For a discussion of how President Clinton's national travels reflected his political priorities as well as his policy ones, see Charles O. Jones, "Campaigning to Governing: The Clinton Style," in *The Clinton Presidency: First Appraisals*, ed. Colin Campbell and Bert Rockman (Chatham, NJ: Chatham House, 1996), 30–36.

23. Mike McCurry, interview with the author, April 7, 1999, and Richard L. Berke, "After Hours at White House, Brain Trust Turns to Politics," Week in Review, *New York Times*, July 21, 1996.

24. Morris, *Behind the Oval Office*, 139–40.

25. Morris, *Behind the Oval Office*, 144.

26. Don Baer, interview with the author, Washington, D.C., August 14, 1996.

27. Ann Lewis, interview with the author, Washington, D.C., December 17, 1997.

28. Mike McCurry, interview with the author, Washington, D.C., April 7, 1999.

29. Joe Lockhart, interview with the author, Washington, D.C., June 29, 1998.

30. Rahm Emanuel, interview with the author, Chicago, Illinois, January 15, 1998.

31. For a discussion of the creation of the first Clinton State of the Union address, see Michael Waldman, *POTUS Speaks: Finding the Words that Defined the Clinton Presidency* (New York: Simon and Schuster, 2000), 92–114.

32. Ann Lewis, interview with the author, Washington, D.C., December 17, 1997.

33. Rahm Emanuel, interview with the author, Chicago, Illinois, January 15, 1998.

34. Ann Lewis, interview with the author, Washington, D.C., December 17, 1997.

35. For a discussion of the media environment during the Clinton impeachment case, see Jeffrey E. Cohen, "If the News Is So Bad, Why Are Presidential Polls So High? Presidents, the News Media, and the Mass Public in an Era of New Media," *Presidential Studies Quarterly* 34, no. 1 (March 2004): 493–515.

36. Gaggle by Press Secretary Mike McCurry, July 18, 1996, author's transcript.

37. Mike McCurry, interview with the author, "The President, the Press, and Democratic Society," University of California, Washington Center, March 1, 2004.

38. Harold Ickes, interview with the author, Washington, D.C., April 13, 2001.

39. Michael McCurry, interview with the author, Washington, D.C., February 10, 1998.

40. See "The 1992 Campaign: Clinton Denounces New Report of Affair," *New York Times*, January 24, 1992, and "The 1992 Campaign: Clintons to Rebut Rumors on '60 Minutes,'" *New York Times*, January 24, 1992.

41. Gwen Ifill, "The 1992 Campaign: Media; Clinton Defends His Privacy and Says the Press Intruded," *New York Times*, January 27, 1992.

42. Stephen Labaton, "Tape Links Clinton to Man Tied to Crime," *New York Times*, October 18, 1997. See also Susan Schmidt and Lena H. Sun, "On Tape, Clinton Links Lead in Polls, Issue Ads," *Washington Post*, October 16, 1997.

43. Labaton, "Tape Links Clinton."

44. Susan Schmidt and Amy Goldstein, "Enigma No More, Ex-Aide Emerges," *Washington Post*, March 17, 1998.

45. Lanny J. Davis, *Truth to Tell: Tell It Early, Tell It All, Tell It Yourself* (New York: Free Press, 1999), 60.

46. Davis, *Truth to Tell*, 61.

47. Davis, *Truth to Tell*, 62.

48. Jim Kennedy, interview with the author, Washington, D.C., August 10, 1998.

49. Mike McCurry, interview with the author, "The President, the Press, and Democratic Society," University of California, Washington Center, March 1, 2004.

50. Joe Lockhart, interview with the author, Washington, D.C., June 29, 1998.

51. Mike McCurry, interview with the author, "The President, the Press, and Democratic Society," University of California, Washington Center, March 1, 2004.

52. Michael McCurry, interview with the author, Washington, D.C., June 10, 1997. In the 1930s, the U.S. Public Health Service commenced the Tuskegee syphilis study, using as its subjects mostly poor African-American sharecroppers. In the study, there were two control groups, one of which did not receive medication. After penicillin was established as an antidote for the disease, the group that had not received medication was not informed of the solution to the problem—as ethics would obviously dictate. The study did not come to public light until the 1970s, when the question of compensating the victims of the study became an issue in the Congress and the courts. Clinton wanted to put a final stamp on the issue by publicly apologizing from the White House.

53. Mike McCurry, interview with the author, "The President, the Press, and Democratic Society," University of California, Washington Center, March 1, 2004.

54. Joe Lockhart, interview with the author, Washington, D.C., June 29, 1998.

55. David Gergen, interview with the author, Washington, D.C., September 27, 1999.

56. Ann Lewis, interview with the author, Washington, D.C., December 17, 1997.

57. Joseph Lockhart, interview with the author, Washington, D.C., February 10, 1999.

58. John Podesta, interview with the author, Washington, D.C., July 12, 2001.

59. Rahm Emanuel, interview with the author, Chicago, Illinois, January 15, 1998.

60. Bob Woodward, *The Agenda: Inside the Clinton White House* (New York: Simon and Schuster, 1994), 172.

61. John Podesta, interview with the author, Washington, D.C., July 7, 2001.

62. Mike McCurry, interview with the author, Washington, D.C., April 7, 1999.

63. Joe Lockhart, interview with the author, Washington, D.C., June 29, 1998.

64. John Podesta, interview with the author, Washington, D.C., December 10, 1997.

65. Michael McCurry, interview with the author, Washington, D.C., February 10, 1998.

66. John Podesta, interview with the author, Washington, D.C., December 10, 1997.

67. Jim Kennedy, interview with the author, Washington, D.C., August 10, 1998.

68. John Podesta, interview with the author, Washington, D.C., December 10, 1997.

69. Harold Ickes, interview with the author, Washington, D.C., April 13, 2001.

70. Joel Johnson, interview with the author, Washington, D.C., January 17, 2001.

Chapter 3. The Communications Operation of President George W. Bush

1. Karl Rove, interview with the author, Washington, D.C., February 5, 2007. For a discussion of their transition goals, see Clay Johnson, "The 2000–2001 Presidential Transition: Planning, Goals, and Reality," *PS: Political Science and Politics* 35, no. 1 (2002): 51–53 and Terry Sullivan, "Assessing Transition 2001," in *The Nerve Center, Lessons in Governing from the White House Chiefs of Staff*, ed. Terry Sullivan (College Station: Texas A&M University Press, 2004), 125–66.

2. Ken Herman, interview with the author, "The President, the Press, and Democratic Society," University of California, Washington Center, February 14, 2005.

3. Ken Herman, interviews with the author, Washington, D.C., October 5–6, 2005.

4. Ken Herman, "Bush Trip Steeped in History; Governor Asked to Clarify Remarks on," *Austin American-Statesman*, December 1, 1998. The article dealing with Bush's remarks portrayed him in the following way: "As he gazed out a hotel hallway at the Superdome and waited for an elevator, Bush—clearly going for a laugh at his own expense—said the first thing he was going to say to Israeli Jews was that they were all 'going to hell.' Bush, who has both a quick wit and generally good judgment on when to use it, made the comment to the same *Austin American-Statesman* reporter who had reported his 1993 comments about his religious beliefs."

5. Ken Herman, interviews with the author, Washington, D.C., October 5–6, 2005.

6. Mary Matalin, interview with the author, Washington, D.C., October 3, 2002.

7. Dan Bartlett, interview with the author, Washington, D.C., May 22, 2002.

8. "President's Remarks in Orlando, Florida," October 30, 2004. Available at www.whitehouse.gov/news/releases/2004/10/20041030-12.html.

9. CNN/ *USA Today*/Gallup poll, October 22–24, 2004. Available at www.pollingreport.com.

10. Dan Bartlett, interview with the author, Washington, D.C., October 27, 2006.

11. Dan Bartlett, interview with the author, "The President, the Press, and Democratic Society," University of California, Washington Center, March 8, 2004.

12. Jason Piscia, "Pawnee 'Foster Grandparent' Earns Award for Her Efforts," [Springfield, Illinois] *State Journal-Register*, April 20, 2005.

13. Christie Bolsen, "She Cherishes Kiss from President Bush," *South Bend* [Indiana] *Tribune*, April 12, 2005.

14. Meg Jones, "Takes Five: Beverly Christy-Wright: Volunteer's Above-and-Beyond Service Recognized by Bush," *Milwaukee Journal Sentinel*, February 24, 2006.

15. Mike Barber, "Sacrifice in Iraq Leads to Visit with President; Servicemen's Families Will Greet Bush on Visit Here," *Seattle Post-Intelligencer*, June 16, 2006.

16. "Funeral Services for Founder of Challenger Boys and Girls Club," [Los Angeles] *City News Service*, July 14, 2006.

17. White House, USA Freedom Corps, "Presidential Greeters Program," November 17, 2006. Available at www.usafreedomcorps.gov/about_usafc/newsroom/local_vols.asp.

18. James Wilkerson, interview with the author, Washington, D.C., July 3, 2002.

19. Ari Fleischer, interview with the author, Washington, D.C., March 7, 2001.

20. Ari Fleischer, interview with the author, Washington, D.C., March 7, 2001.

21. Scott McClellan, interview with the author, "The President, the Press, and Democratic Society," University of California, Washington Center, May 6, 2004.

22. "The White House and the Press: Competitors in a Dependent Relationship," panel hosted by the American Political Science Association and the White House Historical Association, Washington, D.C., October 9, 2003.

23. President Bush, "Remarks at the Paul H. Nitze School of Advanced International Studies and a Question-and-Answer Session," April 10, 2006.

24. Scott Sforza, interview with the author, Washington, D.C., May 9, 2006.

25. For a discussion of President Bush's management principles and an earlier description of how the communications operation worked in the first term, see Martha Joynt Kumar, "Communications Operations in the White House of President George W. Bush: Making News on His Terms," *Presidential Studies Quarterly* 33, no. 2 (June 2003): 366–93.

26. Karl Rove, interview with the author, Washington, D.C, May 8, 2002.

27. Karen Hughes, interview with the author, Washington, D.C., June 13, 2002.

28. Mary Matalin, interview with the author, Washington, D.C., October 3, 2002.

29. Karl Rove, interview with the author, Washington, D.C, May 8, 2002.

30. Karl Rove, interview with the author, Washington, D.C., May 8, 2002.

31. Joshua Bolten, interview with the author, Washington, D.C., November 17, 2006.

32. Dan Bartlett, interview with the author, "The President, the Press, and Democratic Society," University of California, Washington Center, March 8, 2004.

33. Joshua Bolten, interview with the author, Washington, D.C., November 17, 2006.

34. Author's tabulation from Bureau of National Affairs, "Daily Report for Executives," White House Phone Book, no. 155, August 13, 2001, and no. 140, July 22, 2002.

35. Background interview, 2002.

36. Ari Fleischer, interview with the author, Washington, D.C., July 11, 2002.

37. Background interview, 2002.

38. Mary Matalin, interview with the author, Washington, D.C., October 3, 2002.

39. Karen Hughes, interview with the author, Washington, D.C., June 13, 2002.

40. Karl Rove, interview with the author, Washington, D.C., May 8, 2002.

41. Susan Neely, interview with the author, Washington, D.C., May 2, 2002.

42. Background interview, 2002.

43. Background interview, 2002.

44. Dana Perino, interview with the author, Washington, D.C., November 17, 2006.

45. "President Announces Tony Snow as Press Secretary," White House, April 26, 2006. Available at www.whitehouse.gov/news/releases/2006/04/20060426.html.

46. Tony Snow, interview with the author, Washington, D.C., October 4, 2006.

47. Scott McClellan, interview with the author, "The President, the Press, and Democratic Society," University of California, Washington Center, May 6, 2004.

48. Dan Bartlett, interview with the author, "The President, the Press, and Democratic Society," University of California, Washington Center, March 8, 2004.

49. Dan Bartlett, "The White House and the Press" panel.

50. Ari Fleischer, interview with the author, Washington, D.C., July 11, 2002.

51. Nicolle Devenish, interview with the author, Washington, D.C., July, 2002.

52. Scott Sforza, interview with the author, Washington, D.C., May 9, 2006.

53. Dan Bartlett, interview with the author, "White House Communications Operations" course, Towson University, Towson, Maryland, March 8, 2004.

54. The two Radio Days were held October 30, 2002, and January 21, 2004. See Judy Keen, "Bush's 'Radio Day' Gets Static from Democrats," USA Today, October 30, 2002, and Bob Deans, "Low Frequency Radio, Usually Taciturn White House Figures Face Mikes," Atlanta Journal Constitution, January 22, 2004.

55. Karl Rove, interview with the author, Washington, D.C., May 8, 2002.

56. Scott Sforza, interview with the author, Washington, D.C., June 27, 2002.

57. Public Papers of the Presidents of the United States, William Jefferson Clinton (Washington, D.C.: Government Printing Office). The figures come from the "Document Category," "Addresses to the Nation," and counts of the individual items.

58. Figures come from counts of the following categories in issues of the Weekly Compilation of Presidential Documents from 2001 to January 2005: "Addresses to the Nation," "Addresses and Remarks," "Radio Addresses," "Bill Signings—Remarks," and "Meetings with Foreign and International Leaders."

59. Scott Sforza, interview with the author, Washington, D.C., June 27, 2002.

60. Scott Sforza, interview with the author, Washington, D.C., May 9, 2006.

61. David E. Sanger and Judith Miller, "Libya to Give Up Arms Programs, Bush Announces," New York Times, December 20, 2003. See also Robin Wright and Glenn Kessler, "Two Decades of Sanctions, Isolation Wore Down Gaddafi," Washington

Post, December 20, 2003. President Bush, "Remarks on the Decision by Colonel Muammar Abu Minyar al-Qadhafi of Libya to Disclose and Dismantle Weapons of Mass Destruction Programs," December 19, 2003, *Public Papers of the Presidents of the United States*. Available at www.presidency.ucsb.edu/ws.

62. Sanger and Miller, "Libya to Give Up Arms Programs."

63. Dana Milbank and Glenn Kessler, "Enron's Influence Reached Deep into Administration," *Washington Post*, January 18, 2002.

64. Jeanne Cummings, Jacob M. Schlesinger, and Michael Schroeder, "Bush Crackdown on Business Fraud Signals New Era," *Wall Street Journal*, July 10, 2002, and David E. Sanger, "How a Clear Strategy Got Muddy Results," *New York Times*, July 12, 2002.

65. "The White House and the Press" panel.

66. Dan Bartlett, interview with the author, Washington, D.C., October 27, 2006.

67. George W. Bush, "Address Before a Joint Session of the Congress on the State of the Union," January 28, 2003, *Public Papers of the Presidents of the United States*. Available at www.presidency.ucsb.edu/ws.

68. Walter Pincus and Dana Milbank, "Bush, Rice Blame CIA for Iraq Error; Tenet Accepts Responsibility for Clearing Statement on Nuclear Aims in Jan. Speech," *Washington Post*, July 12, 2003.

69. Dana Milbank, "Fleischer's Final Briefing Is Not Quite a Grand Slam," *Washington Post*, July 15, 2003.

70. Background briefing, July 18, 2003.

71. Dan Balz and Walter Pincus, "Why Commander in Chief Is Losing the War of the 16 Words," *Washington Post*, July 24, 2003.

72. Scott McClellan, press briefing, Office of the Press Secretary, White House, October 6, 2005.

73. Tucker Eskew, interview with the author, Washington, D.C., June 13, 2002.

74. White House Global Messenger, "Key Points," March 11, 2005.

75. Nicolle Devenish Wallace, interview with the author, "The President, the Press, and Democratic Society," University of California, Washington Center, May 9, 2005.

76. Secretary of State Condoleezza Rice, March 14, 2005, http://www.state.gov/secretary/rm200543385.htm.

77. Dan Bartlett, interview with the author, "The President, the Press, and Democratic Society," University of California, Washington Center, March 8, 2004.

78. Nicolle Devenish, interview with the author, "The President, the Press, and Democratic Society," University of California, Washington Center, May 9, 2005.

79. See www.shadowtv.com/PDF/ShadowTVmonitoring.pdf.

80. Scott Sforza, interview with the author, Washington, D.C., May 9, 2006.

81. Dan Bartlett, interview with the author, "The President, the Press, and Democratic Society," University of California, Washington Center, March 8, 2004.

82. Andrew Card, interview with the author, Washington, D.C., November 30, 2001.

83. Scott McClellan, interview with the author, "The President, the Press, and Democratic Society," University of California, Washington Center, May 6, 2004.

84. Mike Allen, "Management Style Shows Weaknesses: Delegation of Responsibility, Trust in Subordinates May Have Hurt Bush," *Washington Post*, June 2, 2004.

85. Thomas Griscom, interview with the author, Washington, D.C., May 3, 2006.

86. David S. Hilzenrath and Mike Allen, "Embattled Pitt Resigns as SEC Chief, Latest Controversy Cost Him White House Support," *Washington Post*, November 6, 2002.

87. Stephen Barr, "Bush Team Plays Down Recent Setbacks," *Washington Post*, September 14, 2003.

88. Andrew Card, interview with the author, Washington, D.C., November 30, 2001.

89. Tom Brune, "Cadre Grows to Rein in Message," *Newsday*, February 24, 2005.

90. Juliet Eilperin, "Climate Researchers Feeling Heat from White House," *Washington Post*, April 6, 2006.

91. Juliet Eilperin, "Debate on Climate Shifts to Issue of Irreparable Change; Some Experts on Global Warming Foresee 'Tipping Point' When It Is Too Late to Act," *Washington Post*, January 29, 2006.

92. "President Addresses American Society of Newspaper Editors Convention," White House, April 14, 2005. Available at www.whitehouse.gov/news/releases/2005/04/20050414-4.html.

93. Greg Toppo, "Education Department Paid Commentator to Promote Law," *USA Today*, January 7, 2005.

94. Jim Drinkard and Mark Memmott, "HHS Said It Paid Columnist for Help," *USA Today*, January 27, 2005.

95. Christopher Lee, "GAO Issues Mixed Ruling on Payments to Columnists," *Washington Post*, October 1, 2005.

96. Christopher Lee, "Prepackaged News Gets GAO Rebuke," *Washington Post*, February 21, 2005. Emphasis in GAO report.

97. James A. Baker III, interview with the author, Houston, Texas, May 14, 2001.

Chapter 4. White House Communications Advisers

1. An argument could be made that in the nineteenth century George Cortelyou, private secretary to Presidents McKinley and Roosevelt, and then William Loeb following him performed the functions of a modern-day press secretary and communications director. Both men briefed reporters and planned publicity events. For a discussion of William Loeb's work, see George Juergens, *News From the White House: The Presidential-Press Relationship in the Progressive Era* (Chicago: University of Chicago Press, 1981), 47–51. For a description of the work of George Cortelyou, see William Seale, *The President's House: The History of an American Idea* (Washington, D.C.: American Institute of Architects Press, 1992).

2. For a discussion of how James Hagerty fought off the efforts of others in the

White House to do publicity work with executive departments, see Karen Hult and Charles Walcott, *Governing the White House: From Hoover through LBJ* (Lawrence: University Press of Kansas, 1995), 57–58.

3. For an excellent examination of the development of the Office of Communications, see John Maltese, *Spin Control: The White House Office of Communications and the Management of Presidential News* (Chapel Hill: University of North Carolina Press, 1994), 28–74.

4. For organization charts of the office under various directors in particular years, see Maltese, *Spin Control*, 243–53.

5. Brit Hume, interview with the author, Washington, D.C., August 2, 1996.

6. David Hume Kennerly, interview with the author, Washington, D.C., June 6, 1996.

7. Terry Edmonds, interview with the author, Washington, D.C., January 5, 2001.

8. The Clinton figures do not cover all of the interviews the president had with reporters, as such figures are difficult to come by. I have Clinton White House lists for the president's radio and television interviews, but no list was maintained for his interviews with print reporters. By tradition, interviews that reporters conduct with presidents are regarded as the property of the news organization, not the White House. The decision to release the transcript is made by the news organizations, except in the case of interviews with foreign news organizations, where the White House releases the translated transcript.

9. See Martha Joynt Kumar and Terry Sullivan, "The White House Communications Director: Presidential Fire-Walker," paper presented to the Midwest Political Science Association, Chicago, Illinois, April 18–20, 1996.

10. George Stephanopoulos, interview with the author, Washington, D.C., September 9, 1995.

11. Don Baer, interview with the author, White House Interview Program, Washington, D.C., July 22, 1999.

12. Michael Deaver, interview with the author, White House Interview Program, Washington, D.C., September 9, 1999.

13. David Demarest, interview with the author, White House Interview Program, Washington, D.C., December 7, 1999.

14. Marlin Fitzwater, interview with the author, White House Interview Program, Deale, Maryland, October 21, 1999.

15. Tony Snow, interview with the author, Washington, D.C., January 11, 1993.

16. Terry Hunt, interview with the author, Washington, D.C., June 12, 1996.

17. Mari Maseng Will, interview with the author, Washington, D.C., May 18, 1993.

18. David Hume Kennerly, interview with the author, Washington, D.C., June 6, 1996.

19. John McConnell, interview with the author, Washington, D.C., December 4, 2006. The speech can be found at President George W. Bush, "Remarks on the Unveiling of the Official Portraits of President William J. Clinton and First Lady Hillary Clinton," June 14, 2004, *Public Papers of the Presidents of the United States.*

20. James A. Baker III, Interview no. 1, interview with the author and Terry Sullivan, White House Interview Program, Houston, Texas, July 7, 1999.

21. Michael Deaver, interview with the author, Washington, D.C., July 11, 1996.

22. James A. Baker III, Interview no. 1, July 7, 1999.

23. David Demarest, interview with the author, White House Interview Program, Washington, D.C., December 7, 1999.

24. Don Baer, interview with the author, White House Interview Program, Washington, D.C., July 22, 1999.

25. Samuel Kernell and Samuel Popkin, eds., *Chief of Staff: Twenty-Five Years of Managing the Presidency* (Berkeley: University of California Press, 1986), 27.

26. Nicolle Devenish Wallace, interview with the author, "White House Communications Operations" course, Towson University, Washington, D.C., May 9, 2005.

27. Kevin Sullivan, interview with the author, Washington, D.C., November 30, 2006.

28. Kevin Sullivan, interview with the author, Washington, D.C., November 30, 2006.

29. Joshua Bolten, interview with the author, Washington, D.C., November 17, 2006.

30. Background information from a White House source.

31. Robert Saliterman, interview with the author, Washington, D.C., December 11, 2006.

32. Kevin Sullivan, interview with the author, Washington, D.C., November 30, 2006.

33. The nine categories are "Morning Update," "In Case You Missed It," "Straight to the Point," "Fact Sheet," "What They're Saying," "The Briefing Breakdown," "By the Numbers," "Economy Watch," and "Medicare Check-Up."

34. Counts of various categories of e-mail message received by those on the press list. For the other positive message categories, in 2006 I received fewer than ten for "By the Numbers" and "What They're Saying" and around a dozen each for "Economy Watch" and "Medicare Check-Up."

35. December 6, 7, and 11, 2006.

36. December 5, 6, and 12, 2006.

37. Dana Perino, interview with the author, Washington, D.C., November 17, 2006.

38. September 8 and December 4, 2006.

39. David Wessel, "Once Unloved, Medicare's Prescription-Drug Program Defies Critics, but Issues Remain," *Wall Street Journal*, December 7, 2006.

40. "Setting the Record Straight," "The Rest of the Story," "Now and Then," "Myth/Fact," and "In Their Own Words." In 2006, the press list received fewer than ten each for all of the categories, except "Setting the Record Straight" (thirty). On the White House website, "The Rest of the Story" and "Myth/Fact" are included as part of its "Setting the Record Straight" category.

41. Howard Kurtz, "Tony Snow Knows How to Work More Than One Room; It's Gloves Off (and Pass the Hat) for Bush Spokesman," *Washington Post*, October 12, 2006.

42. May 8, 2006, Associated Press; May 9, *USA Today*; May 10, CBS News, *New York Times*; May 11, *Washington Post*, Associated Press. Available at www.whitehouse.gov/news/setting-record-straight/.

43. "Myth/Fact: Five Key Myths in Bob Woodward's Book," September 30, 2006. Available at www.whitehouse.gov/news/releases/2006/09/20060930-5.html.

44. Caren Bohan, "White House Lists Book's 'Five Key Myths,'" *Washington Post*, October 1, 2006.

45. Kevin Sullivan, interview with the author, Washington, D.C., November 30, 2006.

46. Kevin Sullivan, interview with the author, Washington, D.C., November 30, 2006.

47. Robert Saliterman, interview with the author, Washington, D.C., December 11, 2006.

48. John Maltese, *The White House Office of Communications and the Management of Presidential News* (Chapel Hill: University of North Carolina Press, 1994), 104–5.

49. Thomas Griscom, interview with the author, Washington, D.C., September 1995.

50. Michael Deaver, interview with the author, Washington, D.C., July 11, 1996.

51. "Buchanan's Greatest Hits," *Washington Post*, February 4, 1987; originally published March 5, 1986.

52. Lou Cannon, "White House Raises Stakes as Contra Vote Looms; Strategy Is to Place Onus on Democrats," *Washington Post*, March 9, 1986, p. A1.

53. Karl Rove, interview with the author, Washington, D.C., May 2002.

54. Karen Hughes, interview with the author, Washington, D.C., June 13, 2002.

55. Thomas Griscom, interview with the author, Washington, D.C., September 1995.

56. George Stephanopoulos, interview with the author, Washington, D.C., September 9, 1995.

57. Loretta Ucelli, interview with the author, Washington, D.C., January 2, 2001.

58. David Demarest, interview with the author, Washington, D.C., January 14, 1993.

59. Patrick Anderson, *The President's Men: White House Assistants of Franklin D. Roosevelt, Harry S Truman, Dwight D. Eisenhower, John F. Kennedy, and Lyndon B. Johnson* (Garden City, NY: Doubleday, 1968), 191.

60. Thomas Griscom, interview with the author, Washington, D.C., September, 1995.

61. Mari Maseng Will, interview with the author, May 18, 1993.

62. Background interview, 1989.

63. The legislation became law without President Reagan's signature in the fall of 1988. In May, he vetoed a similar provision that was included in the Omnibus Trade Bill. The discussion here refers to the May 1988 veto action.

64. Background interview, 1989.

65. Robert Beckel interview, Carter Presidency Project, White Burkett Miller Center of Public Affairs, University of Virginia, Charlottesville, Virginia, November 13, 1981.

66. Dan Bartlett, interview with the author, Washington, D.C., May 22, 2002.

67. Marion Blakey, director, Office of Public Affairs, interview with the author, Washington, D.C., January 17, 1989.

68. Background interview, 1989.

69. Don Baer, interview with the author, White House Interview Program, July 22, 1999.

70. Richard Moe, interview, Carter Presidency Project, White Burkett Miller Center of Public Affairs, University of Virginia, Charlottesville, Virginia, January 1982.

71. He did, however, give his radio address on a regular basis, and on four occasions he devoted it to Bork. Only one of those addresses, the July 4 one, addressed the Bork nomination prior to the beginning of the Senate confirmation hearings. From the viewpoint of the administration, the radio address was a good format for Reagan. "He can say whatever he wants," a staff member said. "And it makes the Saturday evening news and hits Sunday newspapers. It gives him a chance to control his message." The aide pointed out an additional advantage to the radio program: they turned it into a newspaper column sent to weekly newspapers. "It has proven to be a worthwhile effort," the person said. "One thousand one hundred are interested in using it out of the 1,300 sent the column." Elizabeth Board, interview with the author, Washington, D.C., January 12, 1989.

72. Memorandum for Senator Baker from John Tuck, "Summary of Senator Baker's Communications Activities and meetings on Behalf of Judge Bork," September 17, 1987, White House Central Files, Thomas C. Griscom Files, box 15149, Bork (3), Ronald Reagan Library.

73. Memorandum for Tom Griscom from Tom Gibson, "Advocacy Materials," July 22, 1987, White House Central Files, Thomas C. Griscom Files, box 15149, Bork (3), Ronald Reagan Library.

74. Memorandum for the Chief of Staff from Tom Gibson, "Office of Public Affairs Activities in Support of Judge Bork," October 15, 1987, White House Central Files, Thomas C. Griscom Files, box 15149, Bork (1), Ronald Reagan Library.

75. Memorandum for the Chief of Staff from Tom Gibson, "Office of Public Affairs Activities in Support of Judge Bork," October 15, 1987, White House Central Files, Thomas C. Griscom Files, box 15149, Bork (1), Ronald Reagan Library.

76. Memorandum for Leslye Arsht from Sue Richard and Elizabeth Board, "Media Plan for Support of Bork Nomination," July 23, 1987, White House Central Files, Thomas C. Griscom Files, box 15149, Bork (3), Ronald Reagan Library.

77. Memorandum for Howard H. Baker Jr., Kenneth M. Duberstein, William L. Ball III, Thomas C. Griscom from Arthur B. Culvahouse Jr., counsel to the president, "Bork Confirmation Status Report," September 8, 1987, White House Central Files, Thomas C. Griscom Files, box 15149, Bork (3), Ronald Reagan Library.

78. Elizabeth Board, interview with the author, Washington, D.C., January 12, 1989.

79. Memorandum for Tom Griscom from Elizabeth Board, "Media Activities #3," September 4, 1987, White House Central Files, Thomas C. Griscom Files, box 15149, Bork (3), Ronald Reagan Library.

80. Elizabeth Board, interview with the author, Washington, D.C., January 12, 1989.

81. Marion Blakey, interview with the author, Washington, D.C., January 17, 1989.

82. Stuart Taylor Jr., "Study Puts Bork to Right of Other Judges Named by Reagan," *New York Times*, July 28, 1987.

83. Stuart Taylor Jr., "Liberal Lawyers' Group Says Bork Favored Business in Court Rulings," *New York Times*, August 7, 1987.

84. Edward Walsh, "AFL-CIO Asks Senate to Disapprove Bork; Judge Tied to 'Agenda of the Right Wing,'" *Washington Post*, August 18, 1987.

85. "Bork's Nomination Opposed by the Women's Law Center," *New York Times*, August 19, 1987.

86. Mary Thornton, "Women's Law Group Urges Rejection of Bork," *Washington Post*, August 19, 1987.

87. Linda Greenhouse, "A.C.L.U., Reversing Policy, Joins the Opposition to Bork," *New York Times*, September 1, 1987.

88. Ruth Marcus, "White House Paper on Bork Inaccurate, Biden Aides Say," *Washington Post*, September 4, 1987.

89. Memorandum for Howard H. Baker Jr., Kenneth M. Duberstein, William L. Ball III, Thomas C. Griscom from Arthur B. Culvahouse Jr., counsel to the president, "Bork Confirmation Status Report," September 8, 1987, White House Central Files, Thomas C. Griscom Files, box 15149, Bork (3), Ronald Reagan Library.

90. Ruth Marcus, "Justice Dept. Hits Bork Critics," *Washington Post*, September 13, 1987.

91. Robin Toner, "Saying No to Bork, Southern Democrats Echo Black Voters," *New York Times*, October 8, 1987.

92. Stuart Taylor Jr., "Prepping the Nominee," *National Journal*, December 11, 2004.

Chapter 5. The Press Secretary to the President

1. For a history of press secretaries, see W. Dale Nelson, *Who Speaks for the President? The White House Press Secretary from Cleveland to Clinton* (Syracuse, NY: Syracuse University Press, 1998).

2. Ron Nessen, interview with the author, White House Interview Program, Washington, D.C., August 3, 1999.

3. Joseph C. Wilson, "What I Didn't Find in Africa," *New York Times*, July 6, 2003.

4. Robert Novak, "Mission to Niger," *Washington Post*, July 14, 2003.

5. "Press Briefing by Scott McClellan," White House, September 29, 2003. Available at www.whitehouse.gov/news/releases/2003/09/20030929-7.html.

6. Donnie Radcliffe, "The Last Word from Larry Speakes; The Spokesman Looks Back on Six Years at the Podium," *Washington Post*, January 30, 1987.

7. Established in 1865, the executive clerk's operation is the oldest office in the White House. See Bradley H. Patterson Jr., *The White House Staff: Inside the West Wing and Beyond* (Washington, D.C.: Brookings Institution Press, 2000), 359–62.

8. Roman Popadiuk, interview with the author, White House Interview Program, College Station, Texas, November 2, 1999.

9. Larry Speakes, interview with the author, White House Interview Program, Washington, D.C., June 26, 1999.

10. Larry Speakes, interview with the author, White House Interview Program, Washington, D.C., June 26, 1999..

11. Carol D. Leonnig and Jim VandeHei, "Testimony by Rove and Libby Examined; Leak Prosecutor Seeks Discrepancies," *Washington Post*, July 23, 2005.

12. Michael McCurry, interview with the author, White House Interview Program, Washington, D.C., March 27, 2000.

13. Jody Powell, interview with the author and Michael B. Grossman, Washington, D.C., May 21, 1981.

14. Background briefing, July 22, 1979.

15. Kenneth R. Bazinet, "Hil Worth 20M Outside the Senate," *New York Daily News*, March 12, 1999.

16. Howard Kurtz, "Reporter: Rove Told Him of Plame's CIA Tie," *Washington Post*, July 17, 2005.

17. Dan Bartlett, interview with the author, "The President, the Press, and Democratic Society," University of California, Washington Center, March 8, 2004.

18. Mike Allen, "In Private, Bush Sees Kerry as Formidable Foe; President Holds Unusual Meeting with Reporters as He Readies for Campaign," *Washington Post*, March 3, 2004.

19. Mike McCurry, interview with the author, Towson University course, "President, Press, and Democratic Society," Washington, D.C., March 8, 2004.

20. Cornwell, *Presidential Leadership of Public Opinion*, 100.

21. Dan Bartlett, interview with the author, Washington, D.C., October 27, 2006.

22. Tony Snow, interview with the author, Washington, D.C., October 4, 2006.

23. Mike McCurry, conversation with the author, Washington, D.C., October 25, 2006.

24. Dan Bartlett, interview with the author, Washington, D.C., October 27, 2006.

25. Tony Snow, "Doc Senator Misdiagnoses Embryonic Stem Cell Research," August 5, 2005.

26. "Press Briefing by Tony Snow," White House, July 21, 2006. www.whitehouse.gov/news/releases/2006/07/20060718.html.

27. "Meet the Press," NBC News Transcripts, July 23, 2006.

28. "Press Briefing by Tony Snow," White House, July 24, 2006. Available at www.whitehouse.gov/news/releases/2006/07/20060724-4.html.

29. Tony Snow, interview with the author, Washington, D.C., October 4, 2006.

30. Joshua Bolten, interview with the author, Washington, D.C., November 17, 2006.

31. Mike McCurry, interview with the author, Washington, D.C., June 10, 1997.

32. Marlin Fitzwater, interview with the author, Deale, Maryland, August 8, 1998.

33. Dawn Alexander, interview with the author, Washington, D.C., June 27, 1996.

34. Scott McClellan, interview with the author, Washington, D.C., March 12, 2001.

35. Mike McCurry, interview with the author, Washington, D.C., June 10, 1997.

36. Marlin Fitzwater, interview with the author, telephone, March 29, 1999.

37. Barry Toiv, interview with the author, Washington, D.C., March 27, 1998.

38. Michael McCurry, interview with the author, White House Interview Program, Washington, D.C., March 27, 2000.

39. Marlin Fitzwater, interview with the author, Deale, Maryland, August 8, 1998.

40. Bill Plante, interview with the author, Washington, D.C., December 8, 1995.

41. Terry Hunt, interview with the author, Washington, D.C., June 12, 1996.

42. Helen Thomas, interview with the author, Washington, D.C., January 4, 1985.

43. Terry Hunt, interview with the author, Washington, D.C., June 12, 1996.

44. Scott McClellan, interview with the author, Washington, D.C., June 4, 2003.

45. Joe Lockhart, interview with the author, Washington, D.C., August 25, 1997.

46. Marlin Fitzwater, interview with the author, White House Interview Program, Deale, Maryland, October 21, 1999.

47. Larry Speakes, interview with the author, White House Interview Program, Washington, D.C., June 26, 1999.

48. Marlin Fitzwater, interview with the author, Deale, Maryland, August 8, 1998.

49. Mike McCurry, interview with the author, Washington, D.C., February 10, 1998.

50. Gaggle notes, October 2, 2000.

51. Marlin Fitzwater, interview with the author, Deale, Maryland, August 8, 1998.

52. Ari Fleischer, interview with the author, Washington, D.C., March 7, 2001.

53. Scott McClellan, interview with the author, "The President, the Press, and Democratic Society," University of California, Washington Center, May 6, 2004.

54. Tony Snow, interview with the author, Washington, D.C., October 4, 2006.

55. Michael McCurry, interview with the author, White House Interview Program, Washington, D.C., March 27, 2000.

56. Mike McCurry, interview with the author, June 10, 1997.

57. Mike McCurry, interview with the author, November 3, 1997.

58. Marlin Fitzwater, interview with the author, telephone, October 31, 1997.

59. Roman Popadiuk, interview with the author, White House Interview Program, College Station, Texas, November 2, 1999.

60. Ann Devroy, interview with the author, August 16, 1995.

61. Mike Allen and Charles Lane, "Rice Helped Shape Bush Decision on Admissions," Washington Post, January 17, 2003.

62. Mike Allen, "Rice: Race Can Be Factor in College Admissions," Washington Post, January 18, 2003. Conversation with April Ryan, January 17, 2003.

63. Ron Fournier, "Rice Says Race Could Factor in Admissions," Associated Press, January 17, 2003.

64. Mike Getler, "Rice, Race, and Reporters," *Washington Post*, January 26, 2003.

65. J. Y. Smith, "Critic Paul Hume Dies; Drew Truman's Wrath," *Washington Post*, November 27, 2001.

66. Bernard Holland, "Paul Hume, 85, Washington Music Critic," *New York Times*, November 28, 2001.

67. Michael McCurry, interview with the author, White House Interview Program, Washington, D.C., March 27, 2000. Unless otherwise attributed, all quotations and information in this section come from McCurry.

68. Marlin Fitzwater, interview with the author, White House Interview Program, Deale, Maryland, October 21, 1999.

69. Joseph Lockhart, interview with the author, Washington, D.C., February 9, 1999.

70. Ari Fleischer, interview with the author, Washington, D.C., March 7, 2001.

71. Scott McClellan, interview with the author, Washington, D.C., June 4, 2003.

72. Marlin Fitzwater, interview with the author, White House Interview Program, Deale, Maryland, October 21, 1999.

73. Marlin Fitzwater, interview with the author, White House Interview Program, Deale, Maryland, October 21, 1999.

74. Marlin Fitzwater, interview with the author, White House Interview Program, Deale, Maryland, October 21, 1999.

75. At the death of her husband, Naomi Nover took over the news service portfolio of her husband, Bernard Nover. While she did no reporting, she continued to follow presidential events, including traveling with the press corps. A quirky individual, she was not always even-tempered. See Lloyd Grove, "Adding Punch to the Press Corps," *Washington Post*, April 27, 1995.

76. Marlin Fitzwater, interview with the author, White House Interview Program, Deale, Maryland, October 21, 1999.

Chapter 6. The Gaggle and the Daily Briefing

1. Terry Hunt, interview with the author, June 12, 1996.

2. Terry Hunt, interview with the author, August 17, 2006.

3. Joseph Lockhart, interview with the author, February 10, 1999.

4. Mark Knoller, interview with the author, June 6, 1996.

5. Marlin Fitzwater, interview with the author, telephone, March 29, 1999.

6. Marlin Fitzwater, interview with the author, telephone, March 29, 1999.

7. Joseph Lockhart, interview with the author, February 10, 1999.

8. Ari Fleischer, interview with the author, July 11, 2002.

9. Ari Fleischer, interview with the author, March 7, 2001.

10. Prior to the George W. Bush administration, the sessions did not have a transcript. In some cases I have created one on my own. The sessions I refer to here are ones from June 6, 18, and 19, 1996, and May 11, 1998.

11. Gaggle, June 20, 1996.

12. White House internal transcripts for July 11, 12, and 13, 2005. McClellan

answered 27, 18, and 23 questions and the sessions lasted 14, 14, and 12 minutes, respectively.

13. Mark Felsenthal, interview with the author, March 24, 1998.

14. Kenneth Bazinet, interview with the author, March 24, 1998.

15. Joseph Lockhart, interview with the author, February 10, 1999.

16. Background remarks, summer 1998.

17. Ari Fleischer, interview with the author, March 7, 2001.

18. Press Gaggle by Scott McClellan, internal transcript, Office of the Press Secretary, White House, September 28, 2005.

19. "Press Briefing by Scott McClellan," White House, September 28, 2005. Available at www.whitehouse.gov/news/releases/2005/09/20050928-2.html.

20. Joseph Lockhart, interview with the author, February 10, 1999.

21. Gaggle, June 18, 1996. Author's transcript.

22. Gaggle, February 7, 1998. From my own notes.

23. Author's recollection of the session.

24. Gaggle, February 4, 1998. Author's recollection of the session.

25. Gaggle, June 20, 1996. Author's transcription of the session.

26. Michael McCurry, interview with the author, White House Interview Program, Washington, D.C., March 27, 2000.

27. Joseph Lockhart, interview with the author, February 10, 1999.

28. Leo Rosten, *The Washington Correspondents* (New York: Harcourt, Brace, 1937), 65.

29. "Press Briefing by Scott McClellan," White House, September 16, 2003. Available at www.whitehouse.gov/news/releases/2003/09/20030910-5.html.

30. "Press Briefing by Scott McClellan," White House, October 10, 2003. Available at www.whitehouse.gov/news/releases/2003/10/20031010-6.html.

31. "Press Briefing by Scott McClellan," White House, July 11, 2005. Available at www.whitehouse.gov/news/releases/2005/07/20050711-3.html.

32. Ibid.

33. Terence Hunt, interview with the author, June 12, 1996.

34. Marlin Fitzwater, interview with the author, August 8, 1998.

35. James Fetig, interview with the author, White House Interview Program, Rockville, Maryland, February 2, 1999.

36. For photographs and a review of the history of the Press Room and the current Briefing Room, see the website of the White House Historical Association. Available at www.whitehousehistory.org/03/subs_press.

37. Tony Snow, interview with the author, Washington, D.C., October 4, 2006.

38. Background interview with a reporter who witnessed the exchange.

39. Background interview, 1998.

40. Background interview, 1999.

41. Laura Gibbons, ed., *News Media Yellow Book*, vol. 9, no. 3, Spring 1998, vii.

42. The Press Secretary's Briefing, January 21, 1998.

43. Mark Knoller, interview with the author, June 6, 1996.

44. Marlin Fitzwater, interview with the author, August 8, 1998.

45. Joseph Lockhart, interview with the author, February 10, 1999.

46. Brit Hume, interview with the author, August 2, 1996.

47. Michael McCurry, interview with the author, July 19, 1996.

48. Michael McCurry, interview with the author, February 10, 1998.

49. Joseph Lockhart, interview with the author, February 10, 1999.

50. Mary Ellen Glynn, interview with the author, May 23, 1999.

51. The White House, Office of the Press Secretary, Press Briefing by Secretary of State Madeline Albright, January 22, 1998.

52. The following were the organizations in the rotating pool. For newspapers: *Austin American Statesman, Baltimore Sun, Boston Globe, Chicago Tribune, Christian Science Monitor, Columbus Dispatch,* Copley News, Cox Newspapers, *Dallas Morning News, Denver Post, Financial Times,* Gannett News, Hearst Newspapers, *Houston Chronicle,* Knight Ridder, *Los Angeles Times,* McClatchy, Media News, *National Journal, Newsday, New York Daily News, New York Post, New York Times, Politico,* Scripps-Howard, United Press International, *USA Today, Wall Street Journal, Washington Examiner, Washington Post,* and *Washington Times.* For radio: ABC, American Urban Radio Networks, Associated Press, Bloomberg, CBS, NPR, Standard Radio News, Talk Radio, Voice of America. The five television networks were: ABC, CBS, CNN, Fox, and NBC. The magazine photographers in the rotation were from *Time* and *Newsweek.*

Chapter 7. Presidential Press Conferences

1. "National Thanksgiving Turkey Spared," White House, November 26, 2002. Available at www.whitehouse.gov/news/releases/2002/11/20021126-4.html.

2. December 2, 1953, Executive Office Building. *Public Papers of the Presidents of the United States, Dwight D. Eisenhower,* vol. I, 803.

3. James Russell Wiggins, "The Presidential Press Conference," *The Ellsworth American,* January 1, 1998, sect. II, 1.

4. "Remarks by President Bush and President Karzai of Afghanistan in a Press Availability," White House, June 15, 2004. Available at www.whitehouse.gov/news/releases/2004/06/20040615-4.html.

5. "President and Iraqi Interim President Al-Yawer Discuss Iraq Future," White House, December 6, 2004. Available at www.whitehouse.gov/news/releases/2004/12/20041206-2.html.

6. Dan Bartlett, interview with the author, Washington, D.C., June 12, 2003.

7. Helen Thomas, interview with the author, Washington, D.C., summer 1996.

8. Ken Auletta, "Fortress Bush," *New Yorker,* January 19, 2004, 53.

9. James A. Baker III, interview with the author, Houston, Texas, May 14, 2001.

10. Michael McCurry, interview with the author, Washington, D.C., February 10, 1998.

11. David Gergen, interview with the author, Washington, D.C., September 27, 1995.

12. Scott McClellan, interview with the author, Washington, D.C., June 4, 2003.

13. "The Press Secretary," written and produced by Theodore Bogosian for the Public Broadcasting Company, September 2001.

14. Michael McCurry, interview with the author, Washington, D.C., April 7, 1999.

15. Scott McClellan, interview with the author, Washington, D.C., June 4, 2003.

16. Mary Matalin, interview with the author, Washington, D.C., October 3, 2002.

17. President Theodore Roosevelt was the first president to meet regularly with reporters and explain his thinking and policies. His meetings with reporters were for those journalists he wanted in them. They were not open to all Washington reporters, nor were those of his successor, President William Howard Taft. What separated President Wilson's sessions from those of his two predecessors was the open access rule governing them, which allowed reporters from all news organizations to attend, rather than a select few, and the initial attempt to schedule them on a twice-weekly basis. This schedule was not maintained, but it was revived after President Harding came into office. See Cornwell, *Presidential Leadership of Public Opinion*, for his treatment of the development of presidential press conferences from Wilson through Lyndon Johnson.

18. See the fine article on the press conferences of President Coolidge, Elmer Cornwell, "Coolidge and Presidential Leadership," *Public Opinion Quarterly* 21, no. 2 (Summer 1957): 265–78.

19. Jonathan Daniels, ed., *Complete Presidential Press Conferences of Franklin Roosevelt* (New York: Da Capo Press, 1972), 263, January 4, 1936.

20. In assembling the information for this table, I have sought to make my counts consistent within each time period. In later periods, certain sessions might not be categorized as press conferences, but there is no reason to apply the rules of today retroactively in deciding which sessions should be counted. In tracking their development, the goal is to look at presidential press conferences as an evolving forum. The chart seeks to establish comparable criteria for what is counted as a press conference. It combines figures from publicly available transcripts with manuscript collections, such as the papers of Charles Swem at the Princeton University Library (Swem transcribed Woodrow Wilson's press conferences and speeches).

21. The dates are January 19, February 1, April 3, May 18, October 10, November 11, and December 31.

22. Examples of officials assisting on budget press conferences: December 6, 1965, December 2, 1966, and January 17, 1967. Secretary of Defense McNamara was in press conferences on November 5, 1966, December 6, 1966, and July 13, 1967.

23. Marlin Fitzwater, interview with the author, by telephone, November 22, 2002.

24. The White House, Office of the Press Secretary, Joint Press Conference by President Clinton and President Jerry Rawlings of Ghana, February 24, 1999. President William J. Clinton, "The President's News Conference with President Rawlings," February 24, 1999, *Public Papers of the Presidents of the United States*. Available at www.presidency.ucsb.edu/ws.

25. These numbers, based on internal counts kept by the Press Office staff, represent accurate numbers for television and radio interviews. The interviews with newspapers and magazines that are counted in this total, however, are ones for which the transcripts were publicly released. There were many print interviews where the transcripts were not released.

26. Michael McCurry, interview with the author, Washington, D.C., April 7, 1999.

27. Michael McCurry, interview with the author, Washington, D.C., April 7, 1999.

28. Background information from a reporter at the gaggle who lagged behind to see if someone took McCurry's bait and, if so, who did.

29. Michael McCurry, interview with the author, Washington, D.C., April 7, 1999.

30. See Michael Grossman and Martha Joynt Kumar, *Portraying the President*, 140–41.

31. "The Press Secretary," written and produced by Theodore Bogosian for the Public Broadcasting Company, September 2001.

32. Michael McCurry, interview with the author, Washington, D.C., April 7, 1999.

33. Harold Ickes, interview with the author, Washington, D.C., April 13, 2001.

34. "The Press Secretary," written and produced by Theodore Bogosian for the Public Broadcasting Company, September 2001.

35. Joseph Lockhart, interview with the author, Washington, D.C., June 29, 1998.

36. Michael McCurry, interview with the author, Washington, D.C., April 7, 1999.

37. President William J. Clinton, "The President's News Conference," April 30, 1998, *Public Papers of the Presidents of the United States, President Clinton*. Available at www.presidency.ucsb.edu/ws.

38. "The Press Secretary," written and produced by Theodore Bogosian for the Public Broadcasting Company, September 2001.

39. President William J. Clinton, "The President's News Conference," April 30, 1998, *Public Papers of the Presidents of the United States, President Clinton*. Available at www.presidency.ucsb.edu/ws. The transcript renders it as "independent council."

40. Susan Page, "A Duck by Any Other Name; New Words for No Comment," *USA Today*, May 1, 1998.

41. He was commenting on the press conference President Clinton held on March 19, 1999. Marlin Fitzwater, interview with the author, telephone, March 30, 1999.

Chapter 8. Managing the Message

1. Poll data available at pollingreport.com/social.htm.

2. James A. Baker III, interview with the author, Houston, Texas, May 14, 2001.

3. Marlin Fitzwater, interview with the author, Deale, Maryland, August 8, 1998.

4. Andrew Rosenthal, "President Announces Plan for More Latin Debt Relief," *New York Times*, June 27, 1990.

5. Martha Joynt Kumar and Terry Sullivan, eds., *White House World: Transitions, Organization, and Staff Operations* (College Station: Texas A&M University Press, 2003), 133.

6. Mike McCurry, interview with the author, "The President, the Press, and Democratic Society," University of California, Washington Center, April 19, 2006.

7. Karl Rove, interview with the author, May 2002.

8. President William J. Clinton, "The President's News Conference," January 29, 1993, *Public Papers of the Presidents of the United States*. Available at www.presidency.ucsb.edu/ws.

9. Mike McCurry, interview with the author, "The President, the Press, and Democratic Society," University of California, Washington Center, March 1, 2004.

10. Ann Devroy, interview with the author, August 1995.

11. Dan Bartlett, interview with the author, Washington, D.C., May 22, 2002.

12. White House internal transcript of session with reporters biking with him, August 13, 2005. Not a public document.

13. Evan Thomas et al., "How Bush Blew It," *Newsweek*, September 15, 2005, 26–40.

14. "Remarks on Departure for a Tour of Gulf Coast Areas Damaged by Hurricane Katrina," September 2, 2005, *Weekly Compilation of Presidential Documents*. Available at www.gpo.gov/nara/nara003.html.

15. "President Arrives in Alabama, Briefed on Hurricane Katrina," White House, September 2, 2005. Available at www.whitehouse.gov/news/releases/2005/09/20050902-2.html.

16. Andrew Rosenthal, "Bush Encounters the Supermarket, Amazed," *New York Times*, February 4, 1992.

17. Fitzwater, *Call the Briefing*, 328–32.

18. John E. Yang, "Bush Says Tax Plan Critics Are Divisive; President Goes to Grocers to Seek Support for Economic Incentives," *Washington Post*, February 4, 1992.

19. E-mail message from Marlin Fitzwater to Martha Kumar, October 27, 2005.

20. Jonathan Yardley, "President Bush, Checkout-Challenged," *Washington Post*, February 10, 1992, and Joel Achenbach, "Message for Rip Van Bush; A Primer on the Technology Thing," *Washington Post*, February 6, 1992.

21. Background interview.

22. Ron Nessen, interview with the author, White House Interview Program, Washington, D.C., August 3, 1999.

23. James A. Baker III, interview with the author, Houston, Texas, May 14, 2001.

24. Dan Bartlett, interview with the author, March 8, 2004. "The President, the Press, and Democratic Society," University of California, Washington Center.

25. Jonathan Weisman, "Bush, Adviser Assailed for Stance on 'Offshoring' Jobs," *Washington Post*, February 11, 2004.

26. Later in the month, Secretary of the Treasury John Snow refused to condemn the outsourcing of jobs: "I think American corporations need to do what they need to do to be competitive, and as they're competitive, it's good for their shareholders, it's good for their consumers and it's good for their employees, because enterprises—and I come out of the American business system. Enterprises that don't succeed don't create many jobs." Capital Report, CNBC News Transcripts, February 24, 2004.

索　引

(本索引页码系英文版页码，请参照本书边码使用)

政府新闻学译丛

媒体伦理

　　　　　　　　　　　　　　　　　〔英〕马修·基兰　编

草根媒体

　　　　　　　　　　　　　　　　　〔美〕丹·吉摩尔　著

美国政治中的媒体：内容和影响

　　　　　　　　　　　　　　　　　〔美〕戴维·L·帕雷兹　著

布莱尔时代——阿拉斯泰尔·坎贝尔日记精选

　　　　　　　　　　　　　　　　　〔英〕阿拉斯泰尔·坎贝尔　著

美国总统的信息管理：白宫的新闻操作

　　　　　　　　　　　　　　　　　〔美〕玛莎·乔伊恩特·库玛　著

大众传媒与美国政治

　　　　　　　　　　　　　　　　　〔美〕道瑞斯·戈瑞伯尔　著